· 全国党校行政学院系统应急管理系列教材 ·

应急管理通论

李雪峰 等 著

中国人民大学出版社
· 北京 ·

全国党校行政学院系统应急管理系列教材

专家委员会

主任委员　闪淳昌

副主任委员　刘铁民　丁　辉

委　　员（以姓氏笔画为序）

马怀德　王重高　邓泉国　包亚宁　李树林

肖文涛　佘　廉　张成福　高小平　梁晓霞

彭宗超　董　武　童　星　薛　澜

编审编委会

主任委员　龚维斌　马宝成

副主任委员　刘　钊　杨永斌

委　　员（以姓氏笔画为序）

邓云峰　李　明　李雪峰　宋劲松　张小明

钟开斌

编写工作组

组　　长　张小明

副 组 长　李雪峰　邓云峰　宋劲松　王彩平

组　　员（以姓氏笔画为序）

王　华　李　明　张　磊　钟开斌　逯惠艳

董幼鸿　董泽宇　蔡和平

前　言

创新的必要

突发事件应对是一个复杂的社会实践领域，需要高水平的管理实践和大批专业化管理人才，这就需要强有力的总体性、框架性应急管理知识体系来支撑。随着理论和实践的发展，基础应急管理知识体系尽管已经初步建立，但仍需进一步深化和创新。一方面，在全面实现小康社会的中华民族伟大复兴历史征程中，应急管理被赋予了支撑安全发展的使命，人民群众对应急管理的需求、应急管理实践者对应急管理知识与工具的期待更高了；另一方面，应急管理理论和实践的发展给应急管理知识体系创新提供了大量有价值的和鲜活的素材。因此，为了进一步深入探究综合应急管理之法，为了进一步扎实推进应急管理科学化、规范化，为了进一步培养高水平专业化应急管理人才，基础应急管理知识体系需要新的提炼、整合与创新。

本书的立意

目前，应急管理概论类著作主要有三类：一是专著类，典型的如《应急管理：中国特色的运行模式与实践》①、《中国应急管理：理论、实践、政策》②、《现代应急管理理论与

① 闪淳昌. 应急管理：中国特色的运行模式与实践. 北京：北京师范大学出版社，2011.

② 童星，等. 中国应急管理：理论、实践、政策. 北京：社会科学文献出版社，2012.

方法》[①]、《公共安全管理：整合与重构》[②]；二是教材类，典型的如《应急管理概论：理论与实践》[③]，以及国家行政学院和一些地方应急管理培训机构编写的培训教材；三是译著类，如《应急管理概论》[④]。本书力图博采众长，并力求有所突破。

鉴于本书的基本定位是应急管理领域高水平人才培养的教科书，它必须是立足当代中国，而面向现代化、面向世界、面向未来的[⑤]。为此，本书致力于实现三个平衡。

第一，平衡理论知识与实践方法。本书着眼于面向现代化，就要充分反映现代应急管理理论研究成果，既注重应急管理理论知识，也注重应急管理实践方法。本书与研究论著不同，要反映实践需要；本书也与通常的培训教材不同，要有理论高度。当然，面向现代化并非抛弃过往的应急管理智慧。恰恰相反，为培养中国特色的现代化应急管理人才计，本书也要充分反映中国古代文化中优秀的应急管理思想，这些思想也应当成为现代应急管理理论体系的有机组成部分。

第二，平衡中国与外国的实践方法。本书着眼于面向世界，在反映中国应急管理实践方法与要求的同时，也要充分反映现代国外的先进应急管理实践。学习不同应急管理体系中的方法，有助于在比较中把握应急管理的最佳实践。

第三，平衡对当前应急管理规范、惯例等的遵从与超越。应急管理要面向未来，既要立足现实又要超越现实。本书将充分反映当前实践中被证明有效的思想与做法，同时也不囿于当前的做法，推荐应当采取的更好的做法。

本书特色

在基本方法原则方面，作为一本研究性教材，本书努力做到：遵从理论联系实际原则，既要避免抽象的理论“转载”，也要避免简单的事例堆砌；践行科学创新精神，既要充分反映已有的研究成果，也要有所创新和超越；遵循教育科学规律，既要体现理论知识体系的完整性，也要注重读者学习研究的便利性。

在具体叙述方法和内容方面，本书着力从多角度对应急管理做全景式阐述，着重体现以下特点：

第一，逻辑与历史相统一。本书既介绍突发事件应急管理的概念与方法，也阐述应急管理的历史演进。应急管理概念与方法将有助于读者掌握应急管理的理论知识体系和必要的背景知识；应急管理历史演进将有助于读者深刻理解今天应急管理体系的历史必然性。

---

① 陈安，陈宁，倪慧荟，等．现代应急管理理论与方法．北京：科学出版社，2009．

② 张海波．公共安全管理：整合与重构．北京：生活·读书·新知三联书店，2012．

③ 闪淳昌，薛澜．应急管理概论：理论与实践．北京：高等教育出版社，2012．

④ 林德尔，普拉特，佩里．应急管理概论，北京：中国人民大学出版社，2011．

⑤ 1983年10月1日，邓小平为北京景山学校题词：“教育要面向现代化，面向世界，面向未来”。这为新时期我国教育体制的改革和发展指明了正确的方向。后来，人们又将“三个面向”的内涵延伸到科技及其他社会生活领域，作为本领域、本行业改革、开放工作的指导方针和行动口号。这“三个面向”对于应急管理学科建设而言，显然是富有生命力的。

第二，从总论到分论。本书先阐述应急管理总体性问题，再阐述分项管理职能。在总体问题方面，应急管理理念是应急管理的无形精神方面，应急管理体系是应急管理的有形系统方面。在上述两部分内容的基础上，再分述应急管理的各项具体职能。

第三，以应急管理职能为主线。与以往应用性应急管理概论著作以突发事件应对的业务过程为主线不同，本书以应急管理职能为主线，阐述每项职能的内容、过程、方法。以职能为主线，有助于读者更好地把握应急管理工作的规律，掌握应急管理基本技能。

第四，正文与附文有机结合。本书除了各章正文，还在各章正文后附有专栏和阅读材料。这些材料有典型案例、背景介绍、额外知识点等内容，是正文的补充和延伸，与正文一起成为本书知识体系的有机组成部分。

框架结构

基于上述定位与思路，本书由三个部分组成：

第一部分为导论部分，包括第 1、2、3 章。

第 1 章是“突发事件概述”，阐述突发事件概念的内涵与外延、主要特征和基本过程。

第 2 章是“应急管理概念”，阐述应急管理的基本含义、系统特征和多维视角下的具体形态与特点。

第 3 章是“应急管理历程”，阐述各个历史时期中外应急管理的历史，并对应急管理的未来发展做出展望。

第二部分为应急管理总体介绍部分，包括第 4、5 章。

第 4 章是“应急管理理念”，对应急管理所需要遵循的指导思想进行概括，对应急管理的伦理问题与化解进行讨论，对应急管理理念的提炼与功用提出建议。

第 5 章是“应急管理体系”，从系统的角度阐述应急管理的系统要素与系统动力。其中：

第 1 节是应急管理主体，阐述应急管理的各类主体及政府应急管理体制。

第 2 节是应急管理过程，阐述应急管理的各个环节管理过程及应急管理能力提升。

第 3 节是应急管理规范，阐述应急管理法律法规规范的结构与应急管理规范体系建设。

第 4 节是应急保障，阐述突发事件应对的人力、物力、科技产业等方面的保障，以及应急保障能力建设。

第三部分为应急管理职能介绍部分。

这一部分包括第 6～10 章，包括应急计划、组织、领导、沟通、控制五章。每章中的各节按照概述、常态、非常态三个方面进行叙述。其中：

“概述”节阐述计划、组织、领导、沟通、控制各项职能的原理及其在应急管理领域的含义与形式。

“常态”节阐述在日常预防、监测与应急准备过程中的计划、组织、领导、沟通、控制各项职能的实现方式与方法。

“非常态”节阐述突发事件发生后的预防与监测，以及应急响应、恢复重建过程中的计划、组织、领导、沟通、控制各项职能的实现方式与方法。

目　录

第1章

突发事件概述

天有不测风云，人有旦夕祸福。

——吕蒙正：《破窑赋》

应急管理因突发事件的存在而存在。所谓突发事件，是指造成或者可能造成严重社会危害，需要采取应急处置措施予以应对的各类公共事件。突发事件具有危害性、紧迫性和不确定性。突发事件有其特有的发生和发展演化规律。

重点问题

- 突发事件的内涵与外延
- 突发事件的特征表现
- 突发事件的发生规律
- 突发事件的发展演化规律

1.1 突发事件的内涵与外延

1.1.1 突发事件的定义

简要地说，所谓突发事件，是指造成或者可能造成严重社会危害，需要采取应急处置措施予以应对的各类公共事件。进一步说，具有各种表现形式的突发事件都表现出若干基本特征：第一，危害性。具有严重社会危害的属性。例如，发生在无人山区的大地震很可能不是我们所说的突发事件，它仅仅是地震而不是地震灾害。第二，紧迫性。当突发事件发生或将要发生时，需要采取应急处置措施应对。处置紧迫性的根源是危害性的存在。第三，不确定性。突发事件的缘由、现状和前景都可能具有一定的未知性。突发事件一旦发生，就造成或可能造成难以预料的危害，这种客观上的不确定性会给应对者带来困难和挑战。

对于突发事件的官方权威定义出自《中华人民共和国突发事件应对法》(2007 年颁布，以下简称《突发事件应对法》)。该法指出："突发事件，是指突然发生，造成或者可能造成严重社会危害，需要采取应急处置措施予以应对的自然灾害、事故灾难、公共卫生事件和社会安全事件。"

这一定义是由国家界定的、以服务于国家治理为目的的法律层面的定义。从学理层面深化对这一定义的认识，还要把握以下几方面：

(1) 关于突发事件的突然性。突发事件，顾名思义，是指"突然发生"的事件。需要注意的是：其一，大部分事件是突然发生的，但也不排除一些突发事件是渐进地发生的。例如，2008 年发生的奶粉中含有三聚氰胺、造成大批婴幼儿受害的三鹿事件并非是从某一时刻突然爆发的。其二，突然性在一定程度上也意味着意外性，是与应急处置者的准备程度有关的。心理上和物质上有准备，事件发生时就不会觉得突然和意外。

(2) 关于突发事件的类型。该定义界定了突发事件的类型，即包括自然灾害、事故灾难、公共卫生事件和社会安全事件四个类型。这四个类型的划分一目了然、便于理解，是对于突发事件现象的直观分类。在此基础上，还应当注意突发事件类型的复杂性。其一，一些事件可能具有两种甚至多种事件的特征，可以被视为复合型事件。例如，2015 年 6 月 1 日发生了"东方之星"号客轮翻沉事件，造成 442 人遇难。这一事件到底是自然灾害还是事故灾难，很难简单归类。官方将其定性为自然灾害，即由短时飑线风所引起；但与此同时，官方也参照生产安全事故的处理办法，对 40 余人进行了问责处分①。其二，一些事件中可能会有其他事件嵌入其中，很难说是单纯的某种事件。例如，重大地震灾害发生后，可能会触发事故灾难、公共卫生事件和社会安全事件。

(3) 关于应急处置措施。定义中"采取应急处置措施予以应对"的表述，顾名思义，是指在突发事件发生或将要发生时，需要立刻采取处置行动。这里还需要认识到：其一，突发事件应对措施不仅包括应急处置措施，还包括事前的预防和应急准备措施。在相当意义上说，事前措施更为根本、更为重要。其二，处置措施是分级的。对于分级的标准，《国家突发公共事件总体应急预案》和有关专项预案都有规定。

此外，"突发事件"在不同国家有不同的表述。英语中类似的对应词有 emergency (美国官方常用)、contingency (英国官方常用)，其准确的含义是紧急事态。但是，在中文语境里，突发事件与紧急事态两者之间也有着细微差别：突发事件强调突然性，紧急事态强调紧迫性，各有千秋；紧急事态强调状态，突发事件强调事实，各有侧重。

① "东方之星"号客轮翻沉事件调查报告. http://www.chinasafety.gov.cn/newpage/Contents/Channel_20132/2015/1230/262991/content_262991.htm.

1.1.2 突发事件的分类和分级

1.1.2.1 突发事件的基本类型

突发事件类型的划分仁者见仁、智者见智。例如，有的国家把突发事件分为自然灾害、技术灾难、人为事件，有的则罗列多种具体类型的事件。我国《突发事件应对法》和《国家突发公共事件总体应急预案》对突发事件作了如下划分：

1. 自然灾害

自然灾害是指由于自然异常变化造成的人员伤亡、财产损失、社会失稳、资源破坏等现象或一系列事件。它的形成必须具备两个条件：一是要有自然异变作为诱因，如地震、风暴、海啸；二是要有受到损害的人、财产、资源作为承受灾害的客体。自然灾害主要包括水旱灾害、气象灾害、地震灾害、地质灾害、海洋灾害、生物灾害和森林草原火灾等。

我国自然灾害多发、频发。受自然、地理、气候等条件影响，我国是世界上自然灾害最为严重的国家之一，灾害种类多、分布地域广、发生频率高、造成损失重。特别是近年来，极端气候事件频发，中强地震呈活跃态势，自然灾害及其次生、衍生灾害的突发性和危害性进一步加重加大。

2. 事故灾难

事故灾难是具有灾难性后果的事故，是在人们生产、生活过程中发生的，直接由人的生产、生活活动引发的，违反人们意志的，迫使生产、生活活动暂时或永久停止，并且造成重大人员伤亡、经济损失或环境污染的意外事件。事故灾难主要包括工矿商贸等企业的各类安全事故、交通运输事故、公共设施和设备事故、环境污染和生态破坏事件等。

我国安全生产形势严峻。由于经济发展较快，能源、资源、运输供给长期偏紧，再加上安全生产基础薄弱，一些地方和企业责任不落实、监管不到位，生产安全事故总量居高不下，重特大事故时有发生。

3. 公共卫生事件

公共卫生事件，是指已经发生或者可能发生的、对公众健康造成或者可能造成重大损失的事件。公共卫生事件主要包括传染病疫情、群体性不明原因疾病、食品药品安全和职业危害、动物疫情，以及其他严重影响公众健康和生命安全的事件。

我国公共卫生事件防控难度增大。公共卫生事件诱因和影响都呈较强的国际性特点，全球新发的 30 多种传染病已有半数在我国发现。重特大疫情和群体性不明原因疾病时有发生。随着人口流动量的加大和流动速度的加快，疾病传播范围更广、速度更快、造成的损失严重，防控难度加大。同时，我国食品药品生产经营中市场秩序混乱、源头污染严重、监管力量薄弱等问题尚未得到根本解决。

4. 社会安全事件

社会安全事件是指影响社会稳定、带来社会危害的突发事件。社会安全事件主要包括恐怖袭击事件、重大刑事案件、金融安全事件、规模较大的群体性事件、民族宗教突发群体事件以及其他社会影响严重的突发性社会安全事件。

我国社会安全面临新的挑战。由于改革发展进入关键阶段，各种利益关系错综复杂，社会矛盾日益多样，诱发群体性事件等社会安全事件的因素不断增加，维护社会稳定的任务更加艰巨。由于生活质量的提高，人们的社会安全需求越来越强烈，对社会安全的关注程度也越来越高。

1.1.2.2　突发事件的分级

对于突发事件的分级，《突发事件应对法》规定："按照社会危害程度、影响范围等因素，自然灾害、事故灾难、公共卫生事件分为特别重大、重大、较大和一般四级。"

国务院发布的《国家突发公共卫生事件应急预案》《国家安全生产事故灾难应急预案》《国家地震应急预案》等各类专项应急预案对于自然灾害、事故灾难、公共卫生事件、社会安全事件等级划分作了具体规定。例如，特别重大和重大安全事故关于人员伤亡和经济损失的分级标准是：特别重大安全事故，即造成 30 人以上死亡（含失踪），或危及 30 人以上生命安全，或直接经济损失 1 亿元以上的事故；重大安全事故，即造成 10 人以上、30 人以下死亡（含失踪），或危及 10 人以上、30 人以下生命安全，或直接经济损失 5 000 万元以上、1 亿元以下的事故。

这里还需要注意的是：突发事件的等级划分与突发事件预警级别、应急响应级别并非同一概念。后两者以前者为基础，属于应急管理措施，由相关的应急预案规定。

1.1.3　突发事件的相关概念

1.1.3.1　风险——潜在的突发事件

1. 风险的含义

风险（risk）最初是一个保险业术语，指"损失的可能性"。《辞海》把风险界定为"人们在生产建设和日常生活中遭遇能导致人身伤亡、财产损失及其他经济损失的自然灾害、意外事故和其他不测事件的可能性"①。不同的学者对风险给出了不同的界定②。可以认为，风险是指可能引起突发事件的潜在有害因素。风险包括可能性与不利后果两个最基本的要素——前者指风险的概率，后者指风险变为现实后对保护目标和对象可能造成的影响。

在风险与突发事件的关系上，风险是一种尚未生成突发事件的可能性，风险一旦成为现实，就构成突发事件。因此，风险可以被视为突发事件的潜在存在形式。

2. 风险的构成因素

梳理各种关于风险的定义和阐述③，可以看到风险的构成因素主要有：

致灾因子（hazard）。致灾因子又称为危险（源）或危险隐患因素。致灾因子具体是指潜在的引起人身伤害、财产损失、基础设施损坏、产业损失、环境破坏、经营中断或其他类型损害或损失的客观条件④。一般地说，风险就是由特定的致灾因子引起的人们生命

---

① 辞海编辑委员会. 辞海（1999 年版缩印本）. 上海：上海辞书出版社，2001：4351；中国社科院语言研究所词典编辑室. 现代汉语词典：第 5 版. 北京：商务印书馆，2005：409.

② 毛德华. 灾害应急管理的若干基本问题的探讨. 防灾科技学院学报，2008（2）.

③ KRON W. Floodrisk=Hazard×exposure×vulnerability. In：Wu，etal.（eds）. Flood Defence'2002. Science Press，New York Ltd.，82－97. KEDA S. Risk analysis in Japan ten years of Sra Japan and a research agendatoward the 21st century. In：Beijing Normal University etal.. Risk research and management in Asian perspective：proceedings of the first China-Japan conference on risk assessment and management. International Academic Publishers，1998.

④ 夏保成. 西方公共安全管理. 北京：化学工业出版社，2006：23.

财产、经济活动与生活环境的预期损失。

可能性（probability）。可能性是指对健康、财产或环境不利的事件发生的概率。因此，可能性也是指致灾因子转化为现实危险的可能性。

脆弱性（vulnerability）。脆弱性是风险与灾害承受者对破坏/毁灭力量抵御能力的缺乏性。风险与脆弱性成正比。一个系统越是脆弱，面临的风险就越大。

暴露性（exposure）。暴露性是指危险成为现实后所波及地区的财产价值量和人口数量方面的特征。一个地区的暴露范围越大，风险也就越大。

1.1.3.2　灾害、灾难、事故——各种不同的突发事件

灾害（disaster）是能够对人类和人类赖以生存的环境造成破坏性影响的事物的总称。灾害在我国通常更多地指自然灾害。

事故（incident 或 accident）一般是指造成死亡、疾病、伤害、损坏或者其他损失的意外情况。在我国，事故通常指安全生产事故、交通事故、环境安全事故、食品安全事故等人为原因造成损失的事件。当这类事故达到危害公共安全的程度时，就成为《突发事件应对法》所规范的事故灾难。

灾难（catastrophe）是指因自然或人为因素导致的重大灾祸，它造成大量人员伤亡、财产损失，有时彻底改变自然环境。灾难往往指严重的灾害或严重的事故。

1.1.3.3　危机——严重的或非常态的突发事件

危机（crisis），也称危机事件，通常指令人感到危险的时刻、产生危险的祸根、严重困难的紧要关头、十分紧要的危险关头、处于特别危险的境地和即将发生祸害的时刻①。危机通常具有如下三个典型特征：危及基本价值，紧迫性/紧急性，高度的不确定②。

就外延看，危机与突发事件有交叉关系。有些危机属于政治、军事和外交领域或非公共领域，不属于突发事件的范畴；有些突发事件属于常规突发事件，没有达到危机的程度。因此，作为突发事件一种形态的危机往往是影响较大、危害程度较高的某些重大突发事件或非常规突发事件（见图 1-1）。

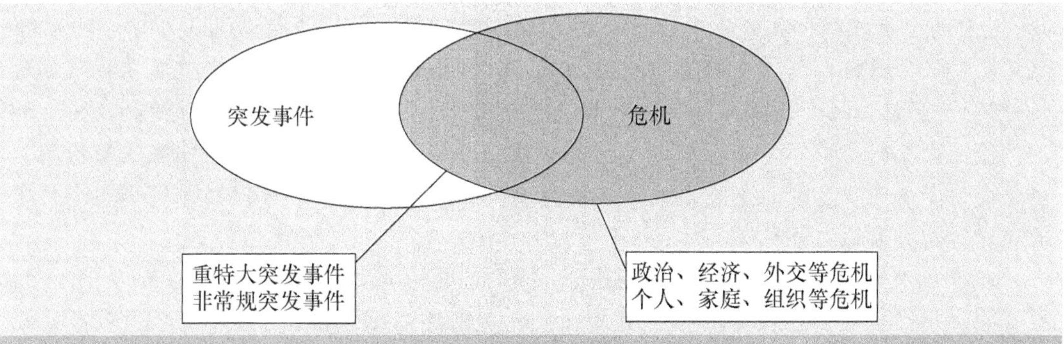

图 1-1　突发事件与危机关系示意图

---

① ROSENTHAL, CHARLES, HART. Coping with crises: the management of disasters, riots, and terrorism. Springfield, Illinois: Charles C. Thomas, 1989, pp. 9-10.

② STERN E K. Crisis decisionmaking: a cognitive institutional approach. Stockholm: Stockholm University, 1999, pp. 8-10.

为了更为清晰地区分常规型突发事件和危机，还可以从时间和事件的严重性两个维度来分析不同类型的事件。美国学者里昂纳德（Herman Leonard）和休伊特（Arnold Howitt）对日常（不安全）事件、常规突发事件、突发型危机和突变型危机做了形象的描述（见图 1-2）①。在他们看来，危机通常包括突发型危机和渐发型危机两类，即危机既可能如突发事件那样突如其来、出乎预料，也可能是在逐渐发展变化过程中由小变大、由局部演化为大范围的事件②。

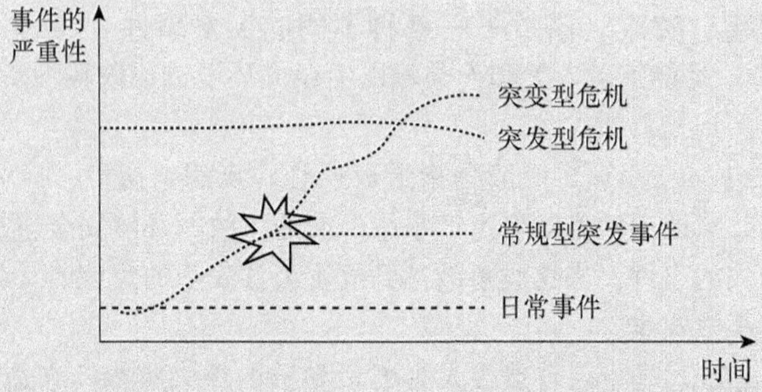

图 1-2 突发事件、危机与其他事件的关系

此外，在突发事件应对领域，突发事件往往是一种工作用语，而危机往往是学术界习惯使用的术语。

专栏

“9·11”恐怖袭击事件

“9·11”恐怖袭击事件是 2001 年 9 月 11 日发生在美国本土的一系列恐怖袭击事件。

2001 年 9 月 11 日上午 8 时 46 分 40 秒，美国航空公司第 11 次航班以大约每小时 490 英里的速度撞向世界贸易中心一号楼（亦称“北塔”），撞击位置为大楼 94 至 98 层之间；9 时 3 分 11 秒，美国联合航空公司第 175 次航班撞向世界贸易中心二号楼（亦称“南塔”）。两架飞机上所有人员及楼内未知数量人员立即死亡。两座建筑在遭到攻击后相继倒塌，世界贸易中心其余 5 座建筑物也受震而坍塌损毁。9 时许，另一架被劫持的客机撞向位于美国华盛顿的美国国防部五角大楼，五角大楼局部结构损坏并坍塌。事件中的遇难者总数高达 2 996 人。

联合国发表报告称此次恐怖袭击对美国造成的经济损失达 2 000 亿美元，相当于当年美国生产总值的 2%。事件对全球经济所造成的损害达到 1 万亿美元左右。

① 张欢. 应急管理与危机管理的概念辨析. 中国应急管理，2010 (10).

② DUTCH L H B, HOWITT A M. Against desperate peril: high performance in emergency preparation and response. in Deborah E. Gibbonsed., Communicable crises: prevention, management and resolution in an era of globalization, Oxford: Elsevier, 2007, pp. 1-24.

此次事件对美国民众造成的心理影响极为深远，美国民众在经济及政治上的安全感均被严重削弱。

【附记】“9·11”事件堪称一场危机，充分体现了危机的“危及基本价值，紧迫性/紧急性，高度的不确定”等基本特征。

1.2　突发事件的主要特征[①]

事物的特征往往是多方面的，突发事件也有多重特征。例如，很多（但不是所有）突发事件出人意料、不期而至，具有“突发性”；又如，突发事件无疑具有“公共性”，即具有公共危害和影响。这里重点从突发事件的危害性、紧迫性和不确定性三个主要方面讨论其特征。

1.2.1　危害性

突发事件对人类及其生存环境的价值损害有人身危害、经济危害、环境危害、声誉危害四个方面。就各种危害的来源看，有的危害是突发事件爆发后必然出现的（不论是自然灾害还是人为事件都是如此），而有的危害是由于突发事件处置不当造成的（各种声誉危害尤其如此）。

1.2.1.1　人身危害

人身危害是指对人的生命和健康安全的危害，包括对精神健康的损害。其中尤其强调对直接受事件影响的人群、对脆弱人群的危害。

例如，2008 年汶川 8.0 级大地震的人身危害严重。据民政部报告，截至 2008 年 9 月 25 日 12 时，地震确认造成 69 227 人遇难、374 644 人受伤、17 923 人失踪。而据卫生部报告，截至 2008 年 9 月 22 日 12 时，因地震受伤住院治疗累计 96 544 人（不包括灾区病员人数），共救治伤病员 4 273 551 人次。

1.2.1.2　经济危害

经济危害是指对个人财产和企业经济利益、行业经济、地方基础设施的直接损害，以及对地方经济发展、国家经济安全的威胁情况。有的突发事件甚至会威胁到企业的生存。

例如，截至 2008 年 9 月 4 日，汶川地震造成直接经济损失 8 452 亿元人民币。在财产损失中，房屋的损失很大，民房和城市居民住房的损失占总损失的 27.4%。包括学校、医院和其他非住宅用房在内的损失占总损失的 20.4%。另外还有基础设施——道路、桥梁和其他城市基础设施的损失，占到总损失的 21.9%。

① 李雪峰. 突发事件应对案例研究——方法与实践. 北京：国家行政学院出版社，2017.

1.2.1.3　环境危害

环境危害是指对自然环境、自然景观、生物物种等的危害。

例如，火灾和病虫害会毁坏森林和草原，使生态环境恶化；干旱、风灾往往加速土地沙化；爆炸、化学品泄漏污染事故会直接损害人居环境；等等。

1.2.1.4　声誉危害

声誉危害包括对官员声誉的危害、对企业和政府声誉的危害等。

例如，2008年的三鹿奶粉事件不仅给广大消费者带来极大的健康损害，也使得该企业和乳制品行业的声誉受到极大损害。曾名列全国乳业前三强的三鹿集团最终倒闭。

专栏

2004年印度洋海啸

2004年12月26日雅加达时间0时58分55秒，印度洋海域发生震级达9.3级的特大地震，震中位于印尼苏门答腊以北的海底。地震引发的海啸高达10余米，席卷了印度洋沿岸地区，波及范围远至波斯湾的阿曼、非洲东岸索马里、毛里求斯等国。地震及震后海啸对东南亚及南亚地区造成巨大损害。

这次的地震和海啸造成超过29.2万人罹难，其中三分之一是儿童。事发地点位于旅游热点附近，加上正值圣诞节旅游旺季，受灾地区聚集了大量的旅客和本地居民，导致许多在沙滩上享受假期的旅客和在海边工作的当地人被海啸卷到大海里，使不少人成为失踪者。

海啸造成的直接经济损失超过130亿美元。

【附记】2004年印度洋海啸是本世纪造成遇难人数最多的突发事件，充分展现了突发事件的危害性。

1.2.2　紧迫性

由于前述种种危害可能性的存在，再加上突发事件自身的各种发展演化可能，突发事件处置往往具有极大的紧迫性。紧迫性体现在对事态的控制要及时、对人民生命财产保护要及时、对基础设施的恢复要及时、对形势发展的反应要及时等方面。以舟曲特大山洪泥石流抢险救灾为例，一夜之间200余万立方米的泥石流吞噬了上千人的生命、阻塞了白龙江、淹没了半个县城，数万灾民需要及时安置，大量的各类救灾资源和各路救援力量需要及时协调，悲伤的群众需要及时的精神引导，所有这些对于应急处置与救援的领导者来说都是极大的挑战。具体说，突发事件的紧迫性主要由三类六种情境造成（见表1-1）：

表1-1　突发事件紧迫性的来源

序号	类别	具体情境
1	威胁人类生存的紧迫情境	情境1：需要拯救生命的紧迫情境
		情境2：需要人道主义救助的情境

续前表

序号	类别	具体情境
2	危急事态中的紧迫情境	情境3：需要迅速控制的初始危急情境
		情境4：前期控制不利造成的日益危急情境
3	政治经济方面的紧迫情境	情境5：经济危害的情境
		情境6：政治压力的情境

1.2.2.1　威胁人类生存的紧迫情境

突发事件往往给人的生命带来紧迫的挑战。这包括：

情境1：需要拯救生命的紧迫情境。当人的生存受到突发事件带来的威胁时，政府和其他责任主体的迫切任务就是拯救生命。例如，大地震后，受灾人员可能被砸伤，伤痛可能就会危及生命；又如，地震灾害的受灾人员被困在倒塌的建筑物中，如果没有水和食物，以及适当的温度，就有可能在数小时至数天之内性命难保。

情境2：需要人道主义救助的情境。当人的基本生活条件受到破坏时，有关各方就需要迅速给予受害人人道主义救助。通常需要紧急救助的事项包括：紧急转移安置受灾人员，向受到危害的人员提供避难场所；及时向受灾人员提供食品、饮用水、衣被、医疗防疫等应急救助，保障受灾人员基本生活；抚慰受灾人员；处理遇难人员善后事宜。

1.2.2.2　危急事态中的紧迫情境

突发事件发生后，需要有效控制危急事态。这里有两种紧迫情况：

情境3：需要迅速控制的初始危急情境。突发事件来临，往往需要迅速控制危险源；需要标明危险区域，封锁危险场所，划定警戒区，实施交通管制以及其他控制措施；需要立即抢修被损坏的交通、通信、供水、排水、供电、供气、供热等公共设施。

情境4：前期控制不利造成的日益危急情境。突发事件应对的紧迫情况还包括由于前期应急处置不力造成后期处置困难、需要紧急加以处置的情况。例如，2015年“8·12”天津港瑞海公司特别重大火灾爆炸事故中，前期是瑞海公司的化学品货场发生火灾事故。天津港消防人员到达后，采取用水浇灭大火的办法处置，但没有想到消防水流淌到其他容易遇水爆炸的危险化学品堆放处，引起一系列更大规模的火灾和一系列爆炸，使得后期处置变得极为紧迫和困难。

1.2.2.3　政治经济方面的紧迫情境

不少突发事件还会造就政治经济方面的紧迫情境。

情境5：经济危害的情境。突发事件会造成正常经济运行的中断，这可能会造就紧急的经济危害情境。例如，当铁路运输事故发生后（例如列车相撞事故），可能会使铁路运输被迫中断，这会每时每刻给铁路部门乃至国民经济带来不断增大的损失。

情境6：政治压力的情境。突发事件可能会使政府或其他处置主体受到极大的政治压力。这些压力可能来自媒体，也可能来自上级组织，或者来自国际社会。2003年非典疫情处置初期，由于有关部门的疫情信息披露不及时、不准确，在短期内给中国政府带来了极大的政治压力。

1.2.3 不确定性

有效的突发事件决策与处置有赖于准确的信息支撑，但是相关的信息可能是不确定的，事件发展的前景可能是不确定的，也有可能处置主体本身就造成了情况的不确定。比方说，大灾之后，可能发生什么样的次生、衍生灾害是未知的；在抢险救灾过程中会发生哪些人为新情况是未知的；抢险救灾会带来哪些结果也不是精确可知的。例如，舟曲特大山洪泥石流灾害发生后，白龙江上的堰塞体会带来多大的灾害，以什么思路和手段处理会更为有效，何时能解除隐患等都很难估计。归纳起来，不确定性具体可以分为三类七种情况（见表 1-2）：

表 1-2 突发事件不确定性的来源

序号	类别	具体情况
1	突发事件本身信息的不确定性	情况 1：突发事件状况不明
		情况 2：突发事件原因不明
2	突发事件前景的不确定性	情况 3：事态发展的不确定
		情况 4：事态影响的不确定
3	处置主体造成的不确定性	情况 5：主体责任不清造成突发事件前景不确定
		情况 6：经验不足造成处置效果不确定
		情况 7：应急准备不足造成的不确定性

1.2.3.1 突发事件本身信息的不确定性

突发事件发生时，由于时间紧迫或条件受限，应急决策者与处置者可能无从得到准确的信息。

情况 1：突发事件状况不明。例如，很多突发事件发生后的第一时间，有多少人受灾、险情有多严重、危害范围有多大、损失的情况、出事地点的准确位置等信息都可能成为稀缺资源。

情况 2：突发事件原因不明。查明突发事件的原因有助于确定事件的性质、找到事件的症结，制定有针对性的处置方案。但是，事件原因有时难以确定：有些是人为事件的肇事者故意隐藏事件原因信息；有些是技术手段有限和时间有限，一时难以确定事件的原因。2008 年三鹿奶粉事件在长达数月的前危机期，一直没有直接证据表明患病婴幼儿的病就是三鹿奶粉造成的。2003 年的 SARS 事件在非典还属于个别病例、没有流行形成危机之前，没有人知道其传播规律是什么，因而也就无法做出正确的判断和决策。

1.2.3.2 突发事件前景的不确定性

突发事件的不确定性不仅表现为事件当前状态和原因的不确定性，还表现为未来发展的不确定性。

情况 3：事态发展的不确定。比方说，危害的持续时间是多久、是否会愈演愈烈、是否会有次生灾害发生等很多因素都是不确定的。例如，火灾会持续多久、群体性事件规模是否会继续扩大、堵在河流上的堰塞体是否会突然垮塌等都具有极大的不确定性。

情况 4：事态影响的不确定。突发事件，尤其是责任性事故，可能会造成负面社会影响。这种影响会有多大、会持续多久，受到多方面因素影响和制约，往往是很难准确判断的。

1.2.3.3　处置主体造成的不确定性

处置主体自身可能也会给突发事件的走向及未来处置带来不确定性。

情况 5：主体责任不清造成突发事件前景不确定。突发事件应对往往涉及跨界处理。当两个或多个相关机构之间无法尽快就责任分担达成一致时，就可能造成低效扯皮甚至矛盾冲突，从而影响处置进程。

情况 6：经验不足造成处置效果不确定。应急处置主体可能缺乏处置经验而造成处置的拖延或失误，从而给未来的处置带来困难和不确定性。例如，前述“8·12”天津港瑞海公司特别重大火灾爆炸事故的事例中，就是由于前期处置经验不足造成了事故的扩大，给后来的处置带来了不确定性。

情况 7：应急准备不足造成的不确定性。突发事件发生前，应急预案制定不科学，或者没有经过演练，或者应急物资准备不足等，都可能造成应急处置的低效甚至束手无策，从而给事件处置的进程带来不确定性。

专栏

2003 年 SARS 事件

SARS 事件是指于 2002 年在中国首发，并扩散至东南亚乃至全球，直至 2003 年中期疫情才被逐渐控制的一次全球性传染病疫潮。

严重急性呼吸综合征（Severe Acute Respiratory Syndromes），又称传染性非典型肺炎，简称 SARS 或非典，是一种因感染 SARS 冠状病毒引起的新型呼吸系统传染性疾病。该病主要通过近距离空气飞沫传播，以发热、头痛、肌肉酸痛、乏力、干咳少痰等为主要临床表现，严重者可出现呼吸窘迫。该病具有极强的传染性，在家庭和医院有显著的聚集现象。

全球首发病例于 2002 年 11 月出现在广东顺德，并迅速形成流行态势，并逐渐引起社会恐慌，也引发了包括医务人员在内的多名患者死亡、中国地方政府开始对疫情进行隐瞒等情况。此后，中央政府采取了一系列强有力的措施控制疫情发展并主动发布疫情信息。

2003 年 4 月 16 日，WHO 发现，一种新型冠状病毒是 SARS 的病原，并将其命名为 SARS 冠状病毒（SARS-coronary virus，SARS-CoV）。该病毒很可能来源于动物，由于外界环境的改变和病毒适应性的增强而跨越种系屏障传染给人类，并实现了人与人之间的传播。

在中国和国际社会的共同努力下，到 2003 年夏季，染病人数日减，疫情得以完全控制。到 7 月 5 日，我国台湾地区最后宣布解除非典警报，全球非典流行宣告结束。

2002 年 11 月—2003 年 8 月 5 日，29 个国家报告临床诊断病例 8 422 例，死亡 916 例。报告病例的平均死亡率为 9.3%。

2003 年 11 月，广州再次出现零星病例；2004 年 3 月，北京再次发现 SARS 疑似病例。但两者都没有再次演变成疫潮。

【附记】SARS 事件充分体现了突发事件的危害性、紧迫性和不确定性三个主要特征，为深刻认识突发事件的本质提供了典型的素材。

1.3 突发事件的基本过程

1.3.1 突发事件的发生机理

从潜在风险到突发事件的发生原理即发生机理。目前，还缺少有足够说服力的、能够深入解释致灾因子从量变到质变的一般理论。下面分事件类型对突发事件发生机理进行探讨。

1.3.1.1 自然灾害的发生

自然灾害是社会与自然综合作用的产物，自然灾害系统是由孕灾环境、致灾因子、受灾体和灾情共同组成的地球表层异变系统（见图 1－3）。

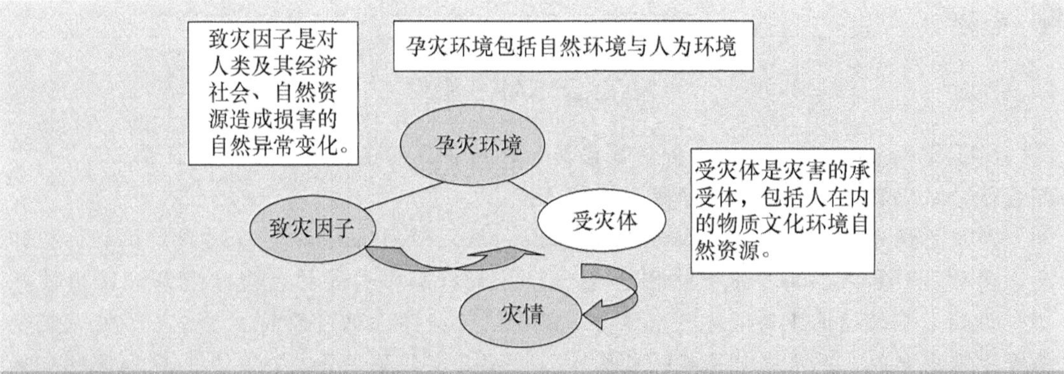

图 1－3 自然灾害系统图

资料来源：史培军，王静爱，苏筠．基于自然灾害系统论的减灾教育．http://old.pep.com.cn/rjqk/sjtx/gzdl/pg2005_7z10/201101/t20110106_1006836.htm.

孕灾环境包括自然环境与人为环境。自然环境可划分为大气圈、水圈、岩石圈、生物圈；人为环境则可划分为人类圈与技术圈。地球表层孕灾环境对灾害系统的复杂程度、强度、灾情起着决定性的作用。

自然灾害的致灾因子是可能造成财产损失、人员伤亡、资源与环境破坏、社会系统混乱的自然异变因子。孕灾环境中包含着致灾因子。

受灾体或承灾体是指包括人类本身在内的物质文化环境，包括人口、城乡生命线系统及生产线系统，以及各种自然资源。孕灾环境中包含着受灾体。

自然灾害的发生是自然灾害系统中各子系统相互作用并达到某种临界点的结果。

灾情是指因灾导致的人员伤亡及心理影响、直接经济损失和间接经济损失、建筑物破坏、生态环境及资源破坏等。

组成灾害系统的孕灾环境、致灾因子与受灾体这三个要素在灾情（害）的形成过程中缺一不可，只不过是在灾情的发生发展方面，各要素的特征变化对灾情程度的作用不同而已，不存在这三个要素谁是决定因素或谁是次要因素的问题。它们都是形成灾害的必要与充分的条件。

有人试图将上述解释拓展到包括四大类突发事件的一般意义上的灾害中去，也是有一定的解释力的①。

1.3.1.2 事故灾难的发生

随着社会生产的发展，事故发生的本质规律在不断发生变化，人们对事故原因的认识也在不断深化，因此先后出现了十几种具有代表性的事故致因理论和事故模型。这里介绍两种典型的事故致因理论来展现事故发生的基本原因和复杂原因。

1. 海因里希事故因果连锁理论

1936年，美国人海因里希（W. H. Heinrich）提出了事故因果连锁理论。海因里希认为，伤害事故的发生是一连串的事件按一定因果关系依次发生的结果。他用五块多米诺骨牌来形象地说明这种因果关系，因此该理论也被称为“多米诺骨牌”理论（见图1-4）。

海因里希提出的事故因果连锁过程包括如下五种因素：

第一，遗传及社会环境。遗传及社会环境是造成人的缺点的原因。遗传因素可能使人具有鲁莽、固执、粗心等对于安全来说属于不良的性格；社会环境可能妨碍人的安全素质培养，助长不良性格的发展。这种因素是因果链上最基本的因素。

第二，人的缺点。即由于遗传和社会环境因素所造成的人的缺点。人的缺点是使人产生不安全行为或造成物的不安全状态的原因。这些缺点既包括诸如鲁莽、固执、易过激、神经质、轻率等性格上的先天缺陷，也包括诸如缺乏安全生产知识和技能等的后天不足。

第三，人的不安全行为或物的不安全状态。这二者是造成事故的直接原因。海因里希认为，人的不安全行为是由于人的缺点而产生的，是造成事故的主要原因。

第四，事故。事故是一种由于物体、物质或放射线等对人体发生作用，使人员受到或可能受到伤害的、出乎意料的、失去控制的事件。

第五，伤害。即直接由事故产生的人身伤害。

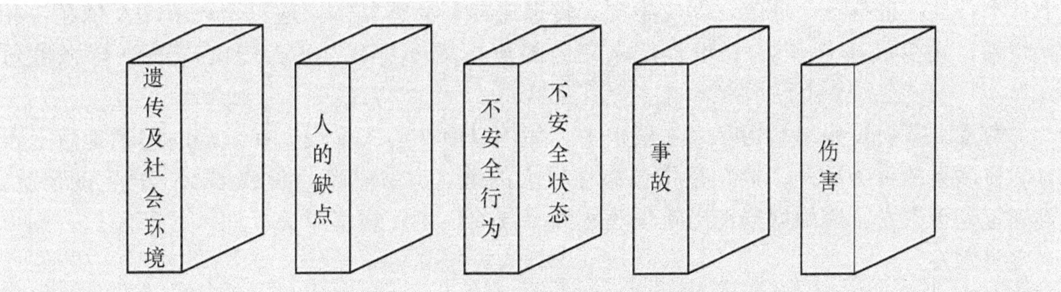

图1-4 海因里希事故连锁过程

多米诺骨牌理论建立了事故致因的事件链这一重要概念，为后来者研究事故机理提供了一种有价值的方法。但是，海因里希理论对事故致因连锁关系的描述也存在着绝对化、简单化的缺点。因此，后世又不断发展出更为综合全面的理论。

---

① 毛德华，等. 灾害学. 北京：科学出版社，2011：16-20.

2. 事故致因的综合原因理论

事故致因的综合原因理论[①]认为：事故是社会因素、管理因素和生产中的危险因素被偶然事件触发造成的结果。偶然事件之所以触发，是由于事故直接原因的存在；直接原因又是由管理责任等间接原因所导致；而形成间接原因的因素包括社会经济、文化、教育、历史、法律等基础原因，统称为社会因素（见图 1－5）。

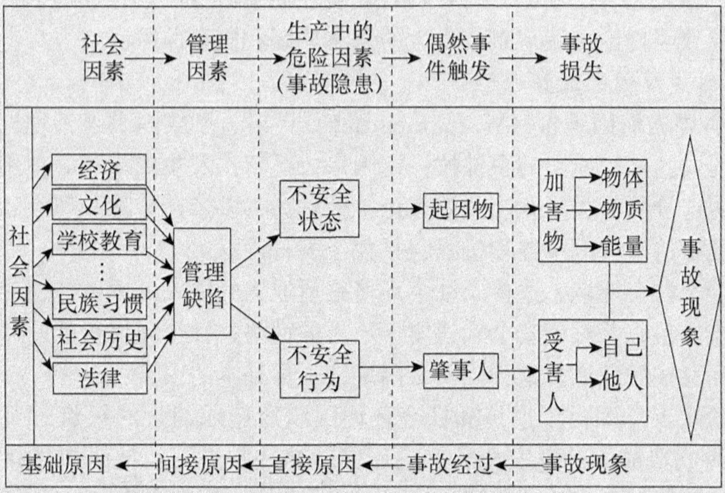

图 1－5　事故致因的综合原因理论

1.3.1.3　公共卫生事件的发生

各类公共卫生事件的发生机理大多属于相关的公共卫生专业领域。这里以传染病发生机理为例做简要介绍。

传染病在人群中发生流行的过程，是病原体从感染者排出，经过一定的传播途径侵入易感者机体而形成新的感染，并不断发生、发展的过程。传染病在人群中发生流行需要三个基本条件，也称三个环节，即传染源、传播途径和易感群体。这三个环节相互依赖、相互联系，缺少其中任何一个环节，传染病的流行就不会发生[②]。传染病的流行强度可分为：

散发：某病发病率呈历年来一般水平，病例以散在形式出现，在发病时间及地点上没有明显联系的称为散发。散发是指该病在较大的地区（县、市、省或国家）发生的情况。要确定是否散发，应根据当地当年该病发病率与前三年发病率对比，如未显著超过，则可确定为散发。

流行：在一地区，某病发病率显著超过历年（散发发病）水平时（一般为前三年平均发病率的 3～10 倍）称流行。

大流行：某病在短时间内迅速蔓延，其发病率显著超过该地区历年流行水平，且流行范围超过省界、国界甚至洲界时称为大流行。例如，霍乱、流行性感冒和艾滋病都发生过

---

① 牛聚粉. 事故致因理论综述. 工业安全与环保，2012（9）.

② 施侣元. 流行病学. 北京：人民卫生出版社，2007：241.

世界性大流行。

爆发：某地区某病在短时间内（一般以小时、日、星期或月计算）发病数突然增多时称爆发。爆发常因人们共同接触同一致病因子所引起，常见有伤寒、痢疾、病毒性肝炎等急性传染病。

作为突发事件的传染病主要是指“爆发”级的传染病。

类似于传染病的“爆发”过程，大规模食物中毒、大规模动物疫情等公共卫生事件也需要传染源、传播途径和易感群体三个基本条件。

1.3.1.4 社会安全事件的发生

社会安全事件往往由各种社会矛盾引起。在特定条件下，社会矛盾积累到某个触发点爆发，便形成社会安全事件。“社会燃烧理论”① 对这一过程做了详细描述。

自然界中的燃烧现象，既有物理过程，也有化学过程。燃烧所必须具备的三个基本条件，即燃烧材料、助燃剂和点火温度，缺少其中任何一个要素，燃烧都不可能发生。牛文元等人应用该项原理，将社会的无序、失稳及动乱，与燃烧现象进行了合理的类比：（1）引起社会无序的基本动因，即随时随地发生的“人与自然”关系的不协调和“人与人”关系的不和谐，可以视为提供了社会不稳定的“燃烧物质”；（2）一些媒体的误导、过分的夸大、无中生有的挑动、谣言的传播、小道消息的流行、敌对势力的恶意攻击、非理性的推断、片面利益的刻意追逐、社会心理的随意放大等，相当于社会动乱中的燃烧“助燃剂”；（3）具有一定规模和影响的突发性事件，通常可以作为社会动乱中的导火线或称“点火温度”。

根据社会燃烧理论基本原理，当“人与自然”之间的关系达到充分平衡、“人与人”之间的关系达到完全和谐时，整个社会处于“理论意义”上绝对稳定的极限状态。但只要发生任何打破上述两大平衡与和谐关系的事件，都会给社会稳定状态以不同程度的“负贡献”（形成社会动乱的“燃烧材料”），当此类“负贡献的量与质”积累到一定程度，并有错误的舆论导向煽动时（相当于增加社会动乱的“助燃剂”），将会形成一定的人口数量密度和地理空间规模。此时，在某一“突发导火线”（出现了社会动乱的“点火温度”）的激励下，即可发生社会失衡（不稳）、社会失序（动乱）或社会失控（暴乱）直至社会崩溃。在这个过程中，就会导致社会安全事件的发生。

1.3.2 突发事件的发展演化机理

突发事件的发展与演化是指在事件发生后，由于内部、外部条件之间的相互作用，使得事件进一步扩大的过程。

有学者将发生、发展、演化作为三个阶段来解释（见图1-6）①。其中后两个阶段的机理是：

发展是指突发事件在空间上的扩展和/或烈度上的增强。

演化是指一个事件触发其他事件的过程。进一步细分，演化可分为“转化”“蔓延”

---

① 亓菁晶，陈安．突发事件与应急管理的机理体系．科技与社会，2009（5）．

“衍生”“耦合”4 种不同的演化机理。

“转化”是指 B 事件的发生是由 A 事件引起的，例如火灾引发建筑物门口的踩踏。

“蔓延”主要说明的是同类灾害不断发生，如航班的延误、火车的误点，往往一个误点带来一连串的误点。

“衍生”主要是指因为应对某个事件而采取的一些不当措施会造成另外的事件，很可能后一事件比前一事件还要严重。比如，SARS 期间有不少人注射激素，最后导致大量股骨头坏死现象，就属于应对不当的情况。

“耦合”是指两个或两个以上的因素共同作用，导致突发事件进一步加剧。例如，火灾中，“火借风势，风助火威”，风通过对火的方向、大小的影响使火灾加剧。

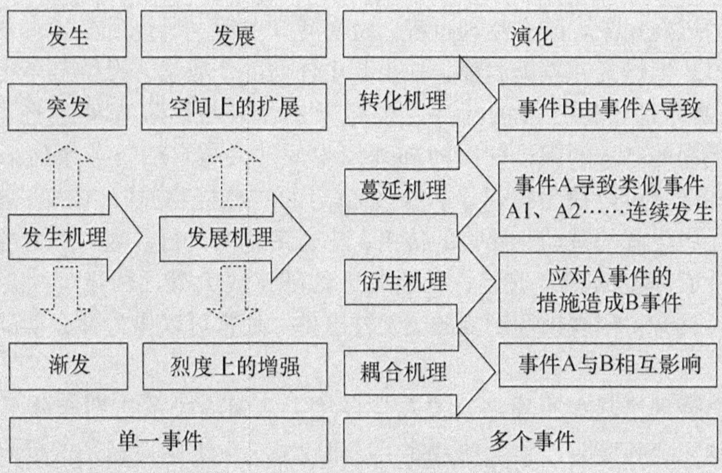

图 1-6　突发事件的发展演化机理

1.3.3　突发事件的生命周期

突发事件的生命周期现象还很少有人论及。目前文献中常见的是危机生命周期理论。危机生命周期是指危机有如人的生命一般，有从潜伏到消亡的全过程。在这个生命周期里，危机随着时间的变化而变化。

危机生命周期理论中较为著名的是斯蒂文·芬克的危机四阶段模型。芬克在 1986 年提出的这一模型称为危机传播四阶段模型，即危机传播要经历征兆期（prodromal）、发作期（breakout）、延续期（chronic）、痊愈期（resolution）四个阶段。

目前，流行的危机传播四阶段模型通常用于表示危机生命周期，划分为潜伏期、爆发期、持续期和解决期（见图 1-7）。

第一阶段：危机潜伏期

潜伏期是危机处理最容易的阶段，却是最不为人所知的阶段。

第二阶段：危机爆发期

爆发期是四阶段中时间最短却感觉最长的阶段，它对人们心理造成的冲击也是最严重的。

第三阶段：危机持续期

持续期是四个阶段中危机持续发挥破坏力的阶段。如果危机管理运作恰当，将会极大地缩短这一阶段的时间。

第四阶段：危机解决期

解决期是从危机的影响中完全解脱出来的阶段。但是此阶段仍须保持警惕，因为危机可能会去而复来。

危机生命周期理论的价值在于通过对危机的症候学研究或过程学研究来寻求与各阶段相适应的应对策略。其意涵是：危机（突发事件）是有迹可寻的，但不一定是线性发展的；危机处理的时间起点越早越好，最好能够让危机永远无法形成，或一形成就被处理掉；不同的危机阶段有其不同的特征，能辨识端倪才能有效处理危机。

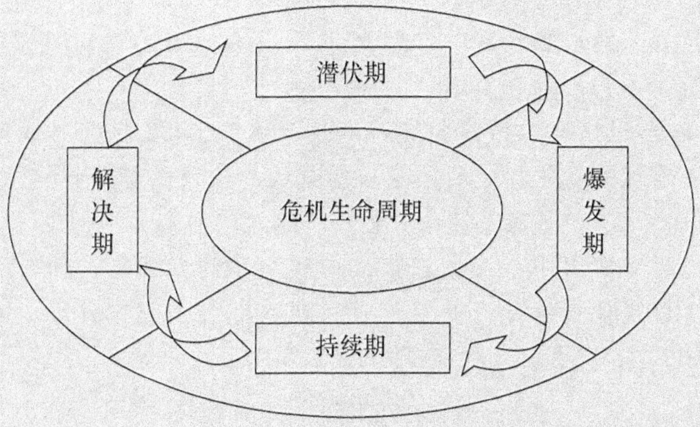

图 1-7　危机生命周期模型

本章小结

1. 所谓突发事件，是指造成或者可能造成严重社会危害，需要采取应急处置措施予以应对的各类公共事件。突发事件分为自然灾害、事故灾难、公共卫生事件和社会安全事件。突发事件的相关概念有风险、灾害、灾难、事故、危机等。

2. 突发事件具有危害性、紧迫性和不确定性。这些特性有多种具体的表现形式。

3. 各类突发事件有不同的发生机理。从整体上看，突发事件发展演化有各种不同的路径。危机事件的生命周期包括潜伏期、爆发期、持续期和解决期。

关键术语

突发事件　　风险　　灾害　　灾难　　事故　　危机

复习思考题

1. 何谓突发事件？怎样理解突发事件与风险、灾害、灾难、事故、危机的关系？

2. 根据你所熟悉的突发事件案例，阐述突发事件的危害性、紧迫性和不确定性的表现。

3. 根据你所熟悉的突发事件案例，阐述突发事件发生、发展、演化过程。

阅读材料

"3·11"东日本大地震连锁效应

【题记】"3·11"东日本大地震展现了一幅惊心动魄的突发事件的发生、发展、演化画面，其中很多问题值得深思。

一、基本情况

2011年3月11日，日本当地时间14时46分（北京时间13时46分），在西太平洋国际海域发生里氏9.0级地震，震中位于北纬38.1度、东经142.6度，震源深度约10公里。

该地震是1900年以来全球第四强震，也是日本自1923年官方测定地震震级以来，该国震级最高的一次地震。依据美国国家航空航天局收集的资料，这次强震使日本本州岛向东移动大约3.6米，使地轴移动25厘米，使地球自转加快1.6微秒。位于震中西北部的宫城县牡鹿半岛向震中所在的东南方向移动了约5.3米，同时下沉了约1.2米，成为日本有观测史以来最大的地壳变动记录。朝鲜半岛因此东移5.16厘米；我国北方地区也出现几毫米的东移现象。地震还在海底造成一条长300公里、宽150公里的裂缝带。

灾害损失方面，截至10月14日上午，日本受灾的12都道县确认遇难和失踪人数19 671人；到避难场所避险的人数先后达40万人；倒塌和半倒塌住宅22万户。

二、前震和余震

在此次大地震前，该区域陆续发生不同规模的地震。据太平洋海啸警报中心测定，2011年3月9日10时45分（北京时间），日本本州岛东部海域（38.3°N，143.3°E）发生7.2级地震。日本东京都当地的震感为3级，地震过程持续了1分钟左右，地震还在震源附近引发了区域海啸。当天11时11分，日本本州岛OFUNATO站监测到了0.54米的海啸波。这打破了有观测史以来同一地区发生7.0级以上地震之后不可能再有更高地震的纪录。

大地震发生后余震不断，在11日当日，累计发生余震64次，其中最高为7.1级，最低为4.1级。3月28日当地时间7时24分，日本东北部还发生了6.5级余震。

三、海啸

11日当天发生的强烈地震在日本东北太平洋沿岸引发巨大海啸。地震引起的海啸巨浪最高达到23米。海啸冲毁了大量沿岸建筑，高达数米的海浪甚至将车辆等卷入海中。

北京时间11日15时30分，太平洋海啸预警中心对包括俄罗斯、菲律宾、印度尼西亚、澳大利亚、新西兰、墨西哥、美国夏威夷等在内的多个国家和地区发布了海啸预警。

四、基础设施损毁

地震后，灾区 15 条高速公路、64 条铁路以及仙台机场等因受损关闭、停止运营。电力、燃气、自来水、通信、金融、邮政等受到严重损害。地震当天，871 万户居民停电，200 多万户燃气供应中断，100 万户有线电话中断，14 800 个移动电话基站失能，东京市移动电话通信网络中断。

五、火灾爆炸等次生灾害

在宫城县仙台市，发生大规模停电。市内多处发生燃气泄漏。

在千叶县，一储油罐起火；JFE 钢铁东日本炼铁厂因燃气管道破损发生爆炸，火焰冲上数十米高，生产被迫中断。

据统计，震后日本由于燃气泄漏等原因共有 300 余处发生火灾。

六、核电站事故

海啸引起日本东京电力公司福岛县第一核电站内外部三套发电设施失灵，进而引发核反应堆制冷机制失效。核反应堆内的温度持续升高，造成冷却水分解、氢气爆炸、核辐射发生。

3 月 12 日 15 时 6 分，1 号机组氢气爆炸后释放大量核辐射物质。

3 月 14 日上午 11 点，3 号机组发生氢气爆炸。

3 月 15 日晨，2 号机组又发生氢气爆炸。

3 月 15 日，4 号机组也发生氢气爆炸后起火。

3 月 26 日清晨，东京电力公司在 3 号反应堆里检测出浓度超过炉心 1 万倍的放射量。

从事故发生的 12 日上午 6 时至 24 日零时止，福岛第一核电站外泄放射性碘的总量约为 3 万万亿～11 万万亿贝克勒尔。这个数值已经超过美国三里岛核事故（5 级），相当于国际评价机制的 6 级“重大事故”水平；而部分地区的土壤核污染水平已与切尔诺贝利事故相当（1986 年的切尔诺贝利核事故被定性为最高等级 7 级的“特大事故”）。30 日，福岛第一核电站排水口附近海域的放射性碘浓度已达到法定限值的 3 355 倍。4 月 12 日，日本原子能安全保安院根据国际核事件分级表将福岛核事故定为最高级 7 级。

由于核泄漏，到 3 月 15 日，附近居民疏散避难的范围逐步扩至半径 30 公里的范围。

七、经济冲击

此次灾害最直接的影响就是迫使日本众多行业的企业纷纷关闭。本田汽车所有工厂 14 日起停产。索尼有 6 家工厂在地震发生后关闭了生产设施。佳能和尼康两大相机企业相继宣布部分工厂停产。

地震还影响了全球产业链。数十家半导体工厂受到影响，引发市场对许多广泛应用的元件供应短缺。

日本东海岸集中了大量钢铁业、石化业、制造业、核电工业等日本国重点产业和支柱行业。地震发生后，震区以及地震波及地带的许多工厂被迫停工，至少有 21 家大型企业的数十家工厂停工。

这次大地震造成的保险损失金额高达近 350 亿美元，成为史上代价最昂贵的灾难，这还未计入海啸造成的损失。这项数额几乎等同于 2010 年全球保险业的全世界整体灾损金额，迫使保险市场调高保费。

受地震影响，亚洲区内股市11日全线下跌，其中日本日经平均指数下跌1.72%，新加坡海峡时报指数下跌1.04%，印尼雅加达综合指数下跌1.27%；香港恒生指数当日盘中跌幅一度逾2%，最多跌509点，收市时跌幅略有收窄，跌1.55%。

地震造成直接经济损失高达16.9万亿日元。

八、撤离东京

由于担心受核泄漏影响，日本东京出现了外国人向海外撤离、日本人向关西撤离、大批外国使馆临时关闭或转移等情况。

资料来源：竹中平藏，船桥洋一．日本“3·11”大地震的启示：复合型灾害与危机管理．北京：新华出版社，2012.

阅读思考题

根据该案例给出的资料，分析突发事件的特征。

第2章

应急管理概念

君子以思患而豫防之。

——《周易·既济》

所谓应急管理，是指政府和其他管理主体对突发事件的预防与应急准备、监测与预警、应急处置与救援、事后恢复与重建等应对活动的管理；应急管理也是公共安全管理的一个重要组成部分。本章阐述应急管理的基本含义、系统特征和多维视角。

重点问题

- 应急管理的特点
- 综合应急管理
- 风险管理的基本模式
- 危机领导的基本观点

2.1 应急管理的基本含义

2.1.1 应急管理的上位概念

从不同视角看，应急管理有不同的属概念，即上位概念。这里介绍应急管理的两个上位概念——突发事件应对和公共安全管理。

2.1.1.1 突发事件应对

突发事件应对作为以突发事件为对象的人类实践活动，有着广泛的含义。《突发事件应对法》对突发事件应对给予了列举性的解释，即“突发事件的预防与应急准备、监测与预警、应急处置与救援、事后恢复与重建等应对活动”。所有这些活动可以分为技术性活动、认识性活动和整合性活动。

突发事件应对的技术性活动包括：利用有关技术和物质手段对风险隐患采取安全防范措施、利用有关设备和工具进行应急救援、利用信息技术手段打造应急信息平台等。突发事件应对的认识性活动包括：科学研究、教育培训、宣传报道等。例如，《突发事件应对法》规定：“各级各类学校应当把应急知识教育纳入教学内容，对学生进行应急知识教育，培养学生的安全意识和自救与互救能力”（第三十条）。“新闻媒体应当无偿开展突发事件预防与应急、自救与互救知识的公益宣传”（第二十九条）。

整合性活动是把各种资源组织起来的活动，即应急管理活动。

因此，应急管理属于突发事件应对的一系列活动中的一部分，而不是全部。当然，应急管理属于整个突发事件应对系统中的整合性要素，是整合各类突发事件应对活动的关键因素。

2.1.1.2 公共安全管理

一般说来，安全是指不受威胁，没有危险、危害、损失。公共安全是指公众享有安全和谐的生活、工作环境以及良好的社会秩序，最大限度地避免各种灾害的伤害，其生命财产、身心健康、民主权利和自我发展有着安全保障①。公共安全的问题有很多，生态环境安全、食品安全、生产安全、社会安全等方面的各种严重程度不同的问题都属于公共安全问题。其中，一些问题的危害性、紧迫性达到一定程度，便成了突发事件。

公共安全管理是指国家行政机关为了维护社会的公共安全和秩序，保障公民的合法权益，以及社会各项活动的正常进行而开展的各种行政活动的总和。因此，公共安全管理是一个大概念，包括各种风险的源头治理、常态安全运行管理、应急管理等各种管理行为。其中，风险的源头治理包括房屋安全标准和各种基础设施防护项目的实施，常态安全运行管理包括日常生产安全管理与监管、食药品安全管理与监管、社会治安管理等。因此，公共安全管理包含应急管理，其外延远大于应急管理。

此外，随着现代国家治理理念的引入，公共安全管理也正在转化为公共安全治理。应急管理或应急治理仍然是公共安全治理的一个重要组成部分。

2.1.2 应急管理的定义

对于应急管理的理解，可以从这个中文术语所蕴含的基本概念入手。这需要依次理清三个层次的概念：急、应急、应急管理。

“急”，有紧急、危急之意②。突发事件、危机、紧急事态等概念代表着这样的“急”。可以说，突发事件就是“急”；“急”是应急管理的缘起。

“应急”在中文里是一个新词，在晚至2009年版的《辞海》中并无此词条。对于“应”，根据《辞海》的解释，“应”有应付、对待之意。据此，各种突发事件应对活动

① 张维平. 社会学视野中的公共安全与应急机制. 中国公共安全（学术版），2007（2）：6.

② 辞海. 上海：上海辞书出版社，1990：527.

（包括技术层面和认识层面的各种方法手段）都是“应急”。可以说，“应急”等同于“突发事件应对”。

由此，“应急管理”，就是对“应急”活动的管理，亦即对各种突发事件应对活动的管理。应急管理既是突发事件应对活动的内在组成部分，也是对其他突发事件应对活动的管理。根据以上分析，并依据《突发事件应对法》的表述，可以给出如下定义：

应急管理是指政府和其他管理主体对突发事件的预防与应急准备、监测与预警、应急处置与救援、事后恢复与重建中的各种应对活动的管理；应急管理也是公共安全管理的一个重要组成部分。

对于急、应急与应急管理之间的关系，可以用如下示意图表示（见图 2-1）：

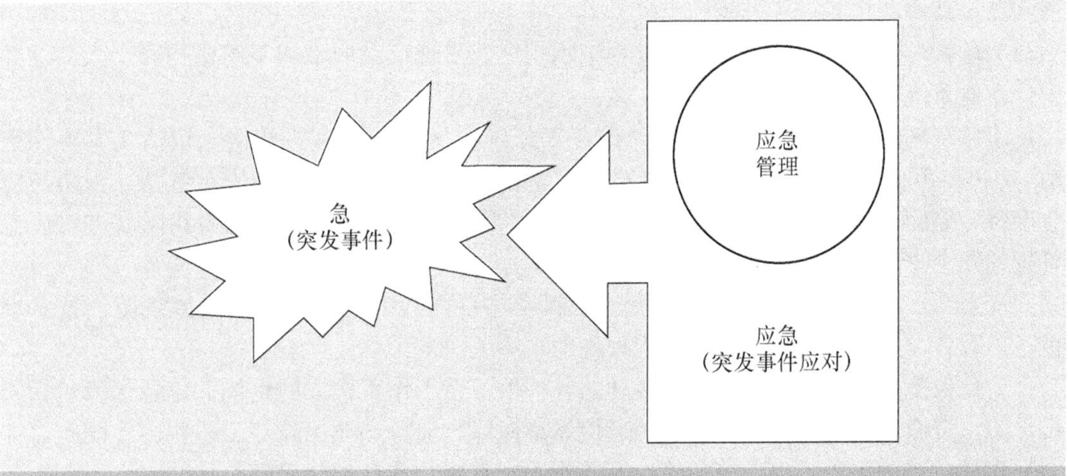

图 2-1　急、应急与应急管理概念关系示意图

需要指出的是，不少学者对应急管理都给出不同的定义。例如，《应急管理概论：理论与实践》一书给应急管理的定义是：“应急管理是为应对突发事件而开展的管理活动，旨在保障公共安全，避免或减少因突发事件所造成的生命、财产损失和社会失序。”① 这些不同的概念界定都有其合理性，只不过各自的侧重点不同。尽管不同时期的定义都会有其历史局限性，但学习和了解不同的定义都会有助于深化对应急管理的认识。

2.1.3　应急管理的构成

为进一步理解应急管理的概念，可以从三个维度剖析应急管理实践：精神思想维度，即应急管理理念；体系构成维度，即应急管理体系；管理行为维度，即应急管理职能。这三者之间，理念是应急管理的灵魂，体系是应急管理的框架，职能是应急管理的行为，三者一起构成了应急管理的有机整体。

2.1.3.1　应急管理理念

应急管理理念是指应急管理机构和应急管理者所遵从的一系列管理突发事件应对工作

① 闪淳昌，薛澜．应急管理概论：理论与实践．北京：高等教育出版社，2012：51.

的指导思想与工作原则。广义地说，应急管理理念既可能属于一个应急管理体系，也可能属于一个应急管理者个人或团队。

应急管理理念似乎是无形的，却是应急管理工作的精神内核与精神统领。应急管理理念统领着应急管理的主体行为、过程展开、规范制定和实施。一个优质高效的应急管理体系的首要因素是拥有普遍认同的完整而恰当的理念。

2.1.3.2 应急管理体系

应急管理体系是指一个机构、一个地区，乃至一个国家的应急管理相关要素构成的一个整体，具体包括应急管理的主体、过程、规范以及应急保障四个方面。这些要素解决了应急管理由谁做（主体）、做什么（过程）、依据什么做（规范）、使用什么资源做（保障）的问题。其中：

应急管理主体是指在应急管理过程中承担突发事件应对职责的组织机构和个人。这其中，政府系统是应急管理的主导性主体。

应急管理过程是指应急管理活动的各工作环节所组成的有机整体，包括突发事件事前、事中、事后各环节的管理。《突发事件应对法》规定的突发事件应对包括“预防与应急准备、监测与预警、应急处置与救援、事后恢复与重建”，可以被视为我国官方对应急管理的四个主要过程的界定。

应急管理规范是以法律规范为统领的制度体系。其中包括了国家法律规范、技术规范，以及各类组织内部的各种应急管理制度。

应急保障是指对突发事件应对活动的各种保障性工作所构成的整体。应急保障包括人员保障、资金物资与场所保障、信息通信体系保障、应急产业保障等。这些内容既是总体突发事件应对的保障，也是应急管理发挥作用的重要物质基础与保障。

2.1.3.3 应急管理职能

1. 应急管理职能的含义

管理职能（management functions），是管理过程中各项管理行为内容的概括，是人们对管理工作应有的一般过程和基本内容所作的抽象概括。管理学历来重视对管理职能的研究。国际上，最早系统提出管理职能的是法国管理学家亨利·法约尔（Henri Fayol）。他提出管理的职能包括计划、组织、指挥、协调、控制五项。此后，随着管理实践的发展和研究的深入，关于管理职能的阐述不断丰富和深入，以管理职能为主线阐述管理学基础知识也成为主流管理学著作的基本规范。

应急管理的基本职能有应急计划、应急组织、应急领导、应急沟通、应急控制等职能。在应急管理领域，应急管理主体在应急管理过程中的任何环节都需要落实计划、组织、领导、沟通、控制等基本职能。当然，在这其中，都离不开应急管理理念的统领、应急管理规范的遵循和应急保障条件的支撑。

以美国为例，“9·11”事件以来，美国政府高度重视应急管理能力建设，美国国土安全部就把计划、信息沟通与警报、行动协调等应急管理职能作为其国家突发事件应对的通用核心能力加以建设①。

---

① National Preparedness Goal. www. fema. dhl. gov.

在我国，突出研究和落实应急管理的计划、组织、领导、沟通、控制等基本职能有助于提升应急管理专业化水平、提升应急管理能力。

需要指出的是，管理职能通常是指施行于一个组织内的若干工作职能。而本书将管理职能概念应用于应急管理领域，实际上是将管理职能学说创造性地转化到社会治理领域。因此，所阐述的应急管理各职能概念的内涵在与一般管理职能内涵相一致的同时，也根据具体情况进行了扩展和调整。

2. 应急管理职能与过程的关系

对应急管理过程的描述通常体现为应急管理全部活动的阶段性划分，而应急管理职能是贯穿于应急管理全过程的不同类型的管理机制与行为方式。两者的关系可用图 2－2 表示：

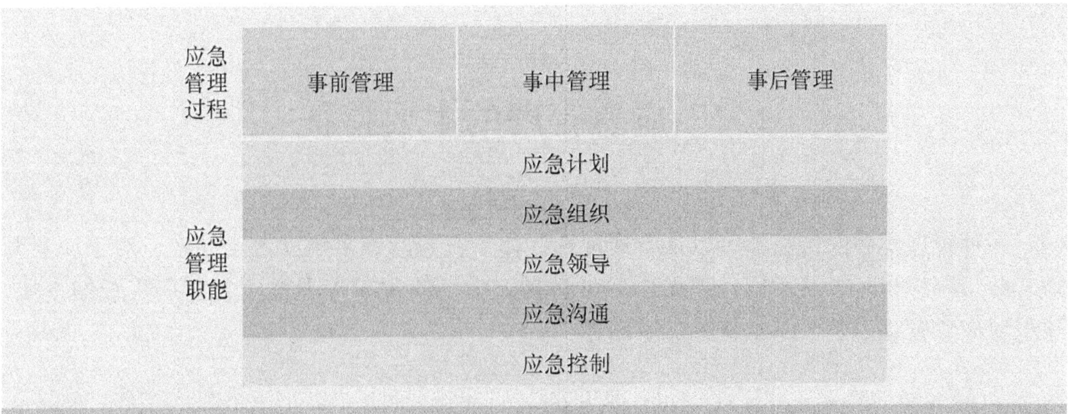

图 2－2 应急管理过程与应急管理职能的关系

多数应急管理概论著作以过程为主线，对应急管理相关工作分阶段进行描述，本书则以职能为主线进行论述。以应急管理职能为主线阐述应急管理，有利于揭示性质相同的工作的原理与方法。例如，不论是事前的应急管理战略规划、应急预案，还是事中的应急行动方案、事后的恢复重建规划，都属于计划管理的范畴，有着共同的特征和相似的工作流程与方法框架。

3. 主要应急管理职能

应急计划。应急计划是指应急管理机构针对突发事件的预防与应急准备、监测与预警、应急处置与救援、事后恢复与重建等应对活动制定并实施战略规划、应急预案、行动方案的机制与过程。应急计划既包括常态的战略规划与应急预案，也包括非常态下的应急行动方案。

应急组织。应急组织是指对突发事件应对各个环节的应急管理主体和人力资源进行有效整合的机制与过程。在各应急管理主体职责相对明确的基础上，应急组织职能主要探讨跨部门的应急组织机制与过程。其中的常态应急组织是指主要在预防与应急准备工作中发挥作用的组织机制与过程，非常态应急组织主要指在应急响应与恢复重建中发挥作用的组织机制与过程。

应急领导。应急领导是指在突发事件应对各个环节中，应急领导者把握自我、动员他人、完成突发事件应对任务的领导行为过程。为带领他人实现应急目标，应急领导者要有过硬的领导素质和高超的领导艺术。

应急沟通。应急沟通是指政府和其他应急管理主体与其体系内部，以及与媒体、公众等受众沟通信息、相互交流的机制与过程。沟通是突发事件应急管理的基础性工作，它贯穿于应急管理工作的始终，体现在预防与监测、应急准备、应急响应、恢复重建等各个环节。应急沟通既包括内部沟通，也包括外部沟通；既包括日常的风险沟通，也包括非常态下的危机沟通。

应急控制。应急控制是指在应急管理工作中，应急管理主体对相关单位、组织和人员的活动进行监督检查，从而能够全面妥善地应对和处置突发事件的机制与过程。应急控制包括“常态”下事前预防与应急准备的部门绩效管理和督查机制，“非常态”下的事中应急处置与救援、事后恢复与重建的督查机制。

2.2 应急管理的主要特征

一种管理实践的特征，可以从管理理念、体系、职能等多角度做出界定。对于应急管理实践，同样也可以从不同角度做出各种概括。为了便于深入理解应急管理实践的本质，这里对应急管理的若干基本特征加以阐述。

2.2.1 具有鲜明公共性的管理

管理实践可以分为公共管理、工商企业管理和社会组织管理领域。不同领域的管理有不同的基本特质。公共管理以服务社会公众为目的，必须体现公共性；工商企业管理以盈利为目的，需要体现私利性；社会组织管理以满足利益相关方需求为目的，需要体现一定的公益性。尽管后两者都要承担社会责任，展现一定的公共性，但这种公共性是非强制、非法定的，具有一定的选择性。

应急管理不仅包括政府的应急管理，还包括企业和其他社会组织的应急管理。但总体而言，应急管理具有鲜明的公共性。

第一，应急管理的目的具有公共性。突发事件是发生在公共领域的事件，威胁全社会或局部社会的利益，可能给全体公众或者部分公众的生命健康及财产安全造成巨大损失。因此，突发事件影响到的是公共利益，而应急管理的目的就是要最大限度地避免和减少突发事件给公众造成的生命健康和财产损失，维护公共利益，维护公共安全。

第二，应急管理主体以政府为统领。应急管理主要是针对公共突发事件的应急管理，公权力机构对应急管理依法负有重要责任。国家和各级政府通过法律法规和各种公共管理工具为一国、一地区的应急管理工作设定体系框架。政府既是应急管理活动的主要执行者，也是主要监督者。

第三，企业、非政府组织、社区等的应急管理从属于国家的应急管理体系。一方面，任何机构的应急管理都要在国家应急管理制度框架下进行；另一方面，各类机构的应急管理工作往往要配合政府的应急管理总体工作，是具有公共性的应急管理工作体系的一个组成部分。

2.2.2　以突发事件为中心的管理

一般管理领域大多以达成一定的目标为中心开展管理活动。这些目标或者聚焦于维持某系统的运作，或者聚焦于开展新的活动、创造新的价值。只有应急管理是围绕突发事件展开、以消除或削弱突发事件的负面影响为指向的管理。应急管理又往往被称为突发事件应急管理，这一称谓体现了应急管理的以事件为中心的管理特点。

第一，突发事件来临时需要采取紧急性措施。突发事件的发生都具有一定的突发性和破坏性，可供管理者利用的时间、信息等资源非常有限，事态发展的后果往往很难预料。因此，非常态阶段的应急管理需要紧紧围绕突发事件的应急处置和后续处置展开，需要采取紧急性措施。此时的一些管理原则、程序和方式不同于一般的管理，其管理权限、资源调动、管理手段、工作程序以及相应的组织结构等都需要以突发事件处置为核心，采取非常规的办法。一般说来，管理权力更加集中，决策和行政程序更加简化，一些行政行为会带有更大的强制性等。

第二，常态下的应急管理工作也需要围绕可能的突发事件展开。应急管理是以突发事件全过程应对为目标的管理。在突发事件发生前，应急管理工作要对突发事件风险隐患加以控制，要对可能发生的突发事件做好预案准备、人员与物资准备等。

第三，总体上，应急管理工作要围绕突发事件的全过程展开。在事前，要尽量避免突发事件的发生，做好处置准备；事中，要做好突发事件应急处置工作；事后，要做好一系列善后工作。应急管理各阶段工作要彼此相互联系、相互衔接、相互支撑，形成良性循环。

2.2.3　宏观微观兼备的管理

公共管理往往具有宏观管理和微观管理两个层面。在宏观层面，是通过公共政策制定与实施的管理；在微观层面，是各级政府的执行层所开展的日常管理工作。

应急管理同样也是宏观微观兼具的管理。由于应急管理的公共性，应急管理过程也表现为一种宏观的公共政策过程；由于其以事件为中心的属性，应急管理过程也表现为一种特殊的微观管理操作过程。

2.2.3.1　作为宏观公共政策过程的应急管理

公共政策是公共权力机关所选择和制定的旨在解决公共问题、达成公共目标、实现公共利益的方案，其作用是规范和指导有关机构、团体或个人的行动，其表达形式包括法律法规、行政规定或命令、国家领导人口头或书面的指示、政府规划等。因此，广义地说，各种政府应急管理规范都是应急管理公共政策的产物。公共政策视角下的宏观层面应急管理包括如下环节：

政策制定：包括应急管理法律、应急管理行政规章、应急规划等的制定。

政策执行：应急管理主体依法依规行使应急管理职能的过程。

政策监督：政府和社会监督部门对应急管理政策进行评估、监测的过程。

政策调整：指根据应急管理政策监督发现的问题对应急管理政策进行调整。

当讨论到应急管理体制改革、应急管理规范体系完善、应急管理能力体系建设规划等问题时，主要讨论的是宏观应急管理课题。

2.2.3.2 作为微观管理操作过程的应急管理

在对具体突发事件应对的微观管理层面，应急管理包括事前、事中、事后各个环节。本书中所阐述的应急管理过程的各个环节可以视为微观应急管理的各个环节。

2.2.3.3 宏观微观应急管理特性不同

宏观层面应急管理的活动事项是有限的、内容与要求是相对稳定的。例如，每五年才制定一次规划，一项政策的更新也往往需要旧政策实行多年后才启动。相比之下，微观层面的应急管理活动是大量的、活跃的、动态的，往往是每一个突发事件都不同，每一次突发事件应对活动的管理都面临新的挑战。

因此，微观层面的应急管理知识与技能所服务的对象（机构和人员）更多，需求量更大。本书在讨论应急管理问题时，也会宏观微观兼顾（如既介绍宏观的应急管理体系建设规划方法，也介绍微观的应急预案管理方法），同时更多的笔墨则花在揭示微观层面的应急管理理论与实践方法方面。

2.2.3.4 宏观微观应急管理相互贯通

应急管理的宏观微观两个层面不是截然分开的。

第一，宏观应急管理政策的执行过程需要落实到每一具体的应急管理执行机构的微观应急管理实践中。

第二，各级政府的应急管理往往兼具宏观和微观两个层面。当然，愈是高级别政府，其应急管理的宏观管理成分愈多。

第三，就两者的相互依赖关系而言，宏观层面的应急管理需要微观层面的应急管理来支撑，微观层面的应急管理需要宏观层面的应急管理来规范和指引。

2.3 应急管理相关概念与理论

在应急管理的大范畴内，有风险管理、危机管理等不同的管理领域；此外，不同学科背景的研究（如风险社会学、灾难心理学等）也源源不断地给应急管理带来养分。所有这些方面的理论与方法都有利于深化对应急管理的认识。本节介绍这些理论与方法的基本概念，以期丰富读者对应急管理概念的认识。

2.3.1 风险管理

2.3.1.1 风险管理的含义

风险管理，顾名思义，是以尚未发展成为突发事件的“风险”为管理对象的管理。

风险管理旨在避免或减少风险发展演变为突发事件的机会，侧重对突发事件的预防和“治本”。

在实践中，“风险管理”一词在不同国家有不同的定位和用法。在中国应急管理实践中，风险管理通常被作为应急管理的第一个环节来对待，是突发事件“预防”工作的主要内容。这也是国际上很多国家和国际组织的认识。在其他国家，有的以“灾害风险管理”作为应急管理的代名词使用（如德国公民保护局），有的以综合风险管理表达综合应急管理的意思（如瑞士联邦政府）。

2.3.1.2　风险管理的过程

根据国际风险管理标准等的表述，风险管理基本过程包括如下环节（见图 2－3）：

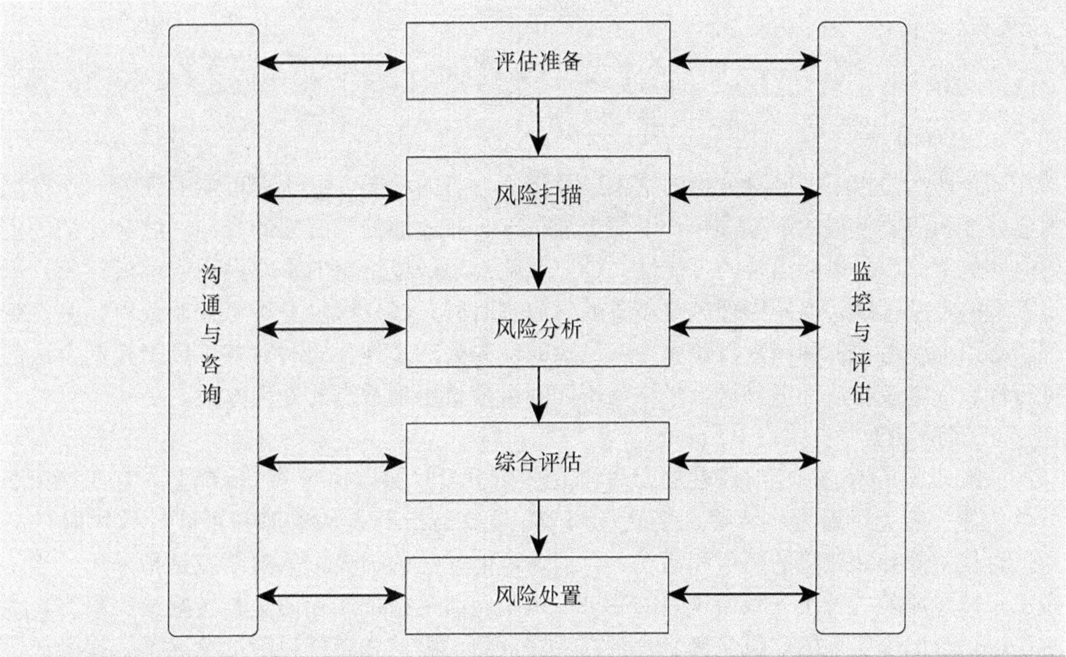

图 2－3　风险管理过程

1. 评估准备

评估准备是评估前的各项基础工作：依法明确风险评估活动的范围和目的、目标；明确谁是利益相关者，即评估工作为谁服务；做好风险评估人员的知识和技能准备；系统搜集有关的社会环境、地理环境、基础设施等方面的具体信息。

2. 风险扫描

风险扫描是指识别并确认潜在的风险，主要回答“会发生什么糟糕的事”以及“如何发生”的问题。

3. 风险分析

风险分析主要是从风险发生的可能性和后果/影响这两个方面对风险进行分析。在定量分析的基础上，每个风险点还可标注在风险地图上，形成更为直观的风险分布图（见图 2－4）。

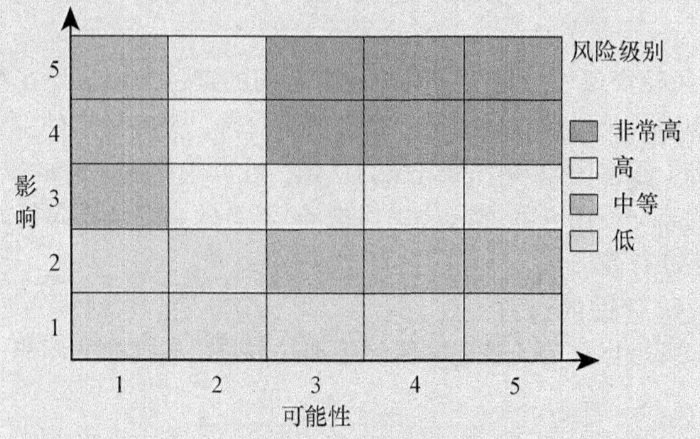

图 2-4 风险地图

4. 综合评估

综合评估是指根据风险分析的结果以及组织自身的状况，把所有可能面临的风险按照紧急程度和需要重视的程度排序，以便更加合理、有效地分配有限的资源。综合评估的主要内容包括：(1) 风险出现的可能性；(2) 风险对地区或组织的影响大小或规模；(3) 风险管理的难易程度；(4) 管理风险需要的资源和时间；(5) 风险是否可控制或可预测。管理者必须综合考虑各种因素以建立一个风险的优先处理序列，同时对各种风险控制方法的可行性、成本及收益加以分析，最终为不同的风险选用最适当的处理方法。

5. 风险处置

风险处置是指选择应对风险的合适的策略和手段并加以执行①。传统上，有四种策略可供选择：避免、缩减、转移、接受②。风险避免是指不去从事那些可能导致风险的行为，直接避开导致风险的事项和活动，以消除可能发生的损失；风险缩减是指采用恰当的做法来减少风险的发生、减弱风险的后果；风险转移是指把风险的负担转嫁给另一方，通常是通过合同来实现的；风险接受是指在无法避免、缩减和转移风险的情况下，接受风险发生的可能性和后果。

6. 监控与评估

即对上述各环节进行监控，对其工作成果进行评估，根据实际情况不断进行修正和调整。

7. 沟通与咨询

对于上述 1～5 个步骤，自始至终都需要进行风险沟通和给予咨询意见，以便使各参与方都明确自己的风险管理责任。

---

① Max's Project Management Wisdom. Wideman Comparative Glossary of Project Management Terms V2.1. (2005-01-27). www.pmforum.org/library/glossary.

② 希斯. 危机管理. 王成，宋炳辉，金瑛，译. 北京：中信出版社，2004：40；PRESS A. Risk management and decision making glossary. (2005-01-27). http://risk-management.argospress.com.

2.3.2　危机管理

2.3.2.1　危机管理的含义

在应急管理领域，危机管理是指应对危机型突发事件所进行的管理活动。危机会给社会安全秩序及其他价值造成特别紧迫和严重的威胁，具有高度的不确定性，需要紧急进行处置。危机管理对危机管理者的挑战很大。例如，在 2003 年非典暴发之初，人们对其传染原因和途径都一无所知。显然，当缺乏关于这类急性传染病的基本知识时，有关决策者面临着极大的不确定性和紧迫性的挑战。

在中文语境下，危机同时意味着危险和机会。通过危机处置收获利益、化危为机是许多危机管理者的期待，但是事实上化危为机并不容易。危机事件在急速发展，影响和扭转其发展方向的时机亦转瞬即逝。这就需要危机管理者有高超的领导能力。

2.3.2.2　危机管理的过程

对于危机管理过程，不同学者有不同的阐述，但通常都依据危机的生命周期特点设计相应的管理环节。例如，美国学者罗伯特·西斯（Robert Heath）提出了 4R 危机管理模型，即减轻（reduction）、预备（readiness）、反应（response）、恢复（recovery）①。诺曼·奥古斯丁（Norman R. Augustine）则认为危机管理有六个阶段，即危机防范、危机预备、危机确认、危机控制、危机解决、事后学习②。这些描述各有侧重，各有启发性，但大体都与应急管理的基本过程相一致，即都包括事前、事中、事后的相关工作。

2.3.2.3　危机领导

鉴于危机管理对领导者的挑战很大，危机管理的领导任务与策略受到极大的关注。欧洲学者阿金·伯恩等认为，危机面前的公共领导者需要完成五项重要任务：认识危机、做出决定、理解危机、终止危机，以及从危机中学习③。

1. 认识危机

领导者必须评价面临的威胁，并确定究竟是什么样的危机。例如，在“9·11”事件刚发生时，领导者必须确定这一事件的威胁有多大，针对什么事或什么人，以及接下来情况会如何发展。信息的来源多种多样，但如何分辨真伪？如何从喧闹的危机信息中提取其中令人信服的部分？所有这些都需要领导者给予分析。

2. 做出决定

领导者回应危机时面临着多种选择的机会。危机的发作所引发的需求和问题会非常复杂。但是，在危机条件下，对公共资源的需求与供给之间的不平衡比平时大许多，且情况尚不清楚、不稳定，而领导者思考问题、向专家咨询和争取人民接受决策的时间却非常短促。

---

① 希斯．危机管理．王成，宋炳辉，金瑛，译．北京：中信出版社，2004.

② 奥古斯丁．危机管理．北京新华信商业风险管理有限责任公司，译校．北京：中国人民大学出版社，2001.

③ 伯恩，等．危机管理政治学．赵凤萍，胡扬，樊红敏，译．郑州：河南人民出版社，2010.

3. 理解危机

危机面前，权威机构往往不能立即提供正确的信息。领导者必须努力向公众解释发生了什么，为什么会发生这种情况，以及应该怎样负起责任。除了领导者以外，新闻机构也通过各种渠道来阐释危机的含义。因此，面对各种各样的杂音，领导者需要在一定程度上控制住有关危机的流言在公众中的传播。

4. 终止危机

政府不可能永远停留在危机状态。领导者的关键任务之一就是保证整个社会能及时有效地回归正常状态。领导者不可能通过单方面颁布法令达到这个目的。提前终止危机甚至可能引火上身。在持续紧张的氛围下，人们可能批评领导者低估甚至掩盖了危机。但是，拖沓也同样不可取。

5. 从危机中学习

危机的经历能够为人们以后的危机应对提供经验。领导者要引导政府和行政系统吸取经验教训。

专栏

业务持续性管理

业务持续性管理（business continuity management，BCM）是帮助各类组织（包括企业、政府机构等实体组织）在灾难事件发生时，确保其关键业务持续进行的方法。

BCM整个过程分为六个阶段（即所谓6R模型），即减少（reduce）、响应（respond）、恢复（recover）、重续（resume）、重建（restore）、返回（return）。“减少”阶段的主要任务是做好各项预防准备（包括采取必要的防控措施、制定好各种预案、准备好相关资源等）。“响应”阶段的主要任务是进行应急响应（包括对生命和财产进行救援，对可能的损失进行评估，从而判断是否需要启动后续阶段的相关程序等）。“恢复”阶段的主要任务是在事件确认为灾难后，启动相应的恢复计划（此时突发事件可能尚未结束，通常需在临时的后备场地进行），从而为重新恢复关键业务的进行做好准备。“重续”阶段的主要任务是按照预定的优先级别重新开始恢复关键业务的（继续）进行（通常也是在临时的后备场地进行）。“重建”阶段的主要任务是在灾难过去后（或者在关键业务恢复到稳定的进行状态后），开始执行相关计划来修复或重建永久业务站点（灾后重建）。“返回”阶段的主要任务是在“重建”工作完成后，按计划将在临时的后备场地进行的业务返回到永久站点进行，从而全面恢复正常的业务进行。

【附记】业务持续性管理可以被视为应急管理的特殊形式，值得应急管理理论和实践层面关注。

2.3.3 其他视角

2.3.3.1 风险社会理论——深化对突发事件机理的认识

从20世纪50年代末开始，西方国家经济迅猛发展，各类风险增多，核泄漏及各种污染事件不断涌现，这些突发的社会问题波及全球各个领域，触发了风险社会理论的发展。

风险社会理论是一种关于现代社会风险现象的本质与规律的理论。严格说，风险社会理论所涵盖的风险范围远大于应急管理所研究的风险范围。因此，这是一类与应急管理对象相关的广义风险理论。这类研究始自德国社会学家贝克，形成了众多的理论观点和不同的研究维度。目前主要有制度、系统与环境、文化等三个研究维度或者流派①。

1. 风险社会制度流派

从制度维度对现代社会风险及风险社会进行研究的主要代表人物是贝克和吉登斯。他们认为，现代社会风险是现代性变异的一种结果，是 20 世纪以来高科技的突飞猛进以及各种制度建构所内在具有的自反性的体现。他们强调技术性风险、制度性风险和风险分布。贝克认为，在现代社会，人类自身知识的增长和科学技术的迅猛发展，给整个世界带来了强烈影响，导致自然与传统的终结，即“人化环境”和“社会化自然”形成。这也造成不明的和无法预料的风险成为现代社会的主宰力量，使社会充满了各种人为的风险。同时，人类为控制这些不确定性而做出的各种决定又会导致新风险的产生。

2. 风险的系统与环境流派

卢曼的风险系统理论认为，现代社会本身就是一个充满风险的社会。现代性的发展促使社会系统不断分化，这种分化将使社会充满复杂性和偶然性，因此，风险也从这种复杂性和偶然性的社会结构中衍生出来。

3. 风险文化理论流派

道格拉斯、拉什等学者主张从文化的角度研究现代风险问题。他们关注现代风险如何在特定的风险文化背景下被建构出来，突出强调在风险形成、评估等过程中的价值判断、道德信念等所起的重要作用。

2.3.3.2　灾害经济理论——从经济视角认识突发事件

灾害经济理论从成本与效益的角度研究灾害。这里的“灾害”不是专指自然灾害，而是指“针对人类社会而言并受人类社会的生产、生活活动范围制约的各种异常的自然、社会现象”②。有学者认为，灾害有四项规律③：

规律一：不可避免规律。古往今来，各种灾害都是客观的自然、社会现象，其在总体上都具有不可避免性。当然，灾害与灾害损失可以减轻。

规律二：不断发展规律。人类社会是不断发展的，灾害与灾害损失也是不断发展的。灾害发展的一般表现形式有：灾害的种类不断增加；危害的对象增多；造成的经济后果绝对数额不断扩大；造成的影响日益巨大。当然，随着人类社会的发展，个别曾经威胁过人类安全的灾害来源被大幅减少甚至被消灭。

此外，在现阶段，灾害的不断发展规律还呈现新的趋势：灾害问题正在成为全球性问题；在自然灾害的持续发展中，气象灾害与海洋灾害发展得尤其迅速；环境灾害急剧上

---

① 张广利，许丽娜. 当代西方风险社会理论的三个研究维度探析. 华东理工大学学报（社会科学版），2014（2）.

② 郑功成. 灾害经济学. 北京：商务印书馆，2010：3.

③ 同②41-87.

升；科技事故灾害将随着科技发展和广泛应用而迅速、持续增加，并对经济发展与国民生活造成巨大的影响；在灾害损失方面，物质财富损失持续上升，人身伤亡相对减少（其中，自然灾害导致的人身伤亡持续下降，人为事故导致的人身伤亡持续上升）。

规律三：人灾互制规律。这既包括人对灾害的制约（人类在一定程度上控制或减轻灾害，或助长灾害），也包括灾害对人类经济发展的制约。

规律四：区域组合规律。灾害的种类、数量、频率及危害程度、危害对象在不同的区域具有不同的组合。而且，在不同层次的区域范围内，灾害的组合是不同的，显示出区域组合规律的层次性。

这些关于“规律”的表述，直观易懂，有助于从总体上认识突发事件的经济特征。

2.3.3.3 灾害心理理论——从心理学角度认识突发事件应对

灾害心理理论，或称灾难心理理论，揭示在灾难发生的不同时间阶段，个体或群体的灾难心理的发生和发展规律，并预测这些灾难心理和行为的发展变化[①]。在此基础上，研究者们给出了灾难应对的建议[②]。在灾难救援方面，研究者们提出了政府、军队领导干部和救援人员的胜任特征要求、紧急心理危机干预的指导原则，重点分析了灾难早期人们的心理行为，特别是孤儿、孤老、伤残者的心理救援方法，救援官兵、灾区干部、后勤保障人员、新闻记者和志愿者等救援群体的行为决策及压力管理。在灾区重建方面，研究者们研究了灾区重建的心理适应问题，特别就医院伤病员的心理关爱、灾区学校的心理教育以及灾区企业的心理重建提出了对策建议。

2.3.3.4 危机传播理论——从传播学角度认识突发事件应对

危机传播理论研究危机过程中的传播与沟通现象、规律，探讨通过媒介管理和沟通管理改善危机管理者的危机沟通工作。在危机面前，大众传媒可以成为社会风险的守望和预警者、社会舆论的引导者、集体行动的沟通者、不当行为的监督者、社会心理的救治者[③]。在新媒体时代，危机管理者如何引导大众传媒发挥积极功能，控制谣言等负面传播现象，关系十分重大。

2.3.3.5 多学科的韧性研究——为应急能力建设提供支撑

韧性（resilience，也称恢复力）日益成为生态学、灾害学、心理学，以及风险管理、安全科学等诸多学科和研究领域共同关注和高度重视的焦点[④]。丁辉认为，韧性是指社会系统、组织及个体适应环境变化，承受威胁与破坏力，并通过应急准备、学习及再组织能够快速从破坏中恢复到原来状态或接近原来状态的能力[⑤]。因此，韧性是一种承受能力、应变能力、恢复能力和提升能力。这些能力取决于一个系统的自身社会资本以及自组织能力。韧性可降低事故、事件或事情的后果，也可以影响重大事故、事件或事情发生的可能性。一个韧性社会与组织具有反思性、稳健性、灵活性、包容性和应急准备冗余性等特点。

---

① 王雪艳，张丽萍．灾难心理学学科体系初探．吉林医药学院学报，2013（5）．

② 石勘．灾难心理学．北京：科学出版社，2010．

③ 陈淑伟．大众传媒在突发事件应急管理中的角色与功能．青年记者，2007（1）．

④ 张海波．公共安全管理：整合与重构．北京：三联出版社，2012：51．

⑤ 丁辉．安全风险术语（研究报告）．北京：北京市科学技术研究院，2016．

专栏

应急管理“拳头模式”

“拳头模式”是由闪淳昌先生提出的我国特有的应急管理模式。所谓“拳头模式”，就是在政府主导下对多种力量进行整合以增强力量的一种危机管理模式，如同将五个手指紧握成拳，快速出击，强力应对重大公共危机，体现出“五指成拳，迅捷有力”的拳头特征。从近年来中国应对突发事件的成功经验来看，中国应对突发事件主要依靠五种基本力量（比喻为五个指头）：党政组织、人民军队、专业技术应急队伍、社会与人民群众、国际救援组织。在应对突发事件的过程中，以党政组织为领导核心，以人民军队为主干力量，以专业技术应急队伍为专业依托，以社会与人民群众为坚实基础，以国际救援组织为有益补充，相互协调配合，充分发挥五种基本力量各自的优势，共同构成应对突发事件的强大合力。

资料来源：闪淳昌. 应急管理：中国特色的运行模式与实践. 北京：北京师范大学出版社，2011.

【附记】发展中国特色的应急管理概念和理论有着重要的意义。应急管理“拳头模式”就是这方面的有益探索。

本章小结

1. 应急管理就是指政府和其他管理主体对突发事件的预防与应急准备、监测与预警、应急处置与救援、事后恢复与重建等应对活动的管理；应急管理也是公共安全管理的一个重要组成部分。

2. 应急管理是具有鲜明公共性的管理，是以事件为中心的管理，是宏观微观兼具的管理。

3. 在应急管理的大范畴内，有着风险管理、危机管理等不同的管理领域；此外，不同学科背景的研究（如风险社会学、灾难心理学等）也源源不断地给应急管理带来养分。

关键术语

应急管理　应急管理理念　应急管理体系　应急管理职能　风险管理　危机管理

复习思考题

1. 何谓应急管理？
2. 应急管理的主要特征是什么？

3. 应急管理体系包括哪些部分？
4. 应急管理职能是什么？
5. 风险管理的基本流程是什么？

阅读材料

“8·12”天津港瑞海公司危险品仓库火灾爆炸事故

【题记】“8·12”火灾爆炸事故是本世纪以来我国最为严重的一次事故灾难，其所反映出的应急管理问题涉及方方面面，是重要的应急管理研究素材。

一、事故基本情况

（一）事故发生的时间和地点

2015年8月12日22时51分46秒，位于天津市滨海新区吉运二道95号的瑞海公司危险品仓库运抵区（“待申报装船出口货物运抵区”的简称，属于海关监管场所，用金属栅栏与外界隔离。由经营企业申请设立，海关批准，主要用于出口集装箱货物的运抵和报关监管）最先起火，23时34分06秒发生第一次爆炸，23时34分37秒发生第二次更剧烈的爆炸。事故现场形成6处大火点及数十个小火点。8月14日16时40分，现场明火被扑灭。

（二）事故现场情况

事故现场按受损程度，分为事故中心区、爆炸冲击波波及区。事故中心区为此次事故中受损最严重区域，该区域东至跃进路、西至海滨高速、南至顺安仓储有限公司、北至吉运三道，面积约为54万平方米。两次爆炸分别形成一个直径15米、深1.1米的月牙形小爆坑和一个直径97米、深2.7米的圆形大爆坑。以大爆坑为爆炸中心，附近150米范围内的建筑被摧毁，东侧的瑞海公司综合楼和南侧的中联建通公司办公楼只剩下钢筋混凝土框架；堆场内大量普通集装箱和罐式集装箱被掀翻、解体、炸飞，形成由南至北的3座巨大堆垛，一个罐式集装箱被抛进中联建通公司办公楼4层房间内，多个集装箱被抛到该建筑楼顶；参与救援的消防车、警车和位于爆炸中心南侧的吉运一道和北侧吉运三道附近的顺安仓储有限公司、安邦国际贸易有限公司储存的7 641辆商品汽车和现场灭火的30辆消防车在事故中全部损毁，邻近中心区的贵龙实业、新东物流、港湾物流等公司的4 787辆汽车受损。

爆炸冲击波波及区分为严重受损区、中度受损区。严重受损区是指建筑结构、外墙、吊顶受损的区域，受损建筑部分主体承重构件（柱、梁、楼板）的钢筋外露，失去承重能力，不再满足安全使用条件。中度受损区是指建筑幕墙及门、窗受损的区域，受损建筑局部幕墙及部分门、窗变形、破裂。

爆炸冲击波波及区以外的部分建筑，虽没有受到爆炸冲击波直接作用，但由于爆炸产生地面震动，造成建筑物接近地面部位的门、窗玻璃受损。这类受损最远波及8.5公里处。

（三）人员伤亡和财产损失情况

事故造成165人遇难（参与救援处置的公安现役消防人员24人，天津港消防人员75人，公安民警11人，事故企业、周边企业员工和周边居民55人），8人失踪（天津港消防人员5人，周边企业员工、天津港消防人员家属3人)，798人受伤住院治疗（伤情重及较重的伤员58人，轻伤员740人），304幢建筑物（其中，办公楼宇、厂房及仓库等单位建筑73幢，居民1类住宅91幢、2类住宅129幢，居民公寓11幢）、12 428辆商品汽车、7 533个集装箱受损。截至2015年12月10日，事故调查组依据《企业职工伤亡事故经济损失统计标准》(GB6721—1986) 等标准和规定统计，已核定直接经济损失68.66亿元人民币，其他损失尚需最终核定。

（四）环境污染情况

通过分析事发时瑞海公司储存的111种危险货物的化学组分，确定至少有129种化学物质发生爆炸燃烧或泄漏扩散，其中，氢氧化钠、硝酸钾、硝酸铵、氰化钠、金属镁和硫化钠这6种物质的重量占到总重量的50%。同时，爆炸还引燃了周边建筑物以及大量汽车、焦炭等普通货物。本次事故残留的化学品与产生的二次污染物逾百种，对局部区域的大气环境、水环境和土壤环境造成了不同程度的污染。

二、事故直接原因

最终认定事故直接原因是：瑞海公司危险品仓库运抵区南侧集装箱内的硝化棉由于湿润剂散失出现局部干燥，在高温（天气）等因素的作用下加速分解放热，积热自燃，引起相邻集装箱内的硝化棉和其他危险化学品长时间大面积燃烧，导致堆放于运抵区的硝酸铵等危险化学品发生爆炸。

三、事故应急救援处置情况

（一）爆炸前灭火救援处置情况

8月12日22时52分，天津市公安局110指挥中心接到瑞海公司火灾报警，立即转警给天津港公安局消防支队。与此同时，天津市公安消防总队119指挥中心也接到群众报警。接警后，天津港公安局消防支队立即调派与瑞海公司仅一路之隔的消防四大队紧急赶赴现场，天津市公安消防总队也快速调派开发区公安消防支队三大街中队赶赴增援。

22时56分，天津港公安局消防四大队首先到场，指挥员侦查发现瑞海公司运抵区南侧一垛集装箱火势猛烈，且通道被集装箱堵塞，消防车无法靠近灭火。指挥员向瑞海公司现场工作人员询问具体起火物质，但现场工作人员均不知情。随后，现场组织吊车清理被集装箱占用的消防通道，以便消防车靠近灭火，但未果。在这种情况下，为阻止火势蔓延，消防员利用水枪、车载炮冷却保护毗邻集装箱堆垛。后因现场火势猛烈、温度太高，指挥员命令所有消防车和人员立即撤出运抵区，在外围利用车载炮射水控制火势蔓延。根据现场情况，指挥员又向天津港公安局消防支队请求增援，天津港公安局消防支队立即调派五大队、一大队赶赴现场。

与此同时，天津市公安消防总队119指挥中心根据报警量激增的情况，立即增派开发区公安消防支队全勤指挥部及其所属特勤队、八大街中队，保税区公安消防支队天保大道中队，滨海新区公安消防支队响螺湾中队、新北路中队前往增援；这期间，连续3次向天津港公安局消防支队119指挥中心询问灾情，并告知力量增援情况。至此，天津港公安局消防支队和天津市公安消防总队共向现场调派了3个大队、6个中队、36辆消防车、200人参与灭火救援。

23时08分，天津市开发区公安消防支队八大街中队到场，指挥员立即开展火情侦查，并组织在瑞海公司东门外侧建立供水线路，利用车载炮对集装箱进行泡沫覆盖保护。

23 时 13 分许，天津市开发区公安消防支队特勤中队、三大街中队等增援力量陆续到场，分别在跃进路、吉运二道建立供水线路，在运抵区外围利用车载炮对集装箱堆垛进行射水冷却和泡沫覆盖保护；同时，组织疏散瑞海公司和相邻企业在场工作人员以及附近群众 100 余人。

（二）爆炸后现场救援处置情况

这次事故涉及危险化学品种类多、数量大，现场散落大量氰化钠和多种易燃易爆危险化学品，不确定危险因素众多，加之现场道路全部阻断，有毒有害气体造成巨大威胁，救援处置工作面临巨大挑战。

国务院工作组在郭声琨同志的带领下，不惧危险，靠前指挥，科学决策，始终坚持生命至上，千方百计搜救失踪人员，全面组织做好伤员救治、现场清理、环境监测、善后处置和调查处理等各项工作。一是认真贯彻落实党中央国务院决策部署，及时传达习近平总书记、李克强总理等中央领导同志重要指示批示精神，先后召开十余次会议，研究部署应对处置工作，协调解决困难和问题。二是协调调集防化部队、医疗卫生、环境监测等专业救援力量，及时组织制定工作方案，明确各方职责，建立紧密高效的合作机制，完善协同高效的指挥系统。三是深入现场了解实际情况，及时调整优化救援处置方案，全力搜救、核查现场遇险失联人员，千方百计救治受伤人员，科学有序进行现场清理，严密监测现场及周边环境，有效防范次生事故发生。四是统筹做好善后安抚和舆论引导工作，及时协调有关方面配合地方政府做好 3 万余名受影响群众的安抚工作，开展社会舆论引导工作。五是科学严谨地组织开展事故调查，本着实事求是的原则，深入细致地开展现场勘验、调查取证、科学试验等工作，尽快查明事故原因，给党和人民一个负责任的交代。

天津市委、市政府迅速成立事故救援处置总指挥部，由市委代理书记、市长黄兴国任总指挥，确定“确保安全、先易后难、分区推进、科学处置、注重实效”的原则，把全力搜救人员作为首要任务，以灭火、防爆、防化、防疫、防污染为重点，统筹组织协调解放军、武警、公安以及安监、卫生、环保、气象等相关部门力量，积极稳妥推进救援处置工作。共动员现场救援处置的人员达 1.6 万多人，动用装备、车辆 2 000 多台。其中，解放军 2 207 人，339 台装备；武警部队 2 368 人，181 台装备；公安消防部队 1 728 人，195 部消防车；公安其他警种 2 307 人；安全监管部门危险化学品处置专业人员 243 人；天津市和其他省区市防爆、防化、防疫、灭火、医疗、环保等方面专家 938 人，以及其他方面的救援力量和装备。

公安部先后调集河北、北京、辽宁、山东、山西、江苏、湖北、上海 8 省市公安消防部队的化工抢险、核生化侦检等专业人员和特种设备参与救援处置。公安消防部队会同解放军（北京军区卫戍区防化团、解放军舟桥部队、预备役力量）、武警部队等组成多个搜救小组，反复侦检、深入搜救，针对现场存放的各类危险化学品的不同理化性质，利用泡沫、干沙、干粉进行分类防控灭火。

事故现场指挥部组织各方面力量，有力有序、科学有效地推进现场清理工作。按照排查、检测、洗消、清运、登记、回炉等程序，科学慎重地清理危险化学品，逐箱甄别确定危险化学品种类和数量，做到一品一策、安全处置，并对进出中心现场的人员、车辆进行全面洗消；对事故中心区的污水，第一时间采取“前堵后封、中间处理”的措施，在事故中心区周围构筑 1 米高的围埝，封堵 4 处排海口、3 处地表水沟渠和 12 处雨污排水管道，把污水封闭在事故中心区内。同时，对事故中心区及周边大气、水、土壤、海洋环境实行 24 小时不间断监测，采取针对性防范处置措施，防止环境污染扩大。9 月 13 日，现场处置清理任务全部完成，累计搜救出有生命迹象人员 17 人，搜寻出遇难者遗体 157 具，清运危险化学品 1 176 吨、汽车 7 641 辆、集装箱 13 834 个、货物 14 000 吨。

（三）医疗救治和善后处理情况

国家卫计委和天津市政府组织医疗专家，抽调 9 000 多名医务人员，全力做好伤员救治工作，努力提高抢救成功率，降低死亡率和致残率。由国家级、市级专家组成 4 个专家救治组和 5 个专家巡视组，逐一摸排伤员伤情，共同制定诊疗方案；将伤员从最初的 45 所医院集中到 15 所三级综合医院和三甲专科医院，实行个性化救治；组建两支重症医学护理应急队，精心护理危重症伤员；抽调 59 名专家组建 7 支队伍，对所有伤员进行筛查，跟进康复治疗；实施出院伤员与基层医疗机构无缝衔接，按辖区属地管理原则，由社区医疗机构免费提供基本医疗；实施心理危机干预与医疗救治无缝衔接，做好伤员、牺牲遇难人员家属、救援人员等人群的心理干预工作；同步做好卫生防疫工作，加强居民安置点疾病防控，安置点未发生传染病疫情。

民政部将牺牲的消防员全部追认为烈士，就高标准进行抚恤；天津市政府在依法依规的前提下，给予遇难、失联人员家属和住院的伤残人员救助补偿；组织 1 025 名机关干部和街道社区工作人员，组成 205 个服务工作组，对遇难、失联和重伤人员家属进行面对面接待安抚，倾听诉求，解决实际困难。

总的看，在党中央、国务院的坚强领导下，国务院工作组团结带领各有关方面，勇挑重担、迎难而上、连续奋战，现场处置工作有力有序有效，没有发生次生事故灾害，没有出现新的人员伤亡，没有引发重大社会不稳定事件。爆炸发生前，天津港公安局消防支队及天津市公安消防总队初期响应和人员出动迅速，指挥员、战斗员及时采取措施冷却控制火势、疏散在场群众；爆炸发生后，面对复杂的危险化学品事故现场，天津市委、市政府快速反应、果断决策，迅速协调组织各方面力量科学施救、稳妥处置，全力做好人员搜救、伤员救治、隐患排查、环境监测、现场清理、善后安抚等工作。

但是，事故救援处置过程中也存在不少问题：天津市政府应对如此严重复杂的危险化学品火灾爆炸事故思想准备、工作准备、能力准备明显不足；事故发生后，在信息公开、舆论应对等方面不够及时有效，造成一些负面影响。消防力量对事故企业存储的危险化学品底数不清、情况不明，致使先期采取的一些措施针对性、有效性不强。

资料来源：天津港“8·12”瑞海公司危险品仓库特别重大火灾爆炸事故调查报告. 国家安监总局网站.

阅读思考题

从上述案例提供的材料来看，你认为这次事件在应急管理方面有哪些主要的经验和教训？

第3章

应急管理历程

以史为镜，可以知兴替。

——《旧唐书·魏徵传》

突发事件应急管理的历史与人类文明的历史一样长。展望未来，中国和世界的应急管理必将在继承历史遗产的同时，迈向新的时代。本章阐述世界和中国突发事件应急管理的基本历史脉络，并在此基础上对应急管理的未来做出展望。

重点问题

- 国际现代应急管理的基本特点
- 中国现代应急管理的基本特点
- 应急管理的发展趋势

3.1 国际应急管理发展历程

为了叙述方便，我们把国际上的应急管理划分为三个时期：一是第二次世界大战结束（1945 年）以前，其显著特征是没有形成明确的或专门的政府应急管理体制，应急管理以一事一议为主要特征；二是 1945 年到美国“9·11”事件以前（截至 2000 年），这一时期的政府应急管理体制得以确立；三是此后的应急管理新发展时期，这一时期政府应急管理有了更为综合的特征。

3.1.1　1945 年以前的应急管理时期

3.1.1.1　突发事件

人类历史从有文字记载以来到 20 世纪中期，大部分地区和大部分时间属于自然经济时代，近代以来部分地区才进入工业经济时代。总体上，该时期的突发事件有如下特点：

1. *自然灾害威胁不断*

一部人类发展史就是一部人类与自然灾害斗争的历史。许多人认为，《圣经》中描述的诺亚方舟故事就是对史前大洪水的记载；在其他文明中，也有关于史前大洪水的传说。

早期人类文明大多出现在大河流域，主要包括底格里斯河和幼发拉底河流域、尼罗河流域、黄河流域、印度河流域等。大河流域在为人类提供充沛的水源、肥沃的田地、便利的水上运输的同时，也为人类社会带来了灾害——洪水泛滥。有学者认为，古印度河文明是被洪水淹没的，从印度河文明的首都摩亨约·达罗旧址上覆盖的一层又一层淤泥来判断，灭顶的水灾发生过 5 次以上①。

到了西方所称的古典文明时期（公元前 1000—公元 500 年），重大自然灾害往往造成严重的经济损失和大量的人口减少，甚至造成王朝的衰亡。公元 79 年，意大利维苏威火山大喷发，吞噬了罗马古城庞培，夺走了无数人的生命。在东罗马帝国查士丁尼时期（公元 527—565 年在位），地震格外频繁，全国每一年都发生多次地震。根据英国历史学家吉本的描述，有一次首都君士坦丁堡的地震竟延续了 40 多天；而安条克城的一次地震就使得 2.5 万人丧生②。

事实上，在人类历史上，以水旱灾害、地震灾害为代表的自然灾害并未随着人类的进步而减少。史书上记载的中世纪以来的灾难性事件举不胜举。例如，1202 年 7 月发生在地中海东部的地震不仅造成 110 万人死亡，也摧毁了埃及、叙利亚和伊拉克的古代文明。

2. *瘟疫带来毁灭性灾难*

瘟疫自古即有。在古罗马，鼠疫造成了查士丁尼和他的几位继位者时代的人口大量减少，一直持续了半个多世纪。据吉本记载，在首都君士坦丁堡，3 个月的时间内，每天都要死去 5 000 人，后来更增加到每天死亡 1 万人；帝国东部的许多城市彻底荒芜，意大利许多地区的庄稼和葡萄全都烂在地里③。这次鼠疫为伦巴底人入侵意大利铺平了道路，加快了罗马帝国的衰亡。

进入中世纪（公元 500—1500 年），14 世纪中叶的黑死病夺走了占欧洲总人口三分之一到二分之一的人的生命，成为人类历史上一次空前的大灾难。黑死病最初发生在南俄罗斯或中亚，经过克里米亚或通过商船传到意大利和西欧，并经亚美尼亚传到小亚细亚、埃及和北非，1348 年传到英国。据估计，整个欧洲死亡总人数共达 2 500 万人。欧洲的社会生产几乎陷入瘫痪④。

---

① 斯塔夫里阿诺斯. 全球通史：第 7 版. 吴象婴，等译. 北京：北京大学出版社，2005：69.

② 吉本. 罗马帝国衰亡史：下册. 黄宜思，黄雨石，译. 北京：商务印书馆，1997：226.

③ 同②230.

④ 韦尔斯. 世界史纲：生物和人类的简明史：下卷. 吴文藻，等译. 桂林：广西师范大学出版社，2001：640-641.

16 世纪，欧洲人入侵美洲，印加帝国在三次天花的大爆发中被毁灭。

19 世纪发生了 6 次世界性霍乱大流行。在 1817 年以前，霍乱只是印度的地方性疾病。但在此后的 6 年间它迅速蔓延到日本和欧洲，受难者多为穷人。仅印度本土，在最初的 20 年间就有 700 万人死于霍乱。

流感在 1918—1919 年的爆发使美国仅几个月间就有 50 万名患者死去；印度仅 6 个月就有 700 万人因患流感而死亡。全世界流感患者估计有 7 亿人，死亡者达 2 000 万①。

3. 并不多见的事故

历史上的事故灾难主要是人类用火不慎导致的火灾。公元 64 年，罗马帝国首都罗马城发生大火，持续了 1 天，造成数千人死亡，约 20 万人无家可归。4 年后，当时的罗马皇帝尼禄即被推翻。

到了近代，尽管在西方已经出现大工业生产，但除了个别工厂火灾之外，重大技术灾难并不多见。

近现代以来，随着交通运输技术的发展，各类交通事故越来越多。1912 年 4 月 14 日，泰坦尼克号邮轮于处女航中撞上冰山。4 月 15 日凌晨 2 时 20 分，船体断裂成两截后沉入大西洋，船上 1 500 多人丧生。泰坦尼克号海难是和平时期死伤人数最惨重的海难。

4. 人类的征服性活动成为大灾难的重要原因

就灾害发生的原因而言，除了纯粹的自然原因，人类对自然的征服活动也成为大灾难的重要原因。恩格斯在《反杜林论》中曾经指出：我们不要过分陶醉于我们对自然界的胜利。对于每一次这样的胜利，自然界都报复了我们。每一次胜利，起初确实取得了我们预期的结果，但是往后和再往后却发生完全不同的、出乎预料的影响，常常把最初的结果又消除了。恩格斯举例说，美索不达米亚、希腊、小亚细亚以及其他各地的居民，为了得到耕地，把森林都砍光了。他们做梦也没有想到，这些地方今天竟因此而成为不毛之地。还有阿尔卑斯山的意大利人，当他们在山南坡把在山北坡得到精心保护的同一种树木砍光用尽时，并没有预料到，这样一来，就把本地区的高山畜牧业的根基给毁掉了；他们更没有预料到，这样做竟使山泉在一年中的大部分时间内枯竭了，而在雨季又使更加凶猛的洪水倾泻到平原上。

需要指出的是，人类的战争活动、对其他种族的征服活动更是造成灾难的重要原因（尽管这已经超出应急管理要讨论的范畴）。看看北美印第安人的命运，正是征服者的枪炮和传染病使得 90%以上的印第安人口消失。

3.1.1.2 应对措施②

对于上述灾害风险，在漫长的历史时期中，人类大多数时候是被动地反应，是无能为力的；而在主动应对方面，则主要以部分工程措施的采用、积极生态保护措施的采取、医学的不断进步，以及巫术等心理安慰措施为特征。

1. 巫术与科学相伴而生

在科学技术还不发达的年代，古人靠祈求神灵和巫术应对灾难就是非常自然的了。在

① 金磊. 世界灾害医学史及其科学启示. 世界研究与发展，1994（10）.

② 本章各部分的“应急措施”讲述的都是应急管理以外的其他突发事件应对措施。

东西方历史上，都有向天神祈求雨水、用巫术驱除病魔的实践。例如，在古代美索不达米亚人心目中，洪水之神尼诺塔是一位恶毒的神，必须用巫术来驱除①。

巫术活动和最初的科学活动是合二为一的，都由祭司来主持，比如古代埃及由祭司负责监测尼罗河的水量。古埃及祭司很早就注意到，尼罗河一年一度的泛滥和一个引人注目的天文现象有关，这就是天空中最亮的天狼星在黎明时出现在东方地平线上。古代埃及历法的产生就与这类观察直接相关。祭司阶层在古代国家生活中扮演着重要角色，这种制度安排可以视为国家灾害应对的最初措施。此外，在古代埃及，巨大的国库和政府粮仓中往往装满了征收来的实物税，这些实物既被用来支付国家的开支，也被用作荒年时的储备物。

2. 工程措施的采用

用工程措施使自己更安全是人类一直以来的不懈努力。具有防灾作用的水利工程在古代国家占据着重要地位。在欧洲，有俗语说“上帝创造了地球，但是荷兰人创造了荷兰”。荷兰人通过不懈的努力，在100年前就在海边创建了数百平方公里的良田。为了与海潮、洪水作斗争，他们还不断修建坚固的堤坝。

3. 靠医学的进步控制传染病

瘟疫的防控有赖于医学和科技的不断进步。例如，种牛痘防治天花的方法早在11世纪的中国已广泛应用，后经波斯、土耳其传至欧洲；1798年由英国医生琴纳作了更为安全的改进并在欧美各国广泛传用。1882年，德国医生科赫发现结核菌，并运用先进的细菌学技术分离出了结核杆菌；1921年，法国医生卡尔麦特和介兰研制出防治结核病的免疫疫苗——卡介苗；1944年，美国微生物学家瓦克斯曼又成功提取链霉素，使结核病最终得到有效防治。

新技术和新产品的不断问世是疫病防治的有力武器。一些疫病的治疗经历了很长的过程，譬如疟疾。1627年，金鸡纳树皮被引入欧洲，用于治疗疟疾；1880年，疟原虫被发现；1898年，蚊虫被发现是疟疾的传播者；20世纪20年代末，人们合成出治疗疟疾的特效药物“扑疟喹咛”和“阿的平”②。这些发现发明对于控制大规模传染病等严重危害人类生存的疾病的传播起到了决定性作用。

3.1.1.3　应急管理

从应急管理的角度，这一时期被一些学者界定为前应急管理时期，意指具有专门的应急管理职能的政府机构成立之前或者对特定政府机构明确应急管理责任之前的时期。在这一时期，古代阶段和现代国家建立以来的特点又有所不同。

1. 古代应急管理的基本特点

一是对突发事件的一事一议式的临时性管理。大多数国家对某一具体灾难实施行政或立法行为予以管理，但没有形成针对此后发生的灾难的持久性、普遍性管理责任和义务。简言之，是一事一管，不涉及以后其他新发生的突发事件。

二是宗教组织发挥重要的灾害救助功能。在宗教发达的地区，当大规模自然灾害或传

① 斯塔夫里阿诺斯. 全球通史：第7版. 吴象婴，等译. 北京：北京大学出版社，2005：61.

② 王旭东，孟庆龙. 历史上重大传染病及应对措施. 中国社会科学院院报，2002-05-27.

染病流行时，教堂、教会往往成为人们的避难场所、救助机构。

2. 现代国家制度建立以来的应急管理

现代国家制度建立以来，政府的应急管理职责就属于其公共服务职责范畴之内了。例如，美国宪法开宗明义指出，政府的目标是“保障国内安宁，规划共同防务，促进公共福利”，其中包含有管理公共安全责任的寓意。在此基础上，现代应急管理开始萌芽了。

一是政府通过立法进行防灾减灾①。在美国，1803 年新罕布什尔州朴茨茅斯市发生严重火灾，几乎烧掉半个城镇，损失惨重，灾民数量庞大，无力自救。于是，美国国会通过《火灾救助法案》，由联邦政府对遭受火灾的城市提供财政援助。1928 年，通过《密西西比河下游防洪法案》。1934 年，通过《洪灾治理法》，其中授予美国陆军工程部队更大的责任去设计和修建洪灾治理工程。

日本是自然灾害频发的国家，在明治维新前经常发生灾荒。即使在丰收之年，每年也要饿死数万人，所以日本历史上的农民起义大都采取“米骚动”的形式。1880 年，日本政府颁布《备荒储备法》。到第二次世界大战爆发时，日本政府先后颁布了《河流法》《防沙法》《灾害准备金特别会计法》《水灾预防组合法》《治水费资金特别会计法》等相关应急管理法律。

1931 年，新西兰霍克湾发生强烈地震并引发火灾，有两个城市遭到毁灭性破坏，大量居民失去家园，引发了社会动乱。1932 年，新西兰殖民地议会通过了《公共安全保持法》，授权政府在任何时候、在任何地方，当“公共安全或公共秩序正在受到或者可能受到危害”时，可宣布进入紧急状态。

二是通过建立民防组织开创政府民事保护体制。第一次世界大战期间，交战双方的航空兵对战场目标袭击的同时，也对敌后方居民集中区和经济目标进行轰炸。1917 年 8 月，英国伦敦率先成立了防空指挥部，在市区采取保护居民、工厂等防护措施，主要包括发布防空警报、实行灯火管制、伪装遮蔽、构筑防空洞、疏散居民、消防救护等。20 世纪二三十年代，西方各国开始广泛实施民防计划。第二次世界大战期间，各国对居民和经济目标的防护更加重视，普遍建立民防指挥体制，构筑防护工程，组织救护、消防、支前等民防队伍。

3.1.2 1945—2000 年的应急管理时期

3.1.2.1 突发事件

20 世纪下半叶是战后经济高速恢复发展的半个世纪。由于人口迅速增长，以及工业化、城镇化发展，突发事件的形势呈现新的特点，总体趋势是挑战更加严峻。

1. 自然灾害多发频发

这半个世纪里，全球发生的重大自然灾害呈逐年上升趋势，多发频发态势非常明显。

位于布鲁塞尔的流行灾害研究中心针对热带风暴、水灾、地震、干旱、火山喷发、极限温度、滑坡等 7 种自然灾害在 1965—1999 年 35 年间的发生情况进行了统计分析。其研

① 夏保成，张平吾. 公共安全管理概论. 北京：当代中国出版社，2011：22-23.

究发现：这些灾害波及人口达44亿，约占世界总人口的3/4。35年中，由于抵御自然灾害的能力不足，保护措施不利，人类的死亡人数和经济受损程度明显增加。平均受害人数由1965—1969年的3 300万人增加到1994—1999年的2.08亿人，增长了将近6倍。其中，水灾带来的危害最大①。

自然灾害所带来的经济损失也急剧增加。在这35年中，自然灾害招致的损失增长73倍。60年代，年均经济损失为10多亿美元；70年代为47亿美元；到80年代为166亿美元；1991—1994年间，每年损失超590亿美元；1995—1999年间，每年损失则超过760亿美元。35年中，经济损失总量高达8 950亿美元。

2. 技术灾难空前严重

产业发展带来的技术风险空前加大，爆炸、危化品泄漏、火灾等安全生产事故频繁发生，核事故等新的灾害给人类带来了全新的挑战。灾难的影响从下面列举的事故中可窥一斑。

(1) 维昂特水坝事故。维昂特水坝是意大利维昂特河上的混凝土拱坝，位于两座陡峭的山坡之间，高858英尺，顶长625英尺。1963年10月9日，洪水造成溃坝并在仅仅几秒钟内就淹没了山谷内的5个村庄，4 000人丧生。

(2) DC-10客机失事事故。1974年3月3日，土耳其航空公司的一架美制DC-10客机从法国巴黎附近的奥利机场起飞。飞机载着335名旅客、11名机组人员和大量行李升空，飞往英国伦敦。起飞8分钟之后，飞机发生事故，机上人员全部遇难。事后调查表明，飞机行李舱舱门设计缺陷导致了空难。

(3) 博帕尔化工厂中毒事故。1984年12月3日凌晨，美国联合碳化公司在印度博帕尔的化工厂发生45吨毒气外泄事故。整座城市被毒云所笼罩，很快造成5 000～8 000人死亡。有研究认为，事故共造成2.5万人直接死亡、55万人间接死亡、20余万人永久残疾。

(4) 切尔诺贝利核电站事故。1986年4月26日凌晨，位于苏联基辅以北130公里处的切尔诺贝利核电站4号反应堆发生猛烈爆炸，反应堆内放射性物质大量外泄。事故造成31人当场遇难，13万人受到伤害，直接经济损失高达28亿美元。

3. 公共卫生风险呈现新的特点

一方面，随着世界范围内人员流动的大幅度增加，传染病的传染范围和速度都强于以往。另一方面，经济发展造成的环境问题给人类健康带来新的威胁。全球每年死亡人口中大约有1/4死于传染病，在非洲，这一比例在60%以上。其中，艾滋病更是最严峻的公共卫生挑战，已使2 000多万人丧生；目前，全世界有4 600万艾滋病病人或病原携带者，艾滋病已成为全世界15～59岁成人死亡的主要原因②。

4. 恐怖主义威胁初显

随着种族、宗教矛盾的凸显，种族与宗教因素造成社会安全事件层出不穷，恐怖主义威胁开始出现。20世纪60年代末，在美苏对峙、国际形势持续动荡的历史背景下，产生了有计划、有组织的现代恐怖主义。1968—1969年及前后，出现了暗杀、爆炸、绑架、

---

① 李力. 1965至1999年自然灾害发生的主要趋势. 全球经济瞭望，2003 (1).

② 龚向前. 传染病全球化与全球卫生治理. 国际观察，2006 (3).

劫机、炸机等恐怖主义活动的高潮。此后，类似的恐怖主义活动愈演愈烈。据统计，20世纪60年代末到70年代末，平均每年发生496起恐怖主义活动，80年代平均每年625起。冷战结束后，恐怖主义活动在数量上相对下降（平均每年300多起），但种族、宗教型恐怖主义势力有增无减，恐怖主义活动总体上呈现类别新型化、手段科技化、组织小型化、动机复杂化、成员学识化、范围扩大化、危害严重化等新特征①。

3.1.2.2 应对措施

在这半个世纪中，基于突发事件应对的需要，随着经济和科技的发展，以西方发达国家为代表的国际社会应对突发事件的能力有了大幅度提升。其主要特点有：

1. 灾害减除科技发挥重要作用

战后，随着科学技术的发展，各种安全标准在各国逐步受到重视，安全标准体系得到确立。各种减灾措施的科技含量不断提升。祈求天地诸神来减少灾害的现象在现代国家已经消失。

2. 专业应急队伍迅速成长

战后，各国普遍建立了专业化的消防队伍、医疗急救队伍。这些队伍成为综合性的骨干救援力量。此外，一些国家有针对性地建立了矿山救援、海上救援等专业救援队伍。

3. 应急志愿者队伍开始兴起

在西方发达国家，从最初教会组织的志愿者队伍，到政府推动组织的志愿者救援队伍，再到民间自发组织的应急救援志愿者队伍，志愿者队伍不断壮大，志愿精神得到发扬光大，志愿者队伍的整体应急处置能力持续提升。在西欧国家，志愿消防员甚至成为国家消防队伍的主要力量。在德国，联邦政府成立了技术救援署，在其旗下常年保持着一支有八万多人的专业化应急技术救援志愿者队伍。

3.1.2.3 应急管理

这半个世纪的应急管理大体经历了两个阶段：一是20世纪70年代末以前以自然灾害应对和民防为主的分散式管理，各国都缺乏强有力的统一综合协调机构，应急管理运作的制度化和程序性不强②。二是此后20余年的整合应急管理时期，有关国家将原本分散在不同部门的应急管理机构整合起来，应急管理的制度化、法制化得到加强。

1. 从民防到民事保护的应急管理核心理念得到确立

国际上的现代应急管理基本理念发源于民防事业。《日内瓦公约》的"1977年附加议定书"中规定：民防旨在保护平民对抗危险，帮助其从敌对行动或者灾难的即时影响中恢复，并提供必要的生存条件。民防履行下述人道主义任务的一些或全部：预警、疏散、临时收容所的管理、灯火管制措施的管理、救援、医疗急救、消防、危险地区的检测和标识、消除放射性污染和采取类似保护性措施、紧急膳食等生活供给的提供、在混乱地区恢复秩序和开展紧急援助、必要的公共事业设施的紧急恢复、遗体的紧急处置、保有生活必需品、其他补充行动③。

---

① 周厚琴. 20世纪国际关系中的恐怖主义. 南方论刊，2009 (9).

② 王宏伟. FEMA的演变与发展——透视二战后美国应急管理的四次大变革. 中国应急管理，2007 (4).

③ https://www.ema.gov.au/agd/ema/emaInternet.nsf/Page/RWPDEC6169B29E1D9FFCA256C48000C60F3?Open Document.

此后，民防的概念又转化为民事保护（civil protection），并逐步为各国所接受，成为应急管理的核心概念。

2. 应急管理法律体系得到确立

自20世纪50年代起，西方发达国家就开始了构建应急管理法律体系的历程。

1950年，美国国会通过了《灾难救助法》，首次授权总统可以宣布灾难状态，授权联邦政府向受灾的州和地方政府提供直接援助。1970年版《灾难救助法》规定政府要为受灾者个人提供直接的帮助，建立了关于临时住房、法律服务、失业保险和其他个人救助计划。1974年版《灾难救助法》将联邦政府的应急管理从应对和恢复的反应性政策，拓展到了减灾和应急准备的预防性政策①。

在新西兰，1953年通过了《地方政府紧急事态授权法案》，规定了遭受核打击时地方政府的权力和责任；1954年，出台国家总体应急预案——《重大紧急事态中政府的行动》；1962年，出台相当于总体应急管理法的新版《民防法》。

3. 主管应急管理的综合性职能机构普遍成立

在美国，1961年白宫设立应急准备办公室，但并没有改变应急管理职能分散的局面。住房与城市发展部的联邦保险管理局和联邦灾难援助管理局的权力最大，军方的民防准备局、美国工程兵部门等100多个联邦部门在应急管理某些方面承担责任。它们往往各行其是，实施相互矛盾的政策。在此背景下，1979年组建了统一的联邦应急管理署（Federal Emergency Management Agency，FEMA），其署长直接对总统负责。

在其他一些国家，民防管理组织逐渐演变成为政府综合应急管理组织。1959年，新西兰成立民防部。此后，澳大利亚成立了隶属于司法部的应急管理署（EMA）。西欧一些国家在内政部内成立了民事保护局。

4. 面向社区的应急管理得到重视

1968年通过的美国《全国洪水保险法》提出了"基于社区的灾害减除"（community-based mitigation）概念。此后，联邦应急管理署启动了一项名为抵御工程（Project Impact）的庞大计划，其目的是将全面的风险评估和风险避免手段纳入社区的日常决策程序，建立具有强大抗灾能力的社区。这一举措在全国推行之后，取得了显著效果。西雅图市在发生里氏6.8级的地震后损失极小，其市长对这一工程给予高度评价②。此后，西方许多国家都开展了类似的项目。

3.1.3 应急管理新发展时期

21世纪的人类社会迎来了历史上从未有过的繁荣，也使人类面对着从未有过的安全风险隐患。

3.1.3.1 突发事件

1. 高风险社会到来

20世纪80年代社会学家贝克所提出的风险社会理论在21世纪更加明显地得到验证。

① HADDOW G，BULLOCK J. Introduction to Emergency Management Elseveier Science，USA，2003：4.

② 同①13.

贝克在《风险社会》一书中指出："产生于晚期现代性的风险……是完全逃脱人类感知能力的放射性、空气、水和食物中的毒素和污染物，以及相伴随的短期和长期的对植物、动物和人的影响。"① 尽管借助现代治理机制和各种治理手段，人类应对风险的能力提高了，但同时又面临着治理带来的新类型风险，即制度化风险和技术性风险。

2. 突发事件的影响和带来的损失巨大

在风险社会中，突发事件一旦发生，其所带来的后果和影响较以往更为严重。以城市发展为例，全球城市化的发展造就了数百个百万以上人口的大型城市、几十个超千万人口的超级城市，涌现出越来越多的城市群。在城市中发生的突发事件，其连锁性与密集性、叠加性与多变性都显著增强。突发事件一旦发生，往往更为复杂难控。

3. 突发事件及其影响日益全球化

全球化时代的风险、突发事件及其影响也日益全球化了。"蝴蝶效应"在突发事件的发展演化和传播上表现明显。某些突发事件一旦发生，其关联性会使事件很快发展到多个国家，其传播性会使事件的社会心理和舆论影响传遍全世界。

2001 年发生的"9・11"事件是新世纪的标志性社会安全事件。在这一事件中，恐怖分子的信息交流是跨国的、高效的；恐怖袭击的执行者使用了高技术"武器"（民航客机）；其造成的心理影响是世界性的。更为可怕的是，此后与中东恐怖组织密切关联的恐袭事件在欧洲和世界各地层出不穷地发生了。

不仅是上述恐怖主义威胁呈现全球性蔓延的态势，其他很多安全风险的影响也是全球性的。例如，2003 年爆发于中国的 SARS 疫情，蔓延到遍布五大洲的 30 多个国家和地区。

3.1.3.2 应对措施

新世纪的突发事件应对延续了 20 世纪下半叶的发展方向。在如下方面更是体现了突出的发展：

1. 注重科学应对

各门类安全科学技术得到蓬勃发展，信息技术发挥重要作用。为了预防突发事件的发生，灾害学、安全生产科学、公共卫生学、社会安全学都发挥了较以往更为重要的作用。突发事件来临时，从太空中的卫星遥感技术到空中、地面、水上的各种救援手段都越来越先进。

2. 工程减灾的作用日益凸显

随着经济的发展，国际社会的工程减灾水平不断提升。例如，2004 年发生印度洋大海啸之后，在中国等有关国家参与下，印度洋海啸预警系统得以建立。

3. 社会参与、社区参与发挥重要作用

公共安全社会共治的理念深入人心。在许多国家，各类应急社会团体、志愿者组织，尤其是社区居民都成为重要的应急力量。

4. 注重人才培养

应急管理的复杂性决定了应急管理人才向专业化发展的必由之路，应急管理学科成为专业化人才培养的重要保障。国际社会日益重视应急人才培养。例如，美国在"9・11"

---

① 贝克．风险社会．何博闻，译．南京：译林出版社，2004：15.

事件发生后的3年内组织开展了100多个相关的学术、学位项目，后续又跟进和增加了100余个项目。这些新的项目在很大程度上推动了应急管理专业的发展①。

3.1.3.3 应急管理

1. 综合应急管理理念和方法得到确立

进入新世纪以来，为了更好地应对突发事件的复杂形势，综合应急管理在各国日益深入人心。所谓综合应急管理，强调：在应对主体上，从主要靠政府向全社会合作转变；在应对过程上，强调突发事件事前、事中、事后管理的全过程；在应对方法上，强调对各类突发事件都采取同样的应急管理方法体系。

2. 应急管理制度化体系日臻完善

许多国家都制定或修订了新的相关法律法规。俄罗斯于2001年颁布《联邦紧急状态法》，美国于2002年颁布新的《国土安全法》，英国于2004年颁布《民事紧急事态法》。在基本法律制度的推动下，相关的法律法规和预案体系也得到完善。

一些国家对于其应急管理体制做出调整。2003年，美国成立国土安全部，该部是美国联邦政府的第15个部，由22个联邦部门、18万雇员合并而成。联邦应急管理署成为国土安全部的一个组成部分。2010年，英国建立了国家安全委员会及其办事机构——国家安全秘书处，原内阁办公厅下属的民事紧急事务秘书处成为国家安全秘书处一个下属机构。

3. 更加注重预防和应急准备

通过科学的风险分析与评估，可以为应急管理工作提供前瞻性、基础性、战略性的支撑，有助于确立政府应急管理工作的重点，确保有限的公共资源投入更紧迫、更急需的地方和领域。为此，英国民事紧急事务秘书处制定了"国家风险评估"工作规程。美国国土安全部于2008年成立风险管理与分析办公室，该办公室应用国家战略风险评估工具进行国家战略风险评估，还开发了自然环境变化、技术事故、反人类行为引发的重特大突发事件的专用风险分析工具。德国联邦政府在2009年专门成立了"联邦风险分析与公民保护"指导委员会，由联邦内政部部长牵头负责全国的战略性风险管理工作②。

4. 推行应急管理业务规范化、标准化

有关国家和国际组织都注重应急管理的规范化、标准化体系建设。美国出台了《全国突发事件应急管理系统》，德国制定了《突发事件现场操作指挥规章》，两者都规定了标准化的现场指挥体系框架。2002年，国际标准化组织设立公共安全委员会（ISO/TC223），下设公共安全管理框架、术语、应急管理、韧性与业务持续性等工作组，以推进国际应急管理的标准化工作。

5. 跨界合作、跨国合作日益普遍

由于突发事件的复杂性、跨地域性，国际社会更加强调合作、协调、联动和高效③。各国都更加重视不同地方政府之间的跨区域合作、各区域内的官民合作。在国际上，则是跨国合作和全球合作，联合国在这方面发挥了重要作用。

---

① 庞宇. 美国高校应急管理教育培训现状及启示. 中国应急管理，2012（10）.

② 游志斌. 政府应急管理发展的国际趋势. 学习时报，2014-07-28.

③ 闪淳昌，薛澜. 应急管理概论：理论与实践. 北京：高等教育出版社，2012.

专栏

美国“卡特里娜”飓风应对

2005年8月25至29日，“卡特里娜”飓风三次在美国东南部登陆。这是美国历史上罕见的一次飓风多次登陆的气象事件，打破了飓风只是“沉重一击”的惯例。此次飓风灾害共造成1 330人死亡，100多万人转移疏散，经济损失超过1 000亿美元。灾害所造成的人道主义危机和经济损失都是美国灾害史上前所未有的。

尽管这次飓风的破坏程度不亚于2004年的东南亚海啸，但伤亡人数远低于后者，联合国有关机构因此对美国政府的救灾行动予以了肯定。但是，美国社会普遍认为政府完全可以做得更好，其应急响应工作暴露了联邦、州和地方政府在应急准备和响应中的一系列突出问题。

州以下地方政府准备不足、自救不力。相关地方政府事先没有实施有效的预警和疏散，事后无法采取有效的应对行动。例如，尽管在8月28日中午，新奥尔良市政府发布了强制疏散命令，但是50万居民中仍有15万人未能在飓风登陆之前离开。未撤离城市的绝大部分人是穷人、文盲、残疾人、老人、儿童等弱势群体。此后，该市的人道主义救助和社会秩序维护等工作陷入一片混乱。

州政府的救助和州际协作互助也不尽如人意。例如，在受灾的前3天里，新奥尔良基本处于孤立无援的状态，州政府基本上没有给予及时有效的帮助。又如，路易斯安那州州长布兰科直到8月31日才匆忙和周边几个州达成州际互助合作，极大地拖延了合作救灾进程。

另一个严重的不足是联邦政府没有采取及时有效的响应措施。联邦政府直到灾情发生数天后，才投入救灾行动。专门负责应对突发灾难的联邦应急管理署署长迈克·布朗事后承认，直到9月1日，他才知道新奥尔良圆顶体育馆还有15 000人在缺水缺粮的状况下等待救援。9月2日，小布什总统也在公开声明里承认美国政府在救灾工作中存在不足。

此外，军地协同也极差。灾区在灾后48小时才见到了驾驶40辆坦克装甲车前来救援的国民警卫队队员，而他们对救灾没有任何针对性准备。在新奥尔良被淹的最初72小时，只有2 800名国民警卫队队员到达新奥尔良。尽管距离新奥尔良这个灾难之城只有3小时路程，美国山地师第四旅的3 000名官兵却一直在袖手旁观。

“卡特里娜”飓风之后，美国联邦政府和社会各界认真反思其应急响应和应急准备的教训，采取了一系列行动。

(1) 强化联邦政府突发事件应对体制。2006年10月4日，美国总统小布什签署《后“卡特里娜”应急管理改革法》。根据该法案，联邦应急管理主管部门——联邦应急管理署的职能和力量得到加强。一是在紧急状态下可以升格其为内阁级部门，其行政负责人直接对总统负责。二是其人员在原有雇员的基础上，增加至900人。三是赋予其更为全面的职能，主要包括：指导全国的灾害应急管理工作，应对各种灾害风险；与非联邦实体结成伙伴关系，以建立全国性的应急管理体系；提高联邦政府的整体应急响应能力；强化自身的综合性应急管理职责；加强其驻各大区的地区办公室建设，提高其协调能力。

（2）完善全国应急响应机制。2006年，依据“卡特里娜”飓风应对的经验教训，美国联邦政府重新修订了《国家应急响应预案》；2008年，进一步出台了《全国应急响应框架》，对全国范围内的应急响应活动做出全面而系统的框架性安排，其中包括全国上下各主要角色的具体职能、开展联合行动时的工作结构、协调机制等。

（3）完善全国应急准备工作机制。2007年，联邦政府颁布了《国家应急准备指南》。该指南从“政策与规范”“计划与资源分配”“培训演练与教训学习”“评估与报告”四个方面整合了几十个应急管理政策文件和规范。这些文件有力地支持了各级政府、各类组织和公民个人在应急准备方面的各项工作。

（4）加强应急预案管理。2008年，美国联邦政府发布了《综合准备指南101：编制应急预案》，作为各级政府和社会组织编制预案的指导性文件。为了促进和支持预案编制工作，还编制了《国家预案场景》《（应急管理）目标能力表》《（应急管理）通用任务表》等预案编制辅助工具。

（5）动员社会力量参与灾后重建。例如，“卡特里娜”飓风后，大量公共机构和私人机构共同参与到灾后恢复重建工作中。成立于2005年11月的大奥尔良灾后恢复联盟，其成员就包括了来自专业灾害应对机构、各学区长期恢复委员会、志愿者组织、宗教组织等60多个机构的代表。该联盟与联邦应急管理署地区办公室、州政府及地方政府建立了定期沟通的工作机制，密切配合政府为灾民提供各种服务，积极救助需求各异的受灾民众。

资料来源：李雪峰. 从灾难中学习. 学习时报，2015-02-27.

【附记】“卡特里娜”飓风灾害事件是继“9·11”事件之后的又一个深刻影响美国应急管理进程的里程碑式事件，相关情况有重要的启发意义。

3.2 中国应急管理发展历程

中国应急管理的历史分期以两个时间节点来确定：一是中华人民共和国成立的1949年，二是SARS事件发生的2003年。1949年以前，应急管理缺少体制保障；中华人民共和国成立以来到SARS事件之前，应急管理以分部门管理为主要特征；SARS事件之后，进入了综合性应急管理阶段。

3.2.1 1949年以前的应急管理时期

3.2.1.1 突发事件

在漫长的历史时期，中国是世界上灾害发生最多、最频繁的国家之一，也曾被称为世界上饥荒最频繁的国家。史书记载：“古往之时，四极废，九州裂；天不兼覆，地不周载；

火爁炎而不灭，水浩洋而不息。”① 这是我国远古时代发生的水灾、地震、火山爆发等自然灾害的真实写照。据统计，我国古代从殷商时代到上世纪 30 年代将近 4 000 年间，各种灾害共计 5 258 次。其中，水灾 1 058 次，旱灾 1 074 次，地震灾害 705 次②。

1. 两汉、魏晋、南北朝：旱、水、虫、饥、雹、风、疫、地震等灾害频发

据史料记载，在西汉至南北朝这 785 年当中，共发生水灾 162 次，平均每 4.8 年一次；旱灾 179 次，平均每 4.3 年一次；风灾 50 次，平均每 15.7 年一次；蝗灾 87 次（其中螟灾 7 次），平均每 9 年发生一次；雹灾 52 次，平均每 15 年一次；霜灾 24 次，雪灾 15 次，冰灾 1 次；地震 241 次，平均每 3.2 年一次；人疫 46 次；牛疫 5 次；饥馑 56 次，平均每 14 年发生一次。

其中一些主要灾害的特点是：(1) 水旱灾害交替，抗灾能力弱。如汉元帝初元元年五月，渤海水大溢；秋九月，关东 11 个县涨大水，造成饥荒，民多饿死，琅琊县有人相食。(2) 蝗灾严重，且常常是两灾并发。这段时期发生的 87 次蝗灾（包括 7 次螟灾），其中就有 18 年是旱灾与蝗灾并发，有 4 年是水灾与蝗灾并发。成灾时的蝗虫成群迁移为害，所到之处，遮天蔽日，声如风雨，甚至导致大面积饥荒。(3) 各种自然灾害导致饥荒降临，甚至导致人相残食。如北魏青、齐、徐、兖四州大饥荒饿死一万余人。(4) 瘟疫流行，死者甚众。如晋武帝咸宁元年十一月，京师发生瘟疫，死者十万人。

2. 隋、唐、五代十国：各种灾害加重，灾害种类增多

史料记载这一时期共发生旱灾 170 次，水灾 163 次，虫灾 55 次，雹灾 39 次，霜冻 18 次，风灾 31 次，疫灾 19 次，牛疫 7 次，地震 61 次，雪灾 11 次，鼠灾 5 次，山摧 4 次，兔灾 1 次，旱灾引起的饥荒 17 次，不明原因的饥荒 56 次，水灾引起的饥荒 2 次，其他灾害 2 次。较前一个历史时期，水旱灾害等发生频率提高了近一倍，雹、霜冻和风灾较前有所加重，只有地震灾害频率有所降低。此外，还出现了以前少有的鼠害、兔害的记载。如唐开耀二年、永淳元年出现了“兔害稼，千万为群，食苗尽，兔亦不复见”的灾情。

3. 宋元明清：水、旱、虫、饥成为四大主灾

四个朝代的 951 年间，共发生水灾 1 042 次，平均每年发生 1.09 次；旱灾 912 次，接近每年发生 1 次；虫灾 407 次，平均每 2.33 年发生 1 次；饥荒 461 次，平均每 2.06 年发生 1 次。此外，风灾、雪灾、鼠灾、大疫、霪雨也是这个时期的突出灾害。

这一时期的突出特点是灾害的发生频率越来越高。宋王朝 319 年，有 297 年发生自然灾害，仅有 22 年风调雨顺；元朝 96 年时间，年年发生自然灾害，且多数年份一年数灾，如元世祖至元二十七年，一年就发生了旱、水、雹、风、霜、地震、饥馑等七种自然灾害；明王朝 275 年，266 年都发生自然灾害；清王朝 267 年，又是年年有灾，并且和元朝一样，多数年呈数灾并发，灾情笼罩面广，为害的程度也越来越高。

在这一时期发生的一些毁灭性灾难是极其触目惊心的。明嘉靖三十五年一月的陕西大地震波及 10 个省份，致使 83 万人丧生；清光绪十三年，黄河决口造成上百万人死亡，数百万人无家可归。

---

① 赵宗乙. 淮南子译注. 哈尔滨：黑龙江人民出版社，2003：307.

② 邓云特. 中国救荒史. 北京：商务印书馆，2011.

4. 人类活动成为灾害频发的重要原因

在上述灾害中，水旱灾害、虫灾、疫灾、饥荒等灾害都与经济发展和人口增加、与人对自然的过度开发或不合理开发等有直接关系。例如，楼兰这座古代丝绸之路上的边陲重镇在辉煌了近500年后，逐渐没有了人烟，在历史的舞台上无声无息地消失了。研究表明，楼兰人盲目乱砍滥伐，致使水土流失，风沙侵袭，河流改道，气候反常，瘟疫流行，土壤水分减少，盐碱日积。据《水经注》记载，东汉以后，由于当时塔里木河中游的注滨河改道，导致楼兰严重缺水。楼兰人曾不分昼夜地引水缓解楼兰缺水的困境，但是楼兰古城最终还是因断水而被废弃了。

3.2.1.2 应对措施

1. 建设防灾减灾工程

在古代中国，与灾害相伴的是中国人民抵御灾害的斗争历史。例如，许多伟大的防洪工程（且具有灌溉功能）实践载入史册。最早的传说是大禹治水。《史记》记载，当年大禹吸取了父亲鲧采用堵截方法治水的教训，发明了疏导治水的新方法，其要点就是疏通水道，使得水能够顺利地东流入海。不仅如此，大禹还把整个中国的山山水水当作一个整体来治理。他先治理九州的土地，该疏通的疏通，该平整的平整，使得大片国土变成肥沃的土地。在战国时期，鸿沟、都江堰、郑国渠等建设工程都具有灌溉和抵御水旱灾害的功能。时至今日，都江堰和赣州古城等古人的防灾设计仍在发挥着重要作用。

2. 发展和利用应对灾害的科学技术

运用科学技术应对各种灾害是中国古人为人类文明做出的巨大贡献。例如，汉顺帝阳嘉元年，科学家张衡就发明了世界上第一架测验地震的仪器——候风地动仪。又如，在同各种疫病作斗争的过程中，中医积累了宝贵的经验和丰富的理论。《黄帝内经》中的《素问·六元正纪大论》就提及“厉大至，民善暴死”。东汉张仲景的《伤寒论》是第一部论述外感病的专著，其中有不少有关传染病防治的内容。《伤寒论》专门列出霍乱病一节，成为后世治疗霍乱的蓝本。晋代葛洪的《肘后备急方》具体描述了“虏疮”（天花）等传染病的证治方法。唐代孙思邈《备急千金要方》《千金翼方》也记载了霍乱、瘟疫等许多传染病的治疗方法，其中的治疗传染病方剂（如犀角地黄汤）一直沿用至今。明代吴又可《瘟疫论》对急性传染病的病因提出“戾气”“厉气”说，对传染病的病因、传播途径、预防、隔离、治疗等系统提出了开创性的理论。全书立足于实践，独创立论，发前人所未发，被誉为“第一部中医论述传染病的专著”。在实践上，清政府重视天花的预防，积极推行牛痘接种法，在各地相继设立“牛痘局”，使天花传染在清代基本得到了控制。

3. 采取生态保护措施

在古代中国，人们早已开始意识到生态保护的重要性。古人强调应对灾害的核心思想是预防为上，强调保护生态，要求“津不行火，薮林不伐”（草木滋生之时不放火；树林成，长期不砍伐）（《逸周书·程典》）。自周代以来，历代王朝都有明确生态保护方面的政策。

3.2.1.3 应急管理

1. 防灾减灾救灾政策不断演进、日臻完善

应急管理的一事一议式管理贯穿从先秦到清代的整个古代近代历史时期。史前时代的

鲧和大禹父子可以被认为是最早受命为领导治水的官员。“中国古代虽然重视救灾，但是中央政府并没有出现专职的机构来司掌，一直到清代仍然如是。”① 尽管如此，相关政策还是不断演进完善的。

成书于战国时期的《周礼》则把已行于世的救荒之法加以归纳总结，再加上作者自己的构想与设计，提出散利、薄征、缓刑、弛力、舍禁、去几、眚礼、杀哀、蕃乐、多昏、索鬼神、除盗贼等 12 项荒政措施。

经过千百年的演进，到了清代，为了有效应对灾害，政府已经能够制定一整套较为完备严格的救灾制度，见诸《大清会典》《大清律例》《户部则例》中。其中，对报灾、勘灾、审户、发赈、查赈等基本救灾程序都规定得非常明确②。

2. 防灾减灾救灾措施日益系统化

从先秦到民国时期，应对灾害的办法主要有③：

(1) 预防准备。

浚治工程：这是消减水患的主要办法。从传说中的大禹治水到有明确记载的管仲请齐桓公置水官，除五害（治理常发生水灾的径水、枝水、谷水、川水、渊水）起，历代都有治水患的活动。

粮食仓储：历史上先后出现过常平仓、义仓、社仓（乡仓）、惠民仓、广惠仓、丰储仓、平籴仓等，对于自然灾害发生后缓解饥荒发挥了积极作用。

(2) 紧急救荒。

赈济：赈谷，赈银，工赈。

调粟：移民就粟，移粟救民，平粜。

养恤：施粥，居养（收容），赎子（政府出钱把灾民卖的孩子买回来）。

除害：去除蝗灾和疫病。

(3) 灾后补救政策。

安辑：帮助灾民回归家园。

蠲缓：包括减免税赋、暂停征劳役和减缓刑罚。

放贷：灾后实行放贷政策，以利于农民购买种子、耕牛、农具等生产资料。

提倡节约：减少食物，禁米酿酒，节省费用。

3. 应急管理制度日益规范化

救荒书是国人用文字或图画的形式记录下来的在灾年荒岁可以采取的各种各样的救灾措施的书。如果把救荒书定义为“以救荒为目的的专书”，我国古代救荒书约 280 部，其中包括总论类 70 部、荒政类 71 部、农艺类 18 部、治水类 47 部、漕运类 15 部、除虫类 24 部、野菜类 9 部、历象杂占类 26 部④。

清代以来的救荒书中以则例、律例等形式出现的荒政程序更加规范化。其中往往详细规定了报灾、勘灾、抚恤（急赈）、核赈、正赈、加赈（展赈）等的基本程序，以及安抚

① 朱凤祥. 中国灾害通史·清代卷. 郑州：郑州大学出版社，2009：292.

② 张介明. 我国古代对冲自然灾害风险的“荒政”探析. 学术研究，2009 (7).

③ 邓云特. 中国救荒史. 北京：商务印书馆，2011.

④ 卜风贤，邵侃. 中国古代救荒书研究综述. 古今农业，2009 (1).

流民、蠲缓、劝捐等配套措施。救荒书也因此出现了条例化的趋势，不仅“精细地勾勒出既定则例、律例中的每一个步骤”，而且列有政策合法、合理性的历史依据。不管是官府统治者还是民间精英，在面临灾荒时都会自觉或不自觉地启用这一荒政程序。当时的官员也往往为拥有这样一套制度和程序而自豪。

4. 民间力量参与

大灾之后，往往病疫随之发生。政府要为灾民治病和埋葬死者（不致曝尸荒野），是必须“急行”的大事。于是，政府鼓励民间百姓自筹资金组织“长寿会”，用宗族祠堂公产组织“宗亲福利会”。当其成员死亡时，这些民间自助互保组织便会支付寿金，埋葬死者和抚恤遗族。这种互保化的民间养恤方式可以说是一种早期人寿保险的雏形。

3.2.2 1949—2002 年应急管理时期

3.2.2.1 突发事件

1. 自然灾害

新中国成立以来的自然灾害与历史上的自然灾害形势具有一定的继承性，依然体现在种类多、频率高、季节性强等方面。典型情况有：

（1）大气圈和水圈灾害。主要包括洪涝、干旱、台风、风暴潮、沙尘暴以及大风、冰雹、暴风雪、低温冻害等灾害。其中不少灾害给经济社会发展和生态环境带来极大的威胁。例如，频发的干旱灾害使得原本就十分匮乏的水资源变得更为紧缺，以至于生态环境用水濒临枯竭，从而进一步加剧了草场退化、土地沙化、地下水枯竭、湿地萎缩、生物多样性锐减等生态危机①。

（2）地质、地震灾害。主要包括地震、崩塌、滑坡、泥石流、地面沉降、塌陷等。我国是地震多发国家，1949 年以来的 50 余年间，因地震死亡近 30 万人，伤残近百万人，倒塌房屋 1 000 多万间。其中，1976 年唐山发生震惊世界的 7.8 级强烈地震，造成 24.2 万人死亡，16.4 万人伤残。全国崩塌、滑坡、泥石流灾害点有几十万处，每年因灾死亡近千人。

（3）生物灾害。全国主要农作物病虫鼠害达 1 400 余种，每年损失粮食约 5 000 万吨、棉花 100 多万吨；草原和森林病虫鼠害每年发生面积分别超过 2 000 万公顷和 800 万公顷。

（4）森林和草原火灾。全国平均每年发生森林火灾 1.6 万余起，受灾面积近百万公顷。受火灾威胁的草原 2 亿多公顷，其中火灾发生频繁的近 1 亿公顷。

总体上，新中国成立以来自然灾害损失严重并呈增长趋势。一般年份，全国受灾害影响的人口约 2 亿人，其中死亡数千人，需转移安置约 300 万人，农作物受灾面积 4 000 多万公顷，倒塌房屋 300 万间左右。随着国民经济持续高速发展、生产规模扩大和社会财富的积累，同时由于减灾建设不能满足经济快速发展的需要，自然灾害损失呈上升趋势。按 1990 年不变价格计算，自然灾害造成的年均直接经济损失为：50 年代 480 亿元，60 年代

① 吴玉成，高辉．新中国重大干旱灾害抗灾纪实．中国防汛抗旱，2009（S1）．

570 亿元，70 年代 590 亿元，80 年代 690 亿元；进入 90 年代以后，年均已经超过 1 000 亿元。

2. 安全生产事故

新中国成立以来，随着经济发展和生产规模扩大，安全生产成为新的挑战。在总体安全生产形势平稳、事故率不断下降的背景下，也存在着三个事故多发的阶段①：

“大跃进”时期（1958—1960 年）。由于不切实际地盲目追求高指标，经济秩序出现了混乱，也造成事故高发。这一时期，国营及县属以上集体企业年均死亡人数达 16 190 人，比“一五”时期增长了 3.9 倍。

十年“文革”时期（1966—1976 年）。社会秩序、法律秩序和企业生产秩序遭受严重破坏，各级党政机关和企业管理机构陷入瘫痪，安全生产各类规程、规章、制度形同虚设，导致事故频发。1966—1969 年的事故伤亡人数未能正常上报统计；有统计的 1970—1972 年这三年，全国县属以上企业事故死亡人数分别为 1965 年的 2.85 倍、4.24 倍、4.31 倍。

工业化快速发展阶段（1993—2002 年）。在经济快速发展和社会深刻变革的过程中，一些地方和企业重效益、轻安全，致使生产安全的风险明显加大，各类事故及致人死亡的数量持续攀升，最高曾达到一年 107 万起、死亡近 14 万人。

3. 公共卫生事件

新中国成立以来，疫病等公共卫生事件时有发生，较为著名的有血吸虫病流行事件。血吸虫病是由血吸虫的成虫寄生于人体所引起的地方性疾病，钉螺是其主要的传染源。血吸虫病患者均有乏力、贫血、消瘦和劳动力减弱等症状，晚期患者脾脏肿大、腹部积水、骨瘦如柴。据统计，新中国成立时全国共有 13 个省、378 个县的 1 000 多万人患此病。血吸虫病由此被称为“瘟神”。新中国成立初期，湖南省血吸虫病疫区人口感染率最高达 80%，最低的乡村也在 20%以上。

其他突出问题：一是动物源性传染病所占比例一直较小但其病死率较高，人畜共患传染病的种类不断增多，总发病率呈上升趋势。二是改革开放以来，已经绝迹的淋病、梅毒等性传播疾病于 90 年代后又死灰复燃，且发病率上升速度快，病种不断增加，已占据传染病谱的主要位次。

3.2.2.2 应对措施

新中国成立以来的 50 余年，中国政府领导全社会在突发事件应对方面做出了极大的努力，也取得了了不起的成就。突发事件应对工作成为国民经济与社会可持续发展的重要保障，为推动经济快速发展和社会持续进步发挥了重要作用。

1. 开展减灾工程建设

针对大江大河的水患地区，大面积农作物干旱和病虫害多发地区，重点地震、地质灾害和风暴潮危险区，城镇及公路、铁路沿线的泥石流、滑坡频发地段，进行了大规模的减灾工程建设②。半个世纪来，共修建防洪堤 50 万公里、大中小型水库 8 万多座、防潮堤 1

① 朱义长. 中国安全生产史（1949—2015）. 北京：煤炭工业出版社，2017.

② 许炯心，万庆. '98 洪灾后的战略思考. 经济与信息，1998（10）.

万多公里，建成排灌站 49 万多处；黄河下游防洪大堤、长江中下游防洪与分洪工程、淮河流域综合防洪工程、长江三峡工程、黄河小浪底工程等重大水利工程得以兴建；对城市和大中型工矿企业的新建工程进行了抗震设防，对原有工程设施进行了抗震加固，完成了对 14 条铁路干线、90 多座骨干电厂、6 条主要输油管线、20 个大型炼油厂、一批重点骨干钢铁企业和超大型乙烯工程以及大型水库的抗震加固；对重点地区和交通干线上的地质灾害进行了大规模的防治。

2. 开展生态工程建设

兴建了各种防护林体系，全国每年植树近 600 万公顷，人工种草 1 200 万公顷，营造了防沙治沙工程、三北防护林、沿海防护林、长江中上游防护林、平原绿化工程、太行山绿化工程等区域防护林体系，森林覆盖率明显提高。建立了综合林火防治体系。生物灾害防治和牧区防灾基地建设也有新的进展。

3. 落实非工程性减灾措施

逐步建立并不断完善了我国的灾害监测预警系统，主要包括灾害及其相关要素和现象的观测网络，观测资料的收集传输和交换的电信系统，灾害全程动态监测及资料处理、分析、模拟和警报制作系统，预报警报的传播、分发和服务系统等。全国形成了由 2 500 个地面气象站、950 多个测雨站（点）、140 多个无线电探空和雷达测风站组成的气象监测网，3 000 多个水文站、1 100 多个水位站、14 100 多个雨量站、60 多个水文实验站和 11 100 多个地下水测井组成的水文监测网，1 300 个台站组成的地震前兆观测系统，3 000 多个站点组成的农作物和森林病虫害测报网，240 多个台（点）组成的草原虫鼠害监测预报网；还形成了海洋环境和灾害监测、森林和草原火灾监测、地质灾害勘查及报灾等系统。在灾害预警方面，初步形成了利用电话、无线电通信、电视和基层广播网发布预警信息的网络。这些为提高自然灾害监测、预警水平，为有效防范灾害和各地政府迅速组织防灾抗灾工作提供了条件。

4. 运用科学技术防灾减灾

科学技术在减灾工作中得到了广泛的应用。尤其是改革开放以后，各种高新技术的研究和应用取得了重要进展，卫星、遥感、地理信息系统和全球定位系统等相继运用于减灾工作的各个方面，初步具备了以综合科技手段开展系统减灾的能力。

5. 运用科技和管理减少安全生产事故

50 多年来，我国注重推进安全生产科学技术进步，依靠科学提高生产系统的本质安全。全国共有 50 多个劳动保障科学研究院所，科研人员 4 000 余人，初步形成了一支安全生产的科研队伍，在防范瓦斯煤尘爆炸、危险化学品泄漏和爆炸，预防火灾、重大交通事故等方面已经取得了许多先进技术成果。一系列重要科研成果的取得及实施，不但大大改善了企业的安全生产状况，而且促进了生产的发展，提高了企业的经济效益。

6. 综合防治传染病

新中国成立以来，由于党和政府对卫生防疫工作的重视，加强传染病的防治，传染病总发病率明显下降。我国从 20 世纪 60 年代开始开展预防接种工作，80 年代以来全面实行计划免疫和冷链运转，急性呼吸道传染病发病率大幅度下降，天花、白喉早已绝迹，百日咳、流脑、麻疹等也得到有效控制；通过大力开展爱国卫生运动，加强“三管一灭”（管好饮食、管好水源、管好粪便、消灭苍蝇）工作，改善生态环境等，痢疾、伤寒、甲肝等肠道传染病发病显著减少；采用普查普治、预防服药或预防接种，开展除四害讲卫生的爱国卫生运动等，虫媒传染病发病率总体呈稳步下降趋势。

3.2.2.3 应急管理

1. 中央政府高度重视，领导人发挥引领作用

新中国成立以来，党和国家高度重视应急管理工作。早在1949年11月，就成立了中央救灾委员会。历次重大突发事件发生后，党中央和中央政府都高度重视，并在必要时派出中央工作组赴灾区前线慰问、指导工作。1974年河北邢台大地震抗震救灾过程中，周恩来总理三次到灾区了解情况、慰问受灾群众和指导工作。

2. 以分类管理为主的应急管理体制日臻完善

新中国成立以来，我国逐步形成以专业部门为主导、以灾害分类管理为特征的应急管理体系。在自然灾害方面，有民政部门负责灾害救助，水利部门负责防汛抗旱，地震部门负责地震灾害应对等。其中，1950年中央防汛总指挥部成立，此后不断发展完善，逐步建立起完备的行政首长负责制，防汛抗旱应急体系成为新中国成立最早、迄今最为完善的防灾减灾应急管理体系。

3. 政治动员发挥主导作用

在应对各类灾害的过程中，党和政府的政治动员发挥了集中各方面力量和资源的统一协调作用。政治动员通过其强大有效的宣传力量，使灾区和非灾区群众迅速掌握党和政府的救灾方针、政策，唤起全国上下对救灾工作的积极响应。政治动员模式确立后，在新中国的减灾工程建设和历次重大灾害救助中发挥了无可替代的作用①。在政治动员中，党和政府对救灾工作的掌控能力极强，不但可以有效避免救灾失控的局面，而且可以做到审时度势，总揽全局，协调各方，因势利导，在大灾中提升民族凝聚力。

在大规模减灾工程建设、抗灾救灾、灾后恢复重建中，各有关部门密切协作，中国人民解放军、武装警察和预备役部队、公安干警及广大民兵共同努力，人民群众广泛参与，保证了各项工作的顺利完成。

4. 应急管理规范化科学化程度不断提升

我国建立了针对主要灾害的各种防灾减灾领导机构和灾害监测预警、紧急决策、指挥、调度、组织实施体系，初步形成了中央和省、自治区、直辖市的分灾种灾害信息网络系统，开展了灾害分级管理、灾害快速评估、灾情统计标准的研究工作，推动了灾害管理的科学化和规范化。我国的疾病防疫和灾害医疗救护网络使因灾伤病人员得到有效的治疗，基本控制了传染疾的大规模发生和蔓延。

5. 综合应急管理和国际应急管理合作取得了一定的进展

1989年，我国政府积极响应联合国关于开展国际减灾十年活动的号召，成立了中国国际减灾十年委员会，负责制定我国减灾活动的方针政策，组织协调有关部门和社会各界共同开展减灾活动，指导地方政府开展减灾工作，也推进了减灾国际合作。

---

① 蒋积伟，唐明勇. 新中国危机动员理念的变迁. 当代中国史研究，2011（7）.

专栏

中国的水灾和水患治理成效

“治国必先治水”。兴水利，除水害，大水发生时确保防洪安全，大旱发生时确保供水安全和粮食安全，是治国安邦的大事。新中国成立以来，新中国防汛抗旱步入一个新天地，旧中国一场洪水夺走几万、几十万生命，一场大旱即造成饿殍遍野的景象不再重演。

新中国成立前，黄河“三年两决口”。1933年，黄河大堤两岸共决口50多处，死亡1.8万人。1958年发生的洪水与1933年发生的洪水属同等量级且略偏大，但1958年黄河大堤无一处决口，无一人死亡。

1931年长江大洪水，死亡超过14.5万人；1954年长江大洪水，京广铁路中断100多天，死亡3万多人；1998年长江大洪水，因灾死亡人数降低到1931年长江大洪水的1%、1954年长江大洪水的4.7%。

淮河1931年特大洪水，死亡7.5万人；1954年发生类似的全流域性特大洪水，死亡人数下降为2 000多人，没有出现疫情。

新中国成立以来，每年因洪涝灾害的伤亡人数呈大幅度减少趋势，其中20世纪50年代年均死亡8 976人，70年代5 308人，80年代4 338人，90年代3 744人，2001年以来这一数字降为1 507人。

在经济收益方面，自1949年以来全国防洪减灾直接经济效益累计达3.93万亿元，减淹耕地1.6亿公顷，年均减免粮食损失1 029万吨。

资料来源：左海洋，等. 新中国重大洪涝灾害抗灾纪实. 中国防汛抗旱，2009（S1）.

【附记】水患是中华民族的千年之患。新中国治水的成就超越了历史，从应急管理角度来思考和研究很有必要。

3.2.3　应急管理新发展时期

3.2.3.1　突发事件①

1. 突发事件风险更加广泛

例如，随着城市的发展，自然灾害（如水灾）对城市的影响更大了；环境污染和职业病造成的问题大量出现了；征地拆迁、企业改制、非法集资等导致的各类不稳定因素增加了；社会贫富差距的加大、恐怖主义渗透等造成了新的社会问题。

2. 某些突发事件呈现高频次、大规模的趋势

经济高速发展和企业市场化转型造成安全生产事故隐患增多，重特大矿难、火灾、交通事故等时有发生；群体性事件和各类恶性治安事件也时有发生；各类矛盾和问题引发的

① 本书第1章已对我国新时期突发事件的形势从四类突发事件的角度做了归纳。这里从突发事件的特征角度再做讨论。这一讨论视角也与上一节的国际应急管理新发展中的对应内容讨论视角相一致。

互联网热点层出不穷。

3. 部分突发事件的跨地域程度提高

由于人员流动性增强，以及通信、交通工具的日益发达，突发事件波及的范围也更广。一些食品安全事件动辄影响到数省区，重大交通安全事故往往涉及多地的受害人群，水污染等环境事故也会影响多地乃至境外，不明原因传染病可能影响到国外，一些社会安全事件的组织者在境内外相勾结。

4. 突发事件的敏感性、危害性、影响都增强了

各类突发事件往往涉及社会不同利益群体，各种势力参与其中，敏感性、连带性很强；不少社会安全事件在幕后有人策划、煽动和组织，国内国外、网上网下联动，造成的危害和影响都不可小视。

3.2.3.2 应对措施

总体上，我国新时期突发事件应对能力得到极大提升，除了延续新中国成立以来的发展方向，在如下方面更是体现了突出的新的发展：

1. 注重科学应对

我国注重科学应急，突发事件应对的相关科学技术领域都得到极大的发展。高新技术应用方面，我国建成了由若干环境与灾害监测预报卫星和风云气象卫星组成的卫星减灾应用业务系统。在防灾减灾救灾中，普遍使用卫星遥感、无人机、北斗导航定位等高新技术手段。国家灾情管理系统利用现代通信、计算机、信息管理等技术，全面覆盖中央、省、市、县四级政府。

2. 专业救援力量形成体系

我国应急救援队伍体系基本建立。综合救援力量：以消防部队为核心；突击力量：以军队、武警、公安为骨干；专业力量：包括各级抗洪抢险、抗震救灾、森林防火、海上搜救、矿山救护、医疗救护等专业应急救援力量；辅助力量：企事业单位专兼职应急队伍和应急志愿者队伍。为了有效地减轻自然灾害的危害，我国各地和各有关部门经常性地开展多种形式的减灾活动。

3. 社会动员体系初步建成

一是在抢险救灾、人员搜救、伤员救护、灾民救助、财物捐赠各领域都建立起了一系列行之有效的救灾应急社会动员机制。二是市场机制的作用日益增大，政府通过经济补偿、购买服务、资金融通等方式，使优质资源自觉配置到急需的应急物资储备、应急装备推广、应急关键技术研发等重要领域。保险机制也逐步引入突发事件应对工作。三是各类安全社区建设、公共安全教育培训和演练、应急平台建设、应急产业发展等都蓬勃展开。

3.2.3.3 应急管理

在 2003 年取得抗击非典疫情的胜利之后，我国以“一案三制”（应急预案，应急管理体制、机制和法制）为核心内容的应急管理体系建设工作全面起步。经过十几年的努力，我国现代应急管理体系框架基本建立。

1. 应急管理的制度体系不断完善

以 2007 年《突发事件应对法》的颁布为契机，应急管理法制体系日益完善。应急预案方面，我国自上而下形成了横向到边、纵向到底的应急预案体系。应急管理规范化、标

准化的制度体系正在逐步充实。

2. 综合应急管理体制机制基本确立

目前，“统一领导、综合协调、分类管理、分级负责、属地管理为主”的应急管理体制基本建成。在综合管理体制方面，成立了国务院应急管理办公室和各级政府应急办。在综合性工作机制方面，国家减灾委员会等综合性指挥协调机制也日益发挥了重要作用。

3. 专业化应急管理机制不断完善

根据各地灾害风险特点，县级以上政府设立了防汛抗旱、抗震救灾、森林防火、应对地质灾害、应对台风灾害，以及安全生产事故、食品安全事故等专项应急指挥机构。这些应急指挥机制发挥着预警防范、应急抢险、群众安置、伤员救治、卫生防疫、基础设施抢修、资金物资保障、灾情损失评估等作用。

在灾后恢复重建方面，实行在党委政府统一领导下，由发展改革委员会和民政系统牵头，各相关部门互相配合，实行对口支援，以及基层群众和有关社会力量共同参与的工作机制。

专栏

“5·12”汶川大地震

“5·12”汶川大地震发生于北京时间2008年5月12日14时28分04.1秒，震中位于四川省阿坝藏族羌族自治州汶川县境内、省会成都市西北偏西方向90千米处。根据中国地震局的数据，此次地震的面波震级达8.0Ms、矩震级达8.3Mw，破坏地区超过10万平方千米，地震烈度达到11度。地震波及大半个中国及多个亚洲国家。北至北京，东至上海，南至越南、泰国，西至巴基斯坦，均有震感。地震共造成69 227人死亡，374 643人受伤，17 923人失踪，直接经济损失达8 451亿元，是自新中国成立以来影响极为深远的一次地震。

面对这场突如其来的灾难，中国政府从发布灾情信息，到启动应急预案，再到总理启程赶赴灾区，一系列行动都在短短一个半小时内完成，凸显了中国应对突发事件的快速与高效。

【附记】“5·12”汶川大地震是中国进入新世纪以来的标志性自然灾害事件。这一事件的应对过程值得深入研究和关注。

3.3 回顾与展望

3.3.1 突发事件的双重特征

从突发事件在各个历史时期的表现和发展过程看，世界和中国未来的突发事件形势将会有一系列双重特点。

3.3.1.1 突发事件风险的稳定性与发展性并存

突发事件风险的稳定性表现在：由于大自然的活动超出人类的掌控范围，也由于人类难以完全消除那些灾害风险隐患点，地震、飓风、山体滑坡等自然灾害还将发生；由于人类社会的生产活动还将持续，生产安全隐患也将长期存在；由于人类的各种社会活动的存在和有害健康因素的存在，公共安全突发事件隐患也将继续出现；由于人类社会各种矛盾的存在，社会安全事件风险也会继续存在。

突发事件风险的发展性表现在：由于城市系统等人为自然的日益复杂，未来自然灾害的破坏力将可能更大；由于生产系统、生活系统的日益复杂，安全生产事故的规模也可能更大；由于人的流动性进一步增强和科技发展给人的健康带来的隐患增大，公共卫生事件的危害也可能更大；由于世界范围内的某些局部矛盾激化和社会利益格局的复杂化，社会安全事件的频次也可能会增大。

3.3.1.2 突发事件风险的已知性和未知性并存

一方面，随着经验的积累和科学技术的发展，很多人类将要面对的风险是已知的，包括风险的本质、样式、影响在很大程度上都是已知的，因而可以进行有针对性的防备和应对。另一方面，社会体系演进和科技发展给人类社会带来的不确定性也增强了，某些未来风险的样式和许多风险的演化路径与影响都是很难在短期内认识清楚的，必然会给人们带来心理上的不安。

3.3.1.3 更安全的状态与更不安全的状态并存

随着生产力水平的提高，尤其是科技的发展，人类社会对突发事件的防范能力将日益增强，许多生产生活领域将呈现更加安全的状态。这是因为，随着人类应对自然灾害能力的增强，一些灾害减轻了，如水利工程降低了水灾的频率；技术的进步，使得安全生产措施越来越完备；随着医疗卫生水平的提升，一些致命性传染病等灾害的危害下降了；社会治理的完善，导致社会矛盾减少了。

但是，由于风险未知性的存在和人类集体非理性行为因素的存在，一些领域可能更加不安全。例如，随着生产系统的日益复杂化、大型化，安全生产可能事故更多、更险恶，新的传染性疾病可能更加复杂难控，信息安全风险的危害可能越来越大；各类风险交织，总体安全形势将更为复杂。

3.3.1.4 突发事件的本地影响和国际影响并存

突发事件的影响首先是对具体发生地、发生环境的影响。但随着全球化的深化和信息传播的便利，很多突发事件的影响将是国际性的。这种影响不仅是精神、心理上的，也是物质、经济上的，有的可能会是政治、安全上的。

专栏

2017 年勒索病毒网络攻击事件

2017 年 5 月 12 日，一次迄今为止最大规模的勒索病毒网络攻击席卷全球。在十几个小时内，全球就有 74 个国家的至少 4.5 万 Windows 系统电脑遭到名为 WannaCry 的勒索病毒攻击。受害者电脑会被黑客锁定，需要按提示支付价值相当于 300 美元（约合人民币 2 069 元）的比特币才可解锁。

中国、美国、日本、俄罗斯、英国等重要国家均有攻击现象发生，其中俄罗斯被攻击得最为严重。而对英国的攻击主要集中在英国国家医疗服务体系（NHS），其旗下至少有 25 家医院电脑系统瘫痪、救护车无法派遣。

5 月 14 日，监测发现，在全球范围内爆发的 WannaCry 勒索病毒出现了变种：WannaCry 2.0。与之前版本的不同是，这个变种取消了 Kill Switch，不能通过注册某个域名来切断变种勒索病毒的传播，该变种传播速度可能会更快。

该种新的勒索病毒会经由网络连线入侵联网电视中。一旦智能联网电视遭到入侵，将会出现屏幕遭锁定的情况，并且会出现指定汇款的消息。受害者支付勒赎款项后，才能重新使用该智能联网电视。

【附记】2017 年勒索病毒网络攻击事件体现了突发事件的新发展，也表明突发事件应对需要新的思路和手段。

3.3.2　应对措施的未来样式

3.3.2.1　突发事件应对的手段更先进

随着人类科学技术的发展、工艺工程水平的精进，应对各类突发事件的技术与工程手段会更多样，水平更高。当前，中国和其他航空航天、核工业水平先进国家在这些领域所呈现的高度安全的运行水平就是明证。

3.3.2.2　突发事件应对的主体日益全员化

随着人们对公共安全重要性认识的提升和公共安全治理体系的完善，尤其是安全社区建设的日益普及，安全责任将进一步落实到每个人身上。人人都成为公共安全和突发事件应对参与者的目标将不断被接近。

3.3.2.3　突发事件应对的体系日益先进

由人、技术、制度、物资保障等因素构成的综合突发事件应对体系将日益先进。其中，更为专业化的人才队伍、更为有针对性的技术、系统性更强的制度、更为高效的物资保障体系等将使各个国家乃至人类社会的突发事件应对体系成为一个巨大的有机整体。这一体系将与人类的现代生产生活体系融为一体，对公共安全起着极大的保障作用。

3.3.3　应急管理的演进方向

3.3.3.1　应急管理制度日益完备和规范

应急管理的历史是制度规范不断完备并随着形势的发展而不断更新的历史。未来应急管理的基础将是日益完备和规范化的制度体系。应急管理全过程的方方面面都将有较为完备的制度规范来支撑。从法律、法规、预案，到程序、标准、规程等的一系列软手段将有力支撑更为经济高效的应急管理活动。

3.3.3.2 应急管理体系兼具本地化和国际化特征

一方面，由于文化传承、政治体制、经济发展、生态环境，以及突发事件的挑战等不同，各个国家的应急管理都将体现出某种程度的本地化特色；另一方面，由于国际交流与合作的深化，各国应急管理也必将体现出越来越多的符合“国际惯例”的特征。不仅如此，各国的应急管理体系将会日益联通，形成一个世界范围内的应急管理体系。

3.3.3.3 应急管理日益成为一个专业化领域

突发事件应对及应急管理体系的不断高级化，将使应急管理日益成为一个专业化领域。应急管理从业人员都将需要在经过更为专业化的教育和培训之后，才能胜任工作的要求。

3.3.3.4 应急管理将日益智能化

随着科学技术手段的应用，尤其是先进信息通信技术、大数据、人工智能等高科技的发展，应急管理的手段也必将日益智能化。人机紧密结合的应急管理体系将发挥“人类安全超级守护者”的作用。

本章小结

1. 国际应急管理的历史发展包括传统应急管理、现代应急管理、应急管理新发展三个时期。

2. 中国应急管理的历史发展包括传统应急管理、新中国成立至 SARS 事件之前的应急管理、应急管理新发展三个时期。

3. 未来应急管理的演进方向包括：应急管理制度日益完备和规范；应急管理体系兼具本地化和国际化特征；应急管理日益成为一个专业化领域；应急管理将日益智能化。

关键术语

应急管理新发展　　突发事件的双重特征

复习思考题

1. 怎样认识中国与世界的现代应急管理特点？
2. 怎样认识应急管理的未来演进方向？

阅读材料

中国古人抵御灾害思想摘编

【题记】几千年来，中国古人积累了大量的抵御灾害的经验，提出了丰富的抵御灾害思想。这些宝贵的历史遗产值得我们继承。

第一部分 预弭为上

一、津不行火，薮林不伐

（一）

生穑省用，不滥其度，津不行火，薮林不伐，牛羊不尽齿不屠。

——《逸周书·程典解》[1]

译文：

生爱惜之心必节省财用，不会超过限度。草木滋生之时不放火，树木成林不砍伐，牛羊齿牙不全不宰杀。

注释：

1 程，即“周王宅程”之程，地名。典，法也。作于程，故名程典。此篇讲为官之道、为官应遵循的法则，以及如何治理土地与对待民众。三月十五日，文王集合六州的诸侯要去服事商朝。商纣王听信崇侯虎的谗言，愤怒不已。这就惹得诸侯不高兴，就归附于文王。文王不忍背负商朝，就作《程典》，以之命令司徒、司马、司空三吏。

（二）

预弭为上，有备为中，赈济[1]为下[2]。

——徐光启：《农政全书》

译文：

徐光启认为，在灾害面前，增加农民财富，增强农民抗灾能力是首要的。有所准备是中策，而灾害发生后赈济是下策。

注释：

1 赈济：以财物救济。

2 有一年，北方灾害连连，明熹宗问徐光启如何备荒。徐光启回答说：备荒当以预弭为上，有备为中，赈济为下。预弥为上，则为浚河筑堤、宽民力、祛民害。如此可与民生息，使民能够自立。同时，可鼓励垦荒，兴修水利，使民能安居乐业。有备为中，则是要准备好救灾物资，如发生灾情，要立即赈济，避免民乱。

二、因势利导，以备水潦

（一）

常令水官[1]之吏，冬时行堤防，可治者，章而上之都，都以春少事作之。已作之后，常案行[2]。堤有毁，作大雨，各葆[3]其所。可治者，趣[4]治。以徒隶[5]给大雨，堤防可衣者衣之，冲水可据者据之。终岁以毋败为固，此谓备之常时[6]，祸何从来?[7]

——《管子·度地》

译文：

管仲回答说，要经常派治水官吏在冬天就视察堤防，发现需要修治的问题，即时具文向都水官报告。都水官一般是定在春季事少的时节修堤。但河堤修成以后，则经常进行检验。河堤若发生毁坏，如遇到大雨，就派人分段保护，需要修补之处就抓紧修补。拨给徒隶充役完成其事，大雨中，堤防需要覆盖，就及时覆盖；冲水时，堤防需要屯堵，就组织力量屯堵。一年到头，以保持堤防不坏为治水工作的成效。这也是所谓平时有备，祸从何来?

注释：

1 水官：掌管治水、征收鱼税的官。

2 案行：巡视。

3 葆：古同“保”，保护。

4 趣：古同“促”，催促，急促。

5 徒隶：刑徒奴隶，服劳役的犯人。

6 常时：平时。

7 齐桓公说：“在一年的十二个月，施工动土，只有合乎季节才能做，不合季节则不成，应怎样常年进行准备呢?”管仲回答说：“要经常派治水官吏在冬天就视察堤防，发现需要修治的问题，即时具文向都水官报告。……”

（二）

修堤梁[1]，通沟浍[2]，行水潦[3]，安水臧[4]，以时决塞[5]。岁虽凶败[6]水旱，使民有所耘艾[7]，司空[8]之事也。

——《荀子·王制》

译文：

修理堤坝桥梁，疏通沟渠，排除积水，修固水库，根据时势来放水堵水；即使是饥荒歉收、涝灾旱灾不断的凶年，也使民众能够继续耕耘有所收获，这是司空的职事。

注释：

1 堤梁：堤防与桥梁。

2 沟浍：泛指田间水道、浍田间水渠。浍（kuài）即田间大沟渠。“沟”宽、深各四尺，“浍”宽、深各一丈六尺。

3 行：使……流出。水潦：因雨水过多而积在田地里的水或流于地面的水。潦(lǎo)：积水。

4 臧（zāng)：通“藏”，储存东西的地方。安水臧：指修固水库，蓄藏水流。

5 决塞：指河道的疏导与堵塞。

6 凶败：荒歉，年成不好

7 耘：锄草。艾（yì)：通“刈”，收割。

8 司空：主管土木工程的长官。

三、具百药以备疾灾

乡立巫医[1]，具百药[2]以备疾灾，蓄五味以备百草[3]。

——《逸周书·大聚解》

译文：

各乡设置巫医，准备各种草药以预防疾病与灾难，积蓄各种草药以备齐酸、苦、甘、辛、咸五味。

注释：

1 巫医：古代以祝祷为主或兼用一些药物来为人消灾治病的人。

2 百药：各种药物。

3 五味：指酸、甜、苦、辣、咸五种味道。百草：各种草类，亦指各种花木。

第二部分 有备无患

一、水则资车，旱则资舟

（一）

天有四殃，水旱饥荒，其至无时[1]，非务积聚[2]，何以备之。《夏箴》曰：小人无兼年[3]之食，遇天饥[4]，妻子非其有也。大夫无兼年之食，遇天饥，臣妾舆马[5]非其有也。戒之哉！弗思弗行，至无日矣。

——《逸周书·文传解》

译文：

天有四种灾祸：水灾、旱灾、饥年、荒年。灾祸的到来没有固定时间。如果不从事积蓄，用什么来防备它？《夏箴》里说："平民百姓没有够吃两年的粮，遇上饥荒，妻子儿女就不属他所有了；大夫没有够吃两年的粮，遇上饥荒，奴隶、侍妾以及车马就不属他所有了。"警惕啊，不思考不实行，灾祸临头就不远了。

注释：

1 无时：不定时，随时。

2 积聚：积累聚集，蕴积。

3 兼年：两年。

4 天饥：天灾造成的饥荒。

5 舆马：亦作"轝马"，车马。

（二）

水则资[1]车，旱则资舟，物之理也。天下六岁一穰[2]，六岁一康[3]，凡十二岁一饥，是以民相离[4]也。故圣人早知天地之反，为之预备[5]。

——《范子计然·内经》

译文：

我们就可以利用这样的自然规律：天下遭水灾的时候，积蓄买入木车；而天下大旱的时候，积蓄买入舟船。在事物需求还没有来到且价值不高的时候，买入；在需求来到，就可以卖出，获取高额利润。自然的周期是每隔六年一次丰收，每隔六年一次持平，十二年一次饥荒。如果处理不好，人民就会对你的统治没有信心，离你而去。所以，古代的圣人由于能早早地预知自然界的变化，预先做好准备。

注释：

1 资：买入。

2 穰（ráng）：盛多，众多，庄稼丰熟。

3 康：谷皮也（《说文解字》）；丰盛。

4 相离：互相分离。

5 预备：预先安排或筹划，打算。

（三）

国无九年之蓄，曰不足。无六年之蓄，曰急。无三年之蓄，曰国非其国也。三年耕，必有一年之食。九年耕，必有三年之食。以三十年之通，虽有凶旱水溢[1]，民无菜色。然后天子备味而食，日举以乐。诸侯食珍不失，钟鼓之县[2]可使乐也……故礼者，自行之义，养民之道也。

——《礼记·王制》

译文：

国家若没有九年的储备，叫作不足；若没有六年的储备，叫作紧急；若没有三年的储备，国家就不成其为国家了。百姓耕种三年一定能剩吃一年的粮食，耕种九年一定能剩够三年吃的粮食；这样连续三十年，就有了十年的积蓄。即使有大旱和水涝之灾，百姓也不会挨饿。然后，天子才可以备置佳肴美味来享用，每天都饮宴奏乐。诸侯按时享用美味佳肴，敲击所悬之钟鼓使之高兴。……所以，礼是君主自我遵守的规章、蓄养百姓的措施。

注释：

1 凶旱：严重干旱。水溢：亦作“水泆”，即水泛滥。

2 县：古同“悬”，悬挂。

二、出入相友，守望相助

（一）

离居不相待[1]则贫，群而无分[2]则争。贫者患也，争者祸也。救患除祸，则莫若明分[3]使群矣。[4]

——《荀子·富国》

译文：

如果民户之间离群而居，不相依相靠、相帮相助、友好相待，大家的处境都会越来越穷困；如果群居而无己之分，不能利益共享，就会发生争夺。百姓穷困，是国家之患；百姓相争，给国家埋下祸根。救患除祸，没有比明确各人的应得之分、保持社会公平公正、充分发挥和利用群众力量更好的国策了。

注释：

1 相待：对待。

2 无分：无己之分。

3 明分：明确的本分。

4 本篇论述了使国家富足之道，提出了一系列发展经济的政治原则和方针策略，如“明分使群”“裕民以政”，用政治手段使社会安定，促使经济发展“尚贤使能”“严明赏罚”，用来刺激劳动积极性；“强本抑末”“开源节流”“节用裕民”，用来调整生产、消费结构，以保证经济的良性发展。

（二）

死徙无出乡，乡田同井[1]。出入相友，守望相助[2]，疾病相扶持[3]，则百姓亲睦[4]。

——《孟子·滕文公上》

译文：

人们永远不离开家乡，即使是死。在乡居住同在市井居住一样，而在野（田）则同井田比邻而耕。出去回来互相碰面的时候，互相像朋友一样。为了对付来犯的敌人或意外的灾祸，邻近各村落互相警戒、互相援助，患难时互相关心帮助，则老百姓团结和睦。

注释：

1 乡田：古谓共井田的各家。同井：共一井田。

2 守望相助：为了对付来犯的敌人或意外的灾祸，邻近各村落互相警戒、互相援助。

3 扶持：支持；帮助。

4 亲睦：亲爱和睦；亲近和谐。

三、同恤灾危，备救凶患

晋、鲁、宋、卫、曹、齐等十二国，同盟于亳，晋卿范宣子主盟，载书曰："凡我同盟，毋蕴年[1]，毋壅利，……救灾患，……或间兹命，司慎、司盟[2]，名山、名川，先公、先王，七姓十二国之祖，明神殛[3]之。俾失其民，队命亡氏[4]，踣[5]其国家。

——《左传·襄公十一年》

译文：

晋侯、宋公、卫侯、曹伯、齐世子光、莒子、邾子、滕子、薛伯、杞伯、小邾子等众诸侯在郑国与郑伯一同缔结盟约。由晋卿范宣子主盟。盟约规定：同盟国不准在没有灾情发生之时也囤积粮食。不能专利山川利益，……并且在灾祸来临时候要相互救援。……如有人违反盟约，司慎司盟、名山大川之神、各种天神及天神之外在祀典者、先王先公、七姓十二国之祖所有明神都来诛伐他，诅咒其失去百姓、丧君灭族、亡国亡家。

注释：

1 蕴年：积聚粮食。

2 司：通"伺"。司慎：古代传说诸侯结盟时伺察不敬者之神。司盟：古代传说诸侯结盟时伺察盟者之神。

3 殛（jí）：诛也（《说文解字》）。

4 队：同"坠"，失落也。坠命：犹言死其君主。

5 踣（bó）：倒毙，僵死，破灭。

第三部分　振乏救穷

一、以荒政十有二聚万民

（一）

凡岁时天患[1]民病，则以节[2]巡国中及郊野，而以王命施惠[3]。

——《周礼·地官·司救》

译文：

司救的职责是每当疾疫流行，则广为施医散药，控制灾情。凡一年的四季有自然灾害而使民困病，就拿着旌节巡视国都中以及郊野，而用王的名义对灾民施行救济。

注释：

1 天患：谓灾害也。

2 节：旌节也。

3 施惠：周恤之（《周礼注疏》）。

（二）

以荒政十有二聚万民[1]：一曰散利[2]，二曰薄征[3]，三曰缓刑[4]，四曰弛力[5]，五曰舍禁[6]，六曰去几[7]，七曰眚礼[8]，八曰杀哀[9]，九曰蕃乐[10]，十曰多昏[11]，十有一曰索鬼神[12]，十有二曰除盗贼[13]。

——《周礼·地官·大司徒》

译文：

用十二项救济灾荒的政策聚集万民：一是借贷种子和粮食（给灾民），二是减轻赋税，三是减缓刑罚，四是免除力役，五是放松（关市山泽的）禁令，六是免除关市之税，七是简省吉礼，八是简省丧礼，九是收藏起乐器而不演奏，十是（简化婚礼以促使）多嫁娶，十一是求索（已废弃祭祀的）鬼神（而重修祭祀），十二是铲除盗贼。

注释：

1 荒政：中国古代政府因应灾荒而采取的救灾政策。聚：防止百姓离散。

2 散利：发放救济物资。

3 薄征：减少赋税。

4 缓刑：减轻刑罚。

5 弛力：放宽力役。

6 舍禁：取消山泽的禁令。

7 去几：停收关市之税。

8 眚礼：省去吉礼的礼数。

9 杀哀：省去凶礼的礼数。

10 蕃乐：收藏乐器，停止演奏。

11 多昏：鼓励嫁娶。

12 索鬼神：向鬼神祈祷。

13 除盗贼：清除盗贼。

（三）

一谷不收谓之馑，二谷不收谓之旱，三谷不收谓之凶，四谷不收谓之馈[1]，五谷不收谓之饥。

岁馑，则仕者大夫以下皆损禄五分之一；旱，则损五分之二；凶，则损五分之三；馈，则损五分之四；饥，则尽无禄，禀食而已矣。故凶饥存乎国，人君彻鼎食五分之五[2]，大夫彻县[3]，士不入学，君朝之衣不革制，诸侯之客，四邻之使，雍[4]食而不盛，彻骖騑，涂[5]不芸，马不食粟，婢妾不衣帛。此告不足之至也。[6]

——《墨子·七患》

译文：

一谷无收叫作馑，二谷无收叫作旱，三谷无收叫作凶，四谷无收叫作匮，五谷无收叫作饥。

遇到馑年，做官的自大夫以下都要减去俸禄的五分之一；旱年，减去俸禄的五分之二；凶年，减去俸禄的五分之三；匮年，减去俸禄的五分之四；饥年，免去全部俸禄，只供给饭吃。所以，一个国家遇到凶饥，国君就要撤掉鼎食的五分之三；大夫就要撤掉钟磬等悬挂的乐器，不能再听音乐；读书人不能再上学，而要去种地；国君的朝服一定不能制新的；诸侯的客人、邻国的使者，来了也不能大摆饮食；驷马要撤掉左右两匹，道路不能加修理，马不能吃粮食，婢妾不能穿丝绸。国家已十分困乏，不得不这样告诫。

注释：

1 馈：通“匮”，缺乏。

2 五分之五：疑作“五分之三”。

3 县：通“悬”，此指钟磬等悬挂的乐器。

4 雍：当作“饔”，指早餐和晚餐。

5 涂：通“途”。

6 本篇首先分析了给国家造成危亡的几种祸患，然后指出国家防治祸患的根本在于增加生产和节省财用，并对当时统治者竭尽民力和府库之财以追求享乐生活的做法提出了严正警告

二、救灾恤邻，道也

（一）

天灾流行[1]，国家代有[2]。救灾恤邻[3]，道[4]也。[5]

——《左传·僖公十三年》

译文：

天灾流行，总会在各国交替发生的。救援灾荒，周济邻国，这是正道。

注释：

1 天灾：天降的灾祸，自然灾害。流行：广泛传布，盛行，频繁发生。

2 国家：国与家。代有：世代都有。

3 救灾：救济受灾的百姓。恤邻：周济受灾的邻居。

4 道：道德，道义。

5（僖公十三年）冬季，晋国再次发生饥荒，派人到秦国请求购买粮食。秦穆公对百里说：“给他们吗？”百里回答了上述的话。

（二）

十月庚寅，蝗虫从东方来，蔽天，天下疫。百姓内粟千石拜爵一级。

——《史记·秦始皇本纪》

译文：

十月庚寅日，蝗虫从东方飞来，遮天蔽日，全国瘟疫流行。老百姓献上一千石粮食，授给爵位一级。

三、天下之大务，莫大于恤民

（一）

景公之时饥，晏子请为民发粟，公不许。当为路寝[1]之台。晏子令吏重其赁，远其兆，徐其日，而不趋。三年台成而民振，故上说乎游，民足乎食。[2]

——《晏子春秋·内篇杂（上）》

译文：

齐国景公时，闹饥荒。晏子请求给百姓发放粮食，景公不同意。晏子主管修筑路寝

之台，他命令官吏提高雇工的工钱，增加道路的长度，延缓工期，而且不加以催促。三年后，台子筑成，百姓也得到振济。这样，君王满意于游玩，百姓也能获得饱足。

注释：

1 路寝：帝王正殿所在。意指古代天子、诸侯的正厅。

2《晏子春秋·内篇杂（上）》记述齐景公时晏子筑台赈民的举措。晏子让主事官吏把工钱定得很高，把台的边界拉得很开，让人民悠着劲儿干，不要督责太急。台筑了三年才筑成，人民也度过灾荒时期。工赈即兴工代赈，是春秋时期出现的救荒的新举措，为后世采用这种方式救荒开了先河。

（二）

秦大饥，应侯请曰。五苑之草着、蔬菜、橡果、枣栗，足以活民，请发之。

——《韩非子·外储说右下》

译文：

秦朝闹大饥荒，应侯范雎请求开放苑囿，因为苑囿中有草着、蔬菜、橡果、枣栗，这些可以暂时让老百姓活下去，他请求君主发令开放。[1]

注释：

1 应侯（范雎）的建议未得到秦昭王的批准，但是说明：开放苑囿让灾民就食，也是度过饥荒的一种办法。

四、大札、大荒、大灾，素服

（一）

大札、大荒、大灾，素服[1]。

——《周礼·春官·司服》

译文：

发生大瘟疫、大饥荒、大灾害，（君臣）都要根据礼制穿戴白色的衣帽。

注释：

1 素服：居丧或遭遇其他凶事时所穿的白色衣服。

（二）

百姓饥馑[1]，减御膳之半。

——《晋书·孝武帝纪》

译文：

老百姓遇到灾荒之年，庄稼没有收成，这时君主所享用的饮食应该减掉一半。

注释：

1 饥馑：五谷收成不好称为“饥”，蔬菜和野菜吃不上称为“馑”，两者合起来就是灾荒、荒年的意思。

资料来源：李雪峰，黄琛．应急之道．北京：中国人民大学出版社，2015.

阅读思考题

中国古人应对灾害的哪些思想对今天有启发意义？为什么？

第 4 章

应急管理理念

君子安而不忘危，存而不忘亡，治而不忘乱。

——《周易·系辞下》

应急管理理念是指应急管理机构和应急管理者所遵从的一系列管理突发事件应对活动的指导思想与工作原则。广义地说，应急管理理念既可能属于一个应急管理体系，也可能属于一个应急管理个人或团队。

本章主要阐述应急管理理念的概念、应急管理核心理念、应急管理理念的功能与作用、应急管理伦理问题。

重点问题

- 应急管理理念的概念
- 应急管理核心理念
- 应急管理理念的功能与作用
- 应急管理伦理困境的化解

4.1 应急管理理念的概念

4.1.1 应急管理理念的含义

理念，作为一个约定俗成的概念，可以理解为理性的观念。管理理念是指管理机构和管理者所遵从的一系列管理原则与指导思想。

所谓应急管理理念，是指应急管理机构和应急管理者所遵从的一系列管理突发事件应对活动的指导思想与工作原则。例如，“以人为本”就是这样的日益被广泛接受的指导思想；有人主张环境突发事件面前，“首先要救人，其次救环境，第三救财产”就是这样的工作原则。

广义地说，应急管理理念既可能属于一个应急管理体系，也可能属于一个应急管理团队或个人。例如，广东省人民政府应急管理办公室主张的广东应急管理理念是“无急可应，有急能应”，这是一个应急管理体系的主张。民间应急救援队——蓝天救援队主张“蓝天救援是以志愿服务为原则，以建立和推动国内民间救援体系的发展，使每个国民享有免费紧急救援服务为宗旨”，这可以被视为蓝天救援这个应急团队或组织的应急管理主张。

正确的、符合时代发展需要的应急管理理念，有助于做好各项应急管理工作。相反，不当的应急管理理念或者应有的应急管理理念缺位都会妨碍应急管理工作的正确开展。例如，一些干部和单位缺少“居安思危”的预防与应急准备理念，对于风险管理和预案管理不重视，就会无视公共安全风险隐患，在突发事件发生时因预防、准备不足而“吃败仗”。

4.1.2 应急管理理念的特征

认识理念、提炼理念、传播理念、实现以理念指导工作都需要深入把握理念的基本特点。应急管理理念具有如下本质特征：

4.1.2.1 主观性与客观性

主观性是应急管理理念的先天基因。主观性的主要表现之一是应急管理理念与人的经验和认识能力有关。例如，由于突发事件发生后造成的危害和影响更容易吸引人们的注意力，应急管理机构很容易把工作重点放在应对上，持有“重应对，轻预防”的理念。只有经过理性的思考和获得惨烈的教训，人们才能深切认识到“预防是第一位重要任务”的理念。主观性的另一表现是人的主观偏好对应急管理理念起到重要影响作用。例如，有人偏爱完美地处理问题，结果在突发事件应对过程中，就因为秉持“完美决策”理念而贻误了战机。

主观认识是客观现实的反映。作为人们对应急管理认识成果的应急管理理念也不例外。应急管理理念的客观性主要表现在：第一，突发事件的现实特点决定了应对突发事件的理念。例如，由于经济和科学技术的发展使得城市更为庞大和复杂、技术体系更为庞杂，突发事件应急管理也日益发展。现代应急管理就要特别突出“科学应急”的理念，强调科学的应急方法和应急手段的重要性。第二，社会公众的需求影响突发事件应对的理念。例如，当代社会公众的民主意识觉醒、自主意识提升，这就决定了应急管理要贯彻“公开、透明处置”的理念。第三，突发事件应对参与者的状况影响突发事件应对的理念。例如，志愿者在应急响应中越来越发挥重要作用，这就要求应急管理要容纳公共安全“政社共治”的理念。

应急管理理念的主观性是其形式，而客观性是其决定因素。

4.1.2.2 实然性与应然性

实然性方面是指在现实生活中，应急管理理念如同通常人们的思想，是丰富多样的，也是复杂矛盾的。应急管理理念的现实存在表现为应急管理机构和管理者所习惯遵从的基本管理原则、指导思想等。例如，可以观察到：不同机构和不同管理者的应急管理理念既有共同点也有差异，各机构都认同出现突发事件应当快速处置，但是专业部门往往更加重视专业化处置，而综合性部门往往更加强调一盘棋的统一指挥协调。应急管理理念的共同点支持了共同行动，而差异点轻则引起矛盾、重则影响应急处置工作。

应然性是指我们希望应急管理机构和管理者所应当具有的更好的工作指导思想和原则。例如，牢固树立全面的“以人为本”的应急管理理念。着眼于应然性，就要研究什么是合理、优质、科学的应急管理理念。理念的应然性向实然性转化的过程就是：引导应急管理机构和人员提升他们的应急管理理念水平，或者转变他们既有的、不合理或不能满足时代要求的理念。

本章下一节要讨论的应急管理核心理念指的就是应然性理念，即应急管理主体应当具备的理念。

4.1.2.3 科学性与伦理性

科学性是指应急管理理念要反映出突发事件应对的本质要求和内在规律。古人关于“预弭为上，有备为中，赈济为下”的防灾备灾救灾理念从经济的角度看是划算的，反映了人类的智慧与理性，无疑具有科学性。当代人追求“科学应急”“综合应急管理”等理念也是建立在科学认识基础上的。通常，要判断某种实然性应急管理理念是否合理，或者要确立某种应然性的应急管理理念，往往首先要考察其科学性如何。

伦理性是指应急管理理念要反映人伦道德准则。古人主张的“救灾恤邻，道也”，就是讲“救灾恤邻”是正道。这里的正道，指的就是“救援灾荒与周济邻国”这种理念符合伦理道德，具有伦理性。当代人主张“人的生命高于一切”“不惜一切代价救人”等理念，则是建立在应急管理主体的伦理选择基础上的。同样，要判断某种实然性应急管理理念是否合理，或者要确立某种应然性的应急管理理念，除了考察其科学性，也要考察其是否符合一个社会所公认的伦理道德准则。“各人自扫门前雪，莫管他人瓦上霜”式的理念绝不应为当代应急管理者所拥有。

本章最后一节讨论的应急管理伦理问题，就是着眼于应急管理的伦理性展开的。

4.1.2.4 传承性与发展性

文化具有传承性，作为文化内核的理念有着更为突出的传承性。例如，在我国，“一方有难，八方支援”是中华民族长久以来的文化传统，反映在突发事件应对上，“主动支援”就成了许多机构和公民个人的基本应急救助理念，这种理念为快速救援提供了重要保证。当然，有时未经请求和允许的主动支援也可能会添乱。

时代在发展，理念也在发展。应急管理理念的客观性决定了其发展性。过去一些地方过多重视突发事件应急处置要“快速处置”，现在则要更加重视“依法处置”；过去在危机舆情应对层面上更加注重“稳定压倒一切”，现在则要更多注重“公开、公平、公正”。

面向未来，我们既要大力传承已有的优秀应急管理理念，也要大力发展更为符合科学规律与伦理要求的应急管理理念。

4.1.2.5 多样性与层次性

应急管理理念的多样性是由应急管理实践领域的多样和实践主体的多样所决定的。首先，应急管理实践领域非常广泛，作为应急管理实践的主观反映的应急管理理念就表现为多种多样。例如，应急管理有预防与应急准备、监测与预警、应急处置与救援、事后恢复与重建等工作环节，针对每个环节都有相应的工作指导思想和原则。其次，应急管理具有各类不同的主体，而不同的主体具有不同的利益关切，这进而决定了应急管理价值取向的差异，最终造成应急管理理念的多样性。例如，医务部门会把对生命的关怀看得至关重要，基础设施恢复部门则会把基础设施的风险防控看得非常重要。

应急管理理念的层次性是由理念所“管”的范围的层次性所决定的。应急管理核心理念所作用的应急管理领域是全面的，因而是最高层次的；相比之下，应急管理不同领域或不同应急管理主体所持有的专有理念则是低层次的。高层次应急管理理念统领低层次应急管理理念。

本章下一节专门讨论应急管理核心理念。理解应急管理核心理念，对于各领域、各主体的专属理念的理解与提炼起着重要的基础作用。

4.2 应急管理核心理念

4.2.1 应急管理核心理念的含义

应急管理核心理念，顾名思义，是在各应急管理理念中起核心作用，具有统领性、纲领性的总体应急管理理念。应急管理核心理念可以视为应急管理思想。

应急管理核心理念通常包括应急管理使命、愿景、核心价值观，以及基本的应急管理工作原则。其中，应急管理使命是应急管理工作的根本定位和宗旨，应急管理愿景是应急管理的长远目标，应急管理核心价值观是应急管理主体的根本行为准则，应急管理工作原则是应急管理主体所遵从的基本工作指导方针。四者之间的关系见图 4-1。在图 4-1 中，

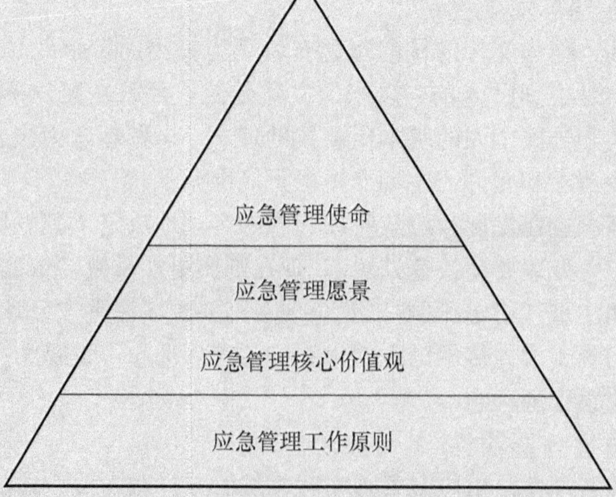

图 4-1 应急管理核心理念关系图

自上而下是指导与被指导关系，其中应急管理使命是总定位，是其他应急管理理念的总指导思想。自下而上是体现与被体现关系，其中应急管理工作原则要体现应急管理使命的根本要求、符合应急管理愿景指引的方向、符合应急管理核心价值观的基本思想。愈是往上，理念愈是概括精炼；愈是往下，理念愈是丰富、多样。

应急管理核心理念的主要特征是：具有突出的客观性，是应急管理机构和管理者对应急管理客观需求的主观反映；具有突出的应然性，是应急管理机构所希望达成共识并成为人们普遍遵从的应急管理实践准则；具有高度的科学性和伦理性，是应急管理主体对于应急管理规律的认识和应急管理应持有的伦理道德认识的主观反映。应急管理核心理念既传承了历史上优秀的应急管理思想，也随着时代发展不断充实新的内涵。

以“预防为主”的工作原则为例，这一基本工作原则既体现了广大人民群众的需求和根本利益（客观性），也体现了写入国家应急管理法律法规的国家意志（应然性）；既符合经济性的理性逻辑（科学性），也符合为了人民安全的伦理道德要求（伦理性）；既传承了古人“预弭为上”的思想（传承性），也暗含实行风险管理的现代理念（发展性）。

4.2.2　应急管理使命、愿景与核心价值观

4.2.2.1　应急管理使命

使命，又称为宗旨或目的，是组织或人的根本任务。例如，中国共产党的初心使命是“为中国人民谋幸福，为中华民族谋复兴”。应急管理的使命是应急管理组织或应急管理者的根本任务。例如，支撑安全发展是中国应急管理工作的根本使命，做好公民保护是一些西方国家所宣称的应急管理使命；又如，我国国家突发事件预警平台的使命应当是：在做好监测工作的基础上，及时、准确地发布预警信息。

已有的国家安全战略性表述和有关规范文件中，对应急管理使命有若干表述。《国家安全法》规定国家安全“以人民安全为宗旨”；《突发事件应对法》指出制定该法的目的是“为了预防和减少突发事件的发生，控制、减轻和消除突发事件引起的严重社会危害，规范突发事件应对活动，保护人民生命财产安全，维护国家安全、公共安全、环境安全和社会秩序”。

应急管理工作的使命定位是什么？应急管理工作者要为社会发挥什么作用，显然是一个严肃的、不容含糊的问题。尽管对于应急管理工作来说，维护公共安全似乎是天经地义，但是不同时代、不同国家、不同机构和人员对应急管理使命的认识还是有所不同。例如，在西方，“公民保护”是应急管理的基本宗旨，但是随着恐怖主义威胁的加重，以美国为首的一些国家把确保国土安全作为最重要的任务来看待（美国成立国土安全部就是一个重要体现）；又如，在我国，曾长期把维护国家财产安全和保护人民生命安全并重，现在则明确以维护人民安全为宗旨。

结合中国的现实情况和国家总体发展战略考虑，我们可以把全国应急管理工作的使命定位为：**应急管理以确保人民安全和支撑安全发展为宗旨。**

这样表述的理由：第一，“确保人民安全”充分反映了我国的社会主义性质。第二，民族复兴、国家发展是我国的根本战略任务，“支撑安全发展”就是完成这一任务的保障。

第三，人民安全在先、安全发展在后，反映出两者之间的优先顺序，体现人的生命最为重要的伦理观念。

这一使命应当成为各级政府、各有关机构和应急管理者个人都自觉追求的应急管理使命。除此之外，为了增强人们的使命感，各级政府和有关机构也可以具体提出自身的应急管理使命。例如，广东省的“无急可应，有急能应”理念就可以视为该省所倡导的政府应急管理使命。

4.2.2.2 应急管理愿景

愿景，又称为远景目标或战略愿景，通常是由领导层倡导的、人们心目中的未来景象。例如，中国人民当前的愿景是全面实现小康社会，并继续努力，实现中华民族伟大复兴的中国梦。

应急管理愿景是应急管理工作的长远战略目标。2015 年，中共中央总书记习近平在中央政治局第二十三次集体学习时强调：公共安全连着千家万户，确保公共安全事关人民群众生命财产安全，事关改革发展稳定大局。要牢固树立安全发展理念，自觉把维护公共安全放在维护最广大人民根本利益中来认识，扎实做好公共安全工作，努力为人民安居乐业、社会安定有序、国家长治久安编织全方位、立体化的公共安全网[①]。

据此，我们可以把全国应急管理工作的战略愿景确定为：**构建全方位、立体化的公共安全网。**

显然，各级政府和各有关机构也可以提出自己的战略愿景。例如，可以提出“建设国内领先、国际一流的应急管理体系”等表述。

战略愿景也可以限定时限。例如，全国应急管理战略愿景也可以定义为：到 2025 年，基本建成全国范围内的全方位、立体化的公共安全网。

4.2.2.3 应急管理核心价值观

核心价值观是组织或人的基本行为准则。例如，中国共产党所倡导的社会主义荣辱观、社会主义核心价值观等都是这样的价值观表述。

应急管理核心价值观是对应急管理机构或个人所遵从的基本行为准则的描述。例如，“以人为本”就是这样的基本价值观表述。

应急管理价值观作为应急管理行为准则，是履行应急管理使命和实现应急管理愿景的精神保证。结合上述应急管理使命与愿景的要求，我们应当把下述准则作为我国应急管理机构和管理者共同遵从的基本价值观：

1. 以人为本

在应急管理全过程中，都要坚持以人为本这一第一行为准则。为人的生命安全负责，以满足人的安全和生存需求为出发点，以人民满意为工作的根本衡量标准，把拯救生命作为应急决策的第一优先目标等等，都是该价值观的体现。

2. 居安思危

居安思危的精神境界有着深远的历史渊源。《左传》曰：“‘居安思危’。思则有备，有备无患，敢以此规”（《左传·襄公十一年》）；《易经》主张“安而不忘危，存而不忘亡，治而不忘乱”（《周易·系辞下》）；孟子也说“生于忧患，死于安乐”（《孟子·告子下》）。

① 习近平主持中共中央政治局第二十三次集体学习. 新华网，2015-05-30.

可以说，增强忧患意识，居安思危，有备无患，是无数历史经验的总结，是中华民族治国、执政、齐家智慧的重要方面。古人修齐治平都强调忧患意识，于自身是治未病，于家是克服“眼见他起朱楼，眼见他宴宾客，眼见他楼塌了”（《桃花扇》）的命运轮回，于国家天下则是“先天下之忧而忧，后天下之乐而乐”（《岳阳楼记》）的责任担当精神。

3. 迅速行动

应急管理关乎人的生命安全。不论是在平时的预防准备，还是在“战时”的应急处置救援，把握时机、立刻行动都是最为重要的行动原则之一。突发事件发生时，迅速行动能够拯救生命，能够控制事态发展；平时的预防和应急准备工作因为不够紧迫，也容易使人拖延，因此也应当倡导只争朝夕的精神。

4. 求真务实

求真务实就要坚持问题导向，从人民群众反映最强烈的问题入手，高度重视并切实解决公共安全面临的一些突出矛盾和问题，着力补齐短板、堵塞漏洞、消除隐患，着力抓重点、抓关键、抓薄弱环节①。突发事件应对过程中，应急管理主体往往由于可能涉及责任追究而有意无意地掩过饰非。在应急处置救援上做表面文章、在事后反思改进上治标不治本都是这样的表现。弘扬求真务实精神有利于克服这些流弊和陋习。

5. 改革创新

中国的应急管理事业在制度上、能力上还有很大的改进空间。以改革创新精神引领应急管理工作，有助于深化应急管理体制、机制、法制的进一步变革，有助于在学习基础上不断创新工作方式方法。因此，主动积极地推进应急管理理念创新、体制改革、机制创新和管理方法手段创新等都是应急管理的题中应有之义。

4.2.3 应急管理工作原则

应急管理工作原则是应急管理主体所遵从的基本工作指导方针。应急管理工作原则又可分为应急管理的总体工作原则和基本工作原则。

4.2.3.1 应急管理总体工作原则

当今世界各主要国家所采纳的应急管理总体原则可称为“综合应急管理原则”。应急管理的主体都有谁？应急管理的基本方法是什么？作为对当代先进应急管理实践的总结，综合应急管理原则从总体上回答了这一问题。

所谓综合应急管理原则，通常是指各有关政府机构和社会各界作为一个整体，运用一套统一的管理工具来应对各类突发事件的工作思路或理念。对于这一原则，不同学者有不同的表述。例如，高小平用“综合应急管理体系”一词来概括我国 2003 年“非典”之后所建立的新的应急管理体系，指出“在这套体系中，各类灾害被统一抽象为‘突发事件’，各类灾害的预防与应对被统一抽象为‘应急管理’，进而确立了突发事件应急管理的组织体系、一般程序、法律规范与行动方案”②。夏保成则在阐述西方应急管理体系时，系统

① 习近平主持中共中央政治局第二十三次集体学习. 新华网，2015-05-30.

② 高小平. 建设中国特色的应急管理体系. 中国应急管理，2009 (7).

介绍了以美国政府实践为代表的“全面应急管理”（comprehensive emergency management，CEM）原则①。

事实上，综合应急管理已经成为各国所普遍认可的应急管理体系构建的工作原则。没有综合应急管理的原则理念，就没有综合性的《突发事件应对法》的出台。综合有关表述，可以认为综合应急管理原则的基本内容包括：

1. 采用通用的应急管理方法体系

通用的应急管理方法体系在西方也被称为全面致灾因子方法（all-hazards approach）。其意思是利用同一套应急管理工具或安排，处理和应对所有类型的突发事件。这意味着，不论是自然灾害、事故灾难，还是公共卫生事件、社会安全事件，都用一套一致的方法思路来应对。例如，应急预案制定都应当采用同样的方法流程，现场指挥部都应当采用相同或类似的结构等。显然，通用的应急管理方法体系能够确保突发事件应对的经济性、管理的高效性、各有关方面更好的协调配合等。

2. 培育集成的应急管理参与者体系

集成的应急管理参与者体系相当于美国的综合应急管理系统（integrated emergency management system）或者应急管理伙伴关系（emergency management partnership）。其意思是各级政府、各有关部门、社会各类组织都能够在突发事件应对中形成一个协调一致的应对系统。各类应急管理主体在应急管理的每一个阶段都要分担相应的责任；而且在有关活动中相互配合，构成一个有机统一整体。

3. 采纳全过程的应急管理体系

全过程的应急管理体系相当于国外的应急管理的生命周期（emergency life cycle）管理。其意思是要对突发事件的预防与应急准备、监测与预警、应急处置与救援、事后恢复与重建等各个环节都实施相互衔接、没有缺项的管理。当然，全过程在不同的国家定义不同。美国官方的定义是灾害减缓（mitigation）、准备（preparedness）、响应（response）和恢复（recovery）四个方面，英国是准备、响应、恢复三个环节，我国有《突发事件应对法》规定的四个工作环节。不论怎样定义，各国都强调要注重前端管理，注重全过程的科学管理。

4. 构建全社会的参与体系

全社会的参与在西方有“韧性社区”（resilient community）或“有准备的社区”建设的表述。其意指基层社区和基层志愿者广泛参与突发事件应对，强调的是基层群众能够在社区里组织起来，共同为社区的公共安全承担责任。其中的一种具体组织方式就是组建具有一定应急能力的第一响应人队伍。在我国有各种应急示范社区建设，在美国有全国性的社区应急响应队（community emergency response team，CERT）建设，其目的都是构建全社会参与的公共安全治理体系。

4.2.3.2 应急管理基本工作原则

综观包括中国在内的典型国家应急管理工作的基本原则，有许多相似之处，反映了应急管理工作具有某些普遍的规律与要求。例如，美国的《国家应急响应框架》中就曾规定

① 夏保成. 美国公共安全管理导论. 北京：当代中国出版社，2006.

其突发事件应对原则包括：建立协作伙伴关系；分级应急响应；响应能力可扩展性、灵活性和适应性；统一指挥、统一行动；常备不懈。英国的《中央政府应急响应部署》提出八项原则[①]：预期原则、准备原则、辅助原则、方向原则、沟通原则、整合原则、合作原则、持续原则。我国《突发事件应对法》规定，“突发事件应对工作实行预防为主、预防与应急相结合的原则”；《国家突发公共事件总体应急预案》规定突发事件应对的工作原则是：（1）以人为本，减少危害；（2）居安思危，预防为主；（3）统一领导，分级负责；（4）依法规范，加强管理；（5）快速反应，协同应对；（6）依靠科技，提高素质。着眼于有效应对突发事件，我们这里对有关表述加以整合和补充，进一步提出一套清晰、系统的应急管理工作原则。

具体说，我们以《国家突发公共事件总体应急预案》等文件的表述为基础，并借鉴有关国家的认识，结合我国突发事件应对的形势与特点，提出如下中国应急管理的基本原则：

1. 统一领导、协同应对

统一领导是应急管理工作的首要原则。在应急管理主体方面，必须坚持在各个层面、各项工作中都体现统一领导的一盘棋思想。在我国，统一领导关键要在各级党委的领导下发挥政府的主导作用，调动全社会的力量，形成突发事件应对的合力。

协同应对既包含应急管理中负有责任的地区、部门、单位之间的协同行动，也包含军地之间的协同行动，包含政府与非政府组织、企事业单位和公众之间的协同行动，还包含跨地区、跨国的合作等。这些跨界合作关系要求特别注意调动好各方面的积极性，实现信息互通、资源共享、协调配合、高效联动[②]。官方、民间、产业、科技等各有关方面都应当协同行动。这是由突发事件的影响广泛性、应对工作的系统复杂性所决定的。

2. 预防优先、系统准备

“面对任何突发事件和危机，首要的目标是尽快结束，而比这更重要的是要做到防患于未然。”[③] 预防是突发事件应对的基础和前端工作，是实现应急管理工作从集中性、突击性向经常性、日常性转变，实现“标本兼治”的关键。在应急管理的工作环节上，应坚持“关口前移”，重在预防。

在应急准备方面，应坚持开展系统的应急能力建设工作。要做好常态下的物资储备、队伍建设、装备完善、预案演练等系统准备工作。

3. 快速响应、有效指挥

突发事件的突发性、紧迫性、危害性等基本特点，要求应急管理者必须积极作为，迅速行动，主动采取高效、迅捷的措施来排除危险。在关键的应急响应阶段，必须坚持快速、及时响应。

应急处置与救援是一项复杂的系统性工作，强有力的统一指挥是基础也是保证。要实现应急指挥的准确、灵敏、有效，就需要有高效的应急指挥机构和运行机制。

4. 科学应对、依法应对

尊重科学，按科学规律办事，力求有序、经济、高效地科学应对，是人们在突发事件

① 李雪峰. 英国应急管理：体系、方法与借鉴. 北京：国家行政学院出版社，2010：24-27.

② 闪淳昌，薛澜. 应急管理概论：理论与实践. 北京：高等教育出版社，2012：107.

③ 扬. 创建和维护企业的良好声誉. 赖月珍，译. 上海：上海人民出版社，1997.

应对中获得的宝贵经验。各类突发事件应对工作都需要以科学的态度、科学的方法、科学的手段来进行，充分发挥专家“外脑”的作用，实行科学民主决策，努力减少不必要的生命、财产损失；要注重投入产出的平衡，尽可能以相对较低的投入获得较高的产出。

突发事件应对工作关乎方方面面的利益与责任，必须依法应对。在应对工作的各个环节，都需要规范行动，符合情理，以理服人。依法应对的核心内容是有法可依、有法必依、执法必严、违法必究。

5. 注重沟通、引导舆论

突发事件应对中的沟通应当是应急管理者与内部外部各相关方建立良好关系以交流信息、互动反馈的双向过程。突发事件应对中的沟通工作对于应急管理工作的内部协同、外部支持至关重要。

在舆论方面，要获得公众的理解和支持，必须加强舆论引导。在应急管理过程中，要满足社会公众的知情权，要努力做到信息透明、信息公开。此外，还要对公众舆情进行监测，了解社会公众的所思、所想、所愿，对舆情进行正确、有效引导。

6. 认真反思、不断改进

对于突发事件应对主体来说，每一次突发事件都是一次新的体验，可以从中获益，发现原有应急管理体系中存在的种种问题，进而加以修正和改进。除了突发事件应急响应的反思外，事后恢复与重建、应急准备等工作都需要不断总结自身经验教训，学习他人、他国的经验教训。

“发现、培育，进而收获潜在的成功机会，就是危机管理的精髓；而错误地估计形势，并令事态进一步恶化，则是不良危机管理的典型特征。”① 应急管理主体不应当以单纯的某一项突发事件的终结为目标，而应该结合此次突发事件处理阶段的各种契机，变危险为机遇，顺势推进理念更新、组织变革，重新塑造组织在公众心目中的良好形象，充分发挥危机可能成为促进组织发展、社会整合的一种积极力量的功能，这有助于激发组织和社会系统的活力和生命力。

4.3 应急管理理念的功能与作用

应急管理理念具有独特的管理功能和社会作用，发挥好这种功能与作用的重要途径是塑造应急管理文化。

4.3.1 应急管理理念的管理功能

在应急管理体系内部，应急管理理念的作用表现为一系列管理功能。应急管理者可以自觉运用这些功能，推动应急管理工作。

---

① 奥古斯丁 N R. 控制危机的六个阶段. 经营者，2005 (11).

4.3.1.1 导向功能

应急管理体系建设，包括公共安全基础设施建设、应急救援力量建设与发展、各种应急法律出台与预案制定等，都需要应急管理理念的引导。正确的应急管理理念会有效引导各项预防和应急准备工作。

4.3.1.2 凝聚功能

突发事件发生后，原先的社会秩序被破坏，信息获取和应对处置多处于孤立状态，这时原有的常规管理制度、流程、执行规范受到严重冲击。尤其是在突发事件发生初期，新的指挥体系尚未建立，每一位应急执行者都不同程度地充当了决策指挥者的角色，也自觉或不自觉地接受他人指挥，形成典型的"自组织"型指挥系统。此时，应急管理理念可以发挥提升组织凝聚力、向心力，促进组织有序行动的作用。

4.3.1.3 规范功能

在应急管理制度不够完善或者情势复杂导致现有制度难以应对时，应急管理理念就成为规范应急管理机构和应急管理者行为的重要依据。

4.3.1.4 整合功能

突发事件面前，要求多部门、多领域的救援力量进行有效整合。先进的应急管理理念的作用是能够通过应急管理者的工作理念、人格魅力等要素促使各方面通力合作，有效促进多部门、多领域的相互合作，减少摩擦，促进应急处置的执行机构和应急物资的有效整合，实现应急资源共享和协同合作。

4.3.2 应急管理理念的社会作用①

应急管理理念通过应急管理者的行为，会影响到周边的人群乃至全社会。其具体作用表现为：

4.3.2.1 推进公共安全文化建设

公共安全文化通常指与公共安全有关的科学知识、价值观念、伦理道德、行为准则及素质的总和。应急管理理念通过应急管理机构和应急管理者的行动，对公众的公共安全意识发挥积极的示范作用。

4.3.2.2 动员社会公众主动参与突发事件应对工作

正确而积极的应急管理理念有利于动员社会公众主动参与突发事件应对工作。通过应急管理者的以身作则和媒体的沟通宣传，社会公众能够更为深切地领会到主动参与突发事件应对工作的意义所在，从而受到感染和激励。尤其是在应急处置过程中，应急管理机构和应急管理者的努力工作能够极大地激发受灾群众和志愿人员的参与积极性。

4.3.2.3 规范社会公众行为

在突发事件发生时，造谣、偷盗、囤积居奇、弄虚作假等不道德乃至违法现象都可能发生。人们此时的行为容易失去理智，造成现场混乱，给应急救援增大难度。如果有关法律法规还不够健全，应急管理理念就可以发挥更大的作用。具体说，应急管理者以恰当的

① 高小平，王华荣. 伦理领导在应急管理中的功能研究. 中国应急管理，2012（3）.

应急管理理念作指导，能够有效引导群众行为，使应急管理理念发挥规范社会公众行为的作用。

4.3.2.4 推动社会风气的转化

面对突发事件，社会群体容易产生思想混乱，对是非的辨别显得更加草率，对他人的依赖性也更大。应急管理者通过展示积极向上的应急管理理念，能够激发民众健康的情感和情绪，弱化和消除不正确、不健康的社会心理意识，把事件中激发出来的民族精神、社会责任感、人性的美好和正义的力量凝聚起来，优化社会人际关系，促进不同社会群体之间的理解、关怀和认同，改善人与人、人与组织、社会与组织的相互关系，促进友善、合作、信任、互惠价值观的深入人心。

4.3.3 塑造应急管理文化

组织文化是组织机构及其成员在组织管理活动中逐渐培育、生成的管理观念、制度规范、行为模式等的总和，它是社会文化在组织中表现出来的一种独特的文化形式。应急管理文化是组织文化的重要组成部分，是组织文化在应急管理组织中的具体体现。应急管理文化的核心是应急管理核心理念，其外围要素有应急管理制度规范、应急管理行为、应急管理文化的物质性表征等。塑造和建设应急管理文化也应当从这些方面着手。

4.3.3.1 提炼应急管理核心理念

国家需要有国家的应急管理理念。中国的“总体国家安全观”中就蕴涵着深刻的应急管理理念。一个地区、一个机构也应有自己的应急管理理念。不同主体的应急管理理念有共通性，下级机构可以以上级机构的理念为自己的理念。不同主体的应急管理理念也有特异性，每个机构都可以依据其独特的任务要求倡导有自身特色的应急管理理念。着眼于特异性，就需要提炼本地区、本机构的应急管理理念。理念的提炼有如下思路与方法：

(1) 从规范要求中梳理理念。从事应急管理工作的组织机构及人员应当从有关法律法规、从其法定职责规范、从组织章程等文件中，梳理出其应急管理核心理念。

(2) 从实际任务需要中提炼理念。应急管理机构可以组织人员，系统深入地分析组织在应急管理工作中面对的问题和挑战，推断所需要的任务和能力，进而确定支撑其完成任务、建设能力所需要的理念支撑。

(3) 从其他文件中获得素材和灵感。在提炼理念的过程中，可以从以往的领导人讲话、有关新闻报道、人民群众未见的文字中寻求有助于提炼应急管理核心理念的素材和灵感。

(4) 将理念表述为准确生动的标志性语言。无论是用上述何种思路提炼应急管理核心理念，有关人员都应当注重使基本理念的表述精准、生动，易于传播。

4.3.3.2 加强应急管理制度建设

应急管理制度建设是整个应急管理文化体系建设的重要内容和保障。实践表明，建立健全国家法律、部门法规和专门条例规章等组成的应急管理规范体系，能够有力促进健康向上的应急管理文化的形成，也有利于提升应急管理主体的综合能力。

4.3.3.3 加强应急管理行为文化建设

加强对先进的应急管理理念的宣传，开展对应急管理者与应急救援人员的应急理念和知识技能培训，不断地更新其应急理念和知识，是提升其应急能力、塑造其优秀的应急管理行为的重要手段。因此，要对应急管理者进行应急管理核心理念的教育和培训，使其树立正确的应急管理核心理念。

4.3.3.4 确立应急管理文化标识

文化标识是通过造型简单、意义明确的统一标准的视觉符号，将管理理念传递给社会公众，使之识别和产生认同感的图案和文字。应急管理文化标识就是以这样的通过精心设计的图案和文字展示应急管理核心理念的方式。应急管理文化标识的设计应遵从以下原则：

（1）用生动形象的图案和文字表达应急管理核心理念。

（2）标识形象应注重简洁鲜明，易于识别、理解和记忆，富有感染力。

（3）讲究优美精致，符号的形式要符合人类对美的共同感知，符合美学原理。

（4）标识设计要注意通用性，可以方便在各种媒介上展示。

（5）标识的内容要保持稳定性、一贯性。

专栏

广东省应急管理标志

设计说明：圆形外框字体分别为“广东应急”的中英文，圆形又蕴涵团结一致、共创佳绩和圆满成功之意。

标志图案由“广东应急”的“广”“应”为主创元素构成，整体造型又似抽象的“急”，下部分为手形。动感向前的箭头，具有快速向前感，充分体现“广东应急”的主题和内涵，具有勇于探索、敢为人先、突破创新的意涵；“手”表达“管理”的含义；同时，图案又似一个向前的人，既体现开拓、进取、拼搏的精神风貌，又表达“急人所急、救人于危、以人为本、勇往直前”的广东应急服务理念。

红、橙、黄、蓝四色（圆环为红色，圆环内自上而下分别为橙色、黄色、蓝色）分别代表“广东应急”的四个级别。同时，红色又象征充满朝气、活力、热情的广东应急队伍；橙色象征现代科学应急概念；黄色象征收获、成功、成就、辉煌；蓝色象征蓝天、大海、科技和未来。

资料来源：广东省人民政府应急管理办公室网站．http://www.gdemo.gov.cn/yjglcgzs/201212/t20121227_172732.htm.

4.4 应急管理伦理问题

应急管理伦理问题主要指应急管理者在从事应急管理活动中所面临的伦理道德困境。设法化解这些问题有利于提高应急管理工作的效能，减少利益矛盾与冲突。

4.4.1 应急管理伦理的含义

伦理意指人伦道德之理，即人与人相处的各种道德准则。在管理情境下，伦理准则主要指管理者和管理机构的道德准则。在公共管理领域，行政伦理是政府工作人员在行使公共权力、管理公共事务、提供公共服务中所应遵循的具体道德准则，属于职业伦理范畴。

应急管理领域中，政府作为应急管理主体，其伦理课题属于特殊的行政伦理领域。具体说，政府应急管理伦理意指政府应急管理者在行使政府应急管理权力、提供应急管理领域的公共服务时应当遵守的道德准则。而企业、非政府组织、社区工作人员的应急管理伦理则指其管理者在各自应急管理工作中的道德准则。

总体上，应急管理伦理是指应急管理者在从事相关活动时的职业道德或专业行为道德规范。正确的应急管理道德规范应当是应急管理使命、愿景、核心价值观等的反映。这些伦理道德规范往往较应急管理核心理念更为具体。例如，勤勉认真、任劳任怨、身先士卒、勇于担当、不怕疲劳、诚实守信等都属于应急管理者应当遵从的道德行为规范。

应急管理的全过程都渗透着伦理道德规范。伦理道德规范既是应急管理的重要资源，也是解决突发事件的重要法宝，当然也是促进将危机转化为机会的重要条件①。

4.4.2 应急管理伦理问题的表现

在应急管理工作中，残酷的现实是：应急管理者不可能保全所有利益相关方的利益，应急管理者必须在公共利益与私人利益之间、在不同群体的私人利益之间、在公民权与行政权之间、在效率与公平之间作出选择。如何既务实又人性化和公平地处置突发事件，是应急管理工作者往往面对的难题。这些问题主要有：

4.4.2.1 统一领导与公众参与的矛盾

公众参与公共决策和政策执行过程是民主政治的表现形式之一，对任何一个法治化社

① 熊卫平．危机管理：理论·实务·案例．杭州：浙江大学出版社，2013：34.

会来说都是十分必要的。应急管理需要公众的参与，但在现实中，公众的参与又受到种种因素的制约：一是突发事件事态紧急，必须实行集权式的快速决策；二是决策机制设计上的不足导致公众（包括各种社会组织和志愿者）参与决策的渠道不畅通；三是公众自身参与决策的意识可能不够强烈。

4.4.2.2 决策代价与决策效果的矛盾

突发事件应对情势复杂且具有相当的不确定性。其中，预防准备工作有投入，但不容易看到应对突发事件的直接效果；应急处置可能会给人们带来不便（例如紧急疏散）、需要立即投入大量的人力物力，而其成效如何还很可能要看运气。由此，应急管理常常面临着既想要较低的决策代价又想要较好的决策效果的伦理困境。

4.4.2.3 不同利益主体之间的矛盾

应急管理时刻关乎对于利益的分配和再分配，这就会造成对于不同的利益主体难以很好地"摆平"的情形。首先，是应急管理主体与服务对象之间的利益冲突。其次，是应急服务对象之间的利益冲突。应急管理应当协调好这些相冲突的利益，维护社会的和谐稳定。但是，由于资源和能力的局限，不同利益群体的不同利益诉求很难得到很好的回应，这会使得应急管理者陷入取舍两难的困境。

4.4.2.4 应急决策者与执行者之间的矛盾

应急管理决策与决策者的认识能力和价值偏好有关。当执行者发现决策者的决策并不高明，却没有时间或条件通过进一步的沟通来改变决策时，执行者就陷入到底做不做的困境中。更为困难的情境是，当执行者发现决策者的决策怀有私心、甚至是明显违背事实或违反管理规范时，执行者会深深地陷入两难境地。

4.4.3 应急管理伦理困境的化解

4.4.3.1 确立应急管理的伦理原则①

在应急管理的使命、愿景、核心价值观和基本工作原则的基础上，还需要专门针对应急伦理问题确立应急管理的基本伦理原则。基本伦理原则应当包括：

1. 公共利益与个人利益相结合

在应急管理中，当公共利益受到威胁时，应当把维护和保障公共利益的安全及把损失降到最低作为基本行为准则。而当人民群众个人的生命安全受到威胁时，则应尽力保全个人的生命安全。

2. 平衡公共权力与公民权利

应急管理中，政府采取应急措施时不仅要考虑到合法性，还要考虑到合伦理性，即是否侵犯了公民的公民权利。

3. 兼顾效率与公平

公共服务的公共性决定了它的公正性和正义性，其最重要的伦理原则就是公平。但是，在突发事件的处置过程中，则应当突出公共效率、适当兼顾公平。危机事态的突发

---

① 鄯爱红. 政府应急处置中的伦理管理与价值引导. 中国特色社会主义研究，2009（3）.

性、严峻性和随时都有扩大的可能性，要求决策者必须在有限信息、有限资源、有限时间的条件下寻求“满意”的处理方案，效率就成为危机决策的第一要求。而在灾后重建和资源征集补偿时则应充分体现公平公正，兼顾效率。

4. 集中决策与民主参与相统一

应急管理在必要时，必须实行集中统一决策。但是，应在条件允许时，尽可能地听取包括下级和群众在内的其他人的意见。对于应急决策的执行者，应当给予一定的授权，使其得以在必要时行使自由裁量权。

4.4.3.2 将应急管理伦理原则制度化

伦理原则制度化建设有利于内化和规范应急管理者的应急行为。在确立应急管理伦理原则的基础上，应急管理规则制定方应当将这些原则进一步具体化，在各项相关的制度中体现这些原则。一方面，可以制定和颁布“应急管理者道德准则”之类的直接表述应急管理伦理原则的文件；另一方面，应当在具体的应急管理法律法规、应急预案中体现应急管理伦理原则。

4.4.3.3 提升应急管理者的道德素养

应急管理者的道德自律来自对伦理规范的认识，以及对正确的伦理规范的内化并进而形成自己的价值取向和道德追求。而这种价值取向和道德追求在应急管理过程中就会自觉或不自觉地体现出来，对应急管理者形成一种自律机制。

具体说，内化的道德规范在应急管理人员的行为过程中可以起到引导、规范、调节决策行为的作用。在缺乏强有力的外在规范对应急决策者的约束的情况下，内化在决策者心中的伦理道德就会在决策过程中起作用。即使在应急决策缺乏相应的法律规定指导时，决策人员仍可以求助于内心的伦理标准。

因此，应当不断提升应急管理者的道德素养，使其具有更高的伦理道德追求，塑造良好的应急人格，树立全心全意为人民服务、维护公共利益的责任感和信念，使应急管理伦理演变成应急管理人员的习惯性反应，使应急管理人员在面对突发事件的危急时刻可以本能地做出符合应急管理伦理的应急行为。

专栏

莫斯科人质危机事件

2002年10月23日晚9时，数十名车臣绑匪手持15支冲锋枪、11支手枪，携带120公斤炸药及114枚手榴弹闯入莫斯科轴承厂文化宫剧院，将数百名观众、演职员及文化宫工作人员劫为人质。接着，绑匪主动与俄当局取得联系，要求俄在一周内从车臣撤军，若三天内得不到答复，就炸毁文化宫剧院。他们还警告说，警方每打死他们一人，他们就杀死10名人质。

26日凌晨5时多，特种部队开始通过排污、供暖管道及空调系统向剧院输放名为“芬太尼”的速效麻醉剂气体。起初剂量不够，又加大输放的剂量，之后再强攻，将车臣绑匪歼灭。事件中，俄罗斯军警当场击毙了39名恐怖分子，其余逃离或被擒获。多数人质获救，但是至少有129名人质因为俄罗斯军队输放的麻醉气体而死亡。

在输放麻醉气体和抢救人质的过程中，俄罗斯决策层面临两难的选择。若要完全避免人质受到伤害，就要损害国家战略利益。为避免恐怖分子点燃炸药祸及更多人质，决策层只好使用了比普通吗啡的药性强 100 倍的“芬太尼”。过量使用这种速效麻醉剂会导致人员呼吸困难并缺氧而死。由于它是第一次被投入实战，俄罗斯特种部队在剂量的控制把握上没有经验，结果造成众多人质遇难。

资料来源：张帆，刘子融．莫斯科人质危机事件的经验教训．公安研究，2003（2）．

【附记】莫斯科人质危机事件凸显了应急管理伦理困境化解之难，需要深入研究，探寻系统解决之道。

本章小结

1．应急管理理念，是指应急管理机构和应急管理者所遵从的一系列管理突发事件应对活动的指导思想与工作原则。

2．应急管理核心理念包括应急管理使命、愿景、核心价值观和应急管理工作原则。正确科学的应急管理理念，有助于维护社会稳定、提高政府公信力，有助于倡导主流价值观，对于政府应急管理具有重要意义。

3．我国应急管理工作的使命是以确保人民安全和支撑安全发展为宗旨；其战略愿景是构建全方位、立体化的公共安全网；其核心价值观是以人为本、居安思危、迅速行动、求真务实和改革创新。

4．应急管理总体原则是“综合应急管理原则”。其基本原则是：统一领导、协同应对；预防优先、系统准备；快速响应、有效指挥；科学应对、依法应对；注重沟通、引导舆论；认真反思、不断改进。

5．应急管理伦理是指应急管理者在从事相关活动时的职业道德或专业行为道德规范。正确的应急管理道德规范应当是应急管理使命、愿景、核心价值观等的反映。应急管理的全过程都渗透着伦理的规范，伦理因素既是应急管理的重要资源，也是妥善应对突发事件的重要法宝。

关键术语

应急管理理念　　应急管理核心理念　　应急管理使命　　应急管理愿景　　应急管理核心价值观　　应急管理工作原则　　应急管理伦理问题

复习思考题

1．何谓应急管理理念？应急管理理念有哪些基本特征？
2．何谓应急管理核心理念？其构成是什么？
3．应急管理理念的功能有哪些？结合实际，简述如何塑造应急管理文化。

4. 我国的应急管理面临哪些伦理问题？应该如何化解？

阅读材料

桑枣中学的应急管理理念与实践

【题记】“5·12”汶川特大地震造成四川安县全县3 800余人遇难或失踪，12 000余人受伤，700多万平方米房屋倒塌。但安县桑枣中学全校师生安然无恙。究其原因，该校的应急管理理念及其实践发挥了重要作用。

四川安县桑枣镇位于龙门山脉南麓，毗邻北川县。安县桑枣初级中学（简称桑枣中学）位于安县桑枣镇，建于1974年，是安县教育体育局直属的一所农村初中，震前已连续14年蝉联本县中考第一名，大量优秀学生进入国家级示范高中和省重点高中学习。全校有31个教学班，在校学生2 323余人，其中住校学生2 189人。学校有教职工98名。该校占地27余亩，建筑面积约1.84万平方米，仅有一个面积不足2 300平方米的操场（生均不足1平方米），它的四面分别被学生宿舍楼、教学楼、教学实验楼、教工宿舍楼等所包围，犹如一个放大的四合院。

一、安全疏散的奇迹

2008年5月12日14时28分，桑枣中学师生们正在像往常一样准备开始下午第一堂课，汶川8.0级地震发生了。

[桑枣中学实验教学楼四楼，初三（6）班教室]“不要慌，躲在桌子底下！”数学老师杜永泰边喊边要求学生把教室的前后门都打开了，以防地震扭曲房门。来自北川县的赵蓉和其他63名同学迅速躲到桌子底下，双手紧紧抓着桌腿，双眼紧闭。

（几十秒钟后）“现在撤离，注意顺序，不要踩踏！”第一波震感刚停，杜永泰果断下令，学生快速而有序地往下撤。赵蓉所在的前四排学生往前门撤退，后四排往后门撤退。

“慢一点，小心脚下！”当赵蓉来到楼梯拐角处时，杜永泰老师已经快速抵达楼梯拐角处疏散学生，之所以在那个位置，是因为楼梯的拐角处最容易发生踩踏。

那天下午，该校31个教室里的老师都是这样从容镇定地指挥学生们撤退。地震波一来，老师喊：趴在桌子下！学生们立即趴下去。老师们都要求学生把教室的前后门都打开以防地震扭曲房门。

震波一过，学生们立即分别从前后门冲出了教室，老师站在楼梯拐角，喊：“快一点！”“慢一点！”老师们说，喊出的话自己事后想想，都觉得矛盾和可笑。但当时的心情，既怕学生跑得太慢，遭遇大楼垮塌，又怕学生跑得太快，关键时候摔倒造成踩踏。

撤离到操场后，大地还在不断地剧烈晃动，学生们蹲在一起，各班的班委习惯性地清点好人数，报告给老师。老师们查看有无受伤学生并安抚学生。

全校31个班2 200多名学生、近百名老师全部疏散到操场，以班级为单位待在一起，用时1分36秒。

校长叶志平地震时正在绵阳办事，他催促司机以最快速度疯了似地赶回学校，看到的是这样的情景：他的学生——11岁到15岁的娃娃们——都挨得紧紧地站在操场上，老师们站在最外圈，四周8栋楼房部分坍塌，全部成为危楼。他最为担心的那栋经过多年维修加固的实验教学楼没有塌。老师们向他报告："学生没事，老师们也没事！"他松了一大口气，浑身都软了。55岁的他当众喜极而泣。

1分36秒，桑枣中学全校31个教学班的2 300多名师生全部撤离到操场而无一伤亡的结果，被世人称为"桑枣奇迹"。

二、奇迹的背后

（一）爱操心的校长

校长叶志平是一个对于校园安全高度敏感的人。他经常告诫教师们"我们必须用良心为学生、家长和国家担当起安全育人的责任"。叶志平说："我家有四人先后都当过校长，我们在一起议论最多的不是教学，而是安全。校舍不建结实，早晚会出事，出了事，没法向孩子家长交代。我校平均一个班70多名学生。这些鲜活稚嫩的生命在我手里，我是战战兢兢，如履薄冰，就怕万一……没事时，我就在教学楼里溜达，带着相机，把危险的地方拍下来，让大家出主意改进。"

一次，学校新建教学楼，楼外立面要贴大理石面。叶志平不放心，怕有一天大理石贴面掉下来砸到学生。他反复琢磨，后来要求施工者对于每块大理石，除了要粘贴牢固外，还要在大理石板上都打四个孔，然后用四个金属钉固定在外墙上。汶川大地震中，该教学楼的大理石贴面没有一块掉下来。

（二）千方百计修危楼

1983年秋，桑枣中学历时3年、花了17万元建成一栋实验教学楼。该楼造价仅100元/平方米。楼的墙壁、楼板都是空心的，填充物不是水泥，而是竹条和水泥袋等建筑垃圾。竣工后，这栋楼没有经过验收就启用了。

叶志平1995年担任校长后，多年来千方百计对这栋楼进行维修加固，彻底整治各种隐患，前后共花费40万元。

学校没有钱，叶志平一点点向教育局申请，到各处化缘。他与县水泥厂厂长是熟人，就每次大修都向厂长要水泥。水泥厂3年共捐赠了50多吨水泥。"用了一部分，大部分卖了，变成现金，支付修楼工人的工资了！"说到这里，叶志平为自己的狡黠嘿嘿一笑。

地震中，这栋楼房屹立不倒，楼内以初三毕业班为主的700多名学生全部安全疏散到操场上。"要不是那几年连续加固，我还真不敢保证这次地震学校不出什么事"，叶志平回想起来仍心有余悸。

（三）扎实开展疏散演练

2004年，桑枣中学新建成的6层女生宿舍楼超标住进了1 000多名11至15岁的女学生。叶志平想，万一发生火灾，怎么能让孩子们井然有序地迅速撤离出楼呢？于是开始搞紧急疏散演练。通过多次演练，孩子们熟练掌握了逃生技能。最快的一次，1 000余名学生全部撤离仅用了46秒。看到效果不错，疏散演练就从女生宿舍楼扩大到全校。

第一次疏散演练，老师和学生思想上不重视，甚至有人持反对意见，认为是没事找事、浪费时间。学生们有的躲在寝室里，有的把演练当作游戏，演练效果非常差。但在校长叶志平的坚持下，紧急疏散演练成为学生每学期的必修科目，师生们逐渐理解其重要性，演练质量也越来越高。他们不断探索总结经验教训，有关规则也越来越细：一是坐在离教室前后门最近的学生负责开门；二是前4排学生从前门撤，后4排从后门撤；三是在走廊和楼梯间分两路纵队行进；四是在整个疏散过程中要保持安静；五是要求低楼层的学生要跑得快些，高楼层的学生要跑得慢些；六是要求老师们要站在各层的楼梯拐弯处保护学生。经过反复演练，师生们都娴熟掌握了疏散逃生技能。

地震后，叶志平回顾说，“地震发生时，老师们都像演习时练的一样，镇定地指挥学生撤退，而学生们也按照老师们的安排，按顺序撤离。真正经受住地震考验的，是一支素质过硬的教师队伍和一个训练有素的学生群体!”

（四）主动开展安全教育

2004年秋季以来，桑枣中学把安全知识学习课和实践训练课纳入学校课程计划，规定每星期二的第一节晚自习为全校各年级各班的安全教育课。安全知识作为一门课程，每学期必须安排占总课时的3%，规定必学的内容，进行必要的考查。

学校自编了《安全工作必读》《安县桑枣中学安全教育常识》《中小学生自我保护宣传》《桑枣中学学生安全警示与安全规定》等安全教育资料，内容涉及：日常安全防范知识，包括人身安全知识、财产安全知识、消防安全常识、交通与旅行安全知识、计算机信息与网络安全知识等；国家安全的法律法规和维护国家安全的知识；社会交往活动中常遇见的安全问题与应对措施；学生普遍存在的心理问题及如何做好心理调适工作；国家法律法规和校规校纪的教育；学生违法犯罪的原因探讨与预防违法犯罪的措施；维护学生的合法权益等知识。

学校还着力培养专职的安全课教师，经常派教师到外校、外单位进行交流学习，提高安全教育的水平。在上安全教育课时，采用形式多样的教学方式，避免空洞的说教，努力增强学生的参与性和主动性。此外，还邀请县交警中队和消防中队警官来校举办专题讲座与指导消防安全疏散演练。

（五）从教训中学习

2003年4月，桑枣中学一学生在寝室上铺床上整理被子时，不小心摔成重伤。学校由此认识到必须有更为详细的规章制度来规范学生的行为习惯，减少安全事故的发生。为此，学校制定了《学生安全警示与安全规定（暂行）》，内容包括校园内最基本活动（诸如集队集会与集体活动、体育活动、搞清洁卫生和参加劳动）的安全警示与安全规定，以及各种区域内（诸如教学区内、实验室内、宿舍区内和生活服务区内和校外）的安全警示与安全规定。

2004年10月，湖北省恩施州宣恩县李家河小学在楼梯间发生拥挤踩踏事故。为了避免发生类似事故，桑枣中学制定了《楼梯安全值班的管理规定》。该《规定》要求：值班教师遵循就近楼梯口值班的原则，应每天在下课后到位值班；值班教师若不按要求到岗值班，造成安全事故，学校将追究值班教师责任；值班教师要及时发现问题，及时疏导学生，制止违规现象，妥善地处理好学生中的偶发事件。经过一段时间的实践，又针对楼梯拐弯处的人流量最大的实际，对教师的站位作了调整，把“值班教师就近楼梯口值班”改为“值班教师到本层就近的楼梯拐弯处值班”。

2007年4月，桑枣中学发生一起食物中毒事件。学校及时总结教训，修订完善了

《学生生活管理领导小组工作职责》《后勤服务中心主任工作职责与规定》《物品采购规则与规定》《后勤服务中心管理人员及重要岗位分工与职责》《学生食堂就餐管理规定》等二十项规章制度，汇编成《安县桑枣中学后勤服务中心管理制度与规定（汇编）》。规定每星期五上午，总务处必须组织学生食堂员工学习食堂安全知识和操作规范，不断增强其卫生安全意识。

（六）完善校园安全制度

桑枣中学成立以校长为组长的安全工作领导小组，设置学校保卫组、职工安全值班组、学生干部安全队伍、防御自然灾害（洪涝、雷电、地震等）小组、学校夜间巡逻保卫工作小组、食品安全卫生与食堂管理小组 6 个安全工作小组，分工负责相应的安全具体事务；将学校划分为 8 个安全责任区，实行“一岗双责”，各安全工作小组分别负责 1～2 个安全责任区。还进一步把安全工作细分为 39 项具体工作责任事项，将责任落实到每个人头上，形成人人抓安全的组织体制。

经过逐年修改、补充、完善和增订，到“5・12”地震前，桑枣中学确立了《学生宿舍管理制度》《体育运动会安全细则》《安全值班制度》《安全工作检查制度》《安全工作考核制度》《校园治安综合治理管理制度》《消防安全疏散（演练）方案》《安全工作考评制度》等 47 项安全规章制度。

资料来源：郭伟，陈旭，董晓松．汶川地震灾害应对理论与实践．北京：国家行政学院出版社，2014.

阅读思考题

从上述案例提供的材料来看，你怎样评价桑枣中学校长叶志平的应急管理理念？

第 5 章

应急管理体系

安危在出令，存亡在所任。

——《史记·楚元王世家》

所谓应急管理体系，是指在一定管理范围内，由应急管理的主体、过程、规范和应急保障共同构成的使突发事件应对活动得以顺利进行的管理体系。本章主要从官方整体的角度，阐释构成一个国家应急管理体系的主体、过程、规范和应急保障各自的含义、构成，及其实践问题。

重点问题

- 应急管理主体的含义和类型
- 应急管理过程的含义和环节
- 应急管理规范的含义和类型
- 应急管理保障的含义和类型

5.1 应急管理主体

5.1.1 应急管理主体的含义

管理主体是指拥有管理权力、承担管理责任、决定管理方向和进程的有关组织和人员。管理机构和管理者是管理主体的两个有机组成方面。应急管理主体是指在应急管理过程中承担突发事件应对职责的组织机构和个人。

与应急管理主体关联性较强的概念是应急管理体制。关于应急管理体制，有不同的理解。一种典型的观点认为，体制包含着制度体系，应急管理体制是“由应急性机关、应急性权力和应急性机制所组织的制度体系”①。这种观点等于将通常理解的应急管理的体制、机制、法制都视作应急管理体制，是一种广义的理解。另一种典型的观点认为，应急管理体制可以被定义为“国家机关、军队、企事业单位、社会团体、公众等各利益相关方在应对突发事件过程中在机构设置、领导隶属关系和管理权限划分等方面的体系、制度、方法、形式等的总称”②。这种观点将军队、公众等被管理者都纳入管理体制中，显然也是一种较为广义的理解。还有观点认为，应急管理体制是指政府机构设置，即认为：“国家应急管理体制从垂直角度看应当包括中央、省（自治区、直辖市）以及市、县地方政府的应急管理体系；从水平角度看应当包括针对各种类型、各种程度的突发公共事件（的应急管理体制系）”③。这里将应急管理体制理解为官方的应急管理组织体系，或者可称为政府应急管理体制。

我们认为，应急管理体制就是一个组织中的负责应急管理工作的主体及其之间的制度性关系。国家有国家的应急管理体制，一级政府组织有该级政府组织的应急管理体制，一个企事业单位或社会组织、基层自治组织都有其自身的应急管理体制。应急管理体制可以被视为应急管理主体的一个子领域。

5.1.2 应急管理主体的构成

5.1.2.1 政府组织

政府是一个政治体系和管理体系，是在某个区域订立、执行法律和进行管理的一套机构。广义的政府包括立法机关、行政机关、司法机关、军事机关。

在应急管理方面，政府组织制定应急管理法律、法规、规范，并领导执行这些制度规范。

在新的应急管理形势下，世界各国政府都日益承担起更多的应急管理责任。政府作为应急管理的主体，其地位和力量总体上不断加强。这种加强从一定意义上说是公共安全方面公共支出的增加；但是，如果政府在制度设计上足够科学合理，则可以通过合理整合现有资源（而不是一味增加新的投入）、减少突发事件带来的损失等措施，在客观上减少国家总体安全支出和损失。

5.1.2.2 基层自治组织

基层自治组织是基层社区人民群众的自我管理组织，在中国主要指城镇居民委员会、乡村村民委员会等。基层自治组织是在“一线”组织应对突发事件的管理者。因而，基层自治组织也是应急管理的重要主体。基层自治组织是应对突发事件的首要力量。尤其在突发事件发生后，基层自治组织带领群众自救互救往往是最为有效的环节。例如，研究表明，地震灾害发生后的 3 小时是最佳救援时间，而此时外界救援力量往往无法到达救援现

---

① 戚建刚. 行政应急管理体制的内涵辨析. 行政法学研究，2007 (1).

② 闪淳昌，薛澜. 应急管理概论：理论与实践. 北京：高等教育出版社，2012：99.

③ 薛澜，等. 国家应急管理体制建设：挑战与重构. 改革，2005 (3).

场，如果基层自治组织能够首先组织自救互救，则可以挽救更多生命，把伤亡降到最低，从而降低救治成本，有效提高突发事件应对的效率和效果。

5.1.2.3 企业与各类社会组织

一般地说，企业和各种社会组织都是为了实现一定的组织目标，由各种职业人士和服务对象组成的集体。这些组织有时会成为突发事件的受害者（如自然灾害来临时），有时会成为突发事件的制造者（如企业生产安全事故、学校里的学生群伤事件），亦即：既可能是承灾者，也可能是致灾者。而有的社会组织，如应急志愿者组织，则会成为突发事件应对的参与者。因此，企业和各类社会组织的管理层也会成为应急管理者。

5.1.2.4 国际组织

国际组织日益成为各个国家应对突发事件重要的外部协调者乃至资源提供者。主要的国际应急管理机构有：

（1）联合国系统的相关机构。联合国国际减灾战略秘书处、联合国开发计划署、联合国亚太经社理事会、联合国人道主义事务协调办公室、世界粮食计划署、世界气象组织、政府间气候变化专门委员会和台风委员会、联合国难民署、联合国教科文组织等机构都参与领导国际突发事件应对的组织协调工作。2015 年召开了联合国国际减灾大会，发布了《2015—2030 年仙台减轻灾害风险框架》，成为重要的国际减灾指导性文件。

（2）区域减灾合作主体。亚太经合组织、中国—东盟（10＋1）、东亚峰会、中日韩合作、中俄印合作、东盟地区论坛、上海合作组织、湄公河委员会等区域、次区域合作组织或机制都将应急管理作为其工作主题，发挥了其国际应急管理主体的作用。例如，在 2011—2015 年期间，上述机构或机制就组织了亚洲部长级减灾大会、上合组织成员国紧急救灾部门领导人会议、亚太经合组织灾害管理高官论坛、中日韩灾害管理部门部长级会议、上合组织成员国联合救灾演练、东盟地区论坛救灾演练等重要救灾会议和活动。

（3）国际性志愿者组织。参与到多个国家的突发事件应对活动的国际性志愿者组织甚多，其管理层都属于应急管理主体的重要组成部分。

5.1.3 作为应急管理主体的政府

政府作为应急管理的主要责任者，以其一系列制度化的组织架构安排和职责分工合作形成了政府应急管理体制。

根据国情不同，政府应急管理体制在不同国家有不同的特点。我国《突发事件应对法》规定了我国应急管理体制的基本原则及其主要内容，即实行“统一领导、综合协调、分类管理、分级负责、属地管理为主”的应急管理体制。下面从领导机构、综合管理机构、跨部门分工与合作、跨层级分工与合作四个方面介绍和讨论政府应急管理体制：

5.1.3.1 领导机构

应急管理领导机构是指一个国家的应急管理最高领导人员和机构，该机构对重大应急管理事项具有最高决策权、政策制定权、领导指挥权。不同国家由于政治体制不同，往往有不同的领导机构安排。

在中国，中国共产党作为执政党，其中央政治局及其常委会对于突发事件应对的工作实行最高政治领导。在汶川大地震、青海玉树地震以及舟曲泥石流等巨灾发生后，中央常委会都对抢险救灾的战略方针做了决定。

国务院对突发事件应对工作拥有最高行政领导权。《突发事件应对法》规定，“国务院在总理领导下研究、决定和部署特别重大突发事件的应对工作”。这里指出，特别重大突发事件的最高领导者（机构）是国务院，具体领导人是总理。事实上，由于国务院也是整个国家行政管理的中枢，因此，国务院便是全国突发事件应急管理工作的最高行政领导机构。

同时，在国家安全方面，我国于 2013 年 11 月 12 日正式成立中央国家安全委员会，其全称为“中国共产党中央国家安全委员会”，是中国共产党中央委员会下属机构。中央国家安全委员会作为中共中央关于国家安全工作的决策和议事协调机构，向中央政治局及其常委会负责，统筹协调涉及国家安全的重大事项和重要工作。

在其他主要国家，则主要采取由政府最高领导人负总责，并辅以参谋协调机构的领导方式。

美国宪法规定，总统是应对大规模突发事件的综合协调和决策指挥的最高领导。美国国土安全委员会则负责为总统提供各项应急管理国家战略和政策建议，确保联邦政府的不同部门和机构联合行动。

俄罗斯总统在应急管理组织体系中起核心作用，在应急管理领域拥有广泛的执行权，是应急管理的核心主体，负责确定重大的应急管理方案与行动。俄罗斯联邦安全会议是国家层面的跨部委决策中心，负责统一指挥和协调俄罗斯境内各部委、各地区的应急管理行动。俄罗斯联邦安全会议于 1992 年依据《俄罗斯联邦宪法》和《俄罗斯联邦安全法》成立，是俄罗斯总统领导下保障国家安全的整个国家机制的核心。其主要任务包括：确定社会和国家的重要利益，发现安全目标受到的内部和外部威胁；制定保障俄罗斯联邦安全的战略方针；起草保障安全的联邦专项计划；为总统起草有关国家安全的各种建议、决定和命令①。在人员构成上，俄罗斯联邦总统任安全会议主席，政府总理任副主席，安全会议秘书、安全局长、外交部长、国防部长为安全会议常委，政府第一副总理、总统办公厅主任、国家杜马主席、联邦委员会主席、科学院院长、司法部长、警卫局长、内务部长、原子能部长、边防局长、经济部长、财政部长、对外情报局长、紧急情况部长为安全会议委员。

德国由总理对突发事件应急管理负总责。德国联邦安全委员会负责制定民事保护的总方针。

日本以内阁总理大臣（首相）为最高指挥官。根据《内阁法》规定，首相有权在内阁会议上就有关内阁重要政策的基本方针及其他案件提出议案，在有关国民生命财产的重大事件和紧急情况发生时有权根据情况召集阁僚会议进行商讨并做出决定。

从上述各国情况，可以看到中外有两点不同：一是中国强调机构的权威，即党中央、国务院，其次才是领导者，如国务院总理。这是民主集中制在应急管理中的体现。二是中国事实上是党的领导，具体说是党中央政治局常委会在总书记的领导下对突发事件有最高

① 上海太平洋国际战略研究所. 俄罗斯国家安全决策机制. 北京：时事出版社，2007：63.

领导权。所以中国与西方的最大不同是我们强调集体领导，特别是党的领导，其次才是领导者个人。

5.1.3.2 综合管理机构

应急管理需要跨部门、跨区域合作。因此，各个国家都有综合应急管理机构。由于国情不同，不同国家在这类机构的职能定位、规模和自身结构方面往往有着不同的安排。

在中国，2018年起，成立了国家应急管理部。该部承担如下综合应急管理职责：组织编制国家应急总体预案和规划，指导各地区各部门应对突发事件工作，推动应急预案体系建设和预案演练。建立灾情报告系统并统一发布灾情，统筹应急力量建设和物资储备并在救灾时统一调度，组织灾害救助体系建设，指导安全生产类、自然灾害类应急救援，承担国家应对特别重大灾害指挥部工作。指导火灾、水旱灾害、地质灾害等防治。负责安全生产综合监督管理和工矿商贸行业安全生产监督管理等。

美国综合应急管理部门为国土安全部。其最重要的执行机构是联邦应急管理署（FEMA）。FEMA成立于1979年，2003年1月划归新成立的美国国土安全部。成立30多年来，FEMA一直是美国防灾、减灾、备灾、抗灾及灾后重建方面的综合协调力量。

俄罗斯综合应急管理部门为俄罗斯联邦紧急情况部，全称为“俄罗斯联邦民防、紧急情况和消除自然灾害后果部”，成立于1994年1月10日。其主要任务：一是制定和落实国家在民防和应对紧急情况方面的政策；二是为俄罗斯联邦范围内提供民防和紧急搜救服务；三是为俄罗斯灾害管理体系功能发挥提供支持；四是开展一系列活动，消除大规模灾害和其他紧急情况所可能引起的严重后果；五是开展特殊的水下救援任务；六是监督灾害管理和应对财政资金的使用；七是组织协调全国民众、灾害管理与应对机构等的应急管理教育培训和培训演练；八是为国内外受灾地区提供人道主义援助等活动，如帮助阿富汗战后重建、向美国新奥尔良灾区提供援助等①。

在德国，内政部是应急管理的综合管理部门，其危机管理与公民保护司专职负责国家危机管理和公民保护领域的政策事务，与公共安全司、警察事务司、移民司共同构成德国联邦政府的四大安全支柱。危机管理与公民保护司下设联邦民事保护与灾难救助局（BBK），其定位为德国民事保护的行政管理和信息协调机构。该机构的具体任务包括如下四个方面：一是处理联邦政府有关民事保护的任务，主要起到综合协调、信息中转的作用。二是支援联邦政府以及各州的应急管理工作，如负责调动各种必要的应急资源，为联邦政府和州政府的应急管理工作提供必要的援助。三是负责联邦政府与各州的信息交流，确保灾情的上传下达，这主要是通过情况通报联合中心实现的。四是为行政机关、社会组织及公众提供专业的宣传教育和咨询服务，如发放各种应急管理的宣传册。

英国的应急管理综合部门为内阁办公厅下属的紧急事务秘书处（CCS）。紧急事务秘书处成立于2001年7月。其目标是通过对突发事件风险实施有效识别与管理，维持世界级的应急响应与恢复能力，确保全英国各社区始终成为安全的工作与生活场所。

日本综合应急管理部门是以内阁府为中枢，其防灾局以应对自然灾害为主，兼顾其他

---

① “The main tasks of Emergency Control Ministry of Russia”，http://www.mchs.gov.ru/new/ministry/?SECTION_ID=585.

难以确定主管部门的突发事件。

上述各国的综合应急管理部门的职能和地位可概括为三种基本类型：第一种是强势型，以中、俄、美为典型代表，其综合应急管理部门由一个强大的部级单位承担，下设强大的执行部门和救援力量。第二种是中等能力型，以德国、日本为代表，其综合应急管理部门属于某个部委（内政部或办公厅），要么有着强大的执行机构，要么具体承担一大类具体突发事件（如自然灾害）的协调工作。第三种是弱能力型，以英国为代表，仅仅为中央政府办公厅的一个综合协调部门。

5.1.3.3 跨部门分工与合作

应急管理工作不能够由一个机构包办代替，需要多部门分工与合作。这种多部门体制构成了政府应急管理体制中的横向体制。

中国政府规定：国务院有关部门依据有关法律、行政法规和各自职责，负责相关类别突发公共事件的应急管理工作，具体负责相关类别的突发公共事件专项和部门应急预案的起草与实施，贯彻落实国务院有关决定事项。具体说，在中央、省、市、县各级政府，大体形成了以民政部门主管自然灾害，安监部门主管事故灾害，卫生部门主管公共卫生事件，公安部门主管社会安全事件，其他有关部门，如地震局、农业部等各自主管某一类具体类型突发事件的格局。

美国除了国土安全部及其联邦应急管理署负责大部分应急管理事务外，其他有关部门则依据各自职责牵头或参与某些政府应急管理功能的实现。例如，根据《全国应急响应框架》，除了FEMA牵头负责7项职能外，其他8项职能都由其他部门牵头负责。具体说，应急运输职能由交通部牵头负责，公共工程紧急维护由国防部/陆军工程兵牵头负责，等等。

在俄罗斯，紧急情况部是俄应对突发公共事件的中枢机构，内务部、国防部或者内卫部队协助紧急情况部处置突发事件，卫生部等协助处置有关专业突发事件。

在日本，各类突发公共事件的预防和处置由各牵头部门相对集中负责。内阁牵头负责地震、台风、暴雨等自然灾害以及没有明确管理部门的紧急事件的应急救援工作，总务省消防厅牵头负责火灾、化学品等工业事故应急救援工作，文部科学省牵头负责核事故应急救援工作，经济产业省牵头负责生产事故应急救援工作，海上保安厅和环保署牵头负责防治海洋污染及海上灾害工作。

在英国，突发事件的响应与恢复阶段都设有牵头政府部门，谁来牵头取决于突发事件的性质。中央政府定期发布完整的牵头政府部门列表。此外，还在地方层面区分一类响应者（地方当局、应急服务机构、医疗卫生机构和政府部门等）和二类响应者（如公用事业单位和志愿者组织等）。

从上面可以看到：

第一，无论综合应急管理部门有多么集中和强势，如美国的国土安全部和俄罗斯的紧急情况部，应急管理都不能由一个部门独自包办。

第二，针对特定的突发事件（如中国和日本）或应对职能（如美国），通常有特定的部门为牵头部门。

第三，不同部门和机构在应急管理中的职责地位是不同的，如：英国分为一类和二类响应者；中国有四个牵头部门负责统筹协调管理四类突发事件，其他部门工作面相对较窄。

5.1.3.4　跨层级分工与合作

跨层级分工与合作通常是指：第一，下级政府在上级政府领导下，负责本地应急管理工作；第二，在突发事件发生时，要根据事件严重程度确定某一级为主责政府。

在我国，根据《突发事件应对法》和《国家总体应急预案》的规定，地方各级人民政府是本行政区域突发事件应急管理工作的行政领导机构，负责本行政区域各类突发事件的应对工作。地方省、市、县三级都有与中央政府相对应的应急管理机构设置。当发生一般突发事件时，由县级政府统一领导和协调应急处置工作；发生重大突发事件，由设区的市级政府统一领导和协调应急处置工作；发生重大和特别重大突发事件，由发生地省级政府统一领导和协调应急处置工作；超出地方处理能力范围或者影响全国的特别重大突发事件，由国务院统一领导和协调应急处置工作。此外，上级政府根据实际情况和需要，对下级政府应急管理工作提供资金、物资、人力支持和技术指导。

美国各州都有应急管理部门，称为州长应急管理办公室，主任由州长来任命。在县一级，也有应急管理办公室。为了加强联邦政府对地方应急管理的支持和领导，联邦应急管理署在全国设立了 10 个区域办公室。

俄罗斯注重构建全国应急管理网络体系，主要是通过“预防和消除紧急情况的统一国家体系”（USEPE）来实现的。USEPE 整合了 89 个州、约 1 000 个城市化区域和大城市以及 2 200 多个位于偏远地区的城镇和乡村。

日本实行中央、都道府县、市町村三级的防灾减灾救灾组织体制。中央政府负责统筹全国防灾减灾工作，制定相关措施；都道府县负责协助市町村及指定的公共机构开展防灾减灾业务；市町村由基层地方公共企业团体共同制定防灾计划，并与消防机关相互支援完成防灾救灾工作。除了中央之外，日本全国 47 个都、道、府、县都建立相应的防灾会议等应急管理综合协调机构。

德国行政区域按照《联邦区域规划法》划分为联邦、州、地方三级。根据德国《基本法》的规定，联邦政府和州及地方政府实行平时状态和战时状态相互分工的应急管理职责体系。联邦政府负责战时民事防护，如民事保护、对州在和平时期的灾难救助提供协助等（《基本法》第 73 条）；16 个州及地方政府负责和平时期的灾难救助，包括一般性危险防护、灾害防护以及健康保护（《基本法》第 30 条和第 70 条）。但事实上，德国联邦政府对非战争条件下的应急管理工作介入得越来越深。

英国地方应急管理有大区、地方、郡、社区几个层级。大区（regions）在英国基本上不是一级政府。英格兰地区共分为 9 个大区，其中伦敦为一个大区。苏格兰、威尔士和北爱尔兰尽管有时名义上被称为国家级（national），但实际上类似大区级。大区级的应急管理机构主要由中央政府大区办公室下属的大区抗灾团队，以及大区抗灾论坛（各类响应者的联席会议）组成。地方（local）在应急管理体系中也有特殊含义，那就是通常以警区为单位。地方抗灾论坛往往是指一个警区的抗灾论坛。一个警区往往由 2～3 个郡组成，有的郡会跨两个警区。地方应急管理机构主要有：地方政府所属的民事紧急事务处或应急规划处、地方抗灾论坛，以及各个一类响应者与二类响应者。

从各国情况看，跨层级分工与合作都具有如下特点：

第一，分级负责。各层级政府都有自身的一套相对完整的应急管理体系，有明确的职责。

第二，设法整合。在需要全国上下协调协作应对突发事件的今天，各国政府都在设法提高其协同能力。俄罗斯的大一统体系的建立和中国的各级政府上下一致的体制是最为紧密的制度安排，美国、英国的中央政府设立地方机构的做法是联邦制和强调地方自治体制下的中央政府加强控制的举措，日本、德国则主要是依靠法律规范来规定各个层级的关系。

5.1.4 应急管理治道变革

治道是人类社会管理公共事务的模式。治道变革是对公共管理模式的系统性改革。在应急管理领域，治道变革是应对突发事件形势的需要，也是各国应急管理实践的重要内容。对应急管理主体结构和关系的调整是应急管理治道变革的重要内容。

突发事件应对中的新矛盾、新问题是治道变革的动力。美国“9·11”事件暴露出其国土安全方面的严重漏洞，促成了国土安全部的诞生；中国非典事件使得综合应急管理短板效应尽显无遗，促成以国务院应急办为首的全国政府综合应急协调体系的创立，乃至《突发事件应对法》的出台。

从各国历史看，往往是有广泛影响的突发事件，尤其是应急处置不力的、造成较大负面影响的突发事件有力地推动了包括体制改革在内的应急管理治道变革。究其原因，主要是事件应对过程中暴露出原有应对主体及其相互关系架构不能适应新的风险威胁。所发生的变革包括政府部门分散力量的集中和加强、更加充分利用社会力量、发动社区参与等。

应急管理治道变革有革命式变革和渐进式变革两种方式。前者是对于现有制度架构的大刀阔斧式变革，后者是逐渐推动式变革。相关政府部门撤并和组建往往以革命式变革的面貌出现，而推动社区群众参与应急管理则需要通过较长时间的渐进式推动才能见到成效。

应急管理治道变革的主要趋势有：强化政府应急管理职能，使政府承担更大的提供公共安全领域的公共产品的职责；加强政府与社会组织的合作，充分发挥社会组织的作用；加强基层应急管理，以此提升基层政府和基层社区的突发事件应对能力。

专栏

我国应急管理体系建设的基本内容和经验

1. “三点一面”：我国现行应急管理体系建设的历程

我国全面建设应急管理体系，起始于2003年总结抗击SARS的经验和教训，以这一阶段的应急管理工作作为“起跑点”；发展于加强党的执政能力和政府的行政能力建设，从而把创新应急管理制度作为“着力点”；提高于贯彻落实科学观的实践，把应急管理摆放到全面建设小康社会的大格局中，并为其确立“定位点”；形成了应急管理“点”与常态行政管理“面”的结合，推动了科学发展。

2. “一案三制”：我国应急管理体系建设的核心框架

应急管理体系建设任务十分繁重，既具有很强的重要性和紧迫性，又需要认识其艰巨性和长期性。我国政府在加强应急管理中，突出重点，抓住核心，建立制度，打牢基础，围绕应急预案和应急管理体制、机制、法制建设，构建起了应急管理体系“一案三制”的核心框架。

3. “一个整体、四个结合”：我国应急管理体系建设的特点和经验

我国应急管理体系建设立足国情，坚持整体推进，注重与行政管理体制改革相结合、与公共政策优化相结合、与政府管理方式创新相结合、与法治政府建设相结合。

资料来源：高小平．中国特色应急管理体系建设的成就和发展．中国应急管理，2008（11）．

【附记】SARS事件之后的我国应急管理体系建设的历程是重要的应急管理治道变革实践。其中的“一案三制”体系建设更是影响深远。

5.2 应急管理过程

5.2.1 应急管理过程的含义

管理过程是对依时间进度展开的管理工作的逻辑进程。例如，战略管理学中的战略计划、战略实施、战略控制三个环节即是对管理过程的描述。质量管理中的计划、行动、检查、纠正（PDCA）循环是对质量管理过程的描述。

在应急管理领域，不同国家对于应急管理过程有不同的表述习惯。我国《突发事件应对法》规定突发事件应对包括预防与应急准备、监测与预警、应急处置与救援、事后恢复与重建四个方面，这也通常被理解为应急管理的四个阶段。在美国，通常的提法是灾害减除、准备、响应、恢复四个环节。在英国，应急管理也细分为预见、评估、预防、准备、响应、恢复六个环节。也有的国家只提及准备、响应、恢复三个阶段。这些不同的表述有不同的侧重点，但大方向是一致的。

综合有关方面的表述，我们可以将应急管理过程分为具有如图5－1所示关系的四个环节：

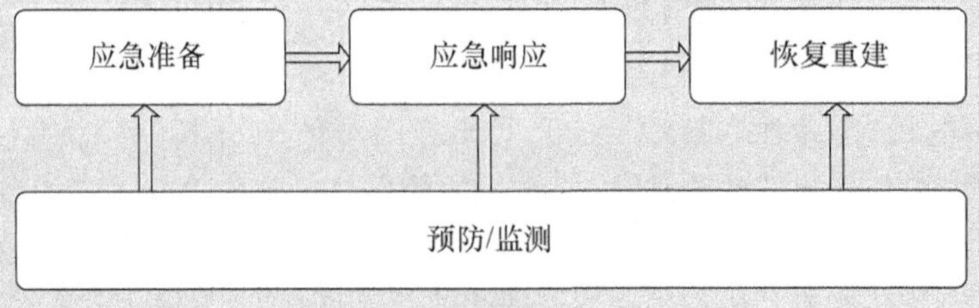

图5－1　应急管理过程示意图

其中，预防与监测是贯穿在应急管理各个主要环节中的工作，而应急准备、应急响应、恢复重建分别是对应突发事件应对的事前、事中、事后管理，是具有前后接续性质的工作。

在此基础上，应急管理过程可简约地分为常态应急管理和非常态应急管理两大过程。其中，常态应急管理是指未发生突发事件时的预防与监测，以及各种应急准备工作；非常态应急管理是指突发事件将要发生时和发生后的预防与监测，以及应急响应和恢复重建工作。本书的应急管理职能各章都将按照常态与非常态的划分对相关职能进行讨论。

需要提及的是，应急管理各环节的工作制度安排也常常被称为应急管理机制。其细微差别是：应急管理过程是对于应急管理实践过程的一般性客观描述，应急管理机制则因不同国家和地区的应急管理主体及体制的差异而有所不同。

5.2.2　预防与监测

5.2.2.1　预防

预防是指为了消除突发事件出现的机会和减轻突发事件的危害所做的各种预防性工作。有的突发事件是可以预防的，有的突发事件是无法避免的，但可以通过采取措施减轻突发事件危害后果，最为普遍的措施就是做好风险管理工作，及早预测可能面临的风险及危害后果，从而制定和采取相应的预防措施。

依据《突发事件应对法》，我国县级人民政府应当对本行政区域内容易引发自然灾害、事故灾难和公共卫生事件的危险源、危险区域进行调查、登记、风险评估，定期进行检查、监控，并责令有关单位采取安全防范措施。省级和设区的市级人民政府应当对本行政区域内容易引发特别重大、重大突发事件的危险源、危险区域进行调查、登记、风险评估，组织进行检查、监控，并责令有关单位采取安全防范措施。县级以上地方各级人民政府按照该法规定登记的危险源、危险区域，应当按照国家规定及时向社会公布。

美国在预防方面的突出特点是重视灾害减除工作。根据美国《全国突发事件管理系统》和《国家应对预案》的表述，灾害减除有如下含义：

直接减除灾害：减轻对危险的暴露度、遭受危险的可能性或潜在损失的行动。其中包括推行区划和建筑法规、易涝地的买断、对相关危险数据的分析以确定安全的建筑场所或定位临时设施。FEMA 的灾害减除部所负责的各项工作，都属于这些灾害减除的内容。这是灾害减除的硬的工作。

防灾减灾教育：对政府、企业和公众进行如何减少损失和伤害的技能教育。这是灾害减除的软的工作。

贯穿于应急管理全过程：灾害减除可以在一个突发事件之前、之中和之后实施。在突发事件出现之前，可以为未到来的灾害做好准备，“现在投入，将来受益”（invest now, save later）；在突发事件发生之后的应对和恢复阶段，总结和吸取本次灾难的教训，避免下一次灾难的发生或尽可能减少它造成的损失。因而，美国国土安全部指出：“灾害减除措施通常是从以前的突发事件的教训中学到的。”

5.2.2.2　监测

监测，简单地说就是“监督预测”，是指在突发事件发生前后，利用各种仪器、设备与人工等对自然灾害、事故灾难、公共卫生事件与社会安全事件的危险要素及其先兆进行持续不断的监视与测量，收集相关数据与信息，分析与评估突发事件发生的可能性及其可能造成的严重后果，并及时向有关部门汇报监测情况，以便发布预警信息。

因此，监测有以下几层含义：一是监测的时间涉及突发事件的事前、事中和事后全过程；二是监测的目的是为决策者提供决策参考，及时发布预警信息；三是监测的手段包括技术与人员两种方式；四是监测的对象是各类突发事件的危险要素及其先兆；五是监测的过程主要是对收集到的数据与信息进行研究判断，上报评估结果；六是监测的特征是实时地、动态地监视与测量。

5.2.3 应急准备

应急准备是指为了应对潜在危机事件所做的各种准备工作，主要包括应急体系建设规划与实施、应急预案管理，以及一系列应急保障准备。在应急体系建设规划的统领下，主要的应急准备工作包括应急预案管理、培养应急管理者、开展公众应急教育、开展综合应急保障几个方面。

5.2.3.1 应急预案管理

应对突发事件能力的提高，一个重要标准是看应急预案制定和管理的水平。是否有预案是区别现代应急管理与经验性应急管理的重要标志。制定预案的目的是增强应急决策科学性，明确各处置主体责任，提高处置效率。预案制定工作要通过调查和分析，针对突发事件的性质、特点和可能造成的社会危害，制定一系列的操作流程，内容一般包括五个方面：组织体系与职责、预防与预警机制、应急响应机制、应急保障机制、恢复与重建措施。要加强预案演练与宣传，增强操作人员应急意识和应急技能，通过演练和实战检验预案成熟度为下次应对工作做好准备。关于更多应急预案管理的内容，详见第 6 章。

5.2.3.2 培养应急管理者

当今世界突发事件频繁发生，对各国政府履行公共管理职能提出了更高的要求，人力资源准备必须跟进。要造就一批具有战略眼光，具有科学决策能力、较强的组织协调能力、良好的沟通能力的应急领导者，培养一批执行能力很强的应急管理工作人员。通过培训，提高他们的应急素质，使其能够迅速聚集资源，有条不紊地开展突发事件应对处置工作。

5.2.3.3 开展公众应急教育

对公众开展应急科普宣教和培训也是人力准备的重要方面，目的在于增强公众应急意识和应急能力。公众应急教育的主阵地在学校和社区。

5.2.3.4 开展综合应急保障

综合应急保障或者应急保障包括应急队伍、应急资金物资与场所、应急信息通信体系、应急产业等方面的保障工作。各级政府和全社会要不断加大对应急保障的投入，促使应急保障能力不断提高。应急保障的详细内容见本章第 4 节。

5.2.4 应急响应

5.2.4.1 预警与预警响应

预警，简单地说就是“预先警告”，是指根据监测得出的分析结果，在自然灾害、事故灾难和公共卫生突发事件等可能发生或者到来之前，消息获知者将风险信息及时告知潜在的受影响者，使其做好相应的避险准备。“预警”一词最早源于军事领域，原指对敌人的行动进行识别、分析与判断，并向军事长官发出警告，以便提前采取应对措施。后来，人们逐渐把预警应用于突发事件应急管理等领域，使之成为一个广义的概念。预警的时间跨度长短不一。时间短的预警仅有十几秒钟，比如地震预警。时间长的预警可以长达几天、几周甚至几年以上，比如水污染、臭氧层破坏等环境类突发事件预警。

预警具体有以下几层含义：一是预警发布时间是在突发事件还没发生，或者已经发生但是尚未到来之前。如果是在突发事件已经发生并且到来之后才对外发布信息，那就不再是预警范畴，而是事后公告。二是预警主体是提前获知突发事件即将或可能来临的组织或个人。通常，各级政府是法定的预警发布者。三是预警对象是潜在的受影响者，包括当地居民、应急管理机构、媒体、救援人员、志愿者等。四是预警内容是有关可能发生或者已经发生但是尚未到来的突发事件的风险信息及行动建议。五是预警目的是警告潜在的受影响者，并通过提供行动建议，促使其采取合理的避险措施。

宣布进入预警期后，各级政府往往根据即将发生的突发事件的特点和可能造成的危害，采取必要的预警响应措施。这些措施包括：启动应急响应程序；及时收集、报告有关信息，定时向社会发布与公众有关的突发事件预测信息和分析评估结果，及时向社会发布可能受到突发事件危害的警告；必要时，责令应急救援队伍、负有特定职责的人员进入待命状态，调集应急救援所需物资、设备、工具，准备应急设施和避难场所，加强对重点单位、重要部位和重要基础设施的安全保卫，维护社会治安秩序，确保交通、通信、供水、排水、供电、供气、供热等公共设施的安全和正常运行，转移、疏散或者撤离易受突发事件危害的人员并予以妥善安置，转移重要财产，关闭或者限制使用易受突发事件危害的场所等。

发布突发事件警报的政府应当根据事态的发展，按照有关规定适时调整预警级别并重新发布。有事实证明不可能发生突发事件或者危险已经解除的，发布警报的政府应当立即宣布解除警报，终止预警期，并解除已经采取的有关措施。

5.2.4.2 应急处置与救援

应急处置属于应急响应的重要内容，人们经常将应急响应与应急处置相提并论，但两者是有区别的。从时间来看，应急处置是在突发事件发生后采取的行动，应急响应则不一定发生在突发事件发生之后。如预警台风即将来临时，公众疏散到避难场所，就属于应急响应的内容。从活动内容看，应急响应不仅包括应急处置，还包括突发事件预警之后、发生之前的预警响应活动，以及信息公开、危机沟通等多方面的活动。从组织主体来看，应急响应主体可以是政府、专业力量、公众、志愿者等，而应急处置工作主要是由行政机关主导的①。

也有学者认为，处置紧急事件是有组织的应急响应。包括四项基本职能：应急评估（威胁探测与紧急事件分级、致灾因子监测与环境监测、人员检测与评估、损失评估）、致灾因子作业（如用水灭山火、修补或堵塞储存设备的漏洞以阻止危险物质泄漏）、人员保

---

① 汪永清．中华人民共和国突发事件应对法解读．北京：中国法制出版社，2007：118.

护（保护行动选择、人群报警、保护行动的实施、影响区进入控制与安全、搜救、灾民的接收与关爱、应急医疗服务、致灾因子暴露的控制、环境保障）和突发事件管理（机构通知与动员、应急设施与装备的动员、沟通/文件记录、分析/规划、内部指导与控制、外部协调、公共信息发布、行政支持与后勤支持）①。

应急处置是指突发事件发生后，履行统一领导职责或者组织处置突发事件的行为主体（通常是某一级政府），组织有关部门、调动应急救援队伍和社会力量，依照有关法律、法规、规章的规定采取应急处置措施的过程。

应急救援是有关行为主体组织本机构应急救援队伍和工作人员营救受害人员，疏散、撤离、安置受到威胁的人员，控制危险源，标明危险区域，封锁危险场所，并采取其他防止危害扩大的必要措施等工作。

因此，应急处置是突发事件发生后的总体性应急响应行动，而应急救援是应急处置中的技术性操作行动。

应急处置与救援通常可以分为如下阶段：

重点响应期：这一时期是基层紧急投入拯救生命中、各个层面紧急动员起来的紧急期。在一定程度上，这一时期也是无序期。到本期末，各个层级的应急指挥体系大多较为完整地建立起来，不少地方在本期末都第一次召开了指挥部会议。

全面响应期：这一时期属于黄金救援期，既是各项抢险救灾工作全面展开的时期，也是抢险救灾的人员搜救、基础设施抢险任务异常繁重的时期。

深度响应期：这一时期是各项工作秩序基本形成，把受灾群众安置、次生灾害防治作为重点工作的时期。此阶段对各项工作的系统性和工作质量要求高，因此成为深度响应期。

5.2.4.3 应急结束

应急结束是指应急处置工作结束，或者相关危险因素消除后，现场应急指挥机构予以撤销的工作环节。通常，政府要宣布应急结束并启动恢复重建工作。

5.2.5 恢复重建

突发事件的威胁和危害得到基本控制和消除后，应当及时组织开展事后恢复工作，以减轻突发事件造成的损失和影响，尽快恢复生产、生活、工作和社会秩序，妥善解决处置突发事件过程中引发的矛盾和纠纷，并在条件允许时，对基础设施等乘势进行升级重建。

人们对突发事件应对中的“恢复”（recovery）与“重建”（reconstruction）有不同的界定。广义的恢复包括重建。广义的恢复不但是被破坏事物的修补和康复，更重要的是实施社会、政治、环境和经济等一系列措施，重建政府运转和服务功能，为受影响的人们提供长期的关爱和治疗，是一个复杂的过程和系统工程。广义的恢复是社会发展过程的一部分和不可缺少的重要环节。例如，美国《全国突发事件管理系统》（NIMS）中对“恢复”的定义是：“制定、协调和实施服务和现场复原计划，重建政府运转和服务功能，实施对

① 林德尔，普拉特，佩里．应急管理概论．王宏伟，译．北京：中国人民大学出版社，2011：224-252.

个人、私人部门、非政府和公共部门的援助项目以提供住房和促进复原，对受影响的人们提供长期的关爱和治疗，以及实施社会、政治、环境和经济恢复的其他措施，评估突发事件以吸取教训，完成事件报告，主动采取措施减轻未来突发事件的后果。”①

另外，与恢复和重建密切相关的还有“后期处置”、“善后处理”或者“善后处置”等工作性概念。例如，有机构指出，“后期处置主要针对重大突发事件发生后的处置，包括的事项主要有善后处置、社会救助、保险和灾后恢复”②。

本部分将恢复重建作为突发事件应急处置之后的一个“事后”环节来对待，其主要工作包括评估总结、恢复、重建三个环节。

5.2.5.1 评估总结

评估是指：突发事件应急处置工作结束后，应当立即组织对突发事件造成的损失进行评估。总结是指：应当及时查明突发事件的发生经过和原因，总结突发事件应急处置工作的经验教训，制定改进措施。

在这个环节中，如果涉及组织和机构的责任问题，则可能会有责任追究环节。责任追究是指：单位或者个人违反有关规定，导致突发事件发生或者危害扩大，给他人人身、财产造成损害的，应当依法承担法律责任，或者依规承担相应责任。

除了追究责任，还可能需要对有功人员和组织进行表彰奖励。

5.2.5.2 恢复

恢复主要是使遭受突发事件破坏的设施与受影响的个人和组织回到突发事件发生前的状态。有学者认为，“恢复就是对遭到突发事件破坏的服务设施和现场按照预案复原，对受影响的个人和组织实施援助项目”③。澳大利亚应急管理署也认为，“恢复是支持受突发事件影响的个人和社区重建有形基础设施，恢复在心理上、社会上、经济上和物质上安康的措施”④。罗伯特·希斯在其应急管理模式表述中，把恢复看作应急管理的最后一个阶段，它包括人的管理以及物和系统的恢复两个方面，并且突出了恢复韧性，即恢复有效生存与反应的能力的重要性⑤。

因此，突发事件的恢复是在应急处置结束后，应对主体为恢复正常的社会秩序和运行状态所采取的一切措施的总和，是突发事件应对的最后一个阶段，使遭受突发事件影响者恢复到正常状态。它大多开始于突发事件的稳定，结束于正常状态的回归。有的恢复是有计划的，有的由于时间紧迫是临时性的行为；尤其是最初时期的恢复，往往没有足够的时间来制定计划。

5.2.5.3 重建

重建，简而言之，就是事后的再次建设。由于各类突发事件的性质不同，存在有的突发事件“有恢复无重建”的现象。例如，在一些相对简单的事故灾难中，事情结

---

① Department of Homel and Security. National incident management system. March1，2004：p. 135.

② 国家安全生产应急救援指挥中心. 安全生产应急管理. 北京：煤炭工业出版社，2007：127.

③ 夏保成. 美国公共安全管理导论. 北京：当代中国出版社，2006：227.

④ Australia Emergency Management Glossary. Better Printing Service. Commonwealth of Australia. 1998，p. 92.

⑤ 希斯. 危机管理. 王成，等译. 北京：中信出版社，2004：20-23.

束了也就意味着基本恢复到正常状态了。一般说来，重建是在较大的、非常显著的或者毁灭性破坏的基础上才有的。重建是在全面规划之后全方位开展的经济与社会体系的重新建设。重建是一个系统工作过程，它既包括物质层面，又包括社会层面和心理精神层面。

5.2.6 应急管理过程优化与再造

随着形势的发展和经验的积累，应急管理工作也需要不断优化与再造其流程。应急管理过程优化与再造主要体现在应急管理机制的优化与创新上。应急管理过程优化与再造有如下主要思路：

第一，渐进式地优化现有工作流程。例如，信息报送、抢险救援等工作都可以不断改进其工作程序、工作机制，使其更为合理、更有效率。

第二，基于应急管理体制改革的流程再造。当组织结构进一步理顺和整合后，工作流程就有条件更为顺畅。例如，我国一些地方把常态的城市管理、市民服务热线和应急管理部门整合为一个统一的城市管理指挥中心，进一步整合了行政资源，就使得应急管理协调机制有了跃进式的提升，大大提高了应急协同响应效能。

第三，基于应急组织职能创新的工作流程创制。例如，我国各地方相继创设了“泛珠三角应急联动机制”“京津冀应急联动机制”等跨区域应急组织，在应急组织职能创新的基础上，创制了跨区域应急协调联动工作流程，有效地提升了区域协同效能。

专栏

英国的应急能力建设

为系统加强全英应急能力建设，英国政府先后启动了20项能力改进项目，这些能力改进项目，或称能力计划的宗旨是保证具备完善的响应机制，以便能对常规或非常规破坏行为所导致的民事灾难和大范围的灾难作出迅速、高效和灵活的响应。能力计划由民事紧急事务秘书处负责实施，共包括20个能力“工作组”。这些工作组可分为3部分：一是3个结构性工作组，分别负责提升中央应急能力、大区和地方应急能力，以及结构性应急能力；二是10个职能性工作组，负责提升化学、生物、放射性及核事故的应对，人及动植物的传染病、重大伤亡、疏散和庇护，向公众发出警告和通知，应对大规模死亡事故，人道主义援助，防范洪水及恢复等方面的应急能力；三是6个工作组，负责提升基本服务能力：食物和水服务、交通运输服务、卫生服务、金融服务、能源服务、通信及邮政服务能力。

每个工作组由指定的牵头政府部门负责。在每个牵头部门内，由一位高级民事服务工作组领导，负责管理与各部部长以及中央的民事紧急事务秘书处所达成的协议中所规定的工作计划。在内阁办公厅内，由一名高级计划主管担任负责情报、安全与应急事务的常任秘书，负责整个计划的管理。该计划主管每季度召开一次工作组领导人（计划管理组）会议，并向英国应急事务官员委员会提交季度进度报告。该计划的部长级监督通过由内政大臣担任主席的部长级委员会实施。

该计划没有确定的目标点或结果。这项工作的一个重要特点是不断地发现挑战，并在工作组所负责的各个领域内对当前的抗灾水平进行监督。这样，各部部长就能确定在每个领域内需要将抗灾程度提高到怎样的高度，并且通过规划，以及分配（必要时）额外的资源，来实现应急能力的提高。各工作组的实施计划中都安排了应急工作的考核与演练。

【附记】英国应急能力建设的实践包含了大量的应急管理过程优化工作，其经验、做法值得借鉴。

5.3 应急管理规范

应急管理规范以法律规范为统领，包括了国家法律规范、技术规范，以及各类组织内部的各种应急管理制度。鉴于应急管理法律规范的重要性，本节将主要聚焦于讨论官方法律规范，并且主要介绍中国的应急管理法律规范。

5.3.1 应急管理法律规范体系的含义

法律规范是社会规范的重要组成部分。社会规范是调整人们社会关系的行为规则。而法律规范是指通过国家的立法机关制定的或者认可的，由国家强制力保证实施，用以指导、约束人们行为的行为规范，是各种法律、法规、规章、规定、条约、公约等规范性文件的总称。

法律规范体系是指由一个国家现行的全部法律规范按照不同的法律部门分类组合而形成的一个成体系化的有机统一整体。

应急管理法律规范体系是指调整突发事件及其所引起的紧急情况下的各种社会问题的法律规范的总和，是按照一定的方式组合而成的有机联系的统一整体。作为预防、调控、应对、处理突发事件的法律手段，应急管理法律规范体系是一个国家或地区在非常规状态下实施法治的基础。

应急管理法律规范体系是国家法律体系的重要组成部分，其理想化的要求是门类齐全、结构严密、内在协调。一套完善齐全的应急管理法律规范体系应当包含以下几个层次的内容：一是应急管理基本法；二是应急管理其他法律；三是应急管理行政法规；四是应急管理地方性法规；五是应急管理规章；六是应急预案；七是应急管理技术规范。

这些应急管理法律规范形成了一个金字塔式的结构，自下而上的权威性不断增强（见图5-2）。

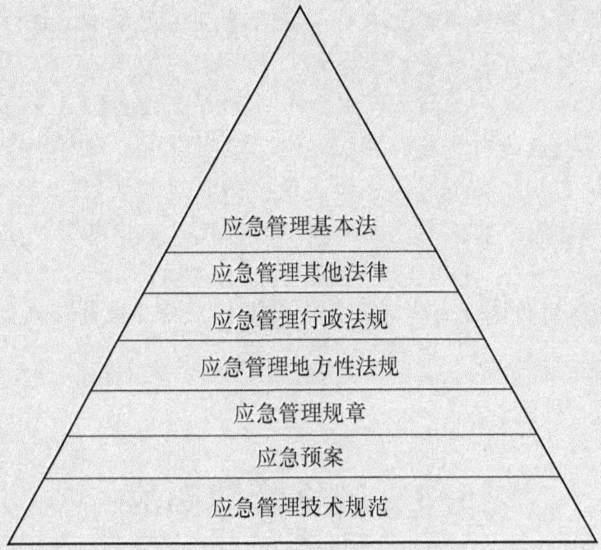

图 5-2　应急管理法律规范体系

5.3.2　应急管理法律规范体系的内容

5.3.2.1　应急管理基本法

在应急管理法制的各种法律渊源中，宪法与宪法性法律中关于应急管理的规范性要求处于根本法的地位，其他法律渊源的效力都直接或间接来源于宪法，不得违反宪法或者与宪法冲突。

应急管理基本法是指在一国应急管理法律规范体系中处于核心和龙头地位、综合调整应急管理领域重要权利义务关系的法律。我国的应急管理基本法是 2007 年 8 月 30 日十届全国人大常委会第二十九次会议审议通过的《突发事件应对法》，这是新中国第一部应对各类突发事件的综合性基本法律。这部自 2007 年 11 月 1 日起正式施行的应急管理法律，被称为“非常时期的小宪法”“龙头法”“兜底法”，它的施行标志着我国规范应对各类突发事件共同行为的基本法律制度已确立，为有效实施应急管理提供了更加完备的法律依据和法制保障。

制定应急管理基本法是大部分国家的通例。例如，英国有《2004 民事紧急事务法》。该法令分为两个实质性部分：民事保护的地方部署（第一部分）及应急权力（第二部分）。其中，“第一部分：民事保护的地方部署”为地方一级的应急准备和响应确立了明确的作用及职责，有利于在地方一级持续推行民事保护，推动响应者间建立更系统的合作关系，同时为更好的应急表现打下了坚实的基础。“第二部分：应急权力”允许制定临时特别法规（应急规章），以应对最严重的紧急事件。行使应急权力是应对突发事件的最后手段，在地方制定规划部署时应假定不能行使该项权力。作为一项应急保障措施，该权力只能在特殊情况下使用。日本于 1961 年 11 月制定了《灾害对策基本法》（该法于 1995 年进行了修改），对各类灾害应对进行综合规范。

5.3.2.2 应急管理其他法律

1. 应急管理专门法

应急管理专门法是指适用于多灾种、多事件的，针对应急管理重要环节、流程、内容或者专门事项进行综合或者统一调整的法律规范。目前，由于我国既有的应急管理类法大多采用“一事一法”立法模式，除《突发事件应对法》外，其他适用于多灾种、多事件的统一的预防、救助、恢复的应急管理类专门法还是空白。在应急管理法律法规体系的建设进程中，我们应当借鉴国际经验，合理考虑诸如应急财政投入、灾害预防、应急储备、灾害与紧急救助、灾害补偿、灾害与事故保险等统筹各类灾害事故方面的专门立法。

2. 应急管理单行法

应急管理单行法是指适用于某一类型突发事件的单行性立法。由于现代社会引发突发事件的不确定因素增加，且变化速度很快，指望应急管理基本法的一般性规定具体解决所有的突发问题是不可能的。健全的国家应急管理法律法规体系必须是应急管理基本法、应急管理专门法与应急管理单行法的结合和协调。在我国现行的应急管理法律法规体系中，应急管理单行法数量庞大、涉及面广。在我国中央政府门户网站所列举的近 40 部应急管理法律中，绝大多数属于此类法律规范①。按照调整对象的不同，此类法律大致分为自然灾害类突发事件的法律规范、事故灾难类突发事件的法律规范、公共卫生类突发事件的法律规范以及社会安全类突发事件的法律规范。

第一类：自然灾害类突发事件的法律规范

自然灾害应急管理法律制度是国家应急管理制度的重要组成部分，是政府及时有效处置自然灾害，保障人民群众生命、财产安全，保障经济发展，维护社会安定的重要依据和手段。主要有《防震减灾法》《防洪法》《防沙治沙法》等。

第二类：事故灾难类突发事件的法律规范

我国关于事故防治的立法范围非常广泛，主要包括：（1）生产安全事故法律，如《安全生产法》《矿山安全法》；（2）交通运输事故法律，包括调整铁路行车事故、公路交通事故、民用航空事故、海上运输事故、城市轨道交通事故等方面的法律规范，如《海上交通安全法》《道路交通安全法》；（3）公共设施与设备事故法律，如应对核事故、电网事故、通信事故等方面的法律规范；（4）火灾事故法律，如《消防法》；（5）环境与生态事故法律，如《环境保护法》《海洋环境保护法》《水污染防治法》《大气污染防治法》《环境噪声污染防治法》《固体废物污染环境防治法》《放射性污染防治法》等。

第三类：公共卫生类突发事件的法律规范

此类法律主要是指应对传染病疫情、群体性不明原因疾病、食品安全和职业危害、动物疫情以及其他严重影响公众健康和生命安全的事件的法律规范，如《传染病防治法》《动物防疫法》《食品安全法》《进出境动植物检疫法》《国境卫生检疫法》《野生动物保护法》等。

---

① 如《防洪法》《防沙治沙法》《防震减灾法》《安全生产法》《消防法》《海上交通安全法》《环境保护法》《大气污染防治法》《环境噪声污染防治法》《水污染防治法》《固体废物污染环境防治法》《海洋环境保护法》《放射性污染防治法》《传染病防治法》《食品卫生法》《进出境动植物检疫法》《动物防疫法》《国境卫生检疫法》《国家安全法》《民用航空法》《野生动物保护法》等。

第四类：社会安全类突发事件的法律规范

此类规范主要包括应对群体性突发事件、经济安全事件、涉外突发事件、恐怖袭击事件以及其他影响严重的突发性社会安全事件的法律规范。我国现阶段应对社会安全类突发事件的法律主要包括《国家安全法》《反恐怖主义法》《集会游行示威法》《治安管理处罚法》等。

3. 相关法律中的应急管理规范

由于突发事件的影响是全面的，在应急状态下，刑事法律关系、民事法律关系、行政法律关系以及诉讼法律关系等都会改变，因此，在我国，与应急管理基本法等非常态法相对薄弱的现状相比较，应急管理的相关法则相对庞杂、繁多，分散在刑法、民法、行政法及诉讼法等常态部门法领域的众多法律规范性文件中。例如，《刑法》中关于“危害国家安全罪”“危害国防利益罪”“军人违反职责罪”等部分条款就包含应急内容的相关法律规范；在民事法律领域中，紧急事件被视为“不可抗力”的情形之一，而被纳入相关法律规定中。此外，行政法律法规中涉及公民、法人和其他组织的合法权益由于突发事件的行政应急措施受到损害的补救机制，包括行政复议、行政诉讼、国家赔偿和补偿等关于公民权利救济的法律规范，都属于应急管理相关法律规范。但是，这些相关法较为零散，立法时间前后不一，规范之间不够协调统一，需要逐步厘清、理顺、完善。

4. 国际条约中关于突发事件、紧急状态以及人权保护等的相关条款

目前，应急管理法制的国际法渊源主要表现为世界性国际法和公约与区域性国际法和公约两个部分。前者如《公民权利和政治权利国际公约》，后者如《欧洲人权公约》《美洲人权公约》等。这些国际法和公约之所以构成应急管理法制的渊源，一方面在于它们所坚持的人权保护的基本原则和基本制度构成对国家紧急权力的有效的、往往是最终的制约，另一方面在于其对国家紧急权力的行使作了专门规定。在我国参加或承认的《公民权利和政治权利国际公约》《上海合作组织成员国关于地区反恐怖机构的协定》等相关国际条约中，有些涉及紧急状态等国家紧急权力的规定。此外，近年我国签署或参与的《联合国气候变化框架公约》之《巴黎协议》、联合国《2015—2030 年仙台减灾框架》等国际公约也包含了大量减灾内容。

5.3.2.3　应急管理行政法规

应急管理行政法规是指政府根据宪法和法律，按照行政法规规定的程序制定的应急管理方面的法律规范性文件。目前，在我国，国务院尚未出台关于实施《突发事件应对法》的行政法规。但在有关专项领域，我国颁布实施了不少应急管理行政法规，如《自然灾害救助条件》《突发公共卫生事件应急条例》《民用爆炸物品管理条例》《破坏性地震应急条例》《电力设施保护条例》《民用核设施安全监督管理条例》等。这些行政法规在应急管理不同领域发挥着重要的法律调整作用。

5.3.2.4　应急管理地方性法规

应急管理地方性法规是中央以下各级地方政府制定的应急管理规范性文件。在我国，省、自治区、直辖市以及省级人民政府所在地的市和国务院批准的较大市的人民代表大会及其常务委员会，根据宪法、法律和行政法规，可以结合本地区的实际情况制定关于应急管理的法律规范性文件。《突发事件应对法》颁布后，各地逐渐进入应急管理地方立法活

跃期，纷纷出台了实施该法的地方性法规，如《北京市实施〈中华人民共和国突发事件应对法〉办法》《广东省突发事件应对条例》《山东省突发事件应对条例》《重庆市突发事件应对条例》等。这些地方立法为推动各地应急管理体制、机制建设以及应急能力提升发挥了重要作用。

5.3.2.5　应急管理规章

应急管理规章主要包括应急管理部门规章和应急管理行政规章。我国应急管理规章包括：

1. 应急管理部门规章

应急管理部门规章主要指国务院组成部门及直属机构依据有关法律、法规，在其职权范围内，按照法定程序制定的关于应急管理方面的规范性文件，如公安部制定的《机关、团体、企业事业单位消防安全管理规定》以及卫生部制定的《食物中毒事故处理办法》等。

2. 应急管理地方政府规章

应急管理地方政府规章是指省、自治区、直辖市人民政府及省、自治区政府所在地的市和经国务院批准的较大的市的人民政府，在其职权范围内，为执行法律、法规，按照法定程序制定的关于应急管理的规范性文件，如《浙江省突发公共卫生事件预防与应急办法》《江苏省突发事件应急预案管理办法》《天津市突发公共卫生事件应急办法》《广州市突发事件危险源和危险区域管理规定》等。

这些部门规章和政府规章不但延伸和完善了应急管理法律法规的相关规定，而且通过探索和创新为国家和地方应急管理立法积累了经验。

5.3.2.6　应急预案

2003 年我国成功应对非典疫情以后，应急预案体系建设进入快速发展阶段。2006 年 1 月，国务院出台《国家突发公共事件总体应急预案》，以此为标志，我国应急预案体系经过十多年的建设，取得了显著成效，应急预案体系基本形成。

关于应急预案①是否是应急管理法律体系构成部分的问题，目前学术界和实践部门还没有完全达成共识，需要进一步探讨。有的学者认为，应急预案只是现有法律的具体实施办法②。也有人认为，应急预案是应急管理法制的重要组成部分③。我们认为，应急预案作为预先制定的行动方案，主要作用是将法律规定的应急管理原则、策略、要求与方法转换为可供操作的具体方案。从这个角度看，应急预案本身不是法律，而是法律的执行方案④。不过，从现实来看，应急预案的性质在我国目前出现了局部的“异化”。由于我国的应急管理法制体系远未完善，为了填补法律空白，部分层级较高（主要是国家和省两级）的预案暂时“代位”法律，在应急管理实践中发挥着调整和规范作用，在应对突发事件中的作用不可低估。从这个角度来理解，应急预案可以视作国家应急管理法律法规体系

---

① 本章讨论的应急预案主要指国家及各级政府编制的应急预案。

② 于安．制定《突发事件应对法》的理论框架．法学，2006（4）．

③ 莫纪宏．中国紧急状态法的立法状况及特征．法学论坛，2003（4）．

④ 当然，实践中一些应急预案在制定时经过相关的法定程序，已具备相应行政规章的性质。对此类应急预案，应当视为行政规章类规范性文件而纳入应急管理法律法规体系。

最广泛的、非正式的应急管理法律渊源之一。但是，这种状况只应是暂时的权宜之计，应随着应急管理法制体系的不断完善而逐步消失①。

5.3.2.7 应急管理技术规范

技术规范也是社会规范的一种。通常情况下，技术规范是指规定人们支配和使用自然力、劳动工具、劳动对象的行为规则。应急管理技术规范是调整应急管理技术领域人与自然、科学技术的关系的准则或标准。

技术规范与法律规范既有区别又有密切的关系。法律规范可以规定有关人员负有遵守和执行技术规范的义务，并确定违反技术规范的法律责任；技术规范则成为法律规范所规定的义务的具体内容。一般意义上的技术规范并不是法律规范体系的组成部分，但是国家往往将遵守涉及公共安全的技术规范确定为法律义务，对违反技术规范造成的严重危害，要求承担法律责任，从而使得这部分技术规范成为法律规范的构成内容。

应急管理技术规范的具体表现形式有技术标准、规程、指南等。其中，最主要的表现形式是应急管理技术标准。按照制定部门的不同，应急管理技术标准可划分为国家标准、行业标准、地方标准和企业标准。按照强制约束力的不同，应急管理技术标准可划分为强制性标准和推荐性标准。根据相关应急管理法律法规和《标准化法》，应急管理技术标准中的强制性标准具有法律效力，必须遵照执行。

5.3.3 应急管理法律规范建设

从总体上说，我国应急管理法律规范体系已经初具框架，这为有效应对突发事件提供了一定的法律保障。但是，整体考察国家现行应急管理法律规范体系，其还存在应急管理基本法律层次尚显单薄、存在不少立法空白、应急管理法律规范体系内部各个子系统的协调配合有待加强、现行应急管理法律规范的立法质量和可操作性有待提高等问题。

面对现有应急管理法律规范的不足，我国需要进一步加强应急管理法制建设，健全和完善应急管理法律规范体系。当前，我国应急管理法律规范体系建设的重点主要体现在以下几个方面：

一是以规划引领应急管理法律规范建设。要以落实《国家突发事件应急体系建设“十三五”规划》为契机，组织力量系统研究我国突发事件应急管理法律规范体系的现状和实践需求，借鉴国外应急管理法律规范体系建设的做法，就应急管理的规范化建设作出战略性、系统性规划。

二是尽快完善各层次、各领域的应急管理法律规范。除了需要在一些空白领域抓紧制定应急管理法律外，应当强化重要领域的专门法和单行法的立法，如：为加强综合减灾和灾难救助，应出台综合减灾法、灾害对策基本法、灾害救助法、灾后重建扶助法等；为健全灾害性突发事件应急法体系，应根据需要出台一些新的灾害防治法，如台风防治法、沙尘暴防治法等；对地震以外的其他地质灾害突发事件也应加强专门性的立法。

三是尽快出台《突发事件应对法》的实施细则。应着眼于应急管理实践中出现的新情

① 林鸿潮．论应急预案的性质和效力．法学家，2009（2）．

况、新问题，并考虑应急管理立法的前瞻性和预见性，尽快出台相应的实施细则，切实增强其针对性和可操作性。

四是在相关法的制定和修订中，要逐步完善与突发事件应急机制密切相关的法律制度。例如，在制定政府信息公开法、行政征用法、行政补偿法中应注意涵盖与应急管理相适应的应急条款，至少应与统一的和专门的应急管理立法相协调、相配套，建立健全应急管理信息公开制度、行政征用制度、行政隔离制度、行政指导制度，以及将“公平补偿”作为目标的行政补偿制度，包括行政主导型的或积极采用市场机制（例如保险方式）的各种救济制度等。此外，还应当在将要出台的行政程序法典中设专门章节规定行政紧急程序，就行政应急措施的适用范围、程序及原则、约束机制、补救机制等加以具体规定。既要赋予突发事件管理部门必要的紧急权力，保证应急效率；又要规范突发事件管理行为，保证非常时期同样能够依法行政。

五是对现有的应急管理法律、法规和规章进行全面和系统的清理。根据《立法法》的规定，依照应急管理法律规范的不同效力等级和一般法理，分别对现有应急管理法律、法规和规章，进行修改、补充和废止，消除同一层次或不同层次应急管理法律规范之间存在的不统一、不协调，破除部门利益和地方利益的局限性，实现应急管理法律规范体系的协调统一。

专栏

英国的应急管理规程体系

英国注重应急管理文件体系建设，形成了以规程为中心的动态文件体系。在英国官方看来，应急管理首先要有健全的规程。有了明确的规程，如何调整组织结构、如何推动协调协作、如何确定培训内容等工作就都有了明确的依据了。以规程为中心的文件体系可以归纳为如下层次：

1. 《民事紧急事务法》

规程当中的最高规范是《民事紧急事务法》，一切其他规程和知识都是对它的解释、完善。该法强调预防灾难是应急管理的关键，要求政府把应急管理与常态管理结合起来，尽可能减少灾难发生的危险。该法也明确规定了地方和中央政府对紧急状态进行评估、制定应急计划、组织应急处置和恢复重建的职责。

2. 有关补充法案

在《民事紧急事务法》之下，英国政府先后出台了《2005 年民事紧急事务法执行规章草案》《2006 年反恐法案》等，作为基本应急法案的补充。此外，还出台了《中央政府应对紧急事务安排：操作框架》。这一类似我国《国家突发公共事件总体应急预案》的文件规定了英国中央政府及其部门的应急行为规范，明确了中央与地方政府战略层的具体权责界面。

3. 指南与标准

各种应急管理指南、标准等或者作为强制性文件，或者作为指导性文件，是英国应急管理规程体系的重要组成部分，也是整个应急管理文件体系建设中的重头戏。不仅各种预案、计划、指挥行为、评价标准要依据这些指南、标准来制定，应急规划学院的课程内容设计也要完全以其为指针。按照官方的分类，这类规程主要有3种：强制性规程、非强制性规程和软规程。强制性规程是指中央政府要求必须遵从的规程，如《国家应急准备指南》。若哪家机构或哪个领导人不遵该指南而造成应急响应不力等问题时，政府或社会公众可以向该机构或机构领导者追究法律责任。非强制性规程是指应该遵从的规程。如果有谁不遵从，议会、政府和社会有权问清原因。目前，英国《国家应急响应和恢复指南》就是这样的非强制性规程。软规程是指可以遵从、可能要遵从的规程，如应急规划学院每年出版的官方应急管理评估报告——《伊晶沃尔德报告》（以该院所在地伊晶沃尔德镇命名），就属于这一类。此外，英国还有大量半官方和民间机构出版的各种推荐性标准，具体包括应急领域操作规程、规划方法、演练指南、培训资料等，这些文件也属于指南与标准类规程。目前，由英国国家标准研究所开发的《国家业务持续性标准(BS25999)》影响较大，其基本方法也被英国应急规划学院的课程所采用。

4. 应急规划文件

中央和地方政府制定的各类应急相关规划文件是以上述规程为依据，具体指导系统抗灾实践的重要动态文本。它们包括：(1) 风险登记书，是各应急管理主要负责部门都要编制的。现在中央政府共有登记风险210项，其中近一半是与恐怖威胁相关的风险，另一半大多是自然灾害类风险。地方政府早期有互相抄袭风险登记书的现象，2006年有了专门的指南后，情况得以改观。现在各地每两年都要重新审视修订风险登记书。(2) 应急计划书，或称为应急预案，是各级应对灾害主责部门都要编制的。以风险登记为依据，其中的发生可能性高、危害大的风险就需要写出专项应急预案来应对。其他风险的应对则通常包含在一般应急预案中。在英国，所有的应急预案都是多部门共同制定的，都是事件导向而非部门导向的。(3) 业务持续性计划书，是每个政府部门和相关组织都要编制的。所谓业务持续性计划书，是政府或私营企业在业务分析基础上，对于灾害发生时如何保证关键性业务能够不中断、保证持续提供必要服务的一种系统安排的预案。(4) 灾后重建计划书，通常是由地方政府主导的灾后恢复战略小组制定的。值得强调的是，上述各项分析与计划工作是为提高系统抗灾能力而做的必要应急准备，文件结果是重要的，但制定文件的过程更为重要。

5. 经验教训总结材料

官方要求或认可的应急实践中的经验教训总结材料是提高韧性的必要基础建设。这些材料可分为3种类型：(1) 经验类。主要是指对好实践的总结。英国官方认为对应急管理好实践（good practice）进行总结有利于交流经验，积累有价值的实践知识。好实践通常以"好实践报告"的形式发表，供各方借鉴学习。有的好实践及其总结是经过官方机构评估过的，也有未经评估的。为了推动总结好实践工作的健康发展，英国官方发布了指南性的《好实践的期望和指标》，供有关机构在评估好实践和撰写好实践报告时掌握。(2) 教训类。各种应急事件的事后评估报告就属于这一类，中央和地方应急演练的演练后评估报告也属于这类。英国人非常重视事件评估，评估报告通常非常认真、务实。例如，一份题为《从2007大洪水中学到什么》的官方报告就有462页之多，指出92处问题所在。(3) 研究类。包括应政府邀请开展研究的成果，也包括独立研究成果。这些来自学术机构的报告更深层次地总结经验教训，对于提高国家韧性也是非常重要的。需要提及的是，英国政府十分重视上述文件和有关防灾知识的告知、传播与普及。在英国政府内阁办公厅的“英国韧性网”（www. ukresilience. co. uk）网站上，可以查阅到海量的上述文件、文献。

【附记】他山之石可以攻玉。英国的应急管理规程体系建设情况可以为我们的相关学习和研究提供素材和有益启示。

5.4 应急保障

5.4.1 应急保障的含义

所谓应急保障，是指由对突发事件应对活动的各种保障性工作所构成的整体。应急保障包括应急队伍保障、资金物资与场所保障、信息通信体系保障、应急产业保障等。

除了本节所讨论的应急保障，应急科学技术、国家和地区的经济实力、政治的清明等都是重要的应急保障。这些保障相对于本节所阐述的突发事件应对的直接保障条件而言，属于间接的保障因素，是通过应急人员保障与各种应急物质性保障来发挥作用的，因而不予单独阐述。

应急保障构成了一个国家或地区的应急能力的重要组成部分。为了提升应急保障能力，需要持续地开展应急保障能力建设。通过科学地投入人、财、物力，精心地组织实施，应急保障的能力将不断提升，应急保障体系将不断完善。

5.4.2 应急队伍

5.4.2.1 专业应急队伍

专业应急队伍是突发事件应对的主力军。世界各国都普遍建有国家专业应急队伍体系。

1. 我国专业应急队伍

我国应急救援队伍体系基本建立。该体系以消防队伍为综合救援力量，以军队、武警、公安为骨干突击力量，以抗洪抢险、抗震救灾、森林防火、海上搜救、矿山救护、医疗救护等专业队伍为基本力量，以企事业单位专兼职队伍和应急志愿者队伍为辅助力量。

2009 年，《国务院办公厅关于加强基层应急队伍建设的意见》要求，各县级人民政府要以公安消防队伍及其他优势专业应急救援队伍为依托，建立或确定“一专多能”的县级综合性应急救援队伍。截至 2014 年年底，公安消防部队共有官兵 17 万余名，加上地方政府专职消防员 9.9 万余人、企业事业单位专职消防员 6.9 万余人，全国共有专职消防员约 33.8 万余人。

在武装力量方面，我国已组建抗洪抢险应急部队、地震灾害紧急救援队、核生化应急救援队、空中紧急运输服务队、交通电力应急抢险队、海上应急搜救队、应急机动通信保障队、医疗防疫救援队、气象保障应急专业队等9类5万人的国家级军队武警应急专业力量。各军区会同有关省（自治区、直辖市），依托现役和预备役部队，组建了4.5万人的省级应急专业力量。

在各级政府主导下的专业救援力量体系已基本建成。例如，卫生计生部门建成37支、1 800名医务人员的国家卫生应急队伍和近2万支、20多万人的地方卫生应急队伍。依托有关国有企业建设的矿山、化工等行业应急救援力量也基本布局到位。

应急志愿者是突发事件应对的重要力量。我国志愿者参与应急服务主要有政府指导下成立和发展起来的应急志愿者队伍、民间自发成立的志愿者队伍，以及临时组成的志愿者组织三种形式。

2. 国外专业应急队伍

美国除了政府的消防力量、应急医疗救护、海岸警备队等官方力量外，在应急管理工作中特别注重发挥红十字会、红新月会、救世军等慈善性非政府组织的作用。美国红十字会是美国国内最大、历史最悠久的民间慈善团体，是全球最大的救援组织之一，也是全球灾民救援和应急防备体系的一个重要分支，拥有大约23万领工资的工作人员和50万接受训练的志愿人员。

俄罗斯在应急救援力量方面，紧急情况部直辖40万人的应急救援部队及装备。该部队作为独立警种，按部队建制，统一制服、统一警衔。紧急情况部还拥有包括国家消防队、民防部队、搜救队、水下设施事故救援队、小型船只事故救援队在内的多支应对紧急情况的专业力量。在俄罗斯，宗教团体、慈善机构等各种非政府组织在应急处置和救援中也发挥着非常独特而重要的作用。

在德国，除了警方和消防部门外，异常险情往往还需要各种非政府救援组织的积极参与。德国志愿者的义务工作是德国救助体系的支柱和基础。据统计，德国参加志愿者工作（如参加联邦技术救援署、消防部门、红十字会等）的人数占全国总人口的5%～10%，有130万志愿队员，其中包括5个大的志愿者组织的50万义务工作者以及联邦技术救援署的近8万名志愿工作者。

总之，国外救援力量有如下特点：一是以强有力的官方专业救援力量为主体。美国的海岸警备队、俄罗斯紧急情况部队等都是这样一些队伍。二是充分利用社会各方面力量。特别是西方国家结合各国的文化传统，把宗教力量也纳入救援力量中。三是社会救援力量的专业化。各主要社会救援力量事实上都是在技术装备、人员技能等方面的专业化队伍。四是一些国家，如美国，注重对各种救援力量的整合与协调，成立了国家灾害志愿者协调行动组织。

5.4.2.2 基层社区第一响应者队伍

社区第一响应者是指首先到达灾难现场参与救援的人员。社区第一响应者往往是获得了医疗急救或其他应急技能证书的人，是应急响应系统中不可或缺的一部分。他们可以使用有限的设备进行最初的事故现场判断和急救干预，是专业急救服务的辅助力量①。

① 当然，在一些国家，第一响应者的定义更加宽泛，也指经过训练的应对突发事件的专业人员。他们可能是警察、消防人员、医疗急救人员、心理专家、医生、犯罪现场的技术侦查人员、保安、战斗在第一线的士兵、企业经理和学校教师等，其共同特点是都经过某些现场救援的培训，拥有某些应急响应技能。

我国近年来注重通过培育社区志愿者队伍等措施来加强基层突发事件应对能力。“十二五”期间，全国基层灾害信息员达到68万余人，气象信息员达到76万余人，地质灾害群测群防监测员达到35万余人。围绕社区风险评估、隐患排查、预案演练等内容，各级政府深入推进社区综合减灾工作，共创建全国综合减灾示范社区6 551个，建成地震安全示范社区2 058个，各省（自治区、直辖市）命名省级综合减灾示范社区近1万个。在这一过程中，我国社区第一响应者队伍建设稳步推进。

事实上，发达国家非常重视社区群众的响应能力建设和第一响应者队伍建设。例如，美国在小布什政府时期启动了应对突发事件的公民服务队（citizen corps）计划。公民服务队由美国联邦应急管理署主管，联邦政府有关部门共同资助。公民服务队的使命是通过教育、培训和志愿者服务，充分发挥公民潜能，使社区更安全、更有能力和更好地应对恐怖主义、犯罪活动、公共卫生问题和各类灾害的威胁。公民服务队计划有五项分支计划，包括社区应急响应队计划、消防服务队计划、医疗服务预备队计划、守望美利坚计划和警务志愿服务队计划。

专栏

成都市开展综合减灾社区建设

2015年以来，成都市以中欧应急管理合作项目试点为契机，开展综合减灾社区建设。截至2016年年底，全市建成512个综合应急社区（村）。每个任务社区都因地制宜地建设1个应急避难场所，建成一支规模为10～15人的应急响应队伍，完善社区应急预案体系。通过试点，基层应急管理基础得到夯实，基层应急管理工作无抓手、无载体这一困扰政府多年的难题得到有效破解。其具体做法是：

（1）科学设计实施路径，明确建设标准规范。编制了《成都市社区应急能力建设实施方案》，出台了《成都市社区应急能力建设指标体系》《成都市社区应急能力建设内容和考评办法》，形成了“9个一”建设标准，从9个方面以30个一级指标、47个二级指标规范了基层应急管理需要着力之处。

（2）整合借力社区资源，形成共建共享合力。社区是政府和各级职能部门推进基层治理的主要抓手和重要载体，事务面广，涉及部门多。综治、民政、安监、卫生、地震、消防等部门（单位）结合自身职能相继开展了“平安社区”“防灾减灾社区”“安全社区”“防震减灾示范社区”“微型消防站”等社区建设项目。这些项目的实施，提升了各地社区整体安全水平，同时也沉淀和积累了众多零散的、未成体系的、碎片化的应急资源。为避免重复建设，成都市在推进社区应急能力建设中，按照“整合资源、统筹推进、跨界合作、无缝对接、形成合力”思路，引导社区借力其他类型社区创建成果，推进社区碎片化应急资源的整合提升和共建共享。

（3）因地制宜分类实施，打造特色综合应急示范社区。成都有22个区（市）县、4 298个社区，其中城（镇）社区1 576个、农村社区2 722个，各社区间经济发展水平、人口结构、基础设施、地理环境差异较大，社区所面临的主要风险也各不相同。为增强建设工作的针对性、有效性，成都市鼓励各区（市）县因地制宜分类打造具有特色的应急社区，不一味强调“高大上”，不搞“一刀切”和千篇一律。各区（市）县组织开展了城市社区、城乡接合部社区、企业主导型社区、农民集中居住社区、地震灾区村社等不同类型的社区应急能力建设试点工作。同时，在社区应急能力建设过程中，找准群众诉求，关注“两高一脆弱”（高危人群、高风险环境和孤寡、留守儿童等脆弱群体），让群众享有充分获得感，真正惠及民生。

（4）强化应急知识宣传，提升全民自救互救技能。通过制作标语、展板、橱窗、宣传栏、举办活动等方式，推动市民了解社区应急知识，参与社区应急能力建设。编印了通俗易懂的《应急知识小常识》等宣传手册并发放至任务社区每个家庭。充分发挥“互联网＋”作用，委托专业机构开发包括成都“应急通”“网格助手”等在内的手机 APP，让群众通过手机就能便捷地接收查询应急安全常识。加强应急体验教育，贴近居民开展道路交通、消防、居家、应急等安全知识和基本技能的互动式体验教育。

【附记】社区应急能力建设是重要的基础性应急能力建设工作。成都市开展综合减灾社区建设是应急社区建设的一个创新性样板，值得研究和借鉴。

5.4.3 应急资金、物资与避难场所

5.4.3.1 应急资金

经费保障是突发事件应急准备的重要内容，是突发事件应对保障系统不可或缺的重要组成部分。

1. 我国应急资金构成

目前，我国应对突发事件的资金主要由三部分构成，即财政资金、社会捐助资金和商业及政策保险赔付资金。

第一类：财政资金

财政专项资金。《突发事件应对法》第三十一条规定：“国务院和县级以上地方各级人民政府应当采取财政措施，保障突发事件应对工作所需经费。”

财政预算预备费。财政预算预备费是政府确保应对突发事件所需经费的主要形式。《预算法》第四十条规定：“各级一般公共预算应当按照本级一般公共预算支出额的百分之一至百分之三设置预备费，用于当年预算执行中的自然灾害等突发事件处理增加的支出及其他难以预见的开支。”根据《国家突发公共事件总体应急预案》的规定，各级财政部门要按照现行事权、财权划分原则，分级负担公共安全工作以及预防与处置突发事件需由政府分担的经费，并纳入本级财政年度预算，健全应急资金拨付制度。

第二类：社会捐助资金

对于突发事件的应对，不能只依靠各级政府的力量。历史的经验证明，社会的支持和捐赠对有效应对突发事件是非常重要的，尤其是在应对重大、特别重大突发事件时，需要大量的物力、财力的投入，没有强大的社会支持是无法有效应对的。比如，2008

年汶川地震发生后，全国共接受国内外捐款659.96亿元，捐赠物资折合人民币107.16亿元①。《国家突发公共事件总体应急预案》提出，鼓励自然人、法人或者其他组织（包括国际组织）按照《中华人民共和国公益事业捐赠法》等有关法律、法规的规定进行捐赠和援助。

第三类：商业及政策保险赔付资金

保险业是与突发事件关系密切的产业，其服务的对象就是突发事件的受损害者。我国每年因自然灾害和交通、生产等各类事故造成的人民财产损失巨大。目前，我国在突发事件的事后恢复与重建阶段，所需的经费主要依靠财政拨款和社会捐助，保险发挥的作用并不明显。发展保险事业，建立国家财政支持的巨灾风险保险体系，将有利于解决突发事件事后恢复与重建阶段经费的问题。《国务院关于保险业改革发展的若干意见》指出，“充分发挥保险在防损减灾和灾害事故处置中的重要作用，将保险纳入灾害事故防范救助体系。不断提高保险机构风险管理能力，利用保险事前防范与事后补偿相统一的机制，充分发挥保险费率杠杆的激励约束作用，强化事前的风险防范，减少灾害事故发生，促进安全生产和突发事件应急管理”。我国有关突发事件的法律也对巨灾风险保险作出了规定，如《突发事件应对法》第三十五条规定，“国家发展保险事业，建立国家财政支持的巨灾风险保险体系，并鼓励单位和公民参加保险”。

2. 国外应急资金制度

在美国，政府的援助既包括地方政府（通常指县级）的项目，也包括州政府乃至联邦政府的项目。事实上，只要州长宣布了州的灾难状态，州政府的援助就会参与到应对和恢复中；只要总统宣布了一个地区的突发事件或重大灾难事态，联邦援助就与灾后恢复直接挂钩。当然，即使是在政府提供援助的情况下，社区自身的付出也是必不可少的。美国FEMA在《公民获取灾难援助指导》中，用一个示意图（见图5-3）形象地说明了恢复中可获取的援助的比例关系：

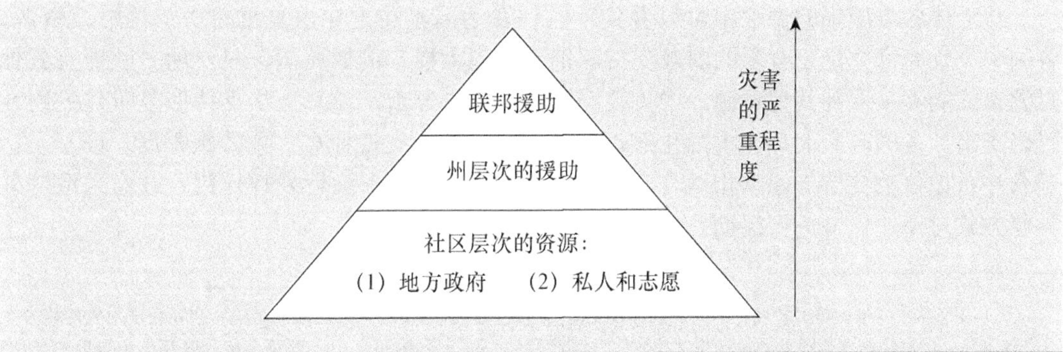

图5-3　美国恢复资源的结构

资料来源：Emergency Management Institute，Independent Study IS－7，A citizen's guide to disaster assistance，September，2003，pp.1-9.

① 资料源于民政部截至2009年4月30日的统计数据。

在这种结构中，联邦政府只承担将社区恢复到平安、卫生和安全的局面所需的费用①；地方政府的主要责任是公共基础设施的恢复，诸如公用事业、建筑检验、公共房屋、社区规划以及卫生和安全问题，除提供公共信息和协调之外不能介入个人恢复的需求。根据《斯塔福法》，联邦政府最多只能为州和地方政府提供75%的适当的恢复费用；对于剩下的25%，州根据情况承担一部或全部。联邦提供恢复部分费用的前提是：总统宣布了具有全国性影响的重大灾难状态、所有的费用符合联邦政府承担的条件，并且申请联邦援助的文件编制得非常完善②。此外，美国针对灾害的保险业十分发达，在恢复重建中作用非常突出。对于大多数突发事件所造成的损失，一般都可以通过健全高效的商业保险制度得到赔付。例如，在2001年“9·11”事件后，受害者共计得到380亿美元的保险赔偿，其中遇难或受伤的公民每人平均获赔310万美元；在此次恐怖袭击事件中，纽约市各类经济受损的公司获得共计约233亿美元的赔偿。

俄罗斯非常重视保险在应对灾害中的积极作用。1995年，紧急情况部成立了紧急情况保险公司，在发生紧急情况时向国民提供保险服务。

日本对于灾民的安置和救助也制定了一系列法律，做出了细致而明确的规定。比如《灾害对策基本法》规定，灾害过后，地方政府负责评估灾难的破坏程度，制定重建计划，并列出所需的重建资金，将情况汇报给“中央防灾会议”。重建计划得到批准后，政府以减税、财政补贴或贷款的形式提供部分资金支持。地方政府可动用储备的“应急资金”，在特殊情况下可发行债券筹措资金。与政府相关的银行负责提供贷款，可适当延长偿还期限并降低利息。为减轻灾民重建家园的负担，政府还可根据《灾害减免法》，根据具体情况减免灾民的个人所得税和固定资产税等税种③。

英国的政府应急资金支持包括三个方面：(1) 中央政府的资金支持。但如果地方已经有政府资助项目，或是现有的项目经费能够重新部署应对时，中央政府一般不再提供经费。(2) 地方政府启动应急恢复资金部署。地方政府应承担重大危机外的所有应急恢复的费用。(3) 欧盟团结基金。该基金成立于2002年，旨在在重大灾难发生后，为处理灾难所需的部分公共支出提供财政援助。

从上述各个国家的做法中可以看到：(1) 发达国家注重在恢复重建中节约财政资源。各国中央政府都立足于有限的财政支持，绝不大包大揽。例如英国，只要地方政府有其他财源，或能够争取到其他财源，中央政府就不再提供经费。(2) 依法支持恢复重建的财政资金支出。各国政府大都注重细化财政支持项目，明确支持什么、到什么程度。(3) 发达国家注重把财政支持与保险相结合。例如美国，为了支持保险业发挥作用，政府采取额外补偿方式对商业保险进行援助。

---

① FEMA专门告诫美国公民，不要对联邦政府提供的灾难援助抱有以下错误认识：(1) 联邦政府对灾难恢复负有全部责任；(2) 联邦灾难援助的目标是“搞定”一切事情；(3) 灾区的每一个人都符合接受联邦灾难援助的条件；(4) 当联邦部门的代表到来时，他们将立即向受害者发钱；(5) 对于联邦政府的灾难援助的钱，接受者可以依据自己想法使用；(6) 联邦政府的援助可以取代保险。参见 Emergency Management Institute，Independent Study IS－7，A citizen's guide to disaster assistance，September，2003，pp. 1－10，1－11。

② United States Fire Administration & Emergency Management Institute，Recovery from disaster：the local government role，Instructor Guide，February，2004.

③ 吴妮. 日本减灾防灾措施扫描：专立基本法抗灾. 新京报，2008－06－08.

5.4.3.2 应急物资

应急物资是指突发事件应急处置过程中所必需的保障性物质。从广义上来看，凡是在突发事件应对过程中所使用的物资都可以称为应急物资。具体可划分为以下三类：第一类是保障人民生活的物资，主要指粮食、食油和水、手电筒等；第二类是一般工作物资，主要指处理突发事件过程中专业人员所使用的专业性物资；第三类是特殊物资，主要指针对少数特殊事件处置所需的特定物资，这类物资储备储量少、针对性强，如一些特殊药品。

1. 我国应急物资管理

应急物资管理有三个环节：

第一，应急物资的储备。

应急物资的合理储备是应急救援工作的重要基础。突发事件发生后，在短时间内急需大量的淡水、食物、帐篷、衣被、药品、医疗器械、照明装置、通信器材、电力设备等基本救灾物资。为保障应急物资的及时、有效到位，需要进一步完善国家、地方和基层单位的应急物资储备体系，尤其应保障一定数量的应急救援物资库。如果应急物资库数量过少或过于集中少数地区，或者急救物资的数量和结构不能有效满足抗灾救援工作的需求，将非常不利于救援工作的有力开展。因此，中央政府应合理规划国家重要应急物资储备库的建设，按照分级负责的原则，加强地方应急物资储备库建设，尤其要加快建立合理分布的应急物资储备库，进一步增加应急物资储备库的数量，提高应急物资储备的分散度。

地方政府的应急物资储备的定额由各专项预案牵头单位根据突发事件应对的实际需要来确定。地方政府要重点建设重要应急物资储备，优化现有生活类、应急抢险类、公共卫生类储备物资，完善应急物资投放网络。

第二，应急物资的调拨。

应急物资的科学调拨是救援工作的重要环节。自然灾害特别是巨灾发生后，调拨什么物资、如何调拨、调拨多少、调拨什么品种等工作便会显得尤为重要。

应急物资调拨运输应当选择安全、快捷的运输方式。紧急调用时，相关单位要积极响应，通力合作，密切配合，建立“快速通道”，确保运输畅通。已消耗的应急物资要在规定的时间内，按调出物资的规格、数量、质量重新购置或返还给相关牵头单位。建立应急物资储备、更新、轮换的财政补偿机制和区内区域间应急物资余缺调剂、保障联动的工作机制，形成覆盖各类突发事件的应急物资保障和储备体系，实现综合动态管理和资源共享。

第三，应急物资紧急征用和补偿。

按照国家有关法律规定，紧急情况下，可征用法人或自然人的重要商品物资、交通工具以及相关设施。应急物资征用可分为向个人征用和向社会征用两种形式。同样，也有分别补偿的办法。

2. 国外应急物资管理经验

美国联邦应急管理署设有物流管理的专门单位，平时主要负责救灾物资的管理储备、预测各级各类救灾物资需求、规划救灾物资配送路线，以及救灾物流中心设置等工作。当灾害发生时，物流管理单位便会迅速转入联邦紧急反应状态，根据灾害需求接受和发放各类救灾物资。而在国际救灾方面，美国设有对外灾害援助办公室，在世界范围内设有 7 个应急仓库，这些仓库紧靠机场、海港，存储基本的救灾物资，诸如毯子、塑料薄膜、水箱、帐篷、手套、钢盔、防尘面具、尸体袋等，一旦某个地区发生重大自然灾害，对外灾害援助办公室就会从距离最近的仓库调拨救援物资送至灾区。

日本地震、火山喷发、台风等自然灾害较多，日本政府和国民都很重视应急物资储备。可供灾害发生时使用的应急用品得到大量研究和开发。此外，日本的救灾物资管理充分利用现代商业的物流发展成果，根据救灾物资性质分送不同的仓库；对于社会捐赠灾区的必需物资，经过交叉站台分类后直送灾民点；对于社会捐赠的非必需物资或超过灾区需要的物资，则送到储存仓库，留待日后使用。

俄罗斯在每个联邦主体都建立了财政、食品、日用品、机械等物资的储备制度。俄罗斯还针对自然条件在全国建立了雪灾应急储备制度，专门储备一些牵引车辆、取暖设备、电力设备、融雪剂以及防滑的沙子等，这些物资在应对雪灾中发挥了重要作用。

可见，不同国家的做法既符合各自国家的特点，也有可供相互借鉴之处。

5.4.3.3 应急避难场所

应急避难场所是指利用城市公园、绿地、广场、学校操场等场地，经过科学的规划、建设与规范化管理，在突发事件发生时能为社区居民和救援者提供安全避难、基本生活保障及救援、指挥的安全场所①。

1. 我国应急避难场所建设

一处正规的应急避难场所至少应具备 10 项基本的功能设施：救灾帐篷或简易活动房屋、医疗救护和卫生防疫设施、应急供水设施、应急供电设施、应急排污设施、应急厕所、应急垃圾储运设施、应急通道、应急广播、应急标志等。如果条件允许，还应增设应急消防设施、应急物资储备设施、应急指挥管理设施等。必要时，还须设立应急停车场、应急停机坪、应急洗浴设施、应急通风设施、应急功能介绍设施等。

我国通常将应急避难场所划分为三类：

第一类：紧急（临时）避难场所。紧急（临时）避难场所是灾害发生后，供社区居民临时或就近避险的场所，也是避难疏散人员集合并转移到固定避难场所的过渡性场所，通常是建筑物附近的小面积空地，如小公园、小花园、小广场、专业绿地、学校操场等。其服务半径应达 500 米，人均用地面积 1.5～2.0 平方米，步行在 10 分钟之内可以到达。紧急避难场所具有避险与避难的双重功能，应具备一定的生活与紧急救援功能，能够提供临时避难设施、流动医疗设施、应急水电服务设施和厕所等设施。

第二类：固定避难场所。固定避难场所是供避难疏散人员较长时间避难和进行集中救援的场所，通常是面积较大、可容纳人员较多的公园、广场、体育场馆，大型人防工程、停车场、绿化隔离带，以及抗灾能力强的公共设施、防灾据点等。其服务半径为 2 000～3 000 米，人均用地面积 2～3 平方米，步行约 0.5～1 小时可以到达。固定避难场所是城市避难疏散的主要场所，承担灾民安置与救援的重要功能，应具备一定的救援能力，拥有较为完善的生活配套设施，使灾民能够较长时间地生活。

第三类：中心避难场所。中心避难场所是指规模较大、功能较全、起避难中心作用的

① 齐瑜. 北京市应急避难场所规划与建设. 中国减灾，2005 (3).

固定避难场所，通常可选择城市防灾公园、城市运动公园等。其服务半径应为5 000米，面积在50公顷以上。中心避难场所是城市避难的中心场所，应具备非常完善的避难功能。除具有避难需求的所有功能外，场所内一般还设抗灾救灾指挥机构、通信设施、抢险救灾部队营地、直升机坪、医疗抢救中心和重伤员转运中心等，是灾难发生时各项应急救援工作的指挥管理中心。

2. 国外应急避难场所建设

日本是一个地震频发的国家，为了加强应对灾害的能力，日本成为最早系统规划建设应急避难场所的国家之一。日本的应急避难场所体系主要是以防灾公园、学校体育场馆等为主。自20世纪50年代，日本陆续出台了多部法规，明确了避难场所的重要性，详细规定了避难场所的功能、设置标准、配套设施等。

美国将一些公共场所、体育馆、文化馆、学校的操场等改造成为室内或室外应急避难场所。美国城市住宅的60%建有地下室，州以下政府用的“紧急活动中心”已建成5万多个，其他公共掩蔽工程达到20多万个。最大的新奥尔良民防掩蔽工程可容纳10万人，内设办公室、寝室、粮库、药品库、电站及供水、卫生、净化和空调等设施，设有防震和抗冲击波的防爆门。

瑞士的民防设施是世界上最完备的。其民防掩蔽工程按地区和城市划分，相互连通，开设有地下指挥所、地下医院、救护站等，并储备了至少维持两周以上的饮用水和粮食①。

可见，各国避难场所建设各有千秋，也表明应急避难场所的建设思路应当是多元的，避难场所的样式应当是不拘一格的。

5.4.4 应急通信保障

无论是自然灾害还是其他各类突发事件，一旦发生，往往会造成有线通信网中断、无线通信网瞬时流量激增，引起事发地域通信瘫痪、人员恐慌、政府应急指挥体系难以高效运行等问题。在各种应急措施当中，应急通信保障体现出了非常重要的信息传递作用；突发事件科学和高效处置，需要强有力的应急通信保障体系的支撑和支持。

5.4.4.1 应急管理平台

在突发事件发生后及时获取事件信息并进行合理调度，可以有效减轻事件损失。在现有的网络及设备的基础上，利用现代信息技术和专业管理手段，建立一个可靠有效的应急平台并用于应对和处置各类突发事件，对提升公共安全和应急管理能力与水平具有十分重要的意义。以公共安全科技和信息技术为支撑、以应急管理流程为主线、软硬件结合的突发事件应急保障技术系统——应急管理平台，成为信息化在应急管理领域应用的典型载体，属于电子政务系统的组成单元。

我国国家应急平台体系包括国务院、省级和部门应急平台、市县级应急平台，以及企事业单位的应急平台，如图5-4所示。

① 宋友余，邹力. 国内外应急避难场所现状. 生命与灾难，2011 (7).

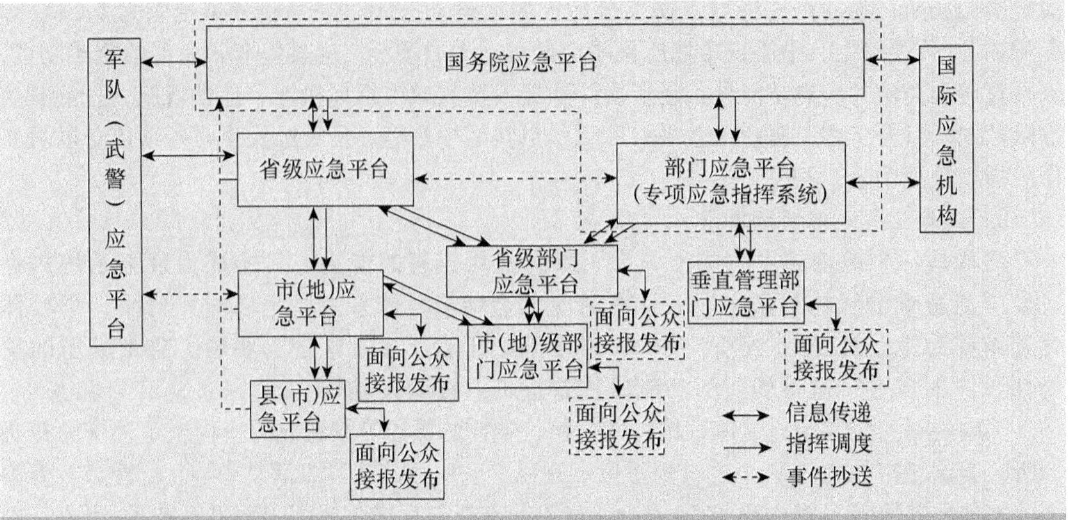

图 5-4 国家应急平台体系结构

应急平台除了应急指挥中心内的常设平台，还有移动应急平台。后者是突发事件现场处置时的主要指挥工具。移动应急平台应满足移动指挥决策、现场应急处置等需要，包括移动数据库、移动应用软件以及移动设备等，可以在汽车、火车、飞机、船舶等多种交通工具上使用。移动终端通过卫星等通信手段与国务院应急平台、有关部门和地方应急平台以及有关方面进行联系，具有视频会议、移动数据库、图像传输、数据采集等综合应用功能。

5.4.4.2 应急通信

应急通信是指在出现自然或人为突发性紧急情况时，综合利用各种通信资源，为救援、紧急救助时所需的必要通信提供保障的手段与方法，是一种具有临时性的特殊通信。

从网络类型上看，应急通信包括由卫星通信、微波通信、集群通信等组成的专用通信网络和由移动通信网络、有线通信网络、互联网等组成的公共通信网络。其中，专用通信网络在突发事件现场主要用于指挥调度和数据传输，而公共通信网络主要用于面向公众发布预警慰问信息等。应急通信往往是综合利用各种通信系统与通信技术，根据突发事件和应用场景的不同选择使用不同的通信手段，以保障各类用户在各种复杂环境和条件下的通信畅通。

无论是有线网络、移动通信网络、卫星网络、专用集群网络还是无线自组网络，都拥有各自的特点和常用应用方式。为满足突发事件现场多样化的应急通信需求，必须合理地将能够适用于突发事件现场指挥救援的通信技术整合到一个网络系统中，其相互之间应该能够互联互通、相互补充，组建形成一个面向多用户群体，包含多业务方式、多样化接入方式的一体化、全方位的应急通信网络，具有较强的开放性、互通能力、多媒体传输能力。

5.4.5 应急产业

应急产业是指在自然灾害、事故灾难、公共卫生事件、社会安全事件以及其他危及生命健康和财产安全等不确定性事件发生前后，利用相关装备、设备、技术、信息等为应急救援活动提供相关软硬件产品和服务的各类社会经济组织集合。国家推动发展应急产业，一举数得，有利于提高国家公共安全基础水平、培育新的经济增长点和提升应急技术装备产业竞争力。

应急产业的形成和发展，是经济社会发展到一定阶段的产物，是社会分工深化的结果。从起源看，应急产业脱胎于传统产业，但又不同于传统产业。正因如此，应急产业的产业边界与产业内涵有着相当的模糊性和动态性，与其他产业部门的交叉和渗透较深。它是一个跨产业门类、跨应用领域，与其他经济部门相互交叉、相互渗透的综合性新兴产业。

应急产业发展要坚持市场主导、政府引导，创新驱动、需求牵引，统筹推进、协同发展，服务社会、服务经济。

根据我国《应急产业重点产品和服务指导目录》①，应急管理产品和服务可按照领域、发展方向、细分产品和服务划分为三级结构，一级分别为监测预警产品、预防防护产品、处置救援产品和应急服务产品等 4 个领域。二级把 4 个领域进一步细分为 14 个发展方向：

监测预警产品。包括自然灾害监测预警产品、事故灾难监测预警产品、公共卫生事件监测预警产品、社会安全事件监测预警产品等 4 类产品。

预防防护产品。包括个体防护产品、设备设施防护产品、火灾防护产品、其他防护产品。

救援处置产品。包括现场保障产品、生命救护产品、抢险救援产品。

应急服务。包括事前预防服务、社会化救援、其他应急服务。

三级分别为地震灾害监测预警产品等 266 个细分产品和服务（其中，监测预警 69 项，预防防护 49 项，救援处置 108 项，应急服务 40 项）。

5.4.6 应急保障能力建设

对于应急管理主体而言，一个国家或一个组织要提升突发事件应对能力，除了要在应急管理体制、机制、法制方面加以完善外，还要开展应急保障能力建设。这方面工作有如下思路：

第一，以规划为抓手，推进应急保障能力建设。通常国家、部门和地方的应急管理体系建设规划中都会以相当大的篇幅对应急保障能力提升做出规划。有了规划中规定的任务、项目、措施，应急保障能力建设就有了重要的制度保障，所需资金容易落实到位，需要跨部门合作的工作也相对容易推动。因此，科学合理地开展应急体系建设规划工作（将在应急计划一章中详细讨论）对于系统地推动应急保障工作有重要的意义。

第二，以突发事件为契机，促进应急保障能力建设。突发事件应急处置过程是对应急保障水平的最好检验。往往在突发事件应急响应之后，可以很清楚地看到应急保障的短板。此时，推动以补短板为目的的专项应急保障能力建设最为容易。

① 工业和信息化部，国家发展改革委. 应急产业重点产品和服务指导目录（2015）.

第三，以队伍培养和社区建设为抓手，开展应急保障能力建设。应急队伍建设和应急社区建设都需要常抓不懈，才能见到成效。通过年度、季度、月度工作安排持续抓应急队伍的培训与演练，抓应急社区能力建设，可以推动相关应急保障能力建设。

本章小结

1. 应急管理主体是指在应急管理过程中承担突发事件应对职责的组织机构和个人。应急管理主体包括政府组织、基层自治组织、企业与各类社会组织、国际组织。政府作为应急管理的主要责任者，以其一系列制度化的组织架构安排和职责分工合作形成了政府应急管理体制。

2. 在应急管理领域，不同的国家对于应急管理过程有不同的表述习惯。一般地说，预防与监测是贯穿在应急管理各个主要环节中的工作，而应急准备、应急响应、恢复重建是具有接续性的工作。

3. 应急管理过程可简约地分为常态应急管理和非常态应急管理两大过程。其中，常态应急管理是指未发生突发事件时的预防与监测，以及各种应急准备工作；非常态应急管理是指突发事件将要发生时和发生后的预防与监测，以及应急响应和恢复重建工作。

4. 应急管理规范以法律规范为统领，包括了国家法律规范、技术规范，以及各类组织内部的各种应急管理制度。其中，应急管理法律规范最为重要。

5. 应急保障是指由对突发事件应对活动的各种保障性工作所构成的整体。应急保障包括应急队伍保障、资金物资与场所保障、信息通信体系保障、应急产业保障等。这些内容既是应急管理保障的重要内容，也是一个国家和地区的应急能力的重要组成部分。

关键术语

应急管理主体　　应急管理过程　　应急管理规范　　应急保障

复习思考题

1. 何谓政府应急管理体制？各国应急管理体制有何可借鉴之处？
2. 何谓应急管理过程？你怎样理解应急管理过程？
3. 我国应急管理规范的基本构成是什么？
4. 请了解一下我国应急管理保障的基本情况。如何进一步优化我国应急管理保障？

阅读材料

中华人民共和国突发事件应对法（节选）

【题记】《中华人民共和国突发事件应对法》是我国应急管理的重要法律依据。学习该法有助于深入领会应急管理的主体、过程与规范。

第一章 总 则

第一条 为了预防和减少突发事件的发生，控制、减轻和消除突发事件引起的严重社会危害，规范突发事件应对活动，保护人民生命财产安全，维护国家安全、公共安全、环境安全和社会秩序，制定本法。

第二条 突发事件的预防与应急准备、监测与预警、应急处置与救援、事后恢复与重建等应对活动，适用本法。

第三条 本法所称突发事件，是指突然发生，造成或者可能造成严重社会危害，需要采取应急处置措施予以应对的自然灾害、事故灾难、公共卫生事件和社会安全事件。

按照社会危害程度、影响范围等因素，自然灾害、事故灾难、公共卫生事件分为特别重大、重大、较大和一般四级。法律、行政法规或者国务院另有规定的，从其规定。

突发事件的分级标准由国务院或者国务院确定的部门制定。

第四条 国家建立统一领导、综合协调、分类管理、分级负责、属地管理为主的应急管理体制。

第五条 突发事件应对工作实行预防为主、预防与应急相结合的原则。国家建立重大突发事件风险评估体系，对可能发生的突发事件进行综合性评估，减少重大突发事件的发生，最大限度地减轻重大突发事件的影响。

第六条 国家建立有效的社会动员机制，增强全民的公共安全和防范风险的意识，提高全社会的避险救助能力。

第七条 县级人民政府对本行政区域内突发事件的应对工作负责；涉及两个以上行政区域的，由有关行政区域共同的上一级人民政府负责，或者由各有关行政区域的上一级人民政府共同负责。

突发事件发生后，发生地县级人民政府应当立即采取措施控制事态发展，组织开展应急救援和处置工作，并立即向上一级人民政府报告，必要时可以越级上报。

突发事件发生地县级人民政府不能消除或者不能有效控制突发事件引起的严重社会危害的，应当及时向上级人民政府报告。上级人民政府应当及时采取措施，统一领导应急处置工作。

法律、行政法规规定由国务院有关部门对突发事件的应对工作负责的，从其规定；地方人民政府应当积极配合并提供必要的支持。

第八条 国务院在总理领导下研究、决定和部署特别重大突发事件的应对工作；根据实际需要，设立国家突发事件应急指挥机构，负责突发事件应对工作；必要时，国务院可以派出工作组指导有关工作。

县级以上地方各级人民政府设立由本级人民政府主要负责人、相关部门负责人、驻当地中国人民解放军和中国人民武装警察部队有关负责人组成的突发事件应急指挥机构，统一领导、协调本级人民政府各有关部门和下级人民政府开展突发事件应对工作；根据实际需要，设立相关类别突发事件应急指挥机构，组织、协调、指挥突发事件应对工作。

上级人民政府主管部门应当在各自职责范围内，指导、协助下级人民政府及其相应部门做好有关突发事件的应对工作。

第九条 国务院和县级以上地方各级人民政府是突发事件应对工作的行政领导机关，其办事机构及具体职责由国务院规定。

第十条 有关人民政府及其部门作出的应对突发事件的决定、命令，应当及时公布。

第十一条 有关人民政府及其部门采取的应对突发事件的措施，应当与突发事件可能造成的社会危害的性质、程度和范围相适应；有多种措施可供选择的，应当选择有利于最大程度地保护公民、法人和其他组织权益的措施。

公民、法人和其他组织有义务参与突发事件应对工作。

第十二条 有关人民政府及其部门为应对突发事件，可以征用单位和个人的财产。被征用的财产在使用完毕或者突发事件应急处置工作结束后，应当及时返还。财产被征用或者征用后毁损、灭失的，应当给予补偿。

第十三条 因采取突发事件应对措施，诉讼、行政复议、仲裁活动不能正常进行的，适用有关时效中止和程序中止的规定，但法律另有规定的除外。

第十四条 中国人民解放军、中国人民武装警察部队和民兵组织依照本法和其他有关法律、行政法规、军事法规的规定以及国务院、中央军事委员会的命令，参加突发事件的应急救援和处置工作。

第十五条 中华人民共和国政府在突发事件的预防、监测与预警、应急处置与救援、事后恢复与重建等方面，同外国政府和有关国际组织开展合作与交流。

第十六条 县级以上人民政府作出应对突发事件的决定、命令，应当报本级人民代表大会常务委员会备案；突发事件应急处置工作结束后，应当向本级人民代表大会常务委员会作出专项工作报告。

第二章　预防与应急准备

第十七条 国家建立健全突发事件应急预案体系。

国务院制定国家突发事件总体应急预案，组织制定国家突发事件专项应急预案；国务院有关部门根据各自的职责和国务院相关应急预案，制定国家突发事件部门应急预案。

地方各级人民政府和县级以上地方各级人民政府有关部门根据有关法律、法规、规章、上级人民政府及其有关部门的应急预案以及本地区的实际情况，制定相应的突发事件应急预案。

应急预案制定机关应当根据实际需要和情势变化，适时修订应急预案。应急预案的制定、修订程序由国务院规定。

第十八条 应急预案应当根据本法和其他有关法律、法规的规定，针对突发事件的性质、特点和可能造成的社会危害，具体规定突发事件应急管理工作的组织指挥体系与职责和突发事件的预防与预警机制、处置程序、应急保障措施以及事后恢复与重建措施等内容。

第十九条 城乡规划应当符合预防、处置突发事件的需要，统筹安排应对突发事件所必需的设备和基础设施建设，合理确定应急避难场所。

第二十条 县级人民政府应当对本行政区域内容易引发自然灾害、事故灾难和公共卫生事件的危险源、危险区域进行调查、登记、风险评估，定期进行检查、监控，并责令有关单位采取安全防范措施。

省级和设区的市级人民政府应当对本行政区域内容易引发特别重大、重大突发事件的危险源、危险区域进行调查、登记、风险评估，组织进行检查、监控，并责令有关单位采取安全防范措施。

县级以上地方各级人民政府按照本法规定登记的危险源、危险区域，应当按照国家规定及时向社会公布。

第二十一条 县级人民政府及其有关部门、乡级人民政府、街道办事处、居民委员会、村民委员会应当及时调解处理可能引发社会安全事件的矛盾纠纷。

第二十二条 所有单位应当建立健全安全管理制度，定期检查本单位各项安全防范措施的落实情况，及时消除事故隐患；掌握并及时处理本单位存在的可能引发社会安全事件的问题，防止矛盾激化和事态扩大；对本单位可能发生的突发事件和采取安全防范措施的情况，应当按照规定及时向所在地人民政府或者人民政府有关部门报告。

第二十三条 矿山、建筑施工单位和易燃易爆物品、危险化学品、放射性物品等危险物品的生产、经营、储运、使用单位，应当制定具体应急预案，并对生产经营场所、有危险物品的建筑物、构筑物及周边环境开展隐患排查，及时采取措施消除隐患，防止发生突发事件。

第二十四条 公共交通工具、公共场所和其他人员密集场所的经营单位或者管理单位应当制定具体应急预案，为交通工具和有关场所配备报警装置和必要的应急救援设备、设施，注明其使用方法，并显著标明安全撤离的通道、路线，保证安全通道、出口的畅通。

有关单位应当定期检测、维护其报警装置和应急救援设备、设施，使其处于良好状态，确保正常使用。

第二十五条 县级以上人民政府应当建立健全突发事件应急管理培训制度，对人民政府及其有关部门负有处置突发事件职责的工作人员定期进行培训。

第二十六条 县级以上人民政府应当整合应急资源，建立或者确定综合性应急救援队伍。人民政府有关部门可以根据实际需要设立专业应急救援队伍。

县级以上人民政府及其有关部门可以建立由成年志愿者组成的应急救援队伍。单位应当建立由本单位职工组成的专职或者兼职应急救援队伍。

县级以上人民政府应当加强专业应急救援队伍与非专业应急救援队伍的合作，联合培训、联合演练，提高合成应急、协同应急的能力。

第二十七条 国务院有关部门、县级以上地方各级人民政府及其有关部门、有关单位应当为专业应急救援人员购买人身意外伤害保险，配备必要的防护装备和器材，减少应急救援人员的人身风险。

第二十八条 中国人民解放军、中国人民武装警察部队和民兵组织应当有计划地组织开展应急救援的专门训练。

第二十九条 县级人民政府及其有关部门、乡级人民政府、街道办事处应当组织开展应急知识的宣传普及活动和必要的应急演练。

居民委员会、村民委员会、企业事业单位应当根据所在地人民政府的要求，结合各自的实际情况，开展有关突发事件应急知识的宣传普及活动和必要的应急演练。

新闻媒体应当无偿开展突发事件预防与应急、自救与互救知识的公益宣传。

第三十条 各级各类学校应当把应急知识教育纳入教学内容，对学生进行应急知识教育，培养学生的安全意识和自救与互救能力。

教育主管部门应当对学校开展应急知识教育进行指导和监督。

第三十一条 国务院和县级以上地方各级人民政府应当采取财政措施，保障突发事件应对工作所需经费。

第三十二条 国家建立健全应急物资储备保障制度，完善重要应急物资的监管、生产、储备、调拨和紧急配送体系。

设区的市级以上人民政府和突发事件易发、多发地区的县级人民政府应当建立应急救援物资、生活必需品和应急处置装备的储备制度。

县级以上地方各级人民政府应当根据本地区的实际情况，与有关企业签订协议，保障应急救援物资、生活必需品和应急处置装备的生产、供给。

第三十三条 国家建立健全应急通信保障体系，完善公用通信网，建立有线与无线相结合、基础电信网络与机动通信系统相配套的应急通信系统，确保突发事件应对工作的通信畅通。

第三十四条 国家鼓励公民、法人和其他组织为人民政府应对突发事件工作提供物资、资金、技术支持和捐赠。

第三十五条 国家发展保险事业，建立国家财政支持的巨灾风险保险体系，并鼓励单位和公民参加保险。

第三十六条 国家鼓励、扶持具备相应条件的教学科研机构培养应急管理专门人才，鼓励、扶持教学科研机构和有关企业研究开发用于突发事件预防、监测、预警、应急处置与救援的新技术、新设备和新工具。

第三章 监测与预警

第三十七条 国务院建立全国统一的突发事件信息系统。

县级以上地方各级人民政府应当建立或者确定本地区统一的突发事件信息系统，汇集、储存、分析、传输有关突发事件的信息，并与上级人民政府及其有关部门、下级人民政府及其有关部门、专业机构和监测网点的突发事件信息系统实现互联互通，加强跨部门、跨地区的信息交流与情报合作。

第三十八条 县级以上人民政府及其有关部门、专业机构应当通过多种途径收集突发事件信息。

县级人民政府应当在居民委员会、村民委员会和有关单位建立专职或者兼职信息报告员制度。

获悉突发事件信息的公民、法人或者其他组织，应当立即向所在地人民政府、有关主管部门或者指定的专业机构报告。

第三十九条 地方各级人民政府应当按照国家有关规定向上级人民政府报送突发事件信息。县级以上人民政府有关主管部门应当向本级人民政府相关部门通报突发事件信息。专业机构、监测网点和信息报告员应当及时向所在地人民政府及其有关主管部门报告突发事件信息。

有关单位和人员报送、报告突发事件信息，应当做到及时、客观、真实，不得迟报、谎报、瞒报、漏报。

第四十条　县级以上地方各级人民政府应当及时汇总分析突发事件隐患和预警信息，必要时组织相关部门、专业技术人员、专家学者进行会商，对发生突发事件的可能性及其可能造成的影响进行评估；认为可能发生重大或者特别重大突发事件的，应当立即向上级人民政府报告，并向上级人民政府有关部门、当地驻军和可能受到危害的毗邻或者相关地区的人民政府通报。

第四十一条　国家建立健全突发事件监测制度。

县级以上人民政府及其有关部门应当根据自然灾害、事故灾难和公共卫生事件的种类和特点，建立健全基础信息数据库，完善监测网络，划分监测区域，确定监测点，明确监测项目，提供必要的设备、设施，配备专职或者兼职人员，对可能发生的突发事件进行监测。

第四十二条　国家建立健全突发事件预警制度。

可以预警的自然灾害、事故灾难和公共卫生事件的预警级别，按照突发事件发生的紧急程度、发展势态和可能造成的危害程度分为一级、二级、三级和四级，分别用红色、橙色、黄色和蓝色标示，一级为最高级别。

预警级别的划分标准由国务院或者国务院确定的部门制定。

第四十三条　可以预警的自然灾害、事故灾难或者公共卫生事件即将发生或者发生的可能性增大时，县级以上地方各级人民政府应当根据有关法律、行政法规和国务院规定的权限和程序，发布相应级别的警报，决定并宣布有关地区进入预警期，同时向上一级人民政府报告，必要时可以越级上报，并向当地驻军和可能受到危害的毗邻或者相关地区的人民政府通报。

第四十四条　发布三级、四级警报，宣布进入预警期后，县级以上地方各级人民政府应当根据即将发生的突发事件的特点和可能造成的危害，采取下列措施：

（一）启动应急预案；

（二）责令有关部门、专业机构、监测网点和负有特定职责的人员及时收集、报告有关信息，向社会公布反映突发事件信息的渠道，加强对突发事件发生、发展情况的监测、预报和预警工作；

（三）组织有关部门和机构、专业技术人员、有关专家学者，随时对突发事件信息进行分析评估，预测发生突发事件可能性的大小、影响范围和强度以及可能发生的突发事件的级别；

（四）定时向社会发布与公众有关的突发事件预测信息和分析评估结果，并对相关信息的报道工作进行管理；

（五）及时按照有关规定向社会发布可能受到突发事件危害的警告，宣传避免、减轻危害的常识，公布咨询电话。

第四十五条　发布一级、二级警报，宣布进入预警期后，县级以上地方各级人民政府除采取本法第四十四条规定的措施外，还应当针对即将发生的突发事件的特点和可能造成的危害，采取下列一项或者多项措施：

（一）责令应急救援队伍、负有特定职责的人员进入待命状态，并动员后备人员做好参加应急救援和处置工作的准备；

（二）调集应急救援所需物资、设备、工具，准备应急设施和避难场所，并确保其处于良好状态、随时可以投入正常使用；

（三）加强对重点单位、重要部位和重要基础设施的安全保卫，维护社会治安秩序；

（四）采取必要措施，确保交通、通信、供水、排水、供电、供气、供热等公共设施的安全和正常运行；

（五）及时向社会发布有关采取特定措施避免或者减轻危害的建议、劝告；

（六）转移、疏散或者撤离易受突发事件危害的人员并予以妥善安置，转移重要财产；

（七）关闭或者限制使用易受突发事件危害的场所，控制或者限制容易导致危害扩大的公共场所的活动；

（八）法律、法规、规章规定的其他必要的防范性、保护性措施。

第四十六条 对即将发生或者已经发生的社会安全事件，县级以上地方各级人民政府及其有关主管部门应当按照规定向上一级人民政府及其有关主管部门报告，必要时可以越级上报。

第四十七条 发布突发事件警报的人民政府应当根据事态的发展，按照有关规定适时调整预警级别并重新发布。

有事实证明不可能发生突发事件或者危险已经解除的，发布警报的人民政府应当立即宣布解除警报，终止预警期，并解除已经采取的有关措施。

第四章 应急处置与救援

第四十八条 突发事件发生后，履行统一领导职责或者组织处置突发事件的人民政府应当针对其性质、特点和危害程度，立即组织有关部门，调动应急救援队伍和社会力量，依照本章的规定和有关法律、法规、规章的规定采取应急处置措施。

第四十九条 自然灾害、事故灾难或者公共卫生事件发生后，履行统一领导职责的人民政府可以采取下列一项或者多项应急处置措施：

（一）组织营救和救治受害人员，疏散、撤离并妥善安置受到威胁的人员以及采取其他救助措施；

（二）迅速控制危险源，标明危险区域，封锁危险场所，划定警戒区，实行交通管制以及其他控制措施；

（三）立即抢修被损坏的交通、通信、供水、排水、供电、供气、供热等公共设施，向受到危害的人员提供避难场所和生活必需品，实施医疗救护和卫生防疫以及其他保障措施；

（四）禁止或者限制使用有关设备、设施，关闭或者限制使用有关场所，中止人员密集的活动或者可能导致危害扩大的生产经营活动以及采取其他保护措施；

（五）启用本级人民政府设置的财政预备费和储备的应急救援物资，必要时调用其他急需物资、设备、设施、工具；

（六）组织公民参加应急救援和处置工作，要求具有特定专长的人员提供服务；

（七）保障食品、饮用水、燃料等基本生活必需品的供应；

（八）依法从严惩处囤积居奇、哄抬物价、制假售假等扰乱市场秩序的行为，稳定市场价格，维护市场秩序；

（九）依法从严惩处哄抢财物、干扰破坏应急处置工作等扰乱社会秩序的行为，维护社会治安；

（十）采取防止发生次生、衍生事件的必要措施。

第五十条 社会安全事件发生后，组织处置工作的人民政府应当立即组织有关部门并由公安机关针对事件的性质和特点，依照有关法律、行政法规和国家其他有关规定，采取下列一项或者多项应急处置措施：

（一）强制隔离使用器械相互对抗或者以暴力行为参与冲突的当事人，妥善解决现场纠纷和争端，控制事态发展；

（二）对特定区域内的建筑物、交通工具、设备、设施以及燃料、燃气、电力、水的供应进行控制；

（三）封锁有关场所、道路，查验现场人员的身份证件，限制有关公共场所内的活动；

（四）加强对易受冲击的核心机关和单位的警卫，在国家机关、军事机关、国家通讯社、广播电台、电视台、外国驻华使领馆等单位附近设置临时警戒线；

（五）法律、行政法规和国务院规定的其他必要措施。

严重危害社会治安秩序的事件发生时，公安机关应当立即依法出动警力，根据现场情况依法采取相应的强制性措施，尽快使社会秩序恢复正常。

第五十一条 发生突发事件，严重影响国民经济正常运行时，国务院或者国务院授权的有关主管部门可以采取保障、控制等必要的应急措施，保障人民群众的基本生活需要，最大限度地减轻突发事件的影响。

第五十二条 履行统一领导职责或者组织处置突发事件的人民政府，必要时可以向单位和个人征用应急救援所需设备、设施、场地、交通工具和其他物资，请求其他地方人民政府提供人力、物力、财力或者技术支援，要求生产、供应生活必需品和应急救援物资的企业组织生产、保证供给，要求提供医疗、交通等公共服务的组织提供相应的服务。

履行统一领导职责或者组织处置突发事件的人民政府，应当组织协调运输经营单位，优先运送处置突发事件所需物资、设备、工具、应急救援人员和受到突发事件危害的人员。

第五十三条 履行统一领导职责或者组织处置突发事件的人民政府，应当按照有关规定统一、准确、及时发布有关突发事件事态发展和应急处置工作的信息。

第五十四条 任何单位和个人不得编造、传播有关突发事件事态发展或者应急处置工作的虚假信息。

第五十五条 突发事件发生地的居民委员会、村民委员会和其他组织应当按照当地人民政府的决定、命令，进行宣传动员，组织群众开展自救和互救，协助维护社会秩序。

第五十六条 受到自然灾害危害或者发生事故灾难、公共卫生事件的单位，应当立即组织本单位应急救援队伍和工作人员营救受害人员，疏散、撤离、安置受到威胁的人员，控制危险源，标明危险区域，封锁危险场所，并采取其他防止危害扩大的必要措施，同时向所在地县级人民政府报告；对因本单位的问题引发的或者主体是本单位人员的社会安全事件，有关单位应当按照规定上报情况，并迅速派出负责人赶赴现场开展劝解、疏导工作。

突发事件发生地的其他单位应当服从人民政府发布的决定、命令，配合人民政府采取的应急处置措施，做好本单位的应急救援工作，并积极组织人员参加所在地的应急救援和处置工作。

第五十七条 突发事件发生地的公民应当服从人民政府、居民委员会、村民委员会或者所属单位的指挥和安排，配合人民政府采取的应急处置措施，积极参加应急救援工作，协助维护社会秩序。

第五章 事后恢复与重建

第五十八条 突发事件的威胁和危害得到控制或者消除后，履行统一领导职责或者组织处置突发事件的人民政府应当停止执行依照本法规定采取的应急处置措施，同时采取或者继续实施必要措施，防止发生自然灾害、事故灾难、公共卫生事件的次生、衍生事件或者重新引发社会安全事件。

第五十九条 突发事件应急处置工作结束后，履行统一领导职责的人民政府应当立即组织对突发事件造成的损失进行评估，组织受影响地区尽快恢复生产、生活、工作和社会秩序，制定恢复重建计划，并向上一级人民政府报告。

受突发事件影响地区的人民政府应当及时组织和协调公安、交通、铁路、民航、邮电、建设等有关部门恢复社会治安秩序，尽快修复被损坏的交通、通信、供水、排水、供电、供气、供热等公共设施。

第六十条 受突发事件影响地区的人民政府开展恢复重建工作需要上一级人民政府支持的，可以向上一级人民政府提出请求。上一级人民政府应当根据受影响地区遭受的损失和实际情况，提供资金、物资支持和技术指导，组织其他地区提供资金、物资和人力支援。

第六十一条 国务院根据受突发事件影响地区遭受损失的情况，制定扶持该地区有关行业发展的优惠政策。

受突发事件影响地区的人民政府应当根据本地区遭受损失的情况，制定救助、补偿、抚慰、抚恤、安置等善后工作计划并组织实施，妥善解决因处置突发事件引发的矛盾和纠纷。

公民参加应急救援工作或者协助维护社会秩序期间，其在本单位的工资待遇和福利不变；表现突出、成绩显著的，由县级以上人民政府给予表彰或者奖励。

县级以上人民政府对在应急救援工作中伤亡的人员依法给予抚恤。

第六十二条 履行统一领导职责的人民政府应当及时查明突发事件的发生经过和原

因，总结突发事件应急处置工作的经验教训，制定改进措施，并向上一级人民政府提出报告。

阅读思考题

通过学习《突发事件应对法》的相关规定，你对应急管理过程的认识有哪些深化？

第 6 章

应急计划

凡事豫则立，不豫则废。

——《礼记·中庸》

所谓应急计划，是指应急管理机构针对突发事件的预防与应急准备、监测与预警、应急处置与救援、事后恢复与重建等应对活动制定并实施战略规划、行动方案的过程。

本章主要说明突发事件应对计划管理的内容、过程与方法。

重点问题

- 应急计划的概念与形式
- 应急规划的过程
- 应急预案管理过程
- 应急行动方案制定过程

6.1 应急计划概述

6.1.1 计划原理

6.1.1.1 计划的概念

计划有广义和狭义之分。广义的计划职能是指管理者制定计划、执行计划和检查计划执行情况的全过程；狭义的计划职能是指管理者事先对未来应采取的行动所作的谋划与安排①。狭

① 罗宾斯，库尔特. 管理学：第11版. 李原，孙健敏，黄小勇，译. 北京：中国人民大学出版社，2012：100.

义的计划工作（制定计划）要根据实际情况，通过科学预测，权衡客观的需要和主观的可能，提出在未来一定时期内要实现的目标，以及实现目标的途径。计划工作还是一种需要运用智慧和发挥创造力的过程，它要求高瞻远瞩地制定目标和战略，严密地规划，把决策建立在反复权衡的基础之上。计划职能对整个管理活动过程及其结果所施加的影响具有重要意义，是使组织中各种活动有条不紊地进行的保证。一般来说，计划的重要性在于：

（1）计划是实施管理活动的依据。

（2）计划可以增强管理的预见性，规避风险，减少损失。

（3）计划有利于在明确的目标下统一思想与行动。

（4）计划有利于合理配置资源，提高效率，取得最佳经济社会效益。

6.1.1.2　优质计划的特点

根据法约尔的观点，一项好的计划有如下的特点：

（1）统一性：每个活动不仅要有总体的计划，还要有具体的计划；不仅要有前面的计划，还要有后续的计划。

（2）连续性：不仅要有长期计划，还要有短期计划。

（3）灵活性：能应付意外情况的发生。

（4）精确性：尽量使计划具有客观性，不具有主观随意性。

6.1.2　应急计划的含义

6.1.2.1　应急计划的概念和意义

所谓应急计划（emergency planning），是指应急管理机构针对突发事件的预防与应急准备、监测与预警、应急处置与救援、事后恢复与重建等应对活动制定并实施战略规划、行动方案的过程。应急计划的重要性在于：

（1）应急计划是实施突发事件应对活动的重要依据。

（2）应急计划可以增强应急管理的预见性，规避风险，控制事态。

（3）应急计划有利于在明确的目标下统一突发事件应对人员的思想行动。

（4）应急计划有利于合理配置应急资源，提高效率，减少突发事件带来的损失。

在我国，应急计划的重要性还体现在“一案三制”体系建设中的“一案”（一套应急预案体系），在预案体系建设中发挥重要作用。

6.1.2.2　应急计划的类型

按照不同的分类标准，应急计划有不同的类型划分。

1. 战略性规划与战术性计划

应急管理战略性规划是指对于突发事件应对的工作体系或社会体系建设进行的规划。应急能力建设规划、总体应急预案、总体灾后恢复重建规划等属于战略性规划。

应急管理战术性计划是指对某一项或某一类突发事件应对活动所进行的计划。预警计划、专项应急预案、应急行动方案都属于战术性计划。

2. 主动的计划和被动的计划

在预防准备过程中，突发事件应对的规划与计划往往有充分的准备，属于主动的计划；在预警响应和其后各个环节，有关的应对计划、规划都是被动的。主动的计划在计划时间、资源上都很宽裕，被动的计划则有较大的约束。

3. 常态计划和非常态计划

相对而言，应急体系建设规划、应急预案、恢复重建规划都是系统性更强的常态性计划，预警行动计划、应急处置救援计划、过渡安置计划等则是非常态性计划。

6.1.3 应急计划的主要形式

这里按照战略与战术的划分首先介绍战略性规划，再介绍战术性计划中的主动计划形式、应急预案和被动计划形式、应急行动方案。

6.1.3.1 战略性规划

1. 公共安全与应急管理战略

公共安全与应急管理战略是一个国家、地区或组织对于公共安全与应急管理的最高级别的方向性、长远性、全局性谋划成果。它是其他规划和工作的指南。

在我国，2013 年中共中央关于健全公共安全体系的论述就可以视为我国总体上的公共安全体系发展战略。其内容包括："完善统一权威的食品药品安全监管机构，建立最严格的覆盖全过程的监管制度，建立食品原产地可追溯制度和质量标识制度，保障食品药品安全。深化安全生产管理体制改革，建立隐患排查治理体系和安全预防控制体系，遏制重特大安全事故。健全防灾减灾救灾体制。加强社会治安综合治理，创新立体化社会治安防控体系，依法严密防范和惩治各类违法犯罪活动。坚持积极利用、科学发展、依法管理、确保安全的方针，加大依法管理网络力度，加快完善互联网管理领导体制，确保国家网络和信息安全。设立国家安全委员会，完善国家安全体制和国家安全战略，确保国家安全。"①

2011 年，美国制定的《全国准备目标》则是美国此后一个时期的国家应急准备战略。其中明确界定了应对对于美国国家安全风险最大的重特大突发事件所应具备的 32 项核心能力。同时，强调通过一套综合的、多层次的、全国的准备方法来优化资源的使用；强调全国准备目标应该结合国家安全战略、总统政策指令等重要政策，为跨机构应急管理工作提供有力的指导②。

由联合国主导的世界减灾大会，先后发布了《2005—2015 年行动纲领：加强国家和社区的抗灾能力》（简称《兵库行动纲领》）、《2015—2030 年仙台减轻灾害风险框架》（简称《仙台框架》）。其中，《仙台框架》预期了未来 15 年全球减灾工作的成果和目标，明确了 7 项具体目标、13 项原则和 4 项优先行动事项。这两个框架都是国际社会共同认可的直接减灾战略。

2. 应急体系建设规划

应急体系建设规划是开展应急管理工作的前导性、纲领性文件，既具有较强的宏观

---

① 参见《中共中央关于全面深化改革若干重大问题的决定》（2013 年 11 月 12 日中国共产党第十八届中央委员会第三次全体会议通过）第 50 条"健全公共安全体系"。

② https://www.fema.gov/national-preparedness-goal.

性、战略性、系统性，又兼具可操作性、现实性、专业性。在我国，国家有关部门和有关地方都会在制定经济社会发展五年规划的同时制定应急体系建设规划。目前，应急体系建设规划主要有三种类型：一是综合性、总体性的发展规划（总体规划、规划纲要），二是特定领域（行业、专业）的专项规划和特定地区的区域规划，三是密切结合当地城乡实际情况的地方规划①。从不同视角看，应急体系建设规划有不同的特点：

第一，各规划之间的关系的视角。从应急规划编制的实践经验来看，政府应急体系建设规划，属于应急领域的专项规划，但它既是当地国民经济和社会发展规划在应急管理领域的延伸和细化，常常又与各级政府的城乡规划密切联系。

第二，应急体系覆盖的领域视角。政府应急体系建设规划常常又是跨部门、跨区域和具有综合性的专项规划。

第三，规划内容涉及范围视角。中央有关部门与省级的应急体系建设规划侧重于宏观层次的统筹布局，为各部门、各地区编制和实施应急体系建设规划提供框架和指南；地市级以下（含地市级）政府应急体系建设规划着眼于中微观层次的应急资源安排，既要与省级应急体系建设规划保持承接关系，又要兼顾基层行政单位应急体系建设的共同需要，同时也要与相邻区域的规划相协调②。

3. 恢复重建规划

在突发事件应急处置的后期，有关方面要制定恢复重建规划。恢复重建规划既包括经济恢复与重建的内容，也包括社会层面和心理精神层面的内容。在巨灾情况下，尤其要突出善后处理、调查处理、基础设施恢复与重建、住房重建、征用补偿、人员安置、巨灾保险理赔、灾后防疫、心理危机干预、法律援助等方面的内容。我国在重大自然灾害发生后往往会制定国家级恢复重建规划。例如，国务院先后出台了《汶川地震灾后恢复重建总体规划》《玉树地震灾后恢复重建总体规划》《舟曲灾后恢复重建总体规划》《芦山地震灾后恢复重建总体规划》《鲁甸地震灾后恢复重建总体规划》等文件。

随着科学技术的发展与人民生活水平要求的提高，恢复重建规划要按照短期恢复与长远发展并重和因地制宜、合理布局、科学规划、分类指导、区别对待、突出重点、分步实施的原则统筹考虑。同时，要综合考虑突发事件受损地区的经济、社会、地理环境、文化等方面的特点和实际情况，为实现该地区可持续发展创造条件。规划的制定以属地管理为主，按照突发事件的分级标准确定规划的归属地政府。一般说来，重大突发事件的恢复与重建工作由省级政府统一领导、规划、部署和实施，并及时向国务院报告；较大和一般突发事件的恢复与重建工作由市、县政府负责制定计划，并及时向省级政府报告，接受其审查、指导和监督。上级政府接到计划后，应当尽快审查并做出决定。

上级政府应当根据损失评估报告、受影响地区的实际情况与需要，帮助制定恢复重建规划，并为受影响地区的恢复与重建工作提供资金、物资支持和技术指导，在必要时组织其他地区提供资金、物资支援。

---

① 李仰哲，周平，王万平，左刚. 编制省级地方应急体系建设规划需要把握的几个共性问题. 中国经贸导刊，2007（14）：16.

② 同①17.

恢复重建规划往往是人们较为期待的、舆论较为关注的，规划的制定与实施过程中会面对一系列特殊的挑战和问题。这时，往往一方面时间紧、任务急，另一方面规划所需的智力资源和重建的财力资源有限。这就带来两个问题：一是不能仔细科学地论证，有时规划方案粗糙，有时规划没有充分考虑未来防灾减灾需求。二是不能充分发挥创造性，不能通过集思广益和充分论证实现创新性恢复重建，导致恢复重建思路平平、规划质量不高。三是一些地方政府可能存有趁重建之机搞华而不实的“政绩工程”的冲动，容易浪费宝贵的资源，甚至给未来发展造成困难和问题。这些问题都需要在资源约束与理想方案、在舆论压力与科学精神之间寻找最佳的平衡点，只能靠严格的恢复重建规划规范来制约、靠科学的恢复重建规划方法来化解。

专栏

《国家综合防灾减灾规划（2016—2020年）》结构要点

一、现状与形势

（一）“十二五”时期防灾减灾救灾工作成效

（二）“十三五”时期防灾减灾救灾工作形势

二、指导思想、基本原则与规划目标

（一）指导思想

（二）基本原则

以人为本，协调发展

预防为主，综合减灾

分级负责，属地为主

依法应对，科学减灾

政府主导，社会参与

（三）规划目标

1. 防灾减灾救灾体制机制进一步健全，法律法规体系进一步完善

2. 将防灾减灾救灾工作纳入各级国民经济和社会发展总体规划

3. 年均因灾直接经济损失占国内生产总值的比例控制在1.3%以内，年均每百万人口因灾死亡率控制在1.3以内

4. 建立并完善多灾种综合监测预报预警信息发布平台，信息发布的准确性、时效性和社会公众覆盖率显著提高

5. 提高重要基础设施和基本公共服务设施的灾害设防水平，特别要有效降低学校、医院等设施因灾造成的损毁程度

6. 建成中央、省、市、县、乡五级救灾物资储备体系，确保自然灾害发生12小时之内受灾人员基本生活得到有效救助，完善自然灾害救助政策，达到与全面小康社会相适应的自然灾害救助水平

7. 增创5 000个全国综合减灾示范社区，开展全国综合减灾示范县（市、区）创建试点工作，全国每个城乡社区确保有1名灾害信息员

8. 防灾减灾知识社会公众普及率显著提高，实现在校学生全面普及防灾减灾科技和教育水平明显提升

9. 扩大防灾减灾救灾对外合作与援助，建立包容性、建设性的合作模式

三、主要任务

（一）完善防灾减灾救灾法律制度

（二）健全防灾减灾救灾体制机制

（三）加强灾害监测预报预警与风险防范能力建设

（四）加强灾害应急处置与恢复重建能力建设

（五）加强工程防灾减灾能力建设

（六）加强防灾减灾救灾科技支撑能力建设

（七）加强区域和城乡基层防灾减灾救灾能力建设

（八）发挥市场和社会力量在防灾减灾救灾中的作用

（九）加强防灾减灾宣传教育

（十）推进防灾减灾救灾国际交流合作

四、重大项目

（一）自然灾害综合评估业务平台建设工程

（二）民用空间基础设施减灾应用系统工程

（三）全国自然灾害救助物资储备体系建设工程

（四）应急避难场所建设工程

（五）防灾减灾科普工程

五、保障措施

（一）加强组织领导，形成工作合力

（二）加强资金保障，畅通投入渠道

（三）加强人才培养，提升队伍素质

（四）加强跟踪评估，强化监督管理

【附记】我国国家综合防灾体系建设规划的实践历史久、方法与框架成熟，值得学习研究。

6.1.3.2 应急预案

1. 应急预案的含义

应急预案，是指各级政府及其部门、基层组织、企事业单位、社会团体等为依法、迅速、科学、有序应对突发事件，最大程度减少突发事件及其造成的损害而预先制定的工作方案[①]。应急预案旨在解决“突发事件事前、事发、事中、事后，谁来做、怎样做、做什么、何时做、用什么资源做”的问题。中国政府高度重视预案管理工作，认为预案是应急管理体系建设的龙头，是“一案三制”体系建设的重要内容。

应急预案按照制定主体划分，分为政府及其部门应急预案、非政府组织应急预案两

① 《国务院办公厅关于印发突发事件应急预案管理办法的通知》（国办发〔2013〕101 号）.

大类[1]。此外，广义的应急预案还包括具有预案性质的具体工作方案和标准化操作程序等。

2. 政府应急预案

政府及其部门应急预案由各级人民政府及其部门制定，包括总体应急预案、专项应急预案、部门应急预案、联合应急预案等。

总体应急预案是应急预案体系的总纲，是政府组织应对突发事件的总体制度安排，一般由县级以上各级人民政府制定。总体应急预案主要规定突发事件应对的基本原则、组织体系、运行机制，以及应急保障的总体安排等，明确相关各方的职责和任务。

专项应急预案是政府为应对某一类型或某几种类型突发事件，或者针对重要目标物保护、重大活动保障、应急资源保障等重要专项工作而预先制定的涉及多个部门职责的工作方案，由有关部门牵头制定，报本级人民政府批准后印发实施。

部门应急预案是政府有关部门根据总体应急预案、专项应急预案和部门职责，为应对本部门（行业、领域）突发事件，或者针对重要目标物保护、重大活动保障、应急资源保障等涉及部门工作的问题而预先制定的工作方案，由各级政府有关部门制定。

联合应急预案是相邻、相近的地方人民政府及其有关部门联合制定的应对区域性、流域性突发事件的联合应急预案。

具体来看，针对突发事件应对的专项和部门应急预案，不同层级的预案内容各有侧重。国家层面专项和部门应急预案侧重明确突发事件的应对原则、组织指挥机制、预警分级和事件分级标准、信息报告要求、分级响应及响应行动、应急保障措施等，重点规范国家层面应对行动，同时体现政策性和指导性；省级专项和部门应急预案侧重明确突发事件的组织指挥机制、信息报告要求、分级响应及响应行动、队伍物资保障及调动程序、市县级政府职责等，重点规范省级层面应对行动，同时体现指导性；市县级专项和部门应急预案侧重明确突发事件的组织指挥机制、风险评估、监测预警、信息报告、应急处置措施、队伍物资保障及调动程序等内容，重点规范市（地）级和县级层面应对行动，体现应急处置的主体职能；乡镇街道专项和部门应急预案侧重明确突发事件的预警信息传播、组织先期处置和自救互救、信息收集报告、人员临时安置等内容，重点规范乡镇层面应对行动，体现先期处置特点。

针对重要基础设施、生命线工程等重要目标物保护的专项和部门应急预案，侧重明确风险隐患及防范措施、监测预警、信息报告、应急处置和紧急恢复等内容。针对重大活动保障制定的专项和部门应急预案，侧重明确活动安全风险隐患及防范措施、监测预警、信息报告、应急处置、人员疏散撤离组织和路线等内容。针对为突发事件应对工作提供队伍、物资、装备、资金等资源保障的专项和部门应急预案，侧重明确组织指挥机制、资源布局、不同种类和级别突发事件发生后的资源调用程序等内容。联合应急预案侧重明确相邻、相近地方人民政府及其部门间信息通报、处置措施衔接、应急资源共享等应急联动机制。

---

① 《国务院办公厅关于印发突发事件应急预案管理办法的通知》（国办发〔2013〕101 号）.

3. 非政府组织预案

非政府组织预案或者单位和基层组织应急预案是由机关、企业、事业单位、社会团体和居委会、村委会等法人和基层组织制定，侧重明确应急响应责任人、风险隐患监测、信息报告、预警响应、应急处置、人员疏散撤离组织和路线、可调用或可请求援助的应急资源情况及如何实施等，体现自救互救、信息报告和先期处置特点。

大型企业集团可根据相关标准规范和实际工作需要，参照国际惯例，建立本集团应急预案体系。

4. 工作方案和标准化操作程序

作为以上预案的补充，还有若干预先制定的工作方案或程序属于应急预案范畴。

现场工作方案：政府及其部门、有关单位和基层组织可根据应急预案，并针对突发事件现场处置工作灵活制定现场工作方案，侧重明确现场组织指挥机制、应急队伍分工、不同情况下的应对措施、应急装备保障和自我保障等内容。

应急预案操作手册：政府及其部门、有关单位和基层组织可结合本地区、本部门和本单位具体情况，编制应急预案操作手册，内容一般包括处置工作程序、响应措施、应急队伍和装备物资情况，以及相关单位联络人员和电话等。

标准化操作程序：对于常规突发事件的处置，有些标准化操作程序可供同类事件处置时使用。这方面，各国消防灭火现场处置程序、紧急医学救援现场处置程序等都是典型的标准化操作程序。

6.1.3.3　应急行动方案

应急行动方案是突发事件应对过程中，针对具体事件所制定的行动方案。制定应急行动方案是应急响应的关键环节，其本质是以应急预案为依据，由应急指挥部门根据获取的应急信息，对错综复杂的应急态势进行综合研判，根据各相关部门的应急领域知识，识别应急目标，并制定相应的行动方案。

各级应急指挥部都应当有自身的应急行动方案，指挥部职能组和应急救援队伍都应当制定其行动方案。

6.2　常态应急计划

各种常态应急计划的编制与实施既有共性，也有各自的特性。这里借鉴各国经验，并根据我国有关规划与计划管理的基本要求，以共性为主线，将常态应急计划工作分为启动、编制、评审发布、实施与修订五个环节。在每个环节中，除了阐述一般方法，也视情况阐述应急能力建设规划、应急预案、恢复重建规划①的具体要求。

① 有关恢复重建的组织、领导、沟通和控制问题都放在非常态管理的部分讨论。但由于恢复重建规划与其他常态应急计划管理的流程相似，在本章就放在常态应急计划里讨论。

6.2.1 启动编制工作

应急计划编制工作通常会根据需要启动。应急体系建设规划，通常被作为周期性五年规划工作的一部分加以启动。对于应急预案，通常是各级人民政府或有关组织针对本区域本机构多发易发突发事件、主要风险等，制定其应急预案编制规划，在规划的指导下启动有关预案编制工作。对于恢复重建规划，通常是以突发事件的发生为契机，由有关层级的政府（通常是发展改革委牵头）负责启动规划编制工作。

应急计划编制部门和单位应组成计划编制工作团队，吸收计划涉及主要部门和单位相关业务人员、有关专家及有相关经验的人员参加。编制工作团队负责人应由应急计划编制部门或单位有关负责人担任。

落实计划编制工作团队是应急计划编制工作的重要环节。计划编制工作团队的成员最好具有广泛的代表性。例如，对于应急预案编制来说，一般应包括：行政首长或其代表；应急管理部门；消防、公安、环保、市政、医疗急救、卫生防疫、邮电、交通管理等有关部门；广播、电视等新闻媒体；法律顾问、有关企业以及上级政府或应急机构代表和技术专家等；利益相关者（灾害影响人群代表）。

计划编制工作团队的成员确定后，须确定编制计划，制定计划编制工作的管理规则，明确任务分工，为召开计划工作会议做准备。

6.2.2 编制计划

6.2.2.1 评估问题情景

作为对突发事件应对的各种计划，其逻辑起点都是对问题情景的把握。对于应急体系建设规划、应急预案等事前计划而言，要明确风险所在，对风险作出评估；对于恢复重建这样的事后计划而言，要明确灾害损失情况，对损失作出评估。

1. 风险评估①

风险评估是针对突发事件特点，识别事件的危害因素，分析事件可能产生的直接后果以及次生、衍生后果，评估各种后果的危害程度。

2. 情景构建

一种流行的观点认为，突发事件情景构建是应急预案制定工作的重要基础工作。所谓情景构建，就是构建未来可能面对的最严重威胁的“实例”。具体说，是在风险分析和综合应急能力评估的基础上，清晰刻画未来可能面对的最主要威胁，描述事件可预期的演变过程和可能涌现的“焦点事件”。事件情景所提供的地质条件、地理条件、社会环境和气象条件都可成为制定应急体系建设规划和应急预案的重要参考。这些内容对设定应急计划的方向、目标、结构和内容都有指导意义。

这一思路源自美国国土安全部组织实施的《国家应急规划情景》重大研究计划。该计

① 关于风险评估的相关内容，参阅本书第2章第3节中“风险管理”概念介绍部分。

划经过调查研究，总结回顾了发生在美国和其他国家的重大突发事件典型案例，尤其是对未来可能发生重大突发事件的风险做了系统分析与评估，对可能发生事件的初始来源、破坏严重性、波及范围、复杂程度以及长期潜在影响作了系统归纳，最后总结提出 15 种重大突发事件情景。这些情景被列为美国国家应急准备战略最优先考虑的应对情景（见表 6－1）。目前，我国一些地方和部门也尝试开展了情景构建工作。

表 6－1　　美国国家应急规划情景

情景 1：核攻击——使用核装置
情景 2：生物攻击——气溶胶炭疽
情景 3：疾病暴发——流感大流行
情景 4：生物攻击——鼠疫
情景 5：化学攻击——起泡剂
情景 6：化学攻击——有毒工业化学品
情景 7：化学攻击——神经毒剂
情景 8：化学攻击——氯罐爆炸
情景 9：自然灾害——大地震
情景 10：自然灾害——强飓风
情景 11：放射性武器袭击——释放放射性装置
情景 12：炸药攻击——使用爆炸装置
情景 13：生物攻击——食品污染
情景 14：生物攻击——外国动物疾病
情景 15：网络攻击

资料来源：http://www.fema.gov/pdf/media/fact sheets/2009/npd_natl_plan_scenario.pdf.

3. 损失评估

用于恢复重建规划的灾害损失评估往往包括对于人员伤害、房屋受损、产业和基础设施损失、自然环境损失等方面的系统评估。损失评估专业性强，又关乎地方利益，尤其需要科学、规范地组织实施。

6.2.2.2 评估资源能力

资源与能力是实现计划目标的物质基础，各类应急计划都要评估资源能力。

1. 资源调查

资源调查是调查实现计划目标所需的资源满足情况。资源既包括本地区、本单位可用的资源，也包括能够借用或得到支援的外部资源。应急资源包括应急人力资源（骨干与突击力量、专业基本力量、社会辅助力量等）、应急物力财力资源（应急物资、应急装备、应急设备、应急工程、应急监测体系相关财政预算）等。

应急预案编制需要特别强调调查应急资源调查。应急资源调查须全面调查本地区、本单位第一时间可调用的应急队伍、装备、物资、场所等应急资源状况和合作区域内可请求援助的应急资源状况，必要时要对本地居民应急资源情况进行调查，为制定详细应急响应措施提供依据。

2. 应急能力评估

应急能力评估是依据风险分析和资源调查的结果，对现有应急能力进行的综合评估。通常对能力的评估可以依据一定的框架进行。应急体系建设规划尤其需要应急能力评估。下面的核心应急能力表（见表 6－2）即一套综合应急能力框架。

应急计划制定者可参照表6-2的定义对本区域、本机构的应急能力优势与劣势做出定性描述。对于应急体系建设规划和恢复重建规划而言，从中可引申出能力提升目标；对于应急预案而言，现有能力是未来行动措施设计的基础。

表6-2　　核心应急能力表

阶段	能力
预防准备阶段	计划规划能力：公共安全体系建设规划、应急预案制定能力。 组织协调能力：整合官方和民间相关方面共同参与预防准备工作的能力。 沟通动员能力：就风险防范、应急准备同公众和有关方面有效地沟通的能力。 风险评估能力：就区域/社区/行业风险进行分析、排查的能力。 降低脆弱性能力：降低系统或基础设施等的脆弱性、提升其韧性的能力。 应急准备能力：就人力、物力、财力等做好应急准备工作的能力。 社区韧性能力：提升有关单位、社区或地方的抗击突发事件能力。
监测预警阶段	计划规划能力：制定信息监测、采取预警行动方案的能力。 组织协调能力：整合官方和民间相关方面共同参与信息监测和预警行动的能力。 沟通动员能力：就突发事件信息同公众和有关方面有效地沟通，以及必要时发布预警信息的能力。 监测能力：对风险和突发事件苗头进行动态监测的能力。 预警能力：对可能发生的突发事件形势进行研判、做出预警决策的能力。
处置救援阶段	计划规划能力：制定突发事件应对行动方案的能力。 组织协调能力：整合官方和民间相关方面共同参与突发事件应对的能力。 沟通动员能力：就突发事件形势、官方已采取的行动和公众应对要点同公众和有关方面有效地沟通的能力。 信息管理能力：就突发事件及其应对的信息进行有效的整合与管理的能力。 形势研判能力：就突发事件形势进行系统的研究、做出趋势预判的能力。 应急交通能力：为应急救援（包括人员疏散和向灾区运送人员和物资）提供交通运输保障的能力。 应急通信能力：确保救援者的通信需求，保障基本公众通信需求的能力。 基础设施保障能力：保障关键基础设施稳定发挥作用，最大限度地降低健康和安全威胁，有效地恢复有关服务系统功能，保障受灾地区生活需求的能力。 抢险和确保环境安全能力：解除人类生存环境方面的险情，确保生存环境安全的能力。 大规模人员搜救能力：在最短时间内拯救处于危境中的最多数人生命的能力。 应急医疗卫生服务能力：提供紧急医疗服务和相关行动以抢救生命的能力，以及通过向受灾群众提供针对性的公共卫生和医疗支持，避免额外的疾病和伤害的能力。 受灾人员救济能力：向受影响的人员提供维持生活的各种服务（重点是向最需要的人提供水、食品和避难场所）的能力。 遇难者管理服务能力：寻找遇难者遗体、进行身份识别、妥善处理遗体、告知遇难者家属的能力。 救援现场安全与保护能力：为受灾地区提供有效的治安管理服务、为救援人员提供必要的安全保障的能力。
恢复重建阶段	计划规划能力：制定恢复重建方案的能力。 组织协调能力：整合官方和民间相关方面共同参与恢复重建的能力。 沟通动员能力：就恢复重建工作同公众沟通及动员公众参与恢复重建工作的能力。 住房重建能力：帮助受灾地区人民建设长期安全住所的能力。 基础设施恢复能力：帮助受灾地区全面恢复重建基础设施的能力。 经济恢复能力：推进经济活动恢复到正常状态，开发新的商业和就业机会，形成可持续发展的局面方面的能力。 卫生和社会服务能力：恢复和增强卫生和社会服务网络的能力。

续前表

阶段	能力
恢复重建阶段	自然生态环境恢复能力：使自然生态环境恢复到正常、安全、健康的水平的能力。 文化遗产恢复能力：使历史文化遗产得到妥善恢复的能力。 调查评估能力：对受灾情况做出全面系统评估的能力。 总结改进能力：对突发事件应对和恢复重建工作的得失做出系统反思、总结的能力。

资料来源：借鉴美国联邦政府应急管理核心能力的表述编撰。

6.2.2.3 设计行动措施

对于应急体系建设规划和恢复重建规划，要明确需完成的各项任务、要设立的重点项目，以及配套的预算等。

对于应急预案，要建立应急指挥体系，明确应急体系中各个机构的组成以及机构从平时的职能状态到战时职能状态转换后的职责；根据对突发事件的分类分级，制定相应的应对措施；对于应急处置的每个步骤，都应该有明确的责任人和操作的先后顺序。编制预案时，应当在评价与潜在危险相对应的应急资源和能力的基础上，根据突发事件的可能发生地和资源所在地以及不同类别、级别事件对各类资源的需求数量，结合自然和社会环境，确定资源调度的数量和路线。

6.2.2.4 编制计划

应急计划的编制必须基于风险或灾情分析结果、参考应急资源能力需求与现状，以及有关法律法规要求。计划编制时还应充分收集和参阅已有的应急计划，包括上级部门的应急计划、有关方面的计划等，以最大程度地借鉴经验，并确保与其他相关应急计划的协调一致。

政府及其部门应急计划编制过程中，应当广泛听取有关部门、单位和专家的意见，与相关的计划做好衔接。涉及其他单位职责的，应当书面征求相关单位意见。必要时，向社会公开征求意见。

单位和基层组织应急计划编制过程中，应根据法律、行政法规要求或实际需要，征求相关公民、法人或其他组织的意见。

6.2.3 评审发布

6.2.3.1 评审

为保证应急计划的科学性、合理性以及与实际情况的符合性，应急计划必须经过评审，包括组织内部评审和专家评审，必要时请上级应急机构进行评审。

应急计划审核内容主要包括计划是否符合有关法律、行政法规要求，是否与有关应急计划进行了衔接，各方面意见是否一致，主体内容是否完备，责任分工是否合理明确。

对于应急预案，还要考虑应急响应级别的设计是否合理，应对措施是否具体简明、管用可行等。

6.2.3.2 发布

应急计划经评审通过后，应当报有关部门批准，批准后进行正式发布和备案。

对于应急预案，各级政府部门的专项预案，应当经同级人民政府批准同意，由同级人民政府应急管理委员会进行发布。部门预案和专项预案应当报行政主管部门备案。企事业单位的应急预案由单位领导批准，自行印发，并应报行政主管部门备案。

6.2.4 实施执行

1. 培训和宣传教育

应急计划编制单位应当通过编发培训材料、举办培训班、开展工作研讨等方式，对与应急计划实施密切相关的管理人员和专业救援人员等组织开展应急计划培训。

对于应急预案，各级政府及其有关部门应将应急预案培训作为应急管理培训的重要内容，纳入领导干部培训、公务员培训、应急管理干部日常培训内容。

对需要公众广泛参与的非涉密的应急计划，编制单位应当充分利用互联网、广播、电视、报刊等多种媒体广泛宣传，制作通俗易懂、好记管用的宣传普及材料，向公众免费发放。

2. 预案演练

对于应急预案，其编制单位应当建立应急演练制度，根据实际情况采取桌面演练、实战演练等方式，组织开展人员广泛参与、处置联动性强、形式多样、节约高效的应急演练。

应急演练组织单位应当组织演练评估。评估的主要内容包括：演练的执行情况，预案的合理性与可操作性，指挥协调和应急联动情况，应急人员的处置情况，演练所用设备装备的适用性，对完善预案、应急准备、应急机制、应急措施等方面的意见和建议等。

3. 计划执行

对于各类应急规划和应急管理部门的年度工作计划，计划执行意味着在计划期内要保质保量完成计划任务。

对于应急预案的执行，就意味着面对实际发生的突发事件，根据预案切实采取行动。

6.2.5 计划修订

1. 应急规划调整

各级政府的应急体系建设规划和恢复重建规划，一经批准，就应当努力完成。但是，当情况发生变化，需要调整规划时，也可以按照一定的程序进行调整。尤其是对于恢复重建规划，由于制定时往往时间仓促，在执行时就难免有调整。对此，应实事求是地加以灵活处理。

2. 应急预案修订

应急预案编制单位应当建立定期评估制度，分析评价预案内容的针对性、实用性和可操作性，实现应急预案的动态优化和科学规范管理。应急预案必须进行持续改进。

应急预案修订的重要性并不亚于预案的制定。为了不断完善和改进应急预案并保证预案的时效性，只有及时对预案进行修订，才能更有效地应对突发事件。《突发事件应对法》第 17 条规定，应急预案制定机关应当根据实际需要和情势变化，适时修订应急预案。

根据国务院《突发事件应急预案管理办法》的规定，有下列情形之一的，应当及时修订应急预案：有关法律、行政法规、规章、标准、上位预案中的有关规定发生变化的；应急指挥机构及其职责发生重大调整的；面临的风险发生重大变化的；重要应急资源发生重大变化的；预案中的其他重要信息发生变化的；在突发事件实际应对和应急演练中发现问题需要作出重大调整的；应急预案制定单位认为应当修订的其他情况。

应急预案修订涉及组织指挥体系与职责、应急处置程序、主要处置措施、突发事件分级标准等重要内容的，修订工作应参照规定的预案编制、审批、备案、公布程序组织进行。仅涉及其他内容的，修订程序可根据情况适当简化。

专栏

英国的应急预案管理

在英国，按照《民事紧急事态法》的要求，制定和维护应急预案的目的有三个方面：

第一，为预防突发事件而制定预案。这既包括当突发事件可以通过采取及时行动或决定性行动避免时，果断采取行动，也包括用较长的前置时间采取主动行动。后者如：在新年前夕主动调整救护服务和其他应急服务，以准备处理可能的事故而采取的那些行动；公共卫生组织为防止冬天流感的传播而主动采取行动等。

第二，为减少、控制或缓解突发事件的影响而制定预案。这是制定预案的核心目的，其目标在于使应急响应操作有序。

第三，为采取相关行动而制定预案。这些相关行动包括各种支持应急处置的方面，如开发应急控制中心，开发信息管理系统，人、财、物力等支持性资源保障，应急管理相关人员福利保障等。

英国《应急准备指南》对于应急规划流程的规定是最为详尽的。其中指出，应急预案工作是一个系统的、连续的过程，它随着经验的积累和环境的改变而演化（见图 6－1）。应急预案活动始于建立一套风险框架以便确定制定预案的重点，结束于标志着整个周期重新开始的审核和修订。下半部循环是预案准备过程，上半部循环是预案发布后的活动。将预案置于组织机构的管理文化中是确保紧急情况发生时预案有效响应的关键。根据环境变化维护预案，预案修订后要确保告知公众也是至关重要的。

图 6－1 中的两个周期都能保持相对独立。换言之，下方的预案准备周期是持续的、反复的，直到准备公布预案内容。而预案公布后，其周期按照上方的周期持续多次，直到某审核结果显示需要制定新的版本。

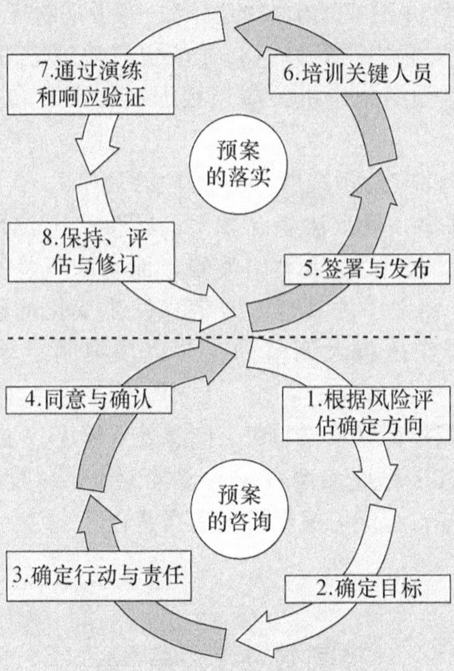

图 6-1　应急预案管理周期

下面是英国《应急准备指南》中对 8 个步骤的界定：

第 1 步：风险概括

预案的第一步将风险评估过程的最后一阶段延续到应急规划过程，要从风险概括中想象并选择出所有可能的情况。

第 2 步：确定目标

此时需要将由风险评估提供的情景转化为一系列目标和能力要求。这是整个预案制定过程的最为重要的阶段。这需要调查中间管理层中的关键执行官员了解其期望如何应对相关的情景。应单独对其进行谈话，以便尽可能使他们“跳出思维定式”诚实地思考。要力图通过谈话了解其专业经验和组织能力的真实状态。

第 3 步：确定行动与责任

这里包括三个方面：任务和资源、组织保证、职责确定。

第 4 步：同意与确认

一旦预案的最终稿得到各方同意和批准，相关的高级官员应对预案进行签字保证。

第 5 步：预案公布（内部）

针对内部目的的应急预案的公布和传播（即：针对预案所涉及的组织结构、团队和官员）是预案验证的主要部分。负责执行预案中的任务的人员必须意识到其各自的职责。

第 6 步：预案培训

预案本身应包括培训的方案。该培训应延伸到响应机构的雇员、服务分包方、志愿机构的人员等。

第7步：预案演练

预案本身必须包括演练预案，该演练将维持其通用性和有效性。演练并不在于发现人员的错误，是对程序的测试，而不是针对人员。如果员工准备不充分，其问题在于缺乏准备和培训，在于预案本身的不完善。演练的一个重要目的应是使人们在扮演其角色时感到更加舒适并提振士气。

第8步：预案维护及修正

如新的风险评估表明预案过时，或者发现了新的风险，则应修正预案。

资料来源：李雪峰．中外应急管理体制机制比较研究．国家行政学院院级课题研究报告，2012.

【附记】英国的应急预案管理规定具体、合理，值得学习借鉴。

6.3 非常态应急计划

非常态应急计划包括预警行动计划、应急处置救援计划、过渡安置计划等在突发事件应急处置过程中制定并实施的应急行动方案。小型突发事件发生时，现场指挥官可自行制定应急行动方案，但如果事件规模扩大，指挥官则可能需设立计划小组（通常是综合协调组充当这一角色）。计划小组的主要任务是对事件的发展态势和可用资源的状况进行信息搜集、评估，在此基础上起草应急行动方案。

我国目前还没有对应急行动方案的系统性规范。一些发达国家制定了相应的规范。例如，美国在其突发事件指挥系统（ICS）中，对于突发事件行动计划（incident action plan，IAP）有明确的要求，指出该计划主要是确定特定应急行动期间的应变行为和救灾资源的使用方案。美国联邦应急管理署还专门制定了《应急行动计划指南》[①]。这里根据中外应急行动方案制定的规范和有关研究[②]，将这项工作分为把握态势、确立目标、开发计划、形成计划、实施评估五个步骤阐述。

6.3.1 把握态势

把握态势包括迅速获得动态信息、对突发事件的态势进行快速评估、明确要优先解决的问题等。

6.3.1.1 获得动态信息

把握态势所需要的动态信息可以来自下级报告、自行调查，并可以借助遥感卫星照相等现代监测手段。

下级报告就是利用突发事件发生后，事发单位和基层政府按照上级部门或者应急指挥

---

① FEMA Incident Action Planning Guide，January 2012.

② 唐攀，祁超，王红卫．基于层次任务网络规划的应急行动方案制定方法．管理评论，2016（8）.

部门的相关规定或指令，在短期内迅速上报的突发事件相关信息和数据。但是，当基层政府和组织被严重破坏，难以有效运行时，这种方法就会失效。同时，由于各种原因所造成的漏报、迟报、重复上报甚至瞒报等情况，都会极大干扰快速评估工作，影响评估结论的准确性和可信性。

自行调查通常要组织快速调查。例如，组织多个专业调查组并行作业，使用专门设计的快速评估问卷或（半）结构化访谈提纲进行调查。同时，数据录入、整理及分析工作都要同时进行。这种方法能够提供相对科学、客观、准确及全面的数据，为应急行动计划制定提供最有力的信息支持。

现代监测手段就是运用现代信息采集技术来获得突发事件动态信息。例如，利用无人机或卫星遥感手段，快速地拍摄获取灾区上方的图像资料。

6.3.1.2 快速评估

快速评估一般是指在事态不确定性较高、时间非常紧迫、资源与信息有限的情况下进行的评估。快速评估要求在突发事件发生后的较短时间内，由履行领导职责或组织处置突发事件的政府及其有关部门按照有关规定，指派工作组或有关机构针对特定问题进行快速调查，短时间内提供相关结论。快速评估的内容包括两方面①。

（1）突发事件损失和影响。评估的内容包括突发事件影响范围、突发事件级别、灾情隐患、影响区域人员伤亡情况、直接经济损失、房屋倒塌损失及疏散安置者数量、影响区域基础设施损失情况、对区域生态系统的影响、对环境的影响、对区域公共服务的影响、区域社会损失以及次生衍生灾害等。

（2）受灾人员和影响区域需求。评估的内容包括抢险救灾所需的人财物等资源情况、影响区域群众对生活（生产）物资的需求情况、影响区域救援的医疗和防疫需求情况，以及突发事件发生后不同阶段救助目标及需求情况等。

评估可以借助模型或经验，也需要有关人员集体研究讨论。

6.3.1.3 明确优先项

明确要优先解决的问题，就是对态势进行判断的过程。这其中，要特别注意前瞻性地把握问题，要着重注意下列问题是否处于优先处理的地位：

- 对生命安全造成威胁的情况；
- 基础设施等不动产受到威胁的情况；
- 对环境造成的影响程度；
- 造成极高损害的可能性；
- 突发事件及其发展演变的复杂性。

6.3.2 确立目标

制定行动方案的第二个环节是在明确问题的优先项基础之上，确定所要实现的应急处置目标。应急指挥者的应急处置目标主要有如下五个方面：

---

① 张欢．应急管理快速评估机制建设浅析．中国应急管理，2011（10）．

第一，控制性目标，即采取措施控制危险源、控制危急事态发展。

第二，救助性目标，即开展对受灾、受害人员的抢救、扶助工作。

第三，恢复性目标，即设法恢复基本秩序、恢复基础设施功能。

第四，沟通性目标，即开展公众沟通工作，动员社会参与突发事件应对工作。

第五，管理性目标，即确保应急指挥体系有效运作。

应急指挥者应综合事态发展、资源可用性，根据轻重缓急，合理确定可行的具体工作目标。

6.3.3 开发计划

上述处置目标需要采取一系列措施才能实现。开发应急行动计划的过程是确定应急处置措施与策略的过程。根据《突发事件应对法》的规定及对典型突发事件处置案例的分析，这里将突发事件应急处置分为三个阶段，分阶段提出若干处置措施与策略，供开发应急行动方案参考①。

6.3.3.1 重点响应期

这一阶段作为突发事件应急响应的第一个阶段，也被称为先期响应阶段，往往是最危急、最紧迫的阶段。这一阶段，应急指挥者的核心任务是迅速控制事态、尽最大努力保障人的生命财产安全。其持续时间可能短至几个小时（如芦山地震后的前4个小时左右）。在这期间，可能根本来不及制定任何书面行动计划。但应急指挥者需要迅速形成工作思路，并将基本措施与策略传达出去。

1. 管理性工作

- 立即启动应急响应，建立本级指挥架构；
- 迅速准确了解、报告灾情信息；
- 根据灾情，研判形势，做到心中有数；
- 部署本级救援力量和物资；
- 准备接收、分配和管理外来救援力量和物资。

2. 控制性工作

- 迅速控制危险源，标明危险区域，封锁危险场所，划定警戒区；
- 强制隔离危险人群，限制有关公共场所内的活动，控制事态发展；
- 禁止或者限制使用有关设备、设施；
- 组织实施本区域交通管制，确保通往受灾地区的道路通畅。

3. 救助性工作

- 组织救援队伍，解救被困人员、受伤人员；
- 疏散、撤离并妥善安置受到威胁的人员；
- 组织协调本级医疗机构，救治受害人员；
- 部署调度生活物资，为受灾人员提供食品、饮用水、燃料等基本生活必需品供给。

---

① 李雪峰，等. 4.20芦山地震应对案例研究. 北京：社会科学文献出版社，2015.

4. 恢复性工作

● 立即抢修被损坏的交通、通信、供水、供电等公共设施，尽力恢复基本交通、通信、供水、供电；

● 维护基本社会秩序，控制不稳定因素。

5. 沟通性工作

● 迅速运用所属电视、电台、报纸、微博、微信等手段，向社会通报本区域基本灾情和抢险救援情况，稳定人心；

● 根据需要安排主要领导接受主流媒体的采访，介绍本区域基本灾情和抢险救援情况，回应社会关切；

● 举办或协助配合上级政府适时举办第一场新闻发布会。

6.3.3.2 全面响应期

这一阶段各项应急处置工作全面铺开，需要形成系统的应急处置工作思路。这一阶段可能会持续数十小时或若干天（如在芦山地震后的4～72小时）。通常，本级政府要协调上级和外部力量，指导下级具体工作的任务也十分繁重。

1. 管理性工作

● 完善本级指挥机构职能，查漏补缺，全面推进应急响应工作；

● 明确下级指挥机构或处置机构职责，充分授权，督促指导；

● 密切同上级领导机构的联系，把握应急响应工作方向；

● 开展与毗邻地区工作协调，争取支持。

2. 控制性工作

● 继续实行交通管制，确保交通秩序；

● 采取防止发生次生、衍生事件的必要措施；

● 中止人员密集的活动或者可能导致危害扩大的生产经营活动，以及采取其他保护措施；

● 对特定区域内的建筑物、交通工具、设备、设施，以及燃料、燃气、电力、水的供应进行控制和保卫。

3. 救助性工作

● 调配、分配好生活保障物资，做好临时安置受灾群众工作；

● 组织专业队伍，对受害人员进行心理抚慰；

● 协调专业力量或毗邻地区，收治危重伤员；

● 启动遇难者管理工作，做好遇难者家属工作。

4. 恢复性工作

● 保持交通、通信、供水、供电正常；

● 恢复社会基本供给正常；

● 恢复社会事业运转正常；

● 加强社会管理，维护社会秩序，保持社会稳定。

5. 沟通性工作

● 及时通过适当途径发布本级政府抢险救灾信息；

- 及时回应社会关切；
- 及时应对谣言；
- 适时举办或协助举办新闻发布会。

6.3.3.3　深度响应期

这一阶段各项应急处置工作都已经步入正轨。需要在全面开展好各项工作的基础上，注重解决深层次处置问题，加强指导和监督检查。这一阶段可能持续的时间更长（如在芦山地震应对过程中持续了 7 天左右），工作部署要更加细致、周到。

1. 管理性工作

- 维护应急指挥系统的工作秩序；
- 深入调查了解受灾地域或人群基本情况，矫正可能存在的问题；
- 检查和落实有关工作部署，纠正违纪违规和不作为行为。

2. 控制性工作

- 采取更为稳妥的措施，确保不发生次生、衍生事件；
- 中止人员密集的活动或者可能导致危害扩大的生产经营活动，以及采取其他保护措施；
- 对特定区域内的建筑物、交通工具、设备、设施，以及燃料、燃气、电力、水的供应进行控制和保卫；
- 依法从严惩处哄抢财物、干扰破坏应急处置工作等扰乱社会秩序的行为，维护社会治安。

3. 救助性工作

- 系统制定临时安置政策和措施，保证受灾群众所需基本物资到位；
- 协调毗邻地区，妥善安排必须异地安置的受灾人群；
- 开展对受灾受害群众的走访慰问活动；
- 开展包括遗体处理、亲属抚慰、集体悼念、死亡善后等死亡管理工作。

4. 恢复性工作

- 动员受灾地区群众生产自救，调配所需的生产资料，制定管理、使用办法；
- 统计汇总本区域受灾情况和灾害损失，分析灾害对本区域经济社会发展的影响；
- 研究制定本区域灾后补偿（赔偿）方案；
- 研究恢复重建的初步规划和方案，为日后决策提供依据。

5. 沟通性工作

- 持续开展新闻报道、召开新闻发布会等工作；
- 组织媒体采访，系统引导舆论；
- 采取多种形式，征求社会各界对灾后恢复重建的意见和建议。

6.3.4　形成计划

这一阶段通常是形成书面计划并向执行机构传达的过程。在紧急和条件有限的情况下，行动方案也可能只有行动要点，缺乏一般计划书的系统性。此外，方案的传达也可能是以口头传达。

6.3.4.1　应急行动方案的内容要求

应急行动方案应当：

（1）表述清楚、简明，避免繁文缛节；

（2）准确表达由什么人以什么手段，在什么时间内，完成什么任务，达到什么样的结果，等等；

（3）明确执行者具体权限；

（4）明确何时向何人报告执行情况。

6.3.4.2　应急行动方案与应急预案的关系

应急预案往往是应急行动方案的重要参考，这里可能有四种情况：

（1）应急预案的有关内容可以直接用来作为应急行动方案。这种情况往往仅限于常规性、并不复杂的突发事件处置。

（2）对应急预案的部分内容进行替换来形成应急行动方案。这在应急预案基本可用，只需对个别内容进行更换的情况下可以采用。

（3）对应急预案加以改编，形成应急行动方案。这是需要对预案进行大范围的修改的情形。

（4）对应急预案实施颠覆性改造，形成应急行动方案。这是在预案基本不可用的全新形势下，采用完全不同的思路制定应急行动方案的过程。在此，应急预案只是提供了最基本的政策和某些思路线索。

6.3.5　实施评估

在应急行动方案实施过程中，执行者应定期（如每天一次）向指挥机构汇报方案实施情况，并提出方案改进意见建议。指挥机构则应及时评估应急行动方案的有效性、适应性，在必要时对方案进行适时调整。

专栏

贺江突发环境事故粤桂联合应急处置总体方案

一、事故概况

2013年7月1日，广西壮族自治区贺州市贺江部分河段网箱出现死鱼现象，市各有关部门开始排查原因；5日，贺江合面狮水库死鱼现象加重，贺州市向自治区环保厅报告情况，经监测，发现贺江马尾河口至广西壮族自治区与广东省交界断面处约100公里水体中的镉、铊均超标2.0至4.6倍；6日，污染团前锋抵达贺江广东封开段，广西与广东的贺江交接断面扶隆监测点镉超标1.9倍、铊超标2.1倍。贺江属西江一级支流，如果应对不当，将影响到西江干流水质。

确认事态后，广西6日晨向广东通报了情况，两省、区迅速启动二级应急预案。2013年7月7日晚，在环境保护部的协调指导下，广东、广西两省区召开联合应急处置协调会，就联合应急达成全面共识，组织制订粤桂联合处置总体方案。

二、应急目标与总体思路

1. 应急目标

建立两省区协调联动机制，形成联合处置合力。科学实施事件应急处置，力争最大程度地将污染物就近削减、控制在广西境内，尽量减轻事件对下游广东地区的影响程度，确保两省区沿江居民供水安全，确保将事故污染控制在贺江范围，确保西江干流水质达标，将事件对社会的扰动程度控制在最低。

2. 应急总体思路

两省区分别启动环境突发事件Ⅱ级应急预案，成立事件应急处置指挥部、事件应急处置联合专家组，共同组建事件应急处置联络部（分驻两省区应急处置指挥部），实现即时信息交换、行动协调同步、处置技术共享、应急物资互通有无与协同保障社会稳定。

应急处置行动总体框架为：全面排查、精准确定事故源，即时争取一切可能的措施就地就近彻底阻断入河污染来源；准确监测及预报事件发展态势；合理调度水利设施，精准调水削峰稀释污染水团；启动水厂运行应急预案，确保沿线达标供水；统一来源，及时披露信息，实施正确舆论引导；形成会商制度，及时根据形势变化不断完善优化总体方案与具体实施措施；及时开展事件生态环境影响后评估，切实将事件的损害减到最小。

三、精准确认事件成因，彻底阻断入河污染来源（略）

四、监测方案（略）

五、合理调度水量，减轻污染状况（略）

六、卫生应急预案

水源受影响地区应开展卫生监测与宣传，由两省区卫生部门按规定各自制定并执行卫生应急预案。

七、事故舆论引导

粤桂两地加强新闻宣传口径的统一，双方既要相互体谅，又要实事求是、客观公正地向社会公开相关信息，维护社会稳定。应对污染事故，既是防治污染造成人体健康与生态损害的过程，更是维护社会稳定的过程；按目前情况分析，本次事故处在可控范围，主要污染河段在贺江，污染程度低，不会发生可观测到的环境健康损害，因此，要合理引导舆论，安抚民心，避免非理性应急行为，未尽事宜由粤桂两省区政府有关部门协商解决，最大程度地保障社会经济正常秩序，保证居民正常生活。

具体舆论引导方案由两省区有关部门按规定各自制定并执行。

八、生态环境影响后评估

事件应急结束后，按有关规定开展生态环境影响后评估，方案另行制定。

资料来源：本方案由环境保护部华南环境科学研究所专家虢清伟提供。

【附记】这里给出的应急处置方案有助于我们具体了解应急行动方案的框架与样式。其中的全面系统性尤其值得借鉴。

本章小结

1. 应急计划，是指应急管理机构针对突发事件的预防与应急准备、监测与预警、应急处置与救援、事后恢复与重建等应对活动所制定并实施战略规划、行动方案的过程。应急计划的主要形式有战略性规划，以及战术性计划中的主动计划形式——应急预案和被动计划形式——应急行动方案。

2. 应急体系建设规划、应急预案、恢复重建规划等都是系统性很强的常态应急计划。常态应急计划工作分为启动、编制、评审发布、实施与修订五个环节。

3. 非常态应急计划包括预警行动计划、应急处置救援计划、过渡安置计划等在突发事件应急处置过程中制定并实施的应急行动方案。这项工作可分为把握态势、确立目标、开发计划、形成计划、实施评估五个步骤。

关键术语

应急计划　　战略性应急规划　　应急预案　　应急行动方案

复习思考题

1. 何谓应急体系建设规划？结合本地实际谈谈应制定什么样的应急体系建设规划。
2. 联系实际，谈一谈怎样对应急预案进行有效的管理。
3. 结合突发事件应急处置典型案例，阐述应急行动方案的重要性。

阅读材料

美国国家应急预案体系

【题记】美国作为世界上最大的发达国家，其应急预案体系建设经验丰富。其中的经验值得我们研究和汲取。

美国作为一个幅员辽阔、人口众多、公共安全形势复杂、应急管理体系较为完善的国家，其国家应急预案体系建构很值得我们研究和借鉴。本文回顾了美国国家总体应急预案的演变，介绍了其相关的国家应急预案体系及其支撑系统的最新发展，分析了其长处和不足，这有助于系统地对我国国家应急预案体系建设提出建议和设想。

一、美国国家总体应急预案

美国自 1992 年以来，其国家总体应急预案经历了 4 次重大修订。回顾和分析其变化趋势，可以让我们深入了解这个国家在不断变化的公共安全形势面前所做出的理性选择。

（一）政策走向与预案体系演变

1. 1992 年《联邦响应预案》(Federal Response Plan，FRP)

1988 年，美国国会通过《罗伯特·T. 斯塔夫灾难恢复与紧急救助法》。作为执行该法案的一项具体举措，联邦政府发布了FRP，其目的是在出现超出地方政府应对能力的巨灾时，及时启动联邦政府的响应机制予以帮助。FRP描述了相关政策、预案编制原则、应急操作方式、27个联邦机构的职责等。之所以只规定联邦层面的响应，是由美国的联邦制政体和突发事件应对的分层响应原则（即首先是地方政府的响应，需要时，自下而上地请求扩大应急响应）所决定的。该预案在1999年修订。修订版FRP篇幅达304页。

2. 2004年《全国响应预案》(National Response Plan，NRP)

"9·11"事件以后，美国各级政府对于加强全国"共同应对"形成了新的共识。2003年联邦国土安全部的成立是在组织上落实"共同应对"理念的举措。这是应急管理体制的重大改革。2004年，根据《第5号国土安全政策令》，国土安全部推出了"全国突发事件管理系统"（National Incident Management System)，其中规定了全国统一的突发事件指挥系统、多机构协调系统和公共信息管理系统。这是规范应急管理机制的重要举措。正是在这样的更为集中的体制和更为规范的机制前提下，NRP这一引领全国响应工作的预案得以出台。

NRP在功能上体现了整合式应急响应理念。它合并了此前的FRP和其他以联邦政府名义发布的专项预案，成为覆盖全危险（所有突发事件）、多专业（消防、治安、医疗急救等各有关职能)、各层级（各级政府、私营和非营利组织、社区）的统一、全面的应急响应计划。当然，它也重点规定了联邦政府的响应机制。NRP篇幅达426页。

3. 2008年《全国响应框架》(National Response Framework，NRF)

NRP作为第一个"全国性"预案，不够成熟是自然的。2006年，为了汲取前一年的卡特里娜飓风应对经验教训，联邦政府修订了该预案。尽管如此，人们对它的意见依然不绝于耳，主要的问题集中在两点：一是预案中对于多部门协调的职责规定仍然不够清晰；二是该预案中许多规定是在平时就需要遵从的，很难确定何时"启动"它。于是，在2008年，联邦政府将该预案修订成为NRF。

从"预案"到"框架"，变化是根本性的。在职能上，框架的定位既涵盖预案也高于预案。框架重在描述国家对于响应活动的框架性安排，如全国上下主要角色的职能、开展联合行动时的工作结构、国家对于计划制度的安排等。因此，框架从整体上讲，不再需要启动，它一直都在发挥作用。

从"预案"到"框架"，越修订越厚，以至于难以把所有的内容放在一个文本中。具体说，NRF正文有80页，应急支持功能附件达288页，事件类附件则由上百页的多个文件组成。为此，联邦政府制作了一个专门的网页——"全国应急响应框架资源中心"，将框架文本、相关资源、官方相关培训信息等放在一个平台上，供全国使用者参考。

4. 2011年新框架和新预案体系

NRF颁布后，成为全国应急响应和预案体系建设的政策指导性文件。2011年以来，这一文件又受到政府新一轮对应急管理战略与政策反思的影响。

在总结以往应急管理经验教训的基础上，美国总统奥巴马发布了《第8号总统政策令》。该令强调了应急准备工作的重要性，指出应急准备要全面覆盖预防、减除、保护、响应、恢复5个领域。其中，"预防"专指预防恐怖主义事件，"减除"和"保护"相当于我们的预防与应急准备阶段，“响应”相当于我们的监测与预警、应急救援与处置两个阶段，“恢复”相当于我们的事后恢复与重建阶段。按照这一政策令，国土安全部组织人员起草了名为《全国准备目标》的全国应急管理战略。该战略强调全国应急管理工作以提高覆盖5个领域的31项应急管理核心能力为中心。为适应这一变化，美国政府计划在2012年出台一系列“框架”和“预案”：

一是5个框架：《全国预防框架》《全国保护框架》《全国减除框架》《全国响应框架》《全国恢复框架》。这5个文件将对于全国上下如何落实31项能力要求做出规定。到2012年3月，5个文件的初稿都已制定，并面向全国征求意见。

二是5个跨部门行动预案。对应于每一个《框架》，联邦政府要制定一个跨部门的操作预案或者方案，以便按照《框架》要求落实相关的联邦政府各部门的协调行动。

（二）总体预案内容的不断丰富

从最早的FRP开始，预案就在内容上形成“一主三附”的结构：“一主”是“基本预案”，重点规定了有关行为主体的角色与职能、应对依据、应对程序等；“三附”包括应急支持功能附件、支持附件、突发事件附件。这一结构日后成为各级政府制定应急预案的基本结构。

应急支持功能附件和支持附件是对突发事件应对中的交通、通信、救援等各项直接支持处置工作和其他支持性职能的描述。由于每一项工作都是由多部门协作完成的，因此实际上各个应急支持功能附件和支持附件都是一个小型跨部门协作预案。

突发事件附件是针对具体突发事件类型的应对预案，其中规定了参与部门、政策目标、操作程序等，其实质是一个小型专项预案。

随着经验的积累和对于应急管理规律认识的深化，这些附件都随着每一次预案体系的改变而在数量上得以增加、在内容上得到充实。例如，FRP的应急支持功能附件为12个，NRP则为15个；FRP的支持附件为7个，NRP则为9个；FRP的突发事件附件只有1个，NRP的突发事件附件有7个。

（三）总体预案的分层

从1992年的FRP，到2004年的NRP，再到2008年的NRF，尽管名称各不相同，但都属于国家总体预案性质的文件，并且全国只有这一个总体预案。

但是，到了2011年，根据《第8号总统政策令》，总体预案出现了两个层次：上层是“框架”，是预案之上的制度性框架设定；下层是“跨部门行动预案”，是可以启动的具体行动方案。

具体说，框架文件包括如下几方面。(1) 引言：该框架的目的和功能；(2) 范围：面对的风险、使用对象、工作原则、与其他框架的关系；(3) 角色与职责：公民、社区、民间机构、地方政府、联邦政府部门、总统等在这一领域的职责；(4) 核心能力：在该框架领域培育相关核心能力的要求；(5) 协调机制：界定全国层面协调机制和地方层面协调机制；(6) 开发操作方案的指南：对开发各层级操作方案提出要求和建议；(7) 框架维护与复审规定。

“跨部门行动预案”是指导应急管理各阶段跨部门工作的具体方案。每个行动预案都包括：详细的行动概念，关键任务与职责描述，所需的具体人力、物力资源描述，相关“能力”发挥作用的条件，以及联邦政府对地方政府的支持方式等。各个行动方案还根据情况附有详细的应急功能附件、特定事件应对附件、特定活动行动附件等。

框架与预案的分离，标志着制度层面的规范与事务层面的行动方案分离开来。这对于像美国这样的拥有庞大政府机构的国家来说是更为合适的。

（四）总体预案的分领域

《全国准备目标》（NPS）给美国预案体系带来的最大变化是将预防、减除、保护、响应、恢复 5 个领域同时加以强调，并提出要分别制定 5 个全国性“框架”和相应的 5 个“跨部门行动预案”。

在 2011 年以前，尽管所有版本的预案或框架都或多或少地声称要涉及应急管理的全过程，但都还主要是为了应对突发事件发生后的响应工作和短期恢复工作。为 5 个领域分别制定框架和预案，就解决了对应急响应以外的其他工作重视不够的问题。

当然，这在更深意义上颠覆了“预案”的概念。传统“预案”主要是指响应预案，是对未来将要发生的突发事件的预备性方案。而现在的针对 5 个领域的“预案”，在中文里将其一概而论地称为“预案”就有些不妥了。因此，在将来的中文里统一称之为“方案”或许更为贴切一些。

二、美国国家应急预案体系及其支撑系统的发展

在讨论了美国总体应急预案之后，我们有必要继续介绍其整个应急预案体系的建构和预案体系支撑系统的发展。正是这个体系和系统支撑着全国应急准备工作。

（一）预案体系不断完善

美国近年来对于预案体系的表述主要有两次。一次是 2008 年推出并于 2010 年再版的《综合准备指南 101》，对于“全国计划体系”作出界定。另一次是 2011 年发布的《全国准备系统》，对于“应急规划系统”进行描述。前者把应急战略和预案都作为“计划体系”的一部分；后者不再提及战略，但是加进了预案制定指南等内容。我们这里把战略规划作为广义的“预案体系”的一部分，并参考 NPS 对于预案体系的表述，把美国全国预案体系归纳为如下几个层级：

第一层级：基本战略规划（预案总方针）

包括新发布的《全国准备目标》，以及已有的《国土安全国家战略》《打击恐怖主义国家战略》《安全虚拟空间国家战略》《重要基础设施和关键资产保护国家战略》等。这些文件规定了应急管理的方向。

第二层级：全国准备框架（预案和相关管理工作的指导性文件）

包括《全国预防框架》《全国保护框架》《全国减除框架》《全国响应框架》《全国恢复框架》5 个文件。这些文件对于全国应急管理各个领域的工作都具有指导意义。

第三层级：联邦跨部门行动预案

对应上述 5 个《框架》，联邦政府要制定 5 个跨部门行动《预案》。目前，《跨部门恢复预案》已经出台，其他 4 个《预案》正在制定过程中。这 5 个《预案》将是指导联邦政府层面应急管理各阶段跨部门工作的具体方案，都属于国家总体性预案。

第四层级：联邦部门行动预案

按照《全国准备系统》中提出的设想，与应急管理密切相关的部门都要制定本部门内的行动预案。至于部门级行动预案是对应5个还是1个，将来恐怕需要根据部门职责的大小、多少来具体地决定了。

第五层级：地方行动预案

按照《全国准备系统》中的设想，在地方层面，州政府、地方政府（含县政府、印第安部落政府）、私营企业、非营利组织等要制定符合自己实际的行动预案。

对于所有的预案，《全国准备系统》要求要上下左右相互衔接，形成一个整体。

（二）预案体系的支撑系统不断完善

为了形成全国一体的预案体系，NPS强调要促进基于共同方法和术语的规划过程。这就需要开发预案的管理与服务系统。现在，这一系统有如下组成部分：

1. 计划编制指南

2008年，联邦政府发布了《综合准备指南101：编制应急预案》，作为各级政府和社会组织编制预案的指导性文件。2010年又发布了第二版——《综合准备指南101：开发和维护操作预案》，该文件至今仍具有官方预案编制手册的地位。

此外，联邦政府还承诺要开发新的《全国计划系统指南》以及其他必要的专业性计划开发指南。

2. 信息与培训

为了促进全国统一应急计划体系的形成，美国联邦政府注重信息和知识的服务。在信息服务方面，有前面提到的NRF资源中心网。将来一定会建设“全国准备系统”资源中心网，因为“全国准备系统”的信息量更大、结构更复杂。

在培训服务方面，联邦应急管理学院开发了一系列应急计划方法的培训课程，包括面授课程（对各级政府官员都是免费的）和网上课程（对全社会免费），可供全国各地学习。

资料来源：李雪峰．美国国家应急预案体系建构及其启示．中国应急管理，2012（7）．

阅读思考题

从上述案例提供的材料来看，美国应急预案体系对我国应急预案体系建设有什么借鉴意义？

第7章

应急组织

凡治众如治寡，分数是也。

——《孙子兵法·势篇》

所谓应急组织，是指突发事件应对各个环节的应急管理主体和人力资源进行有效整合的机制与过程。在各应急管理主体职责相对明确的基础上，应急组织职能主要探讨跨部门的应急组织机制与过程。其中的常态应急组织是指主要在预防与应急准备工作中发挥作用的组织机制，非常态应急组织是主要在应急响应与恢复重建中发挥作用的组织机制。

重点问题

- 应急组织的概念与形式
- 常态应急组织机制
- 非常态应急指挥机制
- 非常态应急协调机制

7.1 应急组织概述

7.1.1 组织原理

组织，一方面是指为了实施计划而建立起来的一种结构，该种结构在很大程度上决定着计划能否得以实现；另一方面，是指为了实现计划目标所进行的组织过程。

组织职能的基本内容包括：设计并建立组织结构；设计并建立职权关系体系、组织制度规范体系与信息沟通模式，以完善并保障组织的有效运行；人员配备与人力资源开发；

组织协调与变革。

组织工作的一般原则是：（1）有效实现目标原则。即组织结构的设计，必须从组织要实现的目标、任务出发，并为有效实现目标、任务服务。（2）专业分工与协作的原则。要按照专业化的原则设计部门和确定归属，同时要有利于组织单元之间的协作。（3）指挥统一原则。即在设计职权关系中，必须保证指挥的统一性，防止令出多门。（4）有效管理幅度原则。每个管理者管理幅度大小的设计，必须确保能实现有效控制。（5）集权与分权相结合的原则。要将高层管理者的适度权力集中与放权于基层有机结合起来。（6）责权利相结合原则。要使每一个组织单元或职位所拥有的责任、权力和利益相匹配。（7）稳定性和适应性相结合原则。既要保证组织的相对稳定性，又要在目标或环境变化情况下能够适应或及时调整。（8）决策执行和监督机构分设的原则。为了保证公正和制衡，决策执行机构和监督机构必须分别设置。（9）精简高效原则。机构既要有效率，又要精简。

7.1.2 应急组织的含义

7.1.2.1 应急组织的概念和意义

所谓应急组织（emergency organizing），是指突发事件应对各个环节的应急管理主体和人力资源进行有效整合的机制与过程。在各应急管理主体职责相对明确的基础上，应急组织职能主要探讨跨部门的应急组织机制与过程。

有效的应急组织工作意义有：

（1）整合跨部门资源，形成合力，共同应对突发事件。

（2）形成特殊的指挥与协调工作方式，有力控制事态，实现应急管理目标。

（3）具有组织弹性，只在需要时启动，能够合理利用常态工作资源，减少额外工作成本。

7.1.2.2 应急组织的类型

从组织形态与组织时态两个视角，对应急组织有多种维度的划分。

1. 按组织形态划分

按组织形态划分，有项目式组织、科层式组织、网络式组织、委员会式组织等。临时性应急工作组就是项目式组织。应急指挥部即一种典型的科层式应急组织。各种区域协调机制、联席会议等往往是网络式组织。各级政府的突发事件应对委员会，如减灾委员会、食品安全委员会属于委员会式组织。

2. 按组织时态划分

按组织时态划分，有常态组织与非常态组织。其中的常态应急组织是指主要在预防与应急准备工作中发挥作用的组织机制，非常态应急组织是指主要在应急响应与恢复重建中发挥作用的组织机制。常态化的各种协调委员会是长期存在的组织，而一些应急指挥部往往是非常态的临时性组织。

7.1.3 应急组织的主要形式

7.1.3.1 项目式组织

项目式组织是为了完成某一特定工作任务，而将一部分相关人员组织起来，设立的一种临时性组织单元。组织按任务的目标来划分单元和进行管理，项目管理者有完整管理权限。其优点是：适应性强，机动、灵活，容易接受新观念和方法；责任明确；积极性高；任务感强。其缺点是：缺乏稳定性；成员没有归属感；易受整体项目成熟度影响。

应急管理项目式组织包括平时的督查组、工作组，例如安全生产大检查联合工作组，也包括突发事件来临时上级党委政府向下级派出的指导协调组、现场抢险组等。

7.1.3.2 科层式组织

科层式组织是一种以等级为基础、信息从下向上流动、命令从上向下发出的"金字塔"式结构。科层式组织的等级原则严格，上下级之间的关系明确，各级组织都有严格的权限范围，各级官员都有明确的职责和等级的从属关系。

科层式组织的优点是：细致的分工和明确的职责有利于减少摩擦，提高组织的工作效率。在科层式组织内部是由经过训练的、掌握专门行政与技术知识的人来行使职权的，这种职权的行使具有清晰的可计算性，而这种可计算性正是行政理性化的重要表现。

科层式组织的缺点是：科层制组织内部等级森严、权力集中，上下级之间缺乏有效的相互沟通，特别是缺少自下而上的监督，而缺乏制衡的权力极可能导致上层的专断和下层的逢迎，进而导致官僚主义的产生。由科层制产生的官僚主义主要表现为：形式主义、本位主义、文牍主义、烦琐主义。此外，科层制还窒息了人的创新精神，同时也限制了竞争，保护了不称职的人。

负责处置突发事件的应急指挥部是一种典型的科层组织。应急指挥部是各级政府领导突发事件处置工作的基本组织形式，在各类突发事件处置中处于核心地位。在突发事件发生期间，需要集中调动人力、物力、财力等各类资源，日常管理模式下的分散决策不适应应急处置需要，必须用集中统一命令的形式去应对。

7.1.3.3 网络式组织

网络式组织是以契约关系的建立和维持为基础的一种跨组织的组织形式。这种组织的成员之间没有相互隶属关系，仅仅是凭着共同的利益和目标结成联盟。这种组织形式的优点是：参加者自愿参加，容易发挥各成员或成员单位的主观能动性；成员有着共同的目标，有意愿相互协调一致。其缺点是：结构松散，容易低效；成员之间相互制约性差，组织的稳定性差。

常态下的网络式组织有跨区域应急管理合作机制。这是指毗邻地区之间、流域上下游之间针对共同面临的公共安全风险，为最大程度减少突发事件及其损害，打破区域分割，联合应对突发事件而设立的应急管理组织形式。近年来，我国各地区、各有关部门不断探索突发事件应对规律，创新工作模式，推动跨区域应急管理合作机制迅速发展。

非常态网络型组织有各种官民结合的协调机制。在突发事件应急处置中，不同地方的官方之间，官方与民间、民间与民间、国内与国际组织之间会形成临时性、任务型协调机构、协调会议等。

7.1.3.4 委员会式组织

委员会式组织是由多个个人组织的一个委员会来对组织进行管理的组织形式。组织决策由委员会共同研究决定。其优点是：发挥众人所长，决策科学；分析问题全面，可以充分考虑各方面因素；容易平衡组织内各相关人员利益。其缺点是：决策慢，易扯皮；当某个人具有绝对影响时，容易左右委员会决策，其不当的决策会给组织造成损失。

我国各级政府的应急管理专项议事机构属于委员会式组织。各级减灾委员会、安全生产委员会等都属于这类根据实际需要设立的、负责各不同专门应急管理领域的协调与管理机构。

7.2 常态应急组织

常态应急组织作为在突发事件未发生时的应急组织机制与组织形式，主要有综合性应急管理委员会、专项议事协调委员会、跨区域应急协调机制，以及临时性的风险隐患治理督查组、应急准备工作检查组等形式。这些组织主要在平时的预防与应急准备中发挥作用，但其中许多组织在突发事件来临时也会转换角色，发挥一定的协调或指挥作用。

7.2.1 综合性应急管理委员会

通常，按照国内外应急管理的法律法规，各国地方政府是该地方的最高应急管理行政机构。但是，为了确保和加强应急管理工作，不少地方都成立有综合性应急管理委员会。这些综合性应急管理委员会往往是吸收相关人员参加，代表政府行使日常应急管理的重大事项审议职能，有的在重大突发事件发生后履行综合性应急指挥部的职责。

7.2.1.1 日常工作职责

有的综合性应急管理委员会的日常职能是管理综合性应急管理工作。例如，北京市应急委的日常工作职责有：研究制定全市应对突发事件重大决策和指导意见；审定市突发事件总体应急预案；分析总结全市年度应对突发事件工作。

有的综合性应急管理委员会主要发挥协调作用。例如，英国的地方抗灾论坛作为一种协作机制，由各承担责任的机构一道通过论坛这个平台进行相互合作。论坛并没有单独的法人身份，因此没有权力向其成员发布命令。其职责主要是：批准地方风险登记书，明确对该地区风险的预测结论；采取措施控制或降低风险；制定和演练应急预案；制定和演练业务持续性管理预案；组织有关风险评估结果和应急预案、业务持续性预案的宣传活动；就当地的应急部署情况警示和通知公众；促进地方政府加强业务持续性管理等其他民事保护职责。

7.2.1.2 突发事件应对职责

有的综合性应急管理委员会在重大突发事件发生时会履行综合性应急指挥部的职责，有的则不会履行应急指挥职责。

我国各级应急委通常都有突发事件应急指挥职责。例如，北京市应急委就有三项指挥协调职责：组织指挥处置特别重大、重大突发事件；应对突发事件工作中，协调与中央和国家各部委、驻京部队及其他有关部门和单位的关系；领导区县突发事件应急委员会开展特别重大、重大突发事件的相关应对工作。

7.2.1.3 成员构成

各地综合性应急管理委员会的成员构成往往是根据其职责定位和当地具体情况确定的，通常都要包括对应急管理负有领导责任的人员。

例如，英国地方抗灾论坛包括地方政府、警务机构、消防救援机构、救护服务机构、交通警察、卫生局、环保局等机构的代表，还会包括有关基础设施企业的代表等。

在我国，有的地方综合性应急管理委员会主要由政府领导组成，如北京市应急委由13名市级领导组成；有的则包括有关部门，如陕西省应急委成员单位有：省发展和改革委员会、省教育厅、省公安厅、省民政厅、省财政厅、省卫生厅、省政府国有资产监督管理委员会、省工业交通办公室、省安全生产监督管理局、省煤矿安全监察局、省军区、武警陕西省总队。

7.2.2 专项议事协调委员会

专项议事协调委员会是指专门针对某类突发事件应对成立的跨部门委员会。其中官方的此类委员会还可能被授权具有某种行政权力。在我国，有的此类协调机制还被称为指挥部（如各级政府的防汛抗旱指挥部），表明其不仅在常态下拥有议事协调的责任，也拥有在突发事件发生时的应急指挥权。

中国在国家层面目前设有国家减灾委员会、国务院安全生产委员会、国务院食品安全委员会，此外还有国家防汛抗旱总指挥部、国家森林防火指挥部、国家抗震救灾指挥部。各机构职责均有所不同，例如，国家减灾委员会负责研究制定国家减灾工作的方针、政策和规划，协调开展重大减灾活动，指导地方开展减灾工作，推进减灾国际交流与合作。国家防汛抗旱总指挥部则是在国务院领导下，负责领导组织全国的防汛抗旱工作。在县以上各级地方政府，往往也设有相应的委员会。这些机构在常态下主要负责有关预防与应急准备工作，在非常态下则往往转化为应急指挥协调机构。

为了落实好各自职责，各委员会会依托有关部门设立办事机构。例如，国家减灾委员会办公室（简称减灾办）设在民政部，是国家减灾委员会的办事机构（见图7-1）。其主要任务是：贯彻落实国家减灾委员会各项工作方针、政策和规划；承担减灾的综合协调工作；收集、汇总、评估、报告灾害信息、灾情需求和抗灾救灾工作情况；召开会商会议，分析、评估灾区形势，提出对策；协调有关部门组成赴灾区工作组，协助、指导地方开展抗灾救灾工作；协调各成员单位和地方开展重大减灾活动；负责国家减灾委员会专家委员会各项具体工作；承办国家减灾委员会各项对外联络、协调工作等事宜。减灾办实行主任负责制，减灾办常务副主任负责处理日常工作。

美国国土安全委员会和国家安全委员会建立了两个助理部长级的政策协调小组。其中，国内准备小组（domestic readiness group，DRG）是一种负责有关应急准备、响应和实践处置政策的跨部门协调机制。该小组通过评估应急管理过程中（包括突发事件发生后）各种跨部门的政策问题，及时为决策者提供政策建议。反恐安全小组（counter-terrorism security group，CSG）是一种负责制定预防恐怖主义政策、进行反恐方面综合协调的跨部门机制。

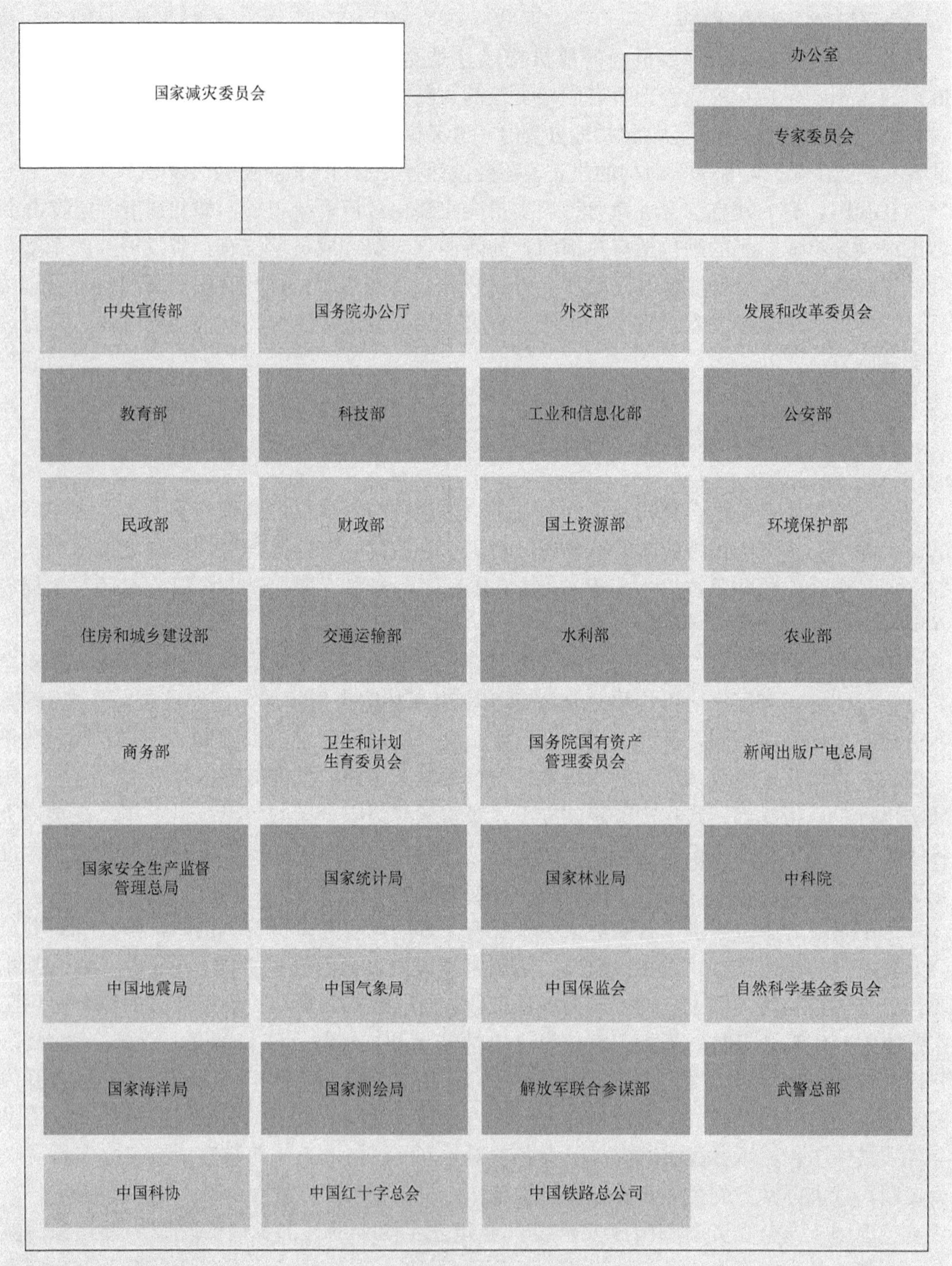

图 7-1　国家减灾委成员单位

资料来源：http://www.jianzai.gov.cn//DR publish/jggl/0001000800010001-1.html.

俄罗斯由总统直接领导的俄罗斯联邦安全会议设置了宪法安全，国际安全，独联体合作，国防工业安全，边防政策，科学技术，信息安全，生态安全，经济安全，居民保健，动员与动员准备，社会安全、反犯罪和反腐败共12个跨部门委员会，职能涵盖了从国家安全情报的收集与分析、突发事件预测、制定应急预案，到形成实际决策、协调行动、决策效果评估等应急管理的全部环节①。

日本涉及安全的跨部门机制有安全保障会议、中央防灾会议等。其中，中央防灾会议是日本防灾减灾方面最高的行政权力机构，负责日本全国防灾减灾和应急管理的总体协调与规划。中央防灾会议每年召开4次会议，讨论日本防灾减灾和应急管理中的重大问题②。除此之外，日本还根据中央防灾会议的决议设置各类专门调查委员会，对受委托的事项进行调查。曾经设立和正在进行调查的专门委员会包括“关于今后地震对策模式的专门调查会”“关于防灾信息公有化专门调查会”“关于防灾人才培养及应用专门调查会”“首都直下式地震避难对策等专门调查会”“关于继承灾害教训问题专门调查会”“关于大规模水灾对策专门调查会”等③。

7.2.3 跨区域应急协调机制

由于不少突发事件具有明显的跨区域特征，需要有关区域政府共同应对，这使得跨区域的应急协调与联动机制的建立有必要也有可行性。这些机制往往具有如下特征：

（1）签订应急合作协议。各级各类合作机制普遍签署应急管理合作协议，提出合作的总体框架、基本要求和工作思路，明确合作原则、合作内容、联动方式和各方责任。

（2）建立联席会议制度。大多数合作机制建立了联席会议制度，定期召开会议，研究决定合作事项并推动落实。例如，泛珠三角内地9省（区）应急管理合作机制成立5年来，先后以加强基层、救灾重建、应急平台建设、创建示范、区域联动为主题，由合作方轮流主办会议，开展工作交流。

（3）编制联动应急预案和开展联合演练。各级各类应急管理合作机制普遍以编制联动应急预案为抓手，明确突发事件应对过程中信息通报、指挥协调、队伍和装备调用等各个环节的具体要求和各有关方面的具体职责，将联动内容细化、联动方式规范化。例如，黑龙江省与俄罗斯边境城市跨境应急管理合作机制建立以来，先后举办了联合水上搜救、森林与城市火灾扑救、环境应急监测等多次综合演练，理顺了指挥关系，在2013年8月抗击黑龙江百年一遇洪水灾害中发挥了重要作用。

（4）加强应急信息通报。机制成员之间往往会建立信息通报制度，将可能波及毗邻地区的突发事件及预警信息及时通报相关地区，提醒做好应急准备，共同防范应对。

（5）推动实现资源共享。在联动机制合作协议或应急预案中，普遍对合作各方共享应急资源做出明确规定，要求一旦发生突发事件，要根据事发地的需求，在应急救援人员、

---

① 何贻纶．俄美两国危机管理机制比较研究及其启示．福建师范大学学报（哲学社会科学版），2004（3）．

② 腾五晓，加藤孝明，小出治．日本灾害对策体制．北京：中国建筑工业出版社，2003．

③ 俞慰刚．日本灾害处置的应急机制与常态管理．上海城市管理职业技术学院学报，2008（5）．

装备、物资等方面给予全力支援。

在我国，截至2013年年底，全国已建立各级各类跨区域应急管理合作机制近1 200个。其中，省级跨省综合应急管理合作机制7个，省级跨省专业领域应急管理合作机制272个，市县政府及其部门跨省应急管理合作机制273个，市县政府及其部门本省跨市县应急管理合作机制560多个。此外，黑龙江、云南、新疆等地与周边国家建立边境应急管理合作机制10个，广东省与香港、澳门特区建立粤港澳地区应急管理合作机制2个。这些跨区域应急管理合作机制按照自愿参与、平等透明、优势互补、共建共赢的原则，广泛深入开展合作，取得了一定成效。

1995年，美国出台《州际应急管理互助协议》（Emergency Management Assistance Compact，EMAC）①。目前，美国绝大多数州和部落政府已加入EMAC。EMAC有两个基本目标：第一，在应对由受灾难影响所在州的州长正式宣布的任何紧急或灾难事件方面，使参与该协议的州之间提供互助；第二，使成员州或成员州地方政府在所开展的使用任何救援设施和人员开展演练、测验或其他训练中相互合作（包括利用州国民警卫部队）。其互助机制见图7-2。

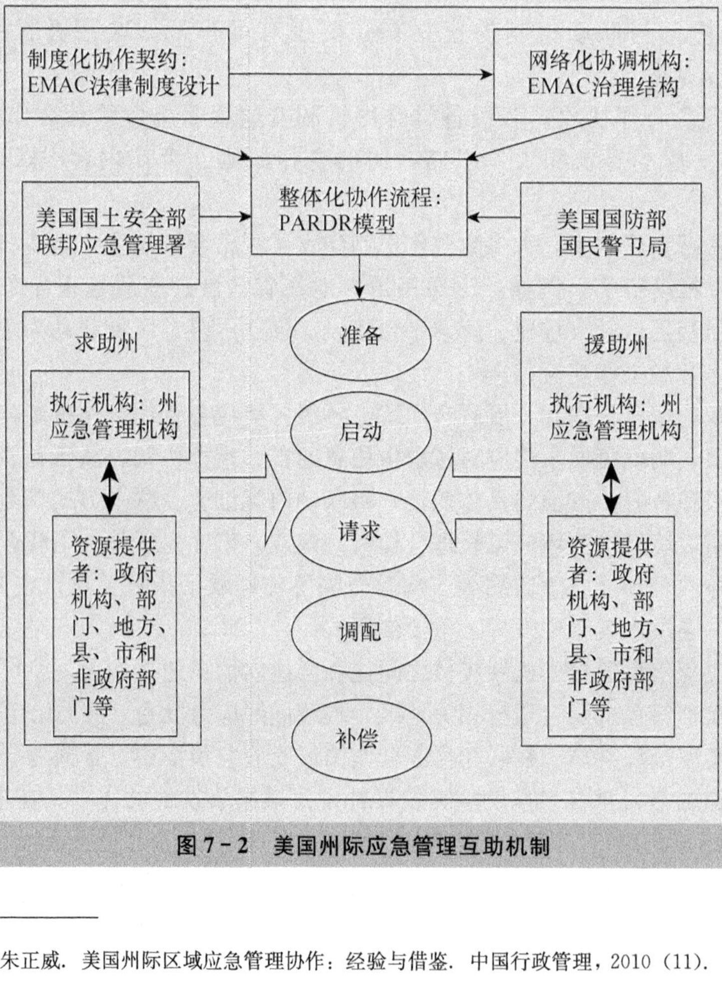

图7-2 美国州际应急管理互助机制

① 吕志奎，朱正威．美国州际区域应急管理协作：经验与借鉴．中国行政管理，2010（11）．

为促进成员州履行承诺，EMAC规定了其成员州的主要职责：第一，各成员州有责任制定州际合作的程序、计划和项目。在州际援助实践中，各成员州应急管理局局长或应急管理办公室主任负责执行EMAC。第二，成员州应急管理专职代表（authorized representative，AR）可通过与其他成员州应急管理专职代表联系，请求州际援助。这种请求可以是口头或书面形式。在请求时，应该提供如下信息：所需应急服务功能的描述，所需人力、设备、物资和生活必需品的数量和类型，并且合理估计需要这些资源的时间，援助州提供应急响应的具体地点和时间，以及所在地方的联系点。第三，各成员州应急管理官员应与受灾地区所在州的有关部门和联邦政府在信息交换、计划和与应急能力有关的资源记录等方面经常进行协商。为了促进州际应急援助，各成员州可以通过州内互助协议，利用地方和县市的应急资源补充州一级的应急资源。

EMAC的优势和特点在于其独特的治理结构。EMAC是一种跨地区协作契约，它的执行不是依靠科层制组织，而是由一个网络化组织——全美应急管理联合会（national emergency management association，NEMA）来管理，具体运行则由其成员州代表组成的EMAC委员会负责。

EMAC运作过程中，求助州与援助州的相互关系，以及为应对紧急或灾难事件，受灾州从其他州请求和接受援助的基本流程（简称PARDR模型），包括准备（preparation）、启动（activation）、请求（request）、调配（deployment）和补偿（reimbursement）五个环节。

在2005年卡特里娜飓风应对中，根据EMAC响应机制，有49个州参与了援助。在飓风登陆后的36小时内，来自成员州的6 335名援助人员被派遣至灾区，实现了在各州互助历史上最大规模的资源动员和部署。另外，州的许多相邻县、市间都签署了应急互助协议，加强在应对大规模灾害情况下的相互支持和救援协调。

专栏

泛珠三角区域应急管理合作机制

泛珠三角内地9省（区）——福建、江西、湖南、广东、广西、海南、四川、贵州、云南从2008年开始谋划，于2009年签订《泛珠三角区域内地9省（区）应急管理合作协议》，正式建立全国首个省际区域性应急管理联动机制。合作各方以促进合作、增进友谊、优势互补、共同提高为目的，重点在应急管理工作沟通、理论研究、科技攻关、人才交流、平台建设等方面开展合作与交流。

在区域合作机制方面，建立了泛珠三角区域内地9省（区）应急管理合作联席会议制度。根据合作需要，原则上每年围绕一个主题举行一次会议，研究决定区域内应急管理合作重大事项。必要时，召开临时会议。联席会议成员由泛珠三角区域内地9省（区）政府应急管理办事机构主要负责同志组成。联席会议原则上由泛珠三角区域内地9省（区）轮流主办，在主办方所在省（区）召开。

联席会议常设秘书处，负责联席会议的日常工作。秘书处成员为联席会议成员单位具体负责部门（处室）的负责人，秘书处秘书长由广东省人民政府应急管理办公室主要负责同志担任，秘书处办公室设在广东省人民政府应急管理办公室。秘书处负责向当次联席会议提交区域应急管理合作情况报告和建议。

在联席会议主办方提出的合作项目基础上，联席会议秘书处每年广泛征求合作各方意见，印发《泛珠三角区域内地9省（区）应急管理年度合作项目》。如2009年9月至2010年9月的年度合作项目，主要明确在区域应急管理培训、应急管理联动机制、应急预案和演练、学习交流等方面共同实施一批合作项目。这期间，广东省在暨南大学应急管理学院举办了一期泛珠三角区域内地省（区）应急管理工作研讨班，区域内相邻市（州）分管副市（州）长共50人免费参加为期5天的封闭培训。江西、湖南、广东、广西等省（区）政府应急办分别牵头起草的《泛珠三角区域内地跨省（区）特别重大、重大矿山事故救援应急预案》《泛珠三角区域内地跨省（区）特别重大、重大道路交通突发事件应急预案》《泛珠三角区域内地跨省区特别重大、重大突发环境事件应急预案》《泛珠三角区域内地跨省（区）特别重大、重大突发森林火灾应急预案》等4个应急预案已印发合作各方组织实施。预案中主要明确发生跨区域重特大突发事件时，区域内相关省（区）如何加强应急管理合作，履行职责，充分发挥合作区域应急救援力量和应急救援物资作用，及时有效地实施应急救援。

资料来源：纪家琪. 泛珠三角区域内地9省（区）应急管理区域合作实践与探索. 中国应急管理，2011（9）.

【附记】泛珠三角区域内地9省（区）应急管理合作机制是做得较实的跨区域协作机制，其经验值得研究借鉴。

7.2.4 社会性应急准备组织网络

参与突发事件应对的社会组织众多。这些组织在常态下组成网络化组织，就成为社会性应急准备组织网络。当然，这些组织在突发事件发生后，就有可能转化为应急救援组织网络。这种社会性应急准备组织网络有两种形态。

7.2.4.1 政府主导的社会性应急准备组织网络

这是由政府提供制度架构、部分经费和人员，但其成员主要由志愿者构成的组织网络。例如，德国的联邦技术救援署（THW）就是一个由德国联邦政府主导的社会性应急准备组织网络。THW是由联邦内政部管理的机构，是德国应急救援队伍体系中主要的专业力量，在全国拥有8个跨州协会、668个地方技术救援协会，共分为基础设施、供电、定位、爆破、搭桥等13种类别的专业救援队伍。THW在各类应急救援中提供技术及设备援助，弥补消防力量在专业性方面的不足。另外，THW中绝大多数都是志愿者，其中有志愿者8万余名、专职工作人员只有800多人。

7.2.4.2 民间自发组成合作网络

民间自发组成合作网络是指由有关社会组织自发、自愿成立的合作网络。例如，1970年，美国成立了“国家灾害志愿者行动组织”（NVOAD），该组织由30多个从事应急管理的非政府组织组成。该组织在平时就注重协调、整合各有关组织的活动，在突发事件来临时，就能够有效避免任务重叠、资源浪费。

7.2.5 国际预防准备机制

国际预防准备机制是指全球性或区域性的国际预防准备组织机制。较为著名的有联合国国际减灾战略、欧盟民事保护机制等。

联合国国际减灾战略（United Nations International Strategy for Disaster Reduction，UNISDR）是联合国的一个下属减灾机构，成立于2000年，由168个国家、联合国机构、金融机构、民间社会组织、科学学术领域人士以及普通大众共同参与的全球性机构，目的是减少由自然致灾因子引发的灾害所造成的伤亡。国际减灾战略秘书处总部设在瑞士日内瓦，在纽约设有一个联络办公室，在非洲、美洲、亚洲和太平洋地区、欧洲设有区域和分区域办公室，并为设在神户的恢复平台以及在波恩的早期预警平台提供支持。国际减灾战略秘书处的职能有：协调国际、区域以及国家减灾机制；倡导和组织全球减灾运动；倡导减灾有关的理念；提供减灾知识与信息等。

2001年，欧盟建立成员国间的欧盟民事保护机制，作为应对各种跨境突发事件的常备体系。经过多年的发展，该机制已经扩大为推动区域、国家、地方等各层级民事保护机构提高应对能力和应急准备水平，在欧盟境内外更有效地应对重特大突发事件的重要工具。截至2012年年底，欧盟民事保护机制共有32个参与国（其中包括27个欧盟成员国以及冰岛、列支敦士登、挪威、克罗地亚、前南斯拉夫马其顿共和国），并向欧盟所有入盟谈判国开放。

专栏

欧盟民事保护机制的预防准备工作

欧盟民事保护机制“平时”阶段的防灾、减灾和备灾工作包括以下六项内容。

一是共同采取防范措施。欧盟民事保护机制致力于提高灾害信息的质量和可获得性，提高公众的防灾减灾意识和公共安全知识水平。例如，编制风险评估和灾害地图描述的指导纲要，推动防灾、减灾、抗灾能力研究，强化早期灾害预警工具的研发和应用。2007年3月5日，欧盟理事会通过决议，建立民事保护财政工具。据统计，截至2010年，民事保护财政工具为23个防灾减灾项目提供了7 000多万欧元资助资金。

二是开发各国的应急资源模块。欧盟民事保护机制建立了标准化模块，建立各国之间完全互操作化的应急资源目录和运输集中统一管理框架，有效整合欧盟成员国应对特定抢险救援任务的专家、物资、设备和装备等应急资源。自2008年以来，该机制已确认了125个应急资源模块，为森林灭火、城市搜救、大容量排水、净水、应急避难等提供经验和专业支持。

三是资助各国之间共同开发联合应急资源模块。除了各参与国独立开发和管理的应急资源模块，欧盟各国根据欧盟快速行动能力准备行动框架和森林防火试点项目，共同支持开发国家间的联合应急资源模块，实现应急资源共享共建。2010年海地地震发生后，欧盟第一次启用两国联合应急资源模块，意大利医疗队、法国净水小组两个资源模块协同开展工作。此外，芬兰和瑞典共同建设能在严寒条件下开展工作的重型搜救队。

四是开展应急培训项目。通过分享最佳实践，提高应急管理专家和应急队伍的专业技能，更新知识，欧盟民事保护机制有效提高了各国应急管理专家、应急队伍之间的互操作能力。培训内容包括理论讲授、案例分析、分组研讨、模拟演练等。自 2004 年启动以来至 2012 年，欧盟民事保护机制共开发有 13 门培训课程，近 30 个参与国的 2 000 名实务工作者参加了培训项目。欧盟还邀请联合国灾害评估与协调队（UNDAC）参与培训，提高欧盟与联合国在重特大突发事件发生后的紧急协调能力。

五是联合开展应急演练。欧盟民事保护机制研究设计了洪灾、地震、暴风雪、火车事故以及化学、生物、辐射、核（CBRN）事故等跨国模拟演练项目，让参与国熟悉协同救援的工作程序与标准。据统计，截至 2012 年，欧盟已开展 30 多场旨在提高应急准备能力的大规模应急演练，如 2008 年在匈牙利和罗马尼亚举行的旅游景区发生洪灾、火车事故、地震和恐怖袭击演练，2009 年北海飓风演练，2009 年在匈牙利举行的地震演练，2010 年在意大利举行的托斯卡纳大区地震演练，2011 年在波兰举行的化学、生物、辐射、核事故演练。

六是进行专业人员交流。欧盟民事保护机制通过人员互访交流，建立各国民事保护专业人员之间的合作交流网络，实现民事保护知识共享和经验分享，增进对各国应急体系、应急技术和工作方法的了解。

资料来源：钟开斌．应对跨境突发事件——欧盟民事保护机制的经验与启示．国家行政学院学报，2013（5）．

【附记】欧洲民事保护机制是国际预防准备合作机制的范例，值得学习研究。

7.3 非常态应急组织

非常态应急组织作为在突发事件发生时的应急组织形式，主要有总体性应急指挥机制、现场应急指挥机制、恢复重建的组织机制等机制形式。这些组织机制有的是在平时就以常态应急组织的形式存在，或者已经写在了预案当中，在突发事件发生后即启动成为应急响应组织机制；有的则是在突发事件发生后，由有关应急响应主体临时成立的组织机制。

7.3.1 总体性应急指挥机制

当突发事件达到一定严重程度时，政府都要启动总体性应急指挥机制。其中一种是启动政府应急指挥中心，一种是启动专项应急指挥部。

7.3.1.1 应急指挥中心

政府应急指挥中心往往是由政府综合应急管理部门支撑的、能够支持众多部门参与应急处置与协调的场所。

在我国，应急指挥中心在应急指挥方面起到至关重要的作用。我国建立的有关专业应急指挥中心、地方人民政府综合应急指挥中心，形成了连接各地区和各专业应急指挥机构、统一高效的应急平台体系，在突发事件应急处置过程中发挥了统一指挥、应急值守、综合协调等作用。这里的统一指挥往往是指由党政主要领导负责指挥时的情况。

美国普遍在各级政府中设立应急行动中心。常设的应急行动中心一般都是一级政府内设立的组织，处在某一行政办公楼中。中心通常由地方政府官员，以及消防、执法、医疗服务等部门官员构成。其核心职能是综合协调，资源分派与跟踪，情报的收集、分析和散发。应急行动中心可以是永久的，也可以是为了应对某个突发事件而临时建立、短期存在，它的规模、人员和装备状况随主管它的政府的级别、可用资源和参与突发事件管理的工作量而定。

7.3.1.2 专项应急指挥部

专项应急指挥部是根据专项应急预案，专门为处置某种突发事件而启动的应急指挥机制。专项应急指挥部大都带有综合性应急指挥的特点。各专项应急指挥部除了所需控制的危险源不同外，大都涉及人员救助、卫生防疫、基础设施抢险、秩序维护、公众沟通、次生衍生灾害防范等工作内容，涉及众多政府部门。

我国各级政府普遍根据应急预案设立至少十几个专项应急指挥部。这些指挥部由有关专业部门负责其办公室工作，待达到启动指挥部条件时，启动该指挥部。下面是北京市的应急指挥体系概要图（见图7-3），最下端就是该市的19个专项应急指挥部。

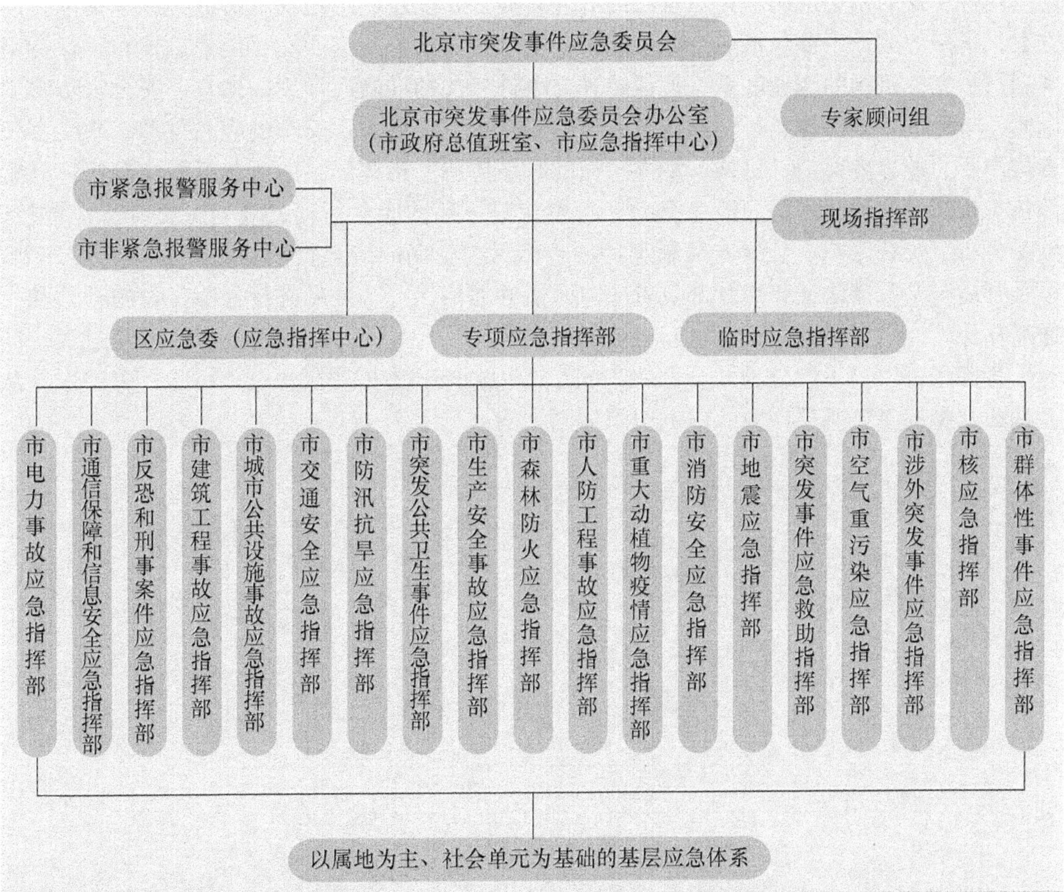

图7-3 北京市应急指挥体系

在不少西方国家，则往往主要是综合性应急指挥中心发挥综合指挥协调作用，只是对于某些特别的突发事件，例如核安全事故，才成立专项应急指挥部。

7.3.2 现场应急指挥机制

现场应急指挥机制是在突发事件现场负责应急处置工作的指挥机制，现场指挥机制的核心是现场指挥部。现场指挥部有两种基本含义：一是作为某一级专项指挥部向下派出的代理性指挥部，例如市地震应急指挥部可能会向受地震破坏严重的县或乡镇派驻市“前线指挥部”，代表市政府领导该局部的应急处置工作；二是作为进行专业化处置的现场战术性指挥部，这是与处于后方的总体性或战略性的应急指挥中心或专项应急指挥部相对应的概念。在我国，领导人往往会到一线靠前指挥，这时，总体性应急指挥机构与现场应急指挥部就合二为一了。

在发达国家，现场指挥部往往采取标准化的组织结构，以便于有序、迅速发挥作用。例如，美国的突发事件战术指挥部要依据突发事件指挥系统（incident command system，ICS）来设立。其中设有指挥长，负责整个事件的应对过程，保证应急行动快速高效，沟通协调各涉及的相关机构，评估各部门的应对需求，设定应急处置的目标，编制批准行动方案。指挥部成员主要包括三个职位：公众信息官负责公众沟通和媒体信息发布，保持与规划部和有关机构的沟通联系，搜集整理与事件有关的准确而详细的信息；安全官负责安全监控与评估，确保应急行动和应急人员的安全，有权终止不安全的应急行动；联络官负责与涉及的外界各部门、机构、私人组织的联络协调。指挥体系中还包括四个部门：处置部负责指挥、协调战术层面应急行动，考虑相对短期的应急行动；规划部负责态势监控、预测分析、资源跟踪、计划方案制定，考虑相对中长期的应急行动，制定人员轮换计划，以及开展与专家的沟通；后勤部负责应急队伍的通信保障、食品医疗保障、设施补给和交通运输保障；财务/行政部负责监控应急过程产生的人力、物力费用，管理采购过程。同时，各部还可以向下细分为“分部”“分区（地域上）/组（功能上）”“小队”等层次，从而构成从指挥者到基层应急队伍的组织体系结构（见图7-4）。

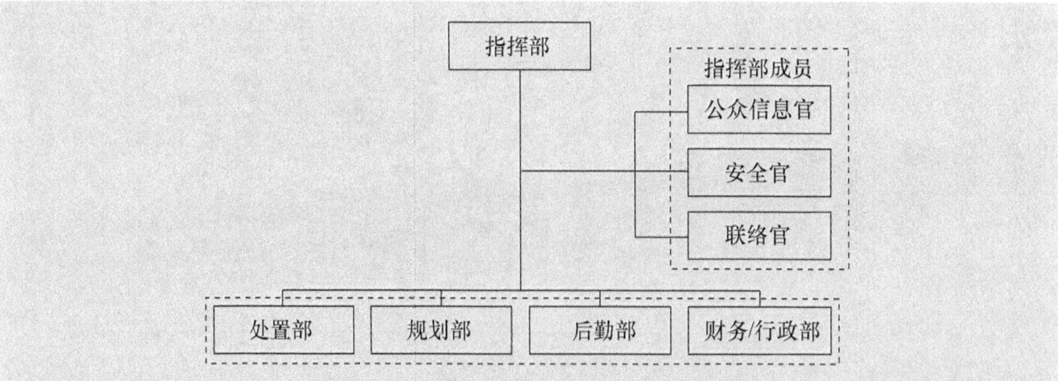

图7-4 美国现场指挥部的组织结构

在我国，不同的专项应急预案往往规定了不同现场应急指挥部的结构，现场应急指挥尚未形成统一的标准和规范。缺乏标准，就难以实现人员、信息、资源等要素的快速集成和整合。当然，我国在部分领域突发事件应急指挥过程中已形成了一些初步的约定，如消防灭火方面，规定了总指挥员和副总指挥员及其相关组成，并明确了不同层级的指挥员，可以指导现场的应急救援。例如，《油气井井喷着火抢险作法》（SY/T6203—1996）规定了陆上油气井井喷着火抢险作业的应急抢险指挥部及其职责，其中抢险指挥部下设技术组、抢险组、后勤生活组、安全保卫组等，各组做出工作计划，抢险完毕后，编写抢险工作总结报告书，呈报指挥部。其组织机构框架如图7－5所示。

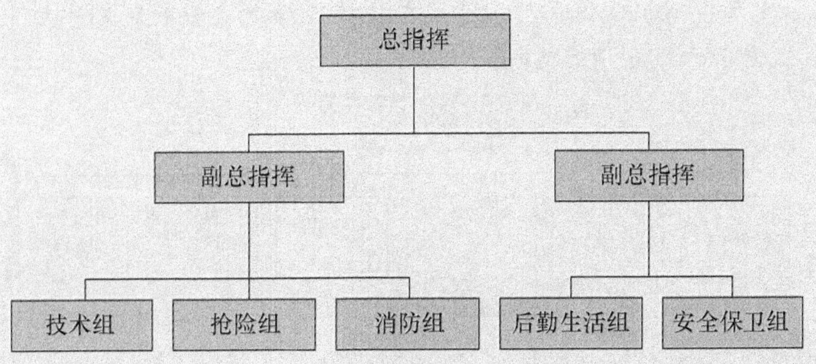

图7－5 油气井井喷着火应急抢险指挥组织机构

专栏

德国的应急救援指挥部

德国应急指挥部通常分为政治领导和行政指挥部、战术指挥部。

当遇到重大突发事件时，由事发地的最高行政长官，一般是以大城市市长或县长为核心，作为政治领导人，领导协调与组织应急救援工作，同时成立行政指挥部与战术指挥部。行政指挥部，也称危机指挥部，是行政层面的指挥部，在后方负责应急救援的行政决策与沟通协调，由政府相关部门与机构组成；战术指挥部，也称领导指挥部或技术救援指挥部，是战术层面的指挥部，在前方负责现场救援的具体实施，由专业救援机构与志愿者组织组成。两者分工明确，衔接紧密，既可以避免行政长官到现场承担超出自身能力的工作，又能够使战术指挥官专心致力于救援，提高救援效率。这既是实践经验的总结，也是各州法律所规定的。只有在个别地区，仅设有一个指挥部，即共同指挥部，融合了行政指挥部与战术指挥部的全部职能。

行政指挥部通常由副市长或副县长担任总指挥，成员包括常设成员、相关成员、协调小组，以及公关与媒体发言人。常设成员包括秩序、消防、灾难保护、卫生、社会、环境和公关等内部成员，以及警察、军队、能源供给方等外部成员，通常是由各部门或单位的负责人担任；相关成员包括议会所有厅局、办事机构等内部成员，以及乡镇、第三方专业人员等外部成员，如公共交通企业代表、相关私营企业代表等；协调小组负责协调内部事务，沟通两个指挥部，通报灾情信息，保障通信联络，接听市民热线，与外界沟通，关注媒体，起草汇编文件等，兼具服务和综合协调职能。突发事件发生后，各成员迅速汇集到指挥部，集体了解灾情，研究处置对策。行政指挥部的具体构成取决于突发事件的性质与规模，办公地点一般设在后方定点指挥场所。

战术指挥部通常由消防局长担任总指挥。在全德国范围内，战术指挥部都是统一的标准化构成（见图 7－6)。在应对普通突发事件的时候，战术指挥部由内部人力资源（S1)、灾情（S2)、救援（S3）和后勤物流（S4）四个小组构成。还可以根据灾情需要，增加媒体（S5）和通信（S6）两个小组。除此之外，战术指挥部还可以设有外部顾问和联络员（S7)。战术指挥部办公地点一般设在救援现场或者救援现场附近的流动车辆或固定地点上，或者后方定点指挥场所。

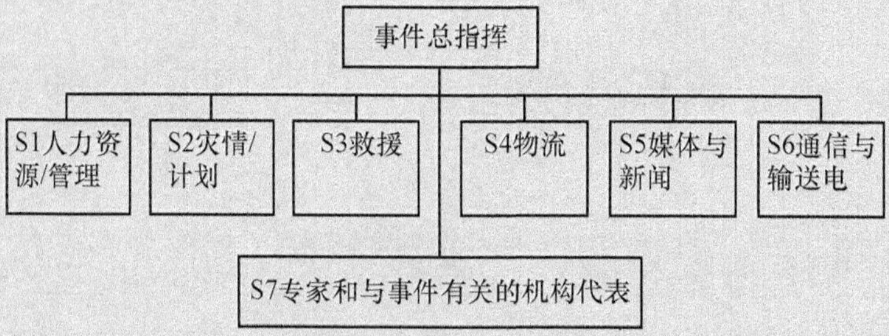

图 7－6 德国战术指挥部结构

资料来源：董泽宇．德国的应急救援及其启示．中国应急管理，2012（1).

【附记】德国应急救援指挥机制独特，值得研究借鉴。

7.3.3 恢复重建的组织机制

突发事件恢复重建是在政府的统一领导下进行的。一般突发事件的恢复重建工作可以由常态下的政府各部门负责。当重大突发事件发生，需要对恢复重建组织进行特殊安排时，就要成立或启动恢复重建组织机制。

7.3.3.1 顾问型恢复重建组织

当专门设立的恢复重建组织的职能主要侧重于政策的提出与协调时，就产生了顾问型恢复重建组织。例如，在美国，恢复工作组（recovery task force）是一个地区监督恢复和重建过程、为地方政府负责恢复工作的官员提供咨询的机构。它由当地广泛领域、界别和利益方的代表构成，由地方负责人或管理者任主席，组成人员来自：公共信息官、律师、公共安全部门、社区服务部门、社区发展部门、公共工程部门、公用事业部门、卫生保障部门、市长、财政部门、港口部门、规划部门、主要社区、学校、突发事件管理者、市议会等各个方面。

其具体职责包括：监督恢复、重建和更新过程；建议复原的优先顺序；指导落实支持政策；制定帮助反复遭受灾害破坏地区经济复兴的政策；推动灾害减除；确定迁移和获取受损不动产的优先权；审查损失报告；提出恢复项目建议；提出相关规章的程序修改建议；评估受损的公共设施；参与社区经济复兴方案的编制；建议制定新的规章、条例和法令；确定用于灾害减除的资源等。从这些职责看，顾问型恢复重建组织在很大程度上起到了恢复工作领导者的作用，尽管它表面上是顾问型机构。

7.3.3.2 管委会型恢复重建组织

当政府出面组织了对于恢复重建工作实行统一管理的委员会时，就产生了管委会型恢复重建组织。

在日本，通常对于巨灾设立国家和地方两级管委会型领导机构，整体推进灾后重建工作。阪神大地震发生1个月后，根据《关于阪神淡路大震灾复兴的基本方针和法律》，1995年2月24日日本设立“阪神淡路复兴对策总部”和“阪神淡路复兴委员会”。阪神淡路复兴对策总部的部长为内阁总理大臣，副部长为负责灾后复兴的内阁官房长官和国土厅的长官，其他省厅的多个大臣任委员，旨在实行综合行政对策。在县级政府组织方面，1995年1月17日设立“兵库县南部地震灾害对策本部”，次日改组为“兵库县南部地震灾害对策综合本部”。同年3月15日，设立“阪神淡路大震灾复兴本部”，2005年4月1日改为“阪神淡路大震灾复兴推进会议”①。在我国，也往往会在某级政府设立灾后重建委员会来负责灾后恢复重建工作。例如，汶川地震后，四川省成立了各级政府的灾后重建委员会。

7.3.3.3 指挥部型恢复重建组织

当政府为了加快恢复重建速度、提升领导恢复重建工作的权威性而成立恢复重建指挥部时，就产生了指挥部型恢复重建组织。这种组织类似应急指挥部，采取某种“准战时”工作方式，强力推进恢复重建工作。

在我国，巨灾之后，为了实现三年重建目标，往往会成立灾后重建指挥部。例如，芦山地震后，雅安市除了成立灾后恢复重建委员会外，还成立了“4·20”芦山地震雅安市灾后重建规划指挥部，统一指挥全市灾后重建规划的调整和整合工作。指挥部由一位雅安市委副书记兼副市长任指挥长，四川省住房和城乡建设厅总规划师任总顾问。指挥部的主要职责是协调跨区域、跨行业的灾后重建项目实施工作，审议灾后重建项目规划符合性，指导有关灾后重建项目实施工作。

7.3.4 社会性应急救援与重建组织网络

突发事件发生后，大量社会性应急机构会深入受灾地区参与救援和重建等活动。为了协调行动，就需要形成相关组织网络。

7.3.4.1 政府牵头形成组织网络

政府牵头形成组织网络，是迅速把有关社会组织协调起来的最为有效的方式。例如，2013年，“4·20”芦山地震发生后，雅安市全面建立起市、县两级抗震救灾社会组织和志愿者服务中心，其目的是进一步整合社会资源支持抗震救灾。其中，市级灾区抗震救灾社会组织和志愿者服务中心的主要职能是负责向社会组织或爱心人士到灾区开展志愿服务工作提供服务咨询，对前往灾区开展志愿服务的社会组织和志愿者进行登记、核实身份、

① 国家发展改革委外事司．日本阪神地震灾后重建的启示与借鉴．中国经贸导刊，2008（16）．

开展培训、统一配制志愿服务工作派遣证，同时收集、整理各县区志愿服务需求信息，争取和整合服务灾区群众和灾后重建工作的各种社会资源，对接重建项目。通过该中心，政府和社会组织、志愿者等就形成了一个合作网络。

7.3.4.2 民间自发组成合作网络

民间自发组成合作网络是指有关志愿者组织、基金会、企业等自愿形成组织网络，以便分享信息、协调行动。例如，2013 年 4 月 29 日，芦山地震后第十天，中国青少年发展基金会、中国扶贫基金会、南都公益基金会、腾讯公益慈善基金会、深圳壹基金公益基金会联合发起成立“基金会救灾协调会”。

“基金会救灾协调会”为自己规定了三项职能：成为参与雅安救灾的基金会与四川省、雅安市政府抗震救灾工作的沟通协调机制，促进基金会救灾行动和政府救灾计划的融合与互补；对参与救灾的社会组织和志愿者团队进行联合资助；促进基金会之间互通信息及协调行动。中国青少年发展基金会秘书长担任“基金会救灾协调会”首期轮值召集人，轮值时间为期 4 个月。

此后，该会又参与到灾后经验教训总结反思、开展灾后评估等工作中，转化为常态化的网络组织。在接下来的几年里，“基金会救灾协调会”还参与了 2014 年“8·3”云南鲁甸地震、2015 年“4·25”尼泊尔地震等的抢险救援工作。

7.3.5 国际应急协调机制

国际上，最为著名的应急协调组织机制是联合国人道主义事务协调办公室（office for the coordination of humanitarian affairs，OCHA）。该办公室成立于 1998 年，是联合国秘书处的一部分，在纽约和日内瓦设有总部，全球下设区域、次区域、国家级等 35 个办公室，有将近 1 900 名任职人员。OCHA 通过整体协调、政策导向、咨询建议、信息管理和人道主义资金援助等方式行使其协调人道主义事务的职能。其主要职能是：消除由灾害或冲突引起的人类困苦；推进备灾和减灾工作；为受灾人群提供及时有效的国际援助；确保受灾害或冲突影响的人群找到应对挑战的可持续渠道；宣扬人道主义权利。

OCHA 在紧急救济协调员（emergency relief coordinator）的领导下开展工作。紧急救济协调员负责督察所有需要联合国人道主义援助的紧急情况，并承担所有政府部门、政府间机构、非政府组织参与的救济活动的总联络人角色。紧急救济协调员由一位联合国副秘书长担任，由一位联合国助理秘书长协助工作，该助理秘书长担任副紧急救济协调员并主管国际减灾战略秘书处。

OCHA 处理危机的一般程序是：先由联合国灾害评估与协调小组（united nations disaster assessment and coordination team，UNDAC）对灾害进行评估，然后根据联合国国际搜救顾问小组（international search and rescue advisory group，INSARAG）提出的指导方针开展搜寻和救援，视必要动员受灾国家民事—军事部门配合以及提供后勤支持，同时充分利用各类涉及人道主义应对机构的信息渠道开展计划、应对协调和宣传工作。

UNDAC 系统由三个小组构成，分别是：欧洲—非洲—东亚组、美洲（包括加勒比）组、亚太组。UNDAC 旨在协助联合国和受灾政府，在突发灾害发生第一阶段给国际社会提供有价值的信息，并在国家层面或突发事件现场协调紧急救援工作。平时，UNDAC还应邀承担灾害应急准备的职责，评估国家和区域灾害应急预案。UNDAC由联合国人道主义事务协调办公室应急工作现场协调支持处管理。

INSARAG实际上是在联合国框架下的一个政府间网络，主要协调各国城市搜救以及有关灾害应急事务，为国际救援队信息交换提供平台，制定搜救标准，促进救援国际合作，创建救援理论和方法。

在国家层面，OCHA紧急救济协调员可指定1名人道主义协调员，与受灾国家政府、有关国际组织、非政府组织和受灾地区充分合作，确保最大限度地调动各类资源。

区域性应急协调机制的代表是欧盟民事保护机制①。当灾害超出一国能力范围、具有跨境影响时，应受灾国或国际组织的请求，欧盟民事保护机制会启动，通过提供实物援助、派遣携带专业设备的专业救援队赶赴灾区进行评估和协调等方式开展救灾援助。如果是对欧盟以外的第三国实施救援，则由欧盟理事会负责协调，并由联合国负责总协调。

跨国灾害救助具体由设在比利时布鲁塞尔的欧盟人道主义援助和民事保护总司的欧盟的应急响应中心（ERC）负责，该中心具备同时应对三起重特大突发事件的能力。该中心承担联络枢纽、信息中心、协调支持三项职责，实行7×24小时不间断运作，每年处理20多起重大突发事件。

欧盟民事保护机制灾害互助的启动与实施程序包括五个步骤。第一，遭受灾害袭击的受灾国评估灾情和救灾需求，决定是否向欧盟民事保护机制提出救灾请求。第二，应急响应中心接到请求报告后进行研判，通过突发事件通信与信息系统告知欧盟民事保护机制的参与国。第三，欧盟民事保护机制参与国通过突发事件通信与信息系统，迅速获悉受灾国的灾害援助请求报告。第四，针对受灾国的救灾请求，各参与国的民事保护联系单位评估各国所能提供的资源；若能提供救助，则通过突发事件通信与信息系统反馈至应急响应中心。第五，在得到受灾国同意接收救灾援助的答复后，应急响应中心负责协调把应急资源运送至受灾国。若需要，欧盟还将派遣协调与评估队伍到灾害现场，以协调资源调度、评估现场救灾需求。此外，欧盟还能支持向受灾国的民事保护运输提供支持和帮助。

本章小结

1. 应急组织是指突发事件应对各个环节的应急管理主体和人力资源进行有效整合的机制与过程。在各应急管理主体职责相对明确的基础上，应急组织职能主要探讨跨部门的应急组织机制与过程。其中的常态应急组织是指主要在预防与应急准备工作中发挥作用的组织机制，非常态应急组织是主要在应急响应与恢复重建中发挥作用的组织机制。

2. 按组织形态划分，临时性应急工作组就是项目式组织。应急指挥部是一种典型的科层式应急组织。各种区域协调机制、联席会议等往往是网络式组织。各级政府的突发事件应对委员会，如减灾委员会、食品安全委员会属于委员会式组织。

3. 常态应急组织作为在突发事件未发生时的应急组织形式，主要有综合性应急管理

① 钟开斌．应对跨境突发事件——欧盟民事保护机制的经验与启示．国家行政学院学报，2013（5）．

委员会、专项议事协调委员会、跨区域应急协调机制，以及临时性的应急管理工作组等形式。

4. 非常态应急组织作为在突发事件发生时的应急组织形式，主要有总体性应急指挥机制、现场应急指挥机制、恢复重建的组织机制等机制形式。

关键术语

应急组织　应急管理委员会　应急指挥部　专项议事协调委员会　跨区域应急协调机制　总体性应急指挥机构　现场应急指挥部　恢复重建组织

复习思考题

1. 何谓应急组织？应急组织有哪些基本类型？
2. 参阅你所感兴趣的专项应急预案，了解其对应急组织方面的规定，谈谈你的感受和评价。
3. 如何提升跨区域应急协调机制的效能？
4. 结合实际谈谈我国应急指挥组织有哪些长处和不足，如何改进？

阅读材料

“8·8”舟曲特大山洪泥石流灾害抢险救灾指挥体系

【题记】“8·8”舟曲特大山洪泥石流灾害抢险救灾指挥的实践真实体现了我国非常态应急组织的优势与不足，值得深入研究。

引言：事件爆发

2010年8月7日午夜时分，舟曲县城东北部山区突降特大暴雨，持续40多分钟，降雨量达97毫米，引发三眼峪、罗家峪等四条沟系发生特大山洪泥石流灾害。

这一灾害，危害性极大。灾情之重、伤亡人数之多、损失之巨大，在甘肃乃至全国同类灾害中都是罕见的。此次灾害导致舟曲县1 765人死亡，4.7万人受灾。灾区道路、供水、供电、通信等基础设施严重受损，运营中断。

一、应急指挥面临的挑战与任务

（一）应急指挥面临的挑战

“8·8”舟曲特大山洪泥石流抢险救灾的应急指挥面临的挑战也是整个抢险救灾工作面临的挑战，具体有：

（1）繁重的救援任务需要有序落实。主要的工作如：数以千计的伤亡人员需要处理；2万多灾民需要安置；水、电、路、通信等基础设施需要抢修；白龙江堰塞湖需要处置；县城临江街道和房屋中大量的淤泥需要清除；等等。

（2）大量的救援活动需要协调。陆续到达现场的两万余名救援人员需要合理分派；源源不断到来的各方面的救援物资需要接收、管理、分配；数亿元的救灾资金需要妥善使用；抢险救灾过程中不断生成的海量信息需要及时处理。

(3) 不同系统、层级间的整合有一定难度。不同系统、层级之间存在着一定程度的目标冲突、机制冲突、利益冲突、亚文化冲突。这些既有的问题在抢险救灾这样一个临时体制的框架下，更显突出。

(4) 突发事件应急处置机制尚不成熟。由于还没有全国范围的应急处置机制规范，一些处置工作缺少具体的操作规程，客观上给抢险救灾的指挥协调工作带来了难度。

(5) 指挥机关办公条件较差。灾区地域狭窄、经济条件落后、已有办公场所受灾严重等状况对指挥机关的有效办公造成了较大的制约。

（二）应急指挥面临的任务

庞大的应急响应有机体需要建立的应急响应指挥体系必须是强有力的。其主要任务是：

(1) 建立起将各方面指挥力量融为一体的指挥组织体系。

(2) 建立起有效的指挥体系工作制度与机制，不断创设新的更加有效的工作方式。

(3) 实现有效的决策、指挥、协调、执行。

二、应急指挥体系的总体结构与机制

（一）应急指挥与管理体系的总体结构

舟曲抢险救灾的应急指挥的有效与成功，一方面体现在临时性应急指挥体系的有效确立上，另一方面也体现在各常态组织管理体系的有效支持上。综观这一体系，可以用下图表示（见图1）。

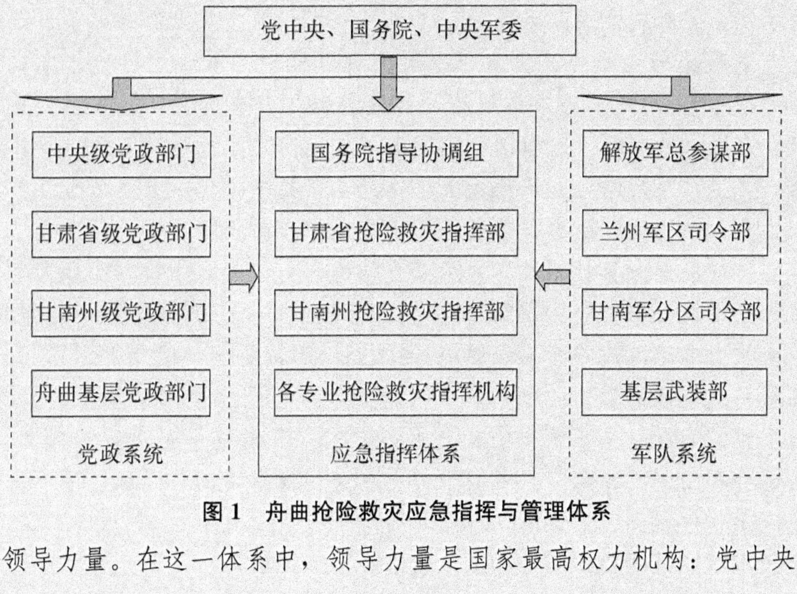

图1　舟曲抢险救灾应急指挥与管理体系

(1) 领导力量。在这一体系中，领导力量是国家最高权力机构：党中央、国务院、中央军委。

(2) 应急指挥体系。应急指挥体系作为临时性机构，是指挥体系的核心力量。共有四个层面：

● 国务院指导协调组，是国家层面的决策、指导、协调机构。其名称不采用“指挥部”，表示这次抢险救灾的指挥重心在省级，即时任国务院总理温家宝要求的：“甘肃省和兰州军区负责抢险救灾的指挥工作”。

● 甘肃省抢险救灾指挥部，是甘肃省委省政府和兰州军区的共同指挥部，全面负责抢险救灾前线工作。

● 甘南州抢险救灾指挥部，事实上是甘南州和舟曲县联合抢险救灾指挥部，舟曲县不另设指挥部。该指挥部主要承担落实省指挥部决策、具体协调州内有关各方面力量，以及为各方面救援力量提供后勤服务等任务。

● 各专业抢险救灾指挥机构，是方方面面参与抢险救灾力量成立的各种指挥机构。这些指挥部分别受各自直属机构领导，也受省、州指挥部领导、指挥或协调。

(3) 党政系统。从国家级，到甘肃省、甘南州、舟曲县，各党政组织是支持指挥体系的力量。值得提及的是，其他有关省地县党政部门也是支持指挥体系的重要力量。

(4) 军队系统。此次抢险救灾，人民解放军再次发挥了人民子弟兵的突击队作用，特别是在清淤、搜救、排险等方面发挥了重要作用。军队系统常规指挥体系对抢险救灾军队指挥机构起到了重要的领导与协调作用。

(二) 应急指挥与管理体系的总体运行机制

应急指挥体系的重要功能是各方救援力量的协调配合。此次舟曲抢险救灾的亮点之一就是各方力量的协作、配合总体上有效，较为成功，为抢险救灾提供了组织管理上的保障。具体有如下特点：

(1) 以块为主、条块结合。此次抢险救灾指挥是以设在舟曲的甘肃省抢险救灾指挥部和甘南州抢险救灾指挥部为中枢的体制，是较好落实“属地管理为主”的一个典型事例。各有关职能系统都在既服从系统管理，也服从指挥部指挥方面做到了很好的结合。

(2) 地方主导、军地结合。在整个抢险救灾过程中，军地主要协作方式是：地方(抢险救灾指挥部）提出任务要求，解放军和武警部队完成落实；地方上为军队执行任务提供配合和人力、物力保障。军地协调配合总体上满足了抢险救灾的要求。

(3) 前方为主，前后结合。抢险救灾工作需要前线指挥部主导各方面工作，但同时也需要后方的人力、物力、财力、信息资源的配合。舟曲抢险救灾往往是前方提出了需求，后方各有关方面千方百计调集资源加以支持。

(4) 重心下移，上下结合。现场工作千头万绪，大量的工作是第一线的具体工作，正如时任甘南州委书记陈建华所要求的那样：“州级干部要当科级干部用”，许多州县基层干部都在做一般干部的工作。他们和基层群众一道，承担了大量繁重的操作性工作，这可谓重心下移。同时，上下结合的特点也很突出，不但是州县两层指挥机构合并了，而且许多问题都是州、县、乡、村各级干部在一起协商解决的。总体上看，团队工作方式在抢险救灾工作中得到了最好的体现。

三、应急指挥体系的具体演变和工作机制

理论上，不论在哪个层级和哪个方面，只要应急预案一启动，依照预案规划的应急指挥机制就随之生效。但在现实中，由于灾区的具体情况不断明朗而导致扩大应急等原因，应急指挥体系及其具体工作机制不是一蹴而就地建立并运行起来的，而是有一个发展演化过程。舟曲抢险救灾指挥体系及其运行机制的发展存在如下方面的情况：

(一) 核心指挥结构的初步确立

在第一时间响应过程中，由于灾情尚未完全明了、救援工作思路尚在形成过程中，

县、州、省、中央各个层级的政府核心指挥机制是分别建立起来的。尽管各指挥部组织方式和结构都不是最终状态，但都对先期救援工作的展开起到了有力的组织保障作用。下面根据当时实际情况，自下而上地阐述。

1. 县级应急指挥体系

舟曲县根据总体应急预案和灾情的实际，于8月8日3时左右，在家的县领导就先后口头布置了灾情统计、指挥撤离等工作组的工作。在6时左右，县领导主持召开紧急会议，安排部署抗洪救灾工作，成立了“舟曲县‘8·8’特大暴洪泥石流灾害抢险救灾指挥部”，下设10个工作组具体开展工作，并以县委字（2010）24号文件于当天发出。

被冠以“紧急通知”字样的县委字（2010）24号文件指出：“从即日起全面启动《舟曲县突发公共事件总体应急预案》”，要求“各乡镇党委、政府，县直各单位，省州驻舟各单位即日起要立即启动本单位突发公共事件应急预案，实行24小时值班制度”。

在“紧急通知”中，公布成立了党政一体化的指挥部，由县委书记任总指挥，县委副书记兼县长任常务副总指挥，县委常委5人任副总指挥，各部门一把手任成员。指挥部下设10个工作组，各工作组均由县级、副县级领导任组长（见图2）。

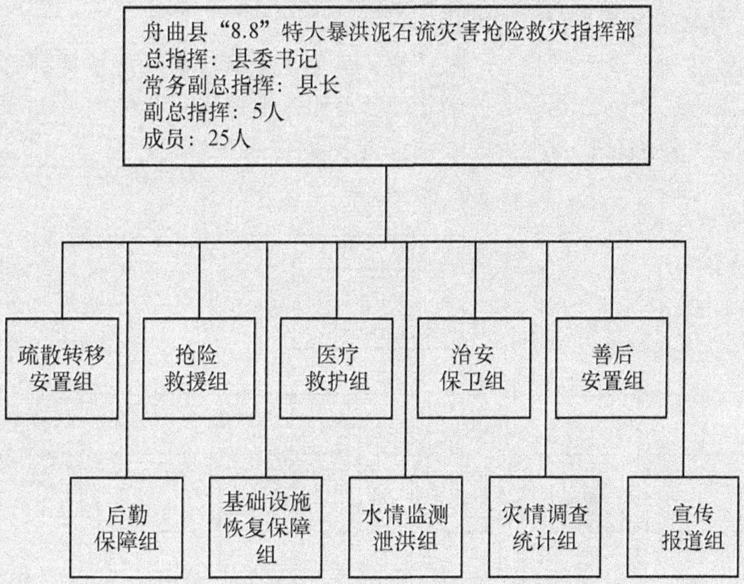

图2　舟曲县抢险救灾指挥部组织结构图

从10个工作组的结构看，若比照后来的州县联合指挥部，除了综合协调组（办公室）未单独列出（事实上由县委办公室和县政府办公室共同担负角色），以及地质灾害检测组、灾后恢复重建组未提出外，其他工作均有安排。因此，这是一个结构上能够满足初期抢险救灾需要的工作班子。

2. 州级应急指挥体系

甘南州在8月8日凌晨成立了“甘南州舟曲县‘8·7’特大暴洪灾害抢险救灾指挥部”。指挥部由州委书记任总指挥，州委副书记、州长任第一副总指挥，下设14个工作组（见图3）。

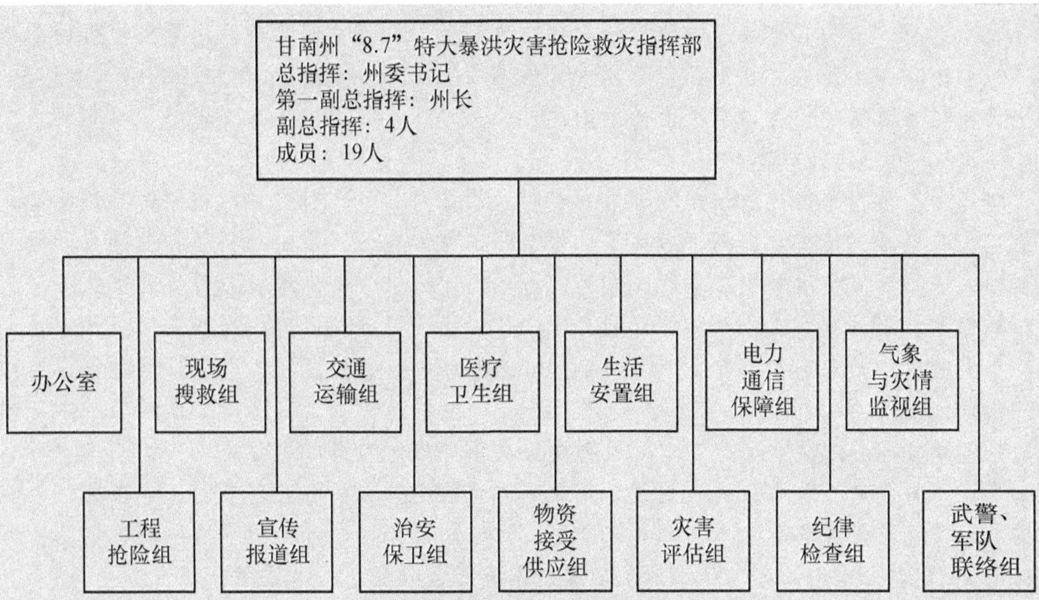

图3　甘南州抢险救灾指挥部组织结构图（一）

随后，在8月8日日间，甘南州根据情况变化，并参照省应急指挥机制，重新调整了指挥机制，宣布成立由州委书记任组长的甘南州舟曲“8·7”特大泥石流灾害抢险救灾领导小组，在文件中同时公布由州长任总指挥的前线指挥部，指挥部下设10个工作组（见图4）。

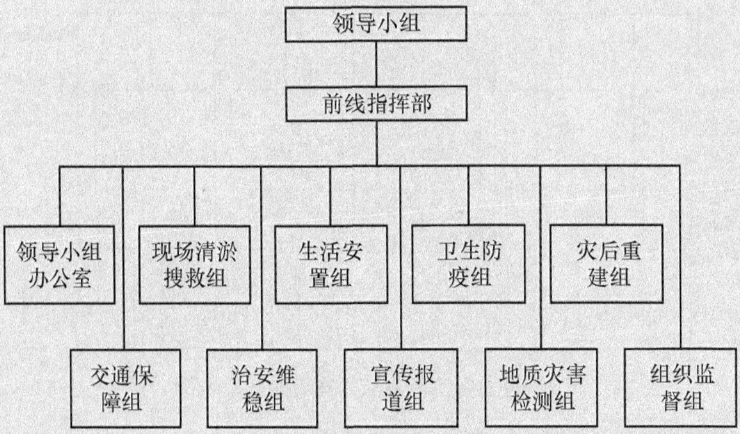

图4　甘南州抢险救灾指挥部组织结构图（二）

从上述安排中可见：甘南州第一次指挥部设立分工较细，第二次更接近终定指挥部的结构。两次指挥部的安排都把所有各项工作考虑在内了。另外，指挥部各工作组也都由州级领导挂帅。这种“高配”的安排就从组织上保证了有效的指挥与协调。

3. 省级应急指挥体系

甘肃省委省政府于8月8日凌晨也成立了舟曲特大山洪泥石流灾害应急指挥部。应急指挥部由领导小组和前线指挥部构成。其中，领导小组以省委书记、省人大常委会主任为组长，省委副书记兼代省长为副组长，4名常委和4名副省长为成员。前线指挥部以省委副书记、代省长为总指挥，兰州军区副司令员、省委常委兼省军区司令员、副省长兼省抗旱防汛指挥部总指挥等3人为副总指挥，有关方面16人为成员。前线指挥部下设8个专业工作组（见图5）。

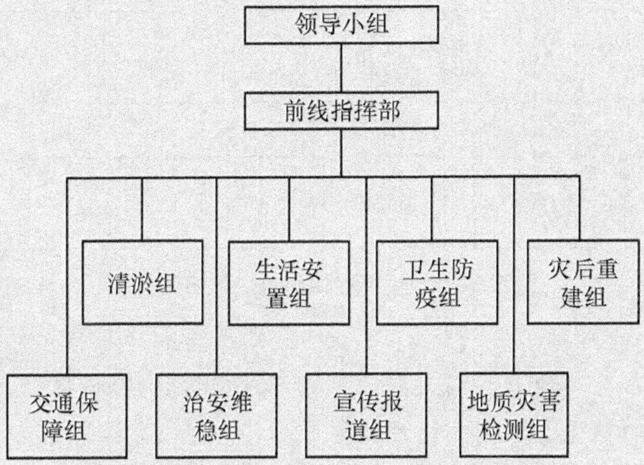

图5　甘肃省抢险救灾指挥部组织结构图（一）

这一组织安排反映了甘肃省在灾害初期对全局（领导小组）与前方（前线指挥部）分别安排的组织考虑，以及对省级党委政府职责的考虑。

4. 国务院临时指挥机构

8日中午，时任总理温家宝在赶往舟曲灾区的飞机上召开紧急会议，决定成立国务院舟曲抗洪抢险救灾临时指挥部，并作出具体部署。会议决定，成立救人、清淤、地质灾害排查、群众安置、基础设施恢复、卫生防疫等8个工作组，迅速开展工作。

这是基于对灾情严重性的进一步认识而采取的慎重的临时组织措施，对于初期的资源调配起到了重要的支持作用。

（二）核心指挥结构的确立

随着情势的明朗和任务的明确，一个上下分工明确的、终定的核心抢险救灾指挥体系到9日得以正式确立。这一体系自上而下由三个层级组成。其中，各层级的内部分工大致对应，使得整个体系上下贯通一致。

1. 国务院指导协调组

时任副总理回良玉任组长，发展改革委、财政部、水利部、国土资源部、卫生部、民政部、交通运输部、国务院研究室和解放军总参谋部等部门负责人参加。

2. 甘肃省抢险救灾指挥部

8日晚上，根据抢险救灾工作的需要，在温家宝的亲自指导下，甘肃省委省政府对应急工作机构进行了调整完善，决定成立“甘肃省舟曲县特大山洪泥石流灾害抢险救灾指挥部”，指挥部下设12个工作组，其组织结构图如下（见图6）：

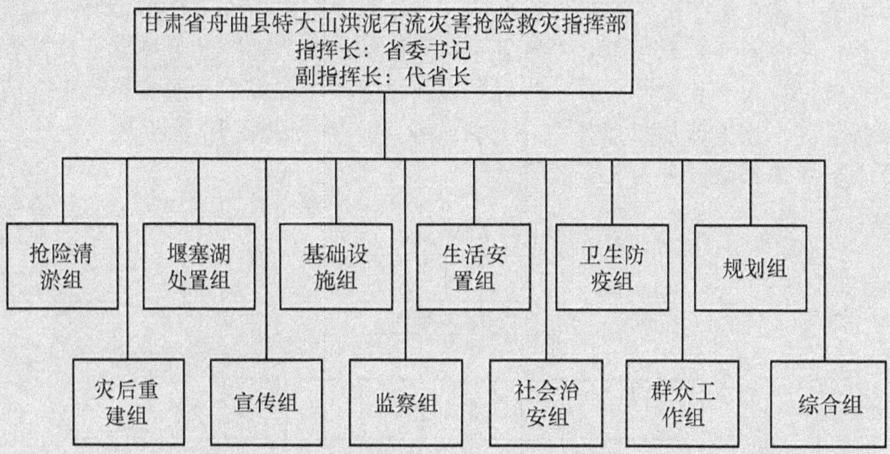

图 6　甘肃省抢险救灾指挥部组织结构图（二）

3. 甘南州县联合指挥部

甘南州经调整后的州县联合指挥部仍分设领导小组和前线指挥部，下设 11 个工作组。这里的一个突出特点是，甘南州考虑到要减少指挥层级、整合指挥力量，把原舟曲县级指挥部并入州指挥部中。实践证明，这是此次抢险救灾中的一项重要组织创新(见图 7)。

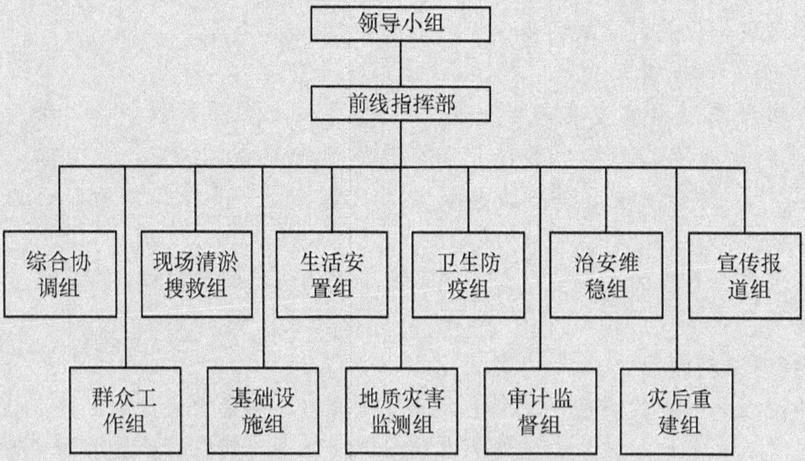

图 7　甘南州抢险救灾指挥部组织结构图（三）

（三）各系统的指挥结构

由于各自的任务不同、已有的管理体制不同，乃至领导风格和领导意愿不同，各个不同专业与职能系统建立了不同的指挥体系。大体可归纳为如下类型：

(1) 现有体制型：如军分区以司令员为首，司、政、后各机关发挥各自作用。

(2) 启动既定指挥部型：如电力系统、电信系统等基本按照应急预案启动原已设定好的抢险救灾指挥部。

(3) 在本层级成立领导小组、前线指挥部型。

(4) 成立跨层级指挥机构型：如卫生系统成立省级统领的指挥部，国土资源系统成立由国土资源部统领的前线工作系统。

总体上，这些常设和临时机构名称各异，有的还兼有“××工作组”和“××指挥部”两个名称或两块牌子。各有关机构有的互相包含，有的互相交叉。这些看似令人眼花缭乱的组织形态在当时是行政体制背景和抢险救灾客观要求的双重因素作用的结果，具有其必然性。尽管看起来不够规整划一，它们的运作也大体上满足了抢险救灾工作的要求。

(四) 抢险救灾指挥体系的工作机制

庞大的抢险救灾指挥体系要有效运作，需要有效的工作机制来支撑。其具体运作主要有如下特点：

1. 各级领导的“一线工作法”

从中央到省、州、县，指挥机关领导都尽可能到抢险救灾一线查看了解情况，根据第一手信息做出决策、发布指令、协调工作。

2. 会议制度

抢险救灾指挥部工作会议高密度地召开，省、州指挥部和各工作组几乎每天开会，有时甚至一天两会。会议机制成为指挥部日常沟通、协调、决策的主要机制。这些会议有：

- 国务院指导协调小组会议（至少召开了7次）。这一级的会议或在灾区召开，通常与省指挥部召开联席会议，或在北京召开。会议情况见表1。

表1　国务院舟曲特大山洪泥石流灾害抢险救援指导协调小组会议

序号	时间	地点	主持人	主题
一	8月8日 12时15分	专机上	温家宝	对灾情进行初步分析；决定成立国务院舟曲抗洪救灾临时指挥部。发展改革委、财政部、水利部、国土资源部、卫生部、民政部、交通运输部、国务院研究室和解放军总参谋部等部门负责人参加。
二	8月8日18时	舟曲	温家宝	听取有关汇报；就抗洪抢险救灾工作做出进一步部署。
三	8月8日23时 至9日2时	舟曲	温家宝	就上次会议部署的抢险救灾措施落实情况听取汇报，并根据新的情况进一步做出部署。
四	8月9日晚	舟曲	回良玉	贯彻落实中央要求，细化实化抢险救灾各项工作。
五	8月15日	北京	回良玉	进一步贯彻落实中央政治局常委会议和中央领导同志的重要指示精神，分析研究抢险救灾形势，全面安排部署下一阶段抢险救灾各项工作。
六	8月16日	北京	回良玉	进一步研究部署抗灾救灾重点任务和灾后重建前期工作。
七	8月22日 9时30分	舟曲	温家宝	对下一阶段的抢险救灾和灾后重建工作做出部署。

说明：前三次没有明确指导协调小组。

- 甘肃省指挥部会议。这一级的会议有时以指挥部第×次会议名义召开，通常是综合性会议；有时以工作会议名义召开，通常是专题性会议。会议情况见表 2。

表 2　　甘肃省舟曲县特大山洪地质灾害抢险救灾指挥部会议

会议类型	时间	主持人	主题
一	8 月 9 日下午	陆浩	落实温家宝总理、回良玉副总理在现场指挥救灾时的指示要求，对下一步抢险救灾工作进行明确分工，细化责任，狠抓落实。
二	8 月 10 日下午	陆浩	传达学习中共中央政治局常委会议和胡锦涛总书记重要讲话精神，结合当前灾区实际，对下一步重点工作任务进行再部署。
三	8 月 11 日晚	陆浩	听取各组工作进展情况汇报，就当前抢险救灾中的重点难点问题进行研究部署。
四	8 月 12 日	陆浩	传达学习中央领导同志的重要讲话精神，对下一步抢险救灾工作进行安排部署。
五	8 月 13 日上午	陆浩	专门听取卫生防疫组的汇报，并研究卫生防疫工作。
六	8 月 13 日晚上	陆浩	专门听取生活安置组关于灾区群众生活安置情况的汇报，要求全力安排好灾区群众生活。
七	8 月 14 日下午	陆浩	传达温家宝总理对白龙江河道清淤工作的重要指示精神，听取水利部门关于舟曲特大山洪泥石流灾害白龙江应急疏通工程设计施工方案的汇报。
八	8 月 15 日下午	刘伟平	听取水利组关于三眼峪、罗家峪《沟道防洪治理方案》汇报，专题研究部署排洪沟建设问题。
九	8 月 16 日晚	刘伟平	学习贯彻国务院舟曲抢险救灾指导协调小组第五次会议和回良玉副总理重要讲话精神，进一步研究落实抢险救灾及灾后重建的各项措施。
办公会议	8 月 17 日下午	刘伟平	专题研究三眼峪、罗家峪沟系防洪排水、清除危房工作。
办公会议	8 月 18 日下午	刘伟平	进一步研究贯彻落实国务院舟曲抢险救援指导协调小组第五次会议精神，细化落实各项任务的措施。
十	8 月 21 日下午	刘伟平	学习贯彻国务院舟曲抢险救援指导协调小组第六次会议和回良玉副总理重要讲话精神，进一步部署落实抢险救灾重点任务和灾后重建前期工作的各项措施。
十一	8 月 22 日下午	刘伟平	贯彻落实温家宝总理、回良玉副总理再次到舟曲指导抢险救灾时的重要讲话精神，进一步明确任务，细化分工，落实责任。
联席会议	8 月 23 日	刘伟平	与水利部联合召开。讨论研究白龙江河道应急疏通及河道综合整治、舟曲县城周边地域山洪灾害防治、损毁水利设施重建等规划和实施方案。
办公会议	8 月 24 日	刘伟平	专题研究加强灾区社会治安管理工作。
办公会议	8 月 27 日晚	刘伟平	专题研究白龙江河道疏通总攻阶段的保障措施。
办公会议	8 月 28 日	刘伟平	与住房和城乡建设部舟曲灾后重建规划工作组就舟曲重建规划设计方案交换意见。

续前表

会议类型	时间	主持人	主题
办公会议	8月29日上午	刘伟平	进一步明确责任，落实措施，确保灾区生产生活全面恢复。
办公会议	8月30日下午	刘伟平	回顾总结前一阶段舟曲抢险救灾工作，明确下一步重点目标任务。
办公会议	8月31日下午	泽巴足	专题研究白龙江流域山洪防治及安全度汛措施。
办公会议	9月1日	鹿心社	传达学习中央领导同志指示和省委、省政府主要负责同志批示精神，研究采取更加有力的措施，进一步抓好城区清淤、危房拆除和建筑垃圾清运及灾区消防安全管理等抢险救灾重点工作任务的落实。
办公会议	9月3日	鹿心社	学习贯彻9月2日全省领导干部大会精神，研究部署当前抢险救灾几项紧迫工作。
办公会议	9月5日	鹿心社	对灾后垃圾堆放场及外运方案进行专题研究。
办公会议	9月10日	鹿心社	通报抢险救灾工作进展情况，研究部署当前工作任务。

● 甘南州抢险救灾领导小组暨指挥部会议。

● 各个工作组、分指挥部、部门会议。

这些会议，通常每天按照自下而上的顺序召开，逐级汇总情况。比如，在需要时，各会议往往打破层级界限，州、县、乡镇、村级干部同堂开会成为州指挥部生活安置组等组内例会的标准模式。

3. 协调机制

除了会议协调这一正式渠道，抢险救灾指挥体系各方面的沟通协调机制还有：

● 领导在现场随时随地协调、沟通。往往是针对某一问题，几个州、县、乡镇领导同志在现场就讨论、确定了下来。

● 正式沟通、协调，往往通过文件上报。典型的如：州、县若有某项新的任务需要军队、武警支援，就给省指挥部发文请求协助，然后由省指挥部负责落实。

● 建立联络员机制。由于各方面领导和工作人员常常在现场，办公场所也分散，所以舟曲抢险救灾指挥机构各工作组普遍建立了联络员机制，由指定联络员负责上下左右的信息传递工作。

资料来源：李雪峰，等. 8·8舟曲特大山洪泥石流抢险救灾案例研究. 北京：国家行政学院出版社，2012.

阅读思考题

从上述案例提供的材料来看，你认为舟曲抢险救灾中的应急组织工作有哪些经验教训?

第 8 章

应急领导

将者，智信仁勇严也。

——《孙子兵法》

所谓应急领导，是指在突发事件应对各个环节中，应急领导者把握自我、动员他人、完成突发事件应对任务的领导行为。

本章主要说明应急领导所面对的挑战、任务与行动策略。

重点问题

- 应急领导的概念类型
- 领导常态应急工作的策略
- 领导非常态应急工作的策略

8.1　应急领导概述

8.1.1　领导原理

领导职能是指管理者通过行使所拥有的权力，引导、影响和激励组织成员为实现既定目标而努力的过程。从上述领导职能含义中不难看出，领导的本质是一种影响力，是被领导者的追随和服从，其作用主要表现为以下四个方面。

（1）指挥作用。在人们的集体活动中，需要有头脑清晰、胸怀全局，能高瞻远瞩、运筹帷幄的领导者，帮助人们认清所处的环境和形势，指明活动的目标和达到目标的途径。

(2) 协调作用。一般而言，在许多人协同工作的集体活动中，即使有了明确的目标，但因组织中每个成员的岗位背景、理解能力、工作态度、进取精神、工作作风及气质性格等的不同，加上外部各种因素的干扰，人们在思想认识上发生各种分歧、行动上出现偏离目标的现象也是不可避免的。因此，就需要组织的领导者来及时协调组织内外成员之间的关系和活动，使组织内部形成合力、外部形成张力，以便更好地实现组织目标。

(3) 激励作用。一般情况下，个体目标与组织目标是不完全一致的。领导者的责任就是将组织目标的实现与满足个人需要统一起来，创造一种组织环境，使员工加强对组织目标的认同感，从而提高员工接受和执行目标的自觉程度。

(4) 凝聚作用。组织是由人组成的，下属的士气、工作热情、团队精神需要领导者去引导、去凝聚，通过正确的领导方式、管理方法和领导艺术，调动下级的工作情绪，使其保持持续的热情和高昂的士气。特别是当遇到困难和挫折，员工的士气低落时，领导职能的凝聚作用更显重要。

8.1.2　应急领导的含义①

8.1.2.1　应急领导的概念和意义

所谓应急领导（emergency leadership），是指在突发事件应对各个环节中，应急领导者把握自我、动员他人、完成突发事件应对任务的领导行为。

应急领导的作用通常体现在领导者个人和领导团队领导被领导者完成突发事件应对任务的过程中。具体包括如下方面：

(1) 引领作用。头脑清晰、胸怀全局，能高瞻远瞩、运筹帷幄的应急领导者，可以帮助人们认清所处的环境和形势，指明应急活动的目标和达到目标的途径。

(2) 激励作用。应急领导者要将组织目标的实现与满足个人需要统一起来，创造一种环境，使各相关方加强对应急工作目标的认同感，从而加强其接受和执行目标的自觉性。

(3) 凝聚作用。完成突发事件应对任务需要士气、热情和团队精神。这些都需要领导者去引导、凝聚，调动下级的工作情绪，使其保持持续的热情和高昂的士气。特别是当遇到困难和挫折时，尤其是在突发事件带来的巨大挫折感面前，人们的士气低落时，领导职能的凝聚作用更为重要。

(4) 决策指挥作用。领导者需要对突发事件应对形势做出判断，对应对工作任务目标做出决断，并带领、协调各参与方实现决策部署。

8.1.2.2　应急领导面临的挑战

应急管理面临着常规的管理制度与常规的管理方法不能有效应对的挑战：

(1) 社会系统的超级复杂性。突发事件应对可以看做是对系统非正常扰动进行控制的过程。社会系统这台“机器”或“有机体”今天进化到令人难以想象的、与以往截然不同的复杂程度。首先，今天的社会系统更为敏感，一个小的扰动便会产生极大的放大效应。

① 李雪峰. 应急管理过程中的领导行为研究. 中德应急管理合作项目研究报告，2012.

像2008年瓮安"6·28"事件等群体性事件的爆发都是这样的例子。其次，今天的社会系统更为开放，信息的可控性较过去大大降低。例如，在突发事件应急处置过程中，与媒体沟通不当本身就会造成新的危机。最后，在今天的社会系统中，非传统安全因素的影响日益增大。如"9·11"恐怖袭击事件在今天看来也是骇人听闻的。

（2）非完满应对系统。各个国家都在致力于突发事件应急管理体系的建设，但永远也不会有完美的突发事件应对体系。首先，规范性和机动性很难协调。应急管理往往越是强调规范化，就越是缺少灵活适应性。其次，多目标也很难协调。比如，美国成立国土安全部，以反恐为重心，就使得原来以应对自然灾害等突发事件见长的联邦应急管理署的职能受到削弱。最后，系统的学习与成长是无止境的，突发事件形势的发展要求突发事件应对体系也要不断演化。

（3）有限理性与有限能力。突发事件应对的各项工作都是在有限的时间、空间、资源约束下完成的。这就使得事件的处置者只能在有限的理性与有限的能力前提下应对。首先，处置者个人能力是有限的。由于紧张和压力，或者由于多目标性，人在特定条件下的认识和实践都远远不能优化。其次，处置者集团或组织的能力也是有限的。一个组织中可能会形成集体盲区，也可能由于某种政治考虑而回避特定问题。

所有这些挑战都需要应急领导者发挥主观能动性加以应对。

8.1.2.3 应急领导的核心任务

与前述挑战相对应，领导者在应急管理过程中的核心任务有三项：

（1）在事件应对方面，探索未知题解。"未知"是指人们所不知道的事物的真相、特性、发展前景，是由社会系统的超级复杂性所决定的。探索未知则是应急领导者的重要使命。在汶川地震发生后，温家宝总理第一时间赴抗震前线，是在具体震情未知、当地反应未知，甚至自己此行的安全系数未知的情况下出发的。领导者只有正视未知、探索未知，才能在克服未知中领导和发动群众创造最好的可能前景。

（2）在社会动员方面，应对无序情境挑战。在有序情境下，一个社会群体、一个组织、一个地区在价值观念、任务目标、行为规则、未来前景等方面都是明确的。而在无序情境下，价值观可能有更多的冲突，任务目标和行为规则都需要临机确定，未来前景也是不确定的。应对突发事件的领导者面对着复杂无序的情境，需要有效动员他人，共同应对突发事件所带来的种种挑战。

（3）在自我激励方面，发挥最大能动性。突发事件应对中的种种约束和困难，要求应急领导者发挥极大的主观能动性。

8.1.3 应急领导的模式

8.1.3.1 不同情境下的应急领导

行为学家保罗·赫塞（Paul Hersey）的情景领导理论认为，领导者应随组织环境及个体变换而改变领导风格及管理方式。突发事件应对的实践表明，常态应急管理工作所需的领导风格、方式与非常态下的应急领导风格、方式有所不同，不同程度的非常态下的领导风格、方式也有所不同。

在常态的预防和应急准备工作中，需要领导者具有居安思危的意识、脚踏实地的精神、科学规范的工作作风，以及对他人的动员能力等。

在低危机情境下，领导者越精明能干、人情练达，越知己知彼、自律严谨，其领导绩效越高。其中，精明能干、人情练达等素质特征对领导绩效的作用比知己知彼、自律严谨更为重要。

在高危机情境下，需要领导者具有独立果断、创造能力、冒险敢为、富于幻想和精明能干等素质特征；这些素质特征有利于领导绩效的提高，其中领导者独立果断的素质特点对领导绩效影响最大，领导者的冒险敢为、富于幻想、创造能力次之，精明能干等对领导绩效的贡献相对较小①。

8.1.3.2　不同风格的应急领导

应急领导者往往需要在集权式领导和民主式领导这两种领导风格之间做出选择。

集权式领导者，就是把管理的制度权力牢固地掌握在手中的领导者。在这种领导风格下，主要决策由领导者个人决定。在突发事件应对的紧急情况下，往往需要集权式领导，才能提高领导与指挥工作的效率。

民主式领导者是向被领导者授权，鼓励下属参与，并且主要依赖于其个人专长和影响力来影响下属的领导者。在非紧急情况下，尤其是在预防准备工作中，领导者又应当尽可能实行民主式领导，发挥好他人的积极主动性。

8.1.3.3　不同指向的应急领导

领导行为往往有不同的指向，其中遵从规律的科学领导和注重道德的伦理领导是两种基本指向。

科学领导通常是指领导行为注重符合领导活动的基本规律，顺应社会发展方向，主观与客观相统一。在应急管理各项工作的各个环节，显然都需要作风严谨、实事求是的科学领导。

伦理领导是领导者通过个人语言、行动和人际互动中所包含的道义力量对被领导者及社会公众产生影响力、感召力、说服力的行为过程。伦理领导对应急管理利益相关者具有凝聚和引导功能，有利于弘扬社会核心价值观；对应急管理组织具有整合和规范功能，有利于应急管理组织结构调整、流程优化、规划建设和绩效提升②。

专栏

邢台地震中的周恩来总理

1966 年 3 月 8 日，邢台地区发生 7.2 级强烈地震。当天上午，周恩来总理发布了两道紧急命令。第一道命令，通知总参谋部，要北京军区立即派当地驻军赶赴邢台地震现场，救死扶伤。第二道命令，要空军司令部准备飞机，第二天总理要到现场去。

---

① 张首魁，等. 基于危机情境的领导素质理论的实证研究. 科技管理研究，2005 (12).

② 高小平，王华荣. 伦理领导在应急管理中的功能研究. 中国应急管理，2012 (3).

第一次到灾区

3月9日，在石家庄，周总理听取汇报，要求要“奋发图强，自力更生，发展生产，重建家园”。这后来成为鼓舞邢台人民战胜困难的行动纲领。

总理听完汇报后已经是晚上8点，总理提出要连夜赶到隆尧。工作人员都劝他在石家庄休息一夜，次日再去。总理坚持要去。当晚，在隆尧县，总理和大家一起分析了灾情，又对抗震救灾工作做了全面安排和部署。他要求：

“在一星期内（到14日）把秩序恢复起来，要帮助群众把死者掩埋好，安置好伤员，使伤病员得到治疗，再帮助群众搭好棚子，把简单的生活恢复起来，然后转入正常的生产救灾工作。”

“加强对受灾社队的领导。受灾严重的社队基层干部死伤过多的，由周围轻灾区抽调一些干部去充实，代理职务，帮助工作，轮流受教育。”

“由军队和地方组织统一的救灾指挥部。凡是参加救灾的党政军、医疗卫生，由救灾部队统一指挥。”

“提高警惕，防止再来地震，造成更大损失。”

3月10日下午，周总理乘直升机去震中白家寨视察。在白家寨，周总理说：“同志们，乡亲们，你们受了灾，受损失很大，毛主席让我来看你们。你们这个地方是地震的中心……听到这个消息，解放军来了，医疗队来了，地方上工作队也来了。重伤的得到治疗，轻伤的也得到治疗，牺牲的掩埋起来。他们牺牲了，我们要继承他们的精神。我们要和地球打仗。我们要改造自然，重建家园。这是社会主义的中国，……死了人当然要难过，但是不要低头。大家一定要团结起来，团结就是力量……”

第二次到灾区

3月22日，邢台地区宁晋县又发生了7.2级强烈地震，灾情继续扩大。宁晋、冀县、巨鹿、束鹿等县一些村庄遭到极其严重的损失。为了安定群众的情绪，鼓励灾区群众恢复生产，重建家园，4月1日，周总理再次来到邢台地震灾区。一天之内，周总理先后到宁晋县东汪镇、束鹿县王口乡、冀县码头李乡、宁晋县耿庄桥和巨鹿县何寨等五个村庄进行视察和慰问。

指示开展地震研究

地震初发，周总理即指出：“查了县志，在这里一千二百年以前，已有过大地震。我们的祖先只给我们留下了记录，没有留下经验。这次地震付出了很大代价，这些代价不能白费！我国历史上有不少地震记载，但没有对地震现象的观察和研究的经验，这次地震我们付出的代价很重，损失很大，必须从中吸取经验，不能依然停止在只有记录而没有经验的地步。虽然地震现象的规律问题是国际间都没有解决的问题，但我们应当发扬独创精神，来努力突破科学难题，向地球开战。这次地震给予我们很多观察地震的条件，要很好地利用这样的条件。”

邢台地震纪念碑碑文上写道：“在周总理的亲自指挥下，三十多个科研单位、五百五十余名科技人员先后赶到地震灾区，进行我国有史以来规模最大的地震现场考察实验。从此，前所未有的地震预测预报工作在我国广为开展，专群结合，多路探索，使我国地震队伍迅速发展壮大，地震研究工作居于世界领先地位。邢台大地震堪为我国地震史上之里程碑。”

资料来源：周总理与邢台地震——视察邢台地震灾区纪实. 邢台地震信息网，2009-06-01.

【附记】周恩来总理是应急领导实践的楷模，他在邢台地震应对中的领导经验值得深入学习体会。

8.2　常态应急领导①

常态下，应急领导者要让自己的应急管理素质能力得到提升，要把人们动员起来参与到应急管理工作当中，要把预防准备工作领导好。

8.2.1　提升自身应急领导力

8.2.1.1　领导面临的挑战

人们对于应急工作的认识往往是短视和感性的。公众和媒体普遍期待、关注、赞赏那些在危机来临时身先士卒、力挽狂澜的应急领导者，那些典型的英雄主义式的领导。这种大众心理势必会影响到各级领导者的心态：重应急处置、轻应急准备，重应急现场表现、轻应急能力修炼，重应急技术方法、轻应急规律把握。这种心态舍本逐末，是对领导者提升自己应急领导能力的内在挑战。

8.2.1.2　领导的任务

预防与应急准备领导活动既易又难。领导之“易”，在于预防准备属于常态工作行为，有充裕的策划、落实时间，所需资源有相当长的时间来落实。而领导之“难”，难在人们思想松懈不予重视，会形成工作中的极大阻力；难在要长期坚持做好一件事情需要领导者的韧性。为此，应急领导者的首要任务就是保持和增进自身的工作动力，提升自我的应急领导力。

8.2.1.3　领导的策略

负有预防与应急准备责任的领导者自己也会因为日常事务缠身而忽视预防与应急准备工作，这就需要领导者能够加强自我修养、提升应急领导力。

第一，提升应急管理战略性思维能力。要努力强化大视野、远视距看世界的思维习惯。树立安全发展、以人为本、居安思危的理念。要经常告诫自己，紧紧围绕安全发展这个中心，看得广一些、再广一些，远一些、再远一些，形成着眼大局、着眼长远抓应急管理的战略性思维习惯。

第二，加强应急管理知识的学习。持续不断地学习应急管理知识与方法，提升专业化

---

① 李雪峰. 应急准备的领导力. 领导科学，2009 (12).

应急管理能力。注重了解、研究突发事件及其应对的典型案例，学习其中的经验教训，丰富自身的应急管理知识与经验。在反思中学习，养成自我反思的习惯，通过反思自己在应急管理知与行方面的成功经验和教训不足，有助于领导者提升应急管理方方面面的能力。

8.2.2 发动他人

8.2.2.1 领导面临的挑战

对于突发事件预防和应急准备工作，紧迫感的缺失是各类组织及其成员的普遍心理。紧迫感的缺失不仅会反映在领导者身上，还可能反映在所有执行者身上。由于不那么紧迫，大家执行起来可能会大打折扣。如何动员大家投入预防与应急准备中，是对应急领导者的极大挑战。

8.2.2.2 领导的任务

动员他人参与应急工作的任务，就是要推动组织内外的相关人员增强风险意识和重视应急准备的意识，并积极投入到预防与应急准备工作当中去。其中的关键是推动形成重视风险和应急准备的文化氛围。对于一个组织内部而言，应急领导者的任务是推进组织文化变革，亦即从只注重完成发展指标的任务型组织文化转变为同时重视风险的责任型组织文化。

8.2.2.3 领导的策略

第一，耐心沟通、韧性动员。人们容易轻视、忽视预防与应急准备工作，这就需要领导者耐心宣传正确的应急管理理念，坚持不懈地动员他人重视应急工作。

第二，加强跨部门、跨界别合作。做好预防与应急准备工作的要害是合作。“人们认识到应急管理计划的有效性主要取决于应急管理人员的人际沟通的技能，而不是技术性技能。”① 因此，应急领导者的沟通与合作行为非常重要。为了发动各方面利益相关者参与预防与应急准备工作，需要领导者有效地沟通与动员；为了获得预防与应急准备工作资源，需要有效地沟通与说服；为了克服预防与应急准备工作中的种种困难，也需要靠合作、靠群策群力来解决。

第四，发展人际关系，建立人际网络。有效的行动需要人际网络关系支撑。只有平时有广泛的人际网络，危急时刻才能更为有效地协同应急。美国卡特里娜飓风过后，白宫专门委员会在反思报告中提到，美国联邦应急管理署、国防部、路易斯安那州之间存在着严重的协调问题。在救援过程中，美国海岸警卫队、国民警卫队、野战军之间也存在着严重的协调问题。为此，美国人反思：“个人之间的熟知而非制度性的联系促成了交流与合作。”② 因此，领导者积累广泛的人际联系和社会资本也是应急准备的重要组成部分。

8.2.3 领导常态事务

8.2.3.1 领导面临的挑战

组织决策议程中的各方面事项之间往往是竞争关系。在繁重的业务任务指标、激烈的

---

①② 沃，斯特雷布，王宏伟，李莹．有效应急管理的合作与领导．国家行政学院学报，2008（3）．

竞争面前，任何组织都需要对决策的议程进行排序。那些迫在眉睫的任务需要首先紧急处理，如眼前的危险与困境、有时间限制的任务等；其次是重大运营课题，如重要投资方向、重要人事安排、重要创新举措，都需要花时间认真研究、处理；接下来是周期性工作，如年度计划、年度总结评审等。而预防与应急准备工作，往往要排在这些之后。应当说，绝大多数组织不是设计用来发现和防范问题的，而是设计用来发展的。

预防与应急准备任务执行中的资源约束是领导者面对的又一个挑战。即便是有了合适的预防准备的决策，在决策执行过程中，时间、空间、资金、人员等用于准备和预防的资源也很可能不足。这些客观条件的不足与领导者主观上的紧迫感缺失相叠加，都会使执行效果打折扣。

8.2.3.2　领导的任务

只关注对突发事件做出第一时间响应的领导行为是战术型领导行为。预防准备领导行为在本质上属于战略型领导行为。预防与应急准备的领导任务是从战略高度扎实做好预防准备工作。

8.2.3.3　领导的策略

第一，严格计划管理。无论对于应急管理的认识有多么深刻，如果没有有效的行动，一切都是枉然。有了规划、预案、思路，就要去准备、培训、演练。执行需要按时，要按照计划的设想，积极去实现计划。

第二，推动精细管理。执行需要认真，要按计划设想保质保量、认认真真去做。细节决定成败，注重细节是预防与应急准备工作的硬功夫。

第三，克服困难不松懈。预防与应急准备工作是长期性工作，这就需要领导者耐心维护。预防与应急准备工作所需各种支持，特别是物资支持，往往因为需求不够迫切而得不到保证，这就需要领导者克服阻碍，想方设法达到预期目的。

专栏

李·维特领导美国联邦应急管理署

美国联邦应急管理署（FEMA）成立后，遇到了一系列困难。一方面是关系协调上的困难：在FEMA内部，组织上的整合容易，而运行模式与组织文化的整合困难；在外部，FEMA要接受国会23个委员会和分委员会的监督。另一方面，FEMA内部陷入严重的组织危机，官僚主义盛行，士气低落，效率低下，组成部门各自为政，与各州应急机构在经费支出问题上龃龉不断。这些问题使得FEMA在整个20世纪80年代表现平庸，无所作为。

1993年，克林顿任命詹姆斯·李·维特（James Lee Witt）担任FEMA署长。李·维特具有丰富的应急管理经验，对FEMA进行了大刀阔斧的改革：在内部，他在灾害服务领域大胆地采用新技术，突出强调应急管理的灾害减缓及风险规避的作用；在外部，他加强了与各州及地方应急管理者的联系，建立了FEMA与国会、媒体的新型合作关系。根据官方表述，改革的内容包括："与其他联邦机构、州及地方政府、志愿者组织、私人部门建立应急管理伙伴关系；与FEMA的伙伴一道，构建以风险为基础、采用全风险方法的综合性国家应急管理体系；将风险减缓作为国家应急管理系统的基础；对任何灾害都提供快速、有效的回应；加强州及地方的应急管理；振兴联邦应急管理署，发展更有效率的管理骨干、雇员及灾害预备人员。”这些行之有效的改革措施使FEMA获得了新生。

1993年，美国中西部9个州遭受洪灾；1994年，加州发生北岭地震。FEMA在这两场自然灾害中采用了新的运行方式，反应迅速、应对有力，赢得了公众的肯定与信任。

1995年，FEMA向全国发出倡议，推行一个以社区为基础的全新灾害减缓计划，即“影响工程”(Project Impact)。它要求建立包括各利益相关者在内的伙伴关系，识别并减少风险。商业部门首次被融入伙伴关系的范畴，这体现了全民参与的思想。“影响工程”的目的是：“(1) 建立社区伙伴关系；(2) 识别风险源和社区脆弱性；(3) 确立社区风险削减行动的先后次序；(4) 发展沟通战略，在公众中间更为广泛地宣传‘影响工程’和灾害的减缓。”“影响工程”受到了社区的欢迎，也得到了国会的认可，并取得了良好的减灾、防灾效果。

总之，李·维特领导FEMA成功地实施了组织变革，化解了所面临的组织危机。

资料来源：王宏伟. FEMA的演变与发展——透视二战后美国应急管理的四次大变革. 中国应急管理，2007 (4).

【附记】李·维特在FEMA的领导实践可圈可点，值得思考了解。

8.3 非常态应急领导

非常态下的应急领导所面临的形势往往既是严峻的、紧迫的，也是微妙的、两难的，需要领导者以正确的策略来应对。应急领导者要把自己动员起来，把他人动员起来，做好各项处置工作。

8.3.1 动员自我

8.3.1.1 领导面临的挑战

1. 巨大的精神压力

突发事件面前，领导者面临着各种精神和心理压力：严重的灾情、人民所遭受的巨大痛苦、受灾群众对政府的期待，会给领导者带来巨大的自下而上的心理压力；上级的要求、全国人民的期待、新闻界的报道，会给领导者带来有形、无形的自上而下和自外而内的心理压力；灾难给领导者本人及家属带来的创伤、救灾工作所带来的身心疲惫，会给领导者带来自内而外的心理压力。应急处置中的领导者可能每天只能睡三四个小时，工作极为繁重，所承受的心理压力可想而知。

2. 靠不住的危机心理

面对可能发生的危机，人们的普遍心理是不愿意承认危机的到来，或者拖延做出决定。领导者会因害怕承担更大的责任而一厢情愿地选择回避问题，出现心理上的哈姆雷特症①和焦虑症②，其根源是心理压力。研究表明，“人在重压下一般有如下表现：关注短期的结果，而忽视长期的效果；回归并坚持固有的行为模式；关注的视野变得狭窄，却更深刻，仔细审视核心问题，而忽略边缘问题；更容易墨守成规，或陷入幻想”③。三鹿奶粉事件中，三鹿领导层在压力之下想得更多的是：当下的企业利益不能受影响，一切处理都按程序一步一步来，并且把注意力全部集中在低成本化解危机和搞清技术问题上。一味地在既定的思维下处理问题，而不能采取超越性思路和做法，是三鹿领导层失败的关键原因之一。特殊的危机心理给领导者的思维判断力造成极大挑战。

8.3.1.2 领导的任务

非常态应急领导工作对于领导者的“非常”要求主要有素质要求和行为要求两个方面。在素质要求方面，要求领导者有良好的身体素质、优秀的思想道德品质、必要的知识和能力。在行为要求方面，要求领导者迅速反应，依法应对、科学应对、创新应对。突发事件面前，领导者要对处置工作实行有效的领导；还要充分调动人的主观能动性，要动员周围的人、动员广大人民群众奋勇抢险、克服困难、共度时艰。为此，领导者首先要让自己处于准备就绪状态，把自己动员起来，然后才有可能动员他人，有效组织救援。

8.3.1.3 领导的策略

1. 全面自我动员

第一，自我思想动员。自我思想动员要做到责任意识到位、勇气士气到位、原则观念到位。各级领导者在大灾面前要首先意识到，自己是负有保一方平安责任的领导者，灾难就是考验，灾难就是命令，此时此刻，挺身而出是自己的责任和义务。在舟曲，特大泥石流灾害发生后，县四大班子成员不约而同地赶到灾害现场，组织群众撤离，就体现了这样一种思想动员到位的状态。除了责任，领导者还需要有勇气。面对不确定因素，要勇于决策；面对风险，要勇于带头冲上前去。在这里，虽不能作无谓的牺牲，但也要不怕牺牲。除了勇气，领导者还要把握好原则。要把执政党的纪律原则、处理突发事件的原则放在心中，牢牢把握按照原则办的思想观念。

第二，自我心理动员。心理上的不舒服、恐惧、难过，乃至更严重的心理疾患，是对领导者发挥应急领导作用的巨大挑战。在舟曲，组织抢险救灾的县里干部需要默默地承受着因失去亲人、朋友、乡亲而产生的巨大心理阴影，其他干部也在惨烈的灾情和艰巨的任务面前承受着巨大的心理压力。这种情形下就需要自我心理动员：一要告诫自己正视现实，让自己冷静下来、平静下来，接受现实，顺其自然；二要通过自我暗示，相信自己有

---

① 哈姆雷特症是指领导在危机决策活动中只是去想象、思考而不是积极采取真正的行动，特别是关键决策。有这种心理障碍的决策者就好像哈姆雷特一样整天考虑“生存还是死亡”，没有及时采取复仇措施，最终丧失了克服危机的时机，对于领导者来说就是丧失了最佳的危机决策时机。

② 焦虑症是通常所说的顾虑心理。焦虑症不仅表现在事情决策阶段的迟疑不决，也表现在事情执行阶段的动摇与怀疑。过于多虑，过于谨小慎微，畏畏缩缩，甚至把担忧之心形诸于色，不仅不能很好地抓住时机，控制危机，还会由于从众心理，使下级领导也不敢作出果断的决策，从而造成更大的失误。

③ 伯恩，等. 危机管理政治学. 赵凤萍，胡杨，樊红敏，译. 郑州：河南人民出版社，2010.

主动掌控自我的能力，让自己努力达到身心平衡的状态；三要采取有效措施，如通过寻求心理辅导、开展某些转移注意力的活动等使自己的精神状态恢复起来。

第三，自我思维动员。灾难面前，思维不能乱，思路不能乱。在许多大灾面前，由于工作头绪多、精神压力大，领导者可能会失去平时周密的思维能力。然而，人的内在潜力也是很大的。当有意识地对自我心绪进行调整时，领导者还是可以在相当程度上使自己的思维准备就绪。思维的自我动员包括：强化全局观，要考虑到应急救援的各个方面，具有系统思考、系统联动的意识，对整个局势了然于胸；强化未来意识，努力预见将要发生的次生衍生危机，努力把握灾情和救灾的未来发展态势，努力预见抢险救灾中的新问题和新挑战；强化创新意识，因势、因时、因地、因人，利用新技术、新理念，创造性地拿出新的解决办法去应对危机，努力通过新的办法创造性地解决问题。

第四，自我行为动员。领导是群众的榜样，大灾面前更加考验领导者的行为。领导者的自我行为动员，首先就是要亲临现场，了解情况。在舟曲抢险救灾中，州县主要领导就采取一线工作法，每天花大量时间到救灾第一线，到群众中去了解情况，极大地保证了工作的有效性。在突发事件抢险过程中，领导者到现场既有利于发挥领导权威、有效解决问题，也有利于积累领导经验，更有利于稳定人心、鼓舞士气。其次，领导者要比平时更加勤奋，更加努力地投入工作中。最后，领导者还要通过言行表现得更加活跃和充满自信，以此来感染周围的人们。

2. 避免踏入心理误区

面对可能的危机，领导者要努力稳住阵脚、端正态度，克服可能影响正确思考与判断的认知心理误区：

第一，勇于面对现实，克服逃避心理。来自上级的要求按“上面精神”办的压力、来自自身本能的对危机的恐惧所产生的心理压力、来自他人和外界的舆论压力等都使得领导者很难“自持”，产生逃避心理。克服逃避心理就是要给自己积极的心理暗示。领导者要有抗压精神，要勇于自我牺牲，要有一点“豁出去”的精神；要有乐观主义精神，相信只要认真努力，就可能化解危机、走出困境。

第二，敢于实事求是，克服从众心理。从众心理是指在群体的显性或隐性压力下，个人在认知上努力与多数人保持一致的心理倾向。日常生活中的随大流、人云亦云等都是从众心理的表现。克服从众心理就是要有意识地暗示自己：真相和真理不见得掌握在多数人手中。领导者要敢于正视、重视别人不愿意正视、不愿意重视的现象，要敢于表达别人没有表达出来甚至是不喜欢的意见和看法。

第三，努力认真负责，克服侥幸心理。侥幸心理从主观愿望出发，寄希望于事情按照自己的愿望发展，寄希望于危机不要发生；或者以为事情经过集体研究，即使将来出了事，板子也不会打在自己身上。克服侥幸心理就是要有意识地暗示自己，从客观实际出发，认识和把握问题。领导者要主动地、冷静客观地思考，宁可首先把事情想得严重一些，再仔细推断其可能性；要树立有备无患的意识，做出必要的、充分的准备；要树立责任意识，使自己保一方平安的职责落实到位。

8.3.2　动员他人

8.3.2.1　领导面临的挑战

突发事件会对生活在和平日子里、没有危机意识的人产生巨大的冲击力，从而使其心理上遭受重大的创伤。直接受害者往往会在内心中反复重演灾难场面，主观上不断修改记忆中自己当初的行为，期望能在幻想中找出避免或减轻灾难的方法。长时间如此，必然会造成精神上的耗竭，严重的会精神崩溃。对于其他受灾群众或救援人员而言，也会在惨烈的突发事件现场产生极大的心理压力。

8.3.2.2　领导的任务

突发事件面前，凝聚人心、共克时艰是领导者发挥作用的重要方面。群众动员的主要任务是凝聚社会力量。人们面临外部威胁、冲突和危机时，既可能在正确的引导下形成较强的凝聚力，也可能在领导缺位的情况下形成人心涣散的局面。因此，在应急响应阶段，领导者要乘势做好群众的思想工作，使群众心往一处想、劲往一处使。

8.3.2.3　领导的策略

1. 实行理念领导

应急领导者应提出突发事件应对的目标愿景，宣传应对危难的核心价值观。迅速提出克服突发事件影响的目标和未来景象能够给人以希望，大力宣传大灾不屈、战胜困难的价值观能够给人以信心。

2. 发挥带头作用

第一，展现积极负责精神。领导者要通过自身的言行向群众展现积极负责的精神风貌。要用能够激励人心的语言，要用老百姓能听懂的语言，把政府的决心、信心、意志传达出去。

第二，构建干群鱼水关系。领导者要通过在一线、在现场中现身，通过其认真的现场指导活动、对群众问寒问暖的慰问活动等，使群众切身感受到领导者就在大家身边，正在与大家同甘共苦。

3. 发挥党组织作用

在我国，要充分发挥党的基层组织作用。群众动员的基础力量是基层党组织。领导者要动员基层党组织和广大党员发挥先锋模范作用，吃苦在前，想群众之所想，用行动感动群众、发动群众。

4. 推动开展心理抚慰工作

面对承受着巨大心理压力甚至患有心理疾患的相关人群，领导者要身体力行和动员有关方面开展心理抚慰工作。这包括：

鼓励受灾群众多与他人交流。受害者多和亲友、同事等交流自己的看法和感受，多与那些关心他们的人在一起，能够获得良好的心理支持。

说服人们接受现实。不幸已经发生，创伤已经形成，既然已经无法挽回，就该宽慰自己、承认现实，其结果一定会比垂头丧气、痛不欲生好得多。

引导人们升华痛苦。创伤和挫折给人带来心理上的压抑和焦虑。一味地憋气愁闷、颓唐绝望，等于是用已发生的不幸在心理上惩罚自己。要引导人们学会将消极情绪转化为积极情绪，努力化创伤为动力，将不良情绪升华为积极上进的力量。当人们投入对己对人对社会都有利的事情中，获得成功的满足时，也消除了压抑和焦虑情绪，实现积极的心理平衡。

引导人们转换视角思考。对于同一现实或情境，如果从某一角度来看，可能引起消极的情绪体验，陷入心理困境；而从另一个角度来看，就可能发现积极意义，从而使消极情绪转化为积极情绪。在审视、思考、评价某一客观现实情境时，要帮助人们学会转换视角，换个角度看问题，这样常会淡化消极情绪。

容许人们适度宣泄。一个人受到创伤时，用意志力量压抑情绪，谈笑自若，这样只能缓解表面紧张，不能解决根本问题，还会陷入更深的心理困境，带来更大的心理危害。要容许人们选择合适的方式来宣泄心中的苦痛。

8.3.3 领导非常态事务

8.3.3.1 领导的挑战

1. 不喜欢坏消息的组织[①]

许多组织都把完成一定的功利性任务作为首要目标，而防范和处理突发事件则是附属的、不被重视的任务。当组织体系变得规模庞大时，信息的沟通可能更加不畅，领导者的决策更加依赖既定的程序。考察那些应急处置失败的案例，可以看到组织结构与文化方面的问题是重要的深层次原因。在结构与流程方面，现行分工过细或分工不够合理的组织结构往往导致信息不能有效整合与传递；在文化方面，组织的信息流往往受各方面关系影响，坏消息常常难以报告上来。在三鹿事件中，从程序上看，三鹿领导层对有关信息都做出了反应，也都做出了集体决策，但问题在于集体没有做出超越性的思考和决策。在美国“9·11”事件前，关于利用飞机冲撞进行恐怖袭击的情报已经被不同情报部门点点滴滴地捕获，但是由于庞大的情报系统内部沟通不畅，这些信息没有被及时整合成一份清晰的恐怖袭击情报，也没有哪一级领导人敏锐地抓住关键信息、做出判断和行动。可见，三鹿事件与“9·11”事件都证实了当代组织模式为领导者的正确判断带来了极大挑战。

2. 困难情境的挑战

困难情境是指突发事件发生时，领导者所面临的种种难以克服的困难，包括：预案可能是无法完全合用的，既有的规则也可能是无法完全合用的，这给形成有效的应急处置方案造成了困难；在应急处置过程中，人、财、物资源不足会给有效救援带来困难；应急处置还需要快速组织人们按平时不熟悉的工作方式工作，需要协调上下左右各方面的资源，会带来组织和协调方面的困难。一般说来，从开始的忙乱状态、资源的严重不足，到后来各方救援力量齐聚，突发事件应急处置全过程都会给应急领导者的协调、组织工作带来极大的困难和挑战。

---

① 李雪峰. 突发事件监测预警的领导原则与策略. 领导科学，2012（5）.

3. 事后问责的挑战

问责本来需要以事实为依据、以法律为准绳。但是，由于各种外在压力的影响，领导者有时很难避免心理误区，容易做出不适当的问责：一是为了避免自身的声誉受到影响，上级领导者可能会打着依法办事的幌子寻找替罪羊。从社会心理角度看，人们也容易接受“总要有人负责”的观念，而忽视从寻找深层次原因的角度去总结经验教训。二是有时为了给自己开脱罪责，或者为了尽快平息民愤，上级领导者甚至可能会背离事实，着重夸大某个人或某一方面的责任。这些误区从短时间看对于领导者集团或某些个人是安全的，却会换来长期的声誉损害，并间接对事业发展造成损害。

4. 事后学习的挑战

事后学习可以学习成功的经验，也可以吸取不够成功的教训。吃一堑长一智，从失败中学习往往更有意义。但是，深刻全面地反思经验教训并不容易，其原因有三：一是心理障碍。从经验中学习，表彰会、总结会都是人们喜欢开的。但是，对于教训而言，由于回顾过去的不成功对于当事人本身是一件痛苦的乃至不堪回首的事情，因而尽管人们都认可吸取教训的重要意义，但现实中又都不愿意从自己的教训中学习。二是认识障碍。人们容易看到表面的直接问题和原因，但是对于深层次的原因，如思维模式、心理原因等则不容易准确判断。三是利益障碍。人们为了避免被指责，往往想方设法为自己开脱责任，回避问题，表现出回避学习或消极学习的行为特征。

8.3.3.2 领导的任务

应急领导者在非常态下的领导工作任务繁重，其中需要发挥领导者主观能动性的重要任务有：

1. 做出形势研判

形势研判的领导活动，是指在相关岗位上的领导者对突发事件信息的捕获、加工、研判的过程。一是对零散、模糊的信息加以捕捉。来自不同部门、不同方向的突发事件信息往往是零散的、模糊的，领导者要敏感地对这些信息加以注意、捕捉。二是根据有限信息对形势加以综合，做出相对准确的判断。在信息不完全或不足以促成准确判断时，领导者要根据有限的、关键的信息，大胆地做出研判。

2. 决策制定与实施

在研判的基础上，领导者需要在紧急任务面前快速决断，在资源条件并不完备的现实面前采取果断行动，要在应对不足的决定和过度应对的决定之间负责任地找到一个平衡点。决策之后，还要推动有关方面使决策事项得到落实。这就需要机智而坚决的指挥、协调、说服等工作。

3. 领导事后问责工作

突发事件的事后处置涉及人员责任和绩效的评估，其中的重点和难点是问责。特别是对于有人为因素的事件而言，问责是一项重要、敏感而困难的工作。问责的基本依据是有关的法律法规，但责任的判定却不是一件容易的事情。这需要领导者以事实为依据、以法律为准绳，同时也要考虑到大局的需要和人们的接受度等因素。

4. 领导事后学习工作

客观、全面地总结经验教训，并提出今后的改进意见，是学习的目的所在。但由于各种主客观条件的限制，学习工作要做到位也是不容易的。这就要求领导者采取有效的学习策略来领导学习工作。

8.3.3.3 领导的策略①

1. 指导思想上坚持以人为本、高度敏感

领导非常态应急工作的核心挑战是对领导者道德能力的挑战。例如，当事件苗头已经出现而未来走向不明时，是否要关注？该如何应对？如果领导者更多地顾及上级的压力、自身的利益、种种不利因素带来的困难，就会在犹豫、畏缩中丧失解决问题的最佳时机。

领导者要以应急管理核心理念为指导，尤其要坚持以人为本的核心价值观。

“以人为本、高度敏感”就是强调领导者要以高度的对人民负责的责任感，始终坚持公共利益至上，对于任何异常现象都要非常敏感、时常关注。在2008年年初，对于三鹿领导层来说，喝奶粉可能会让婴幼儿得肾结石病就是前所未闻的信息。如果他们能够从内心深处坚持以人为本，以高度敏感的心态去处置这一信息，在8月初以前采取及时公开信息、产品下架等措施，那么，也许在短期内企业会蒙受损失，但最终结果可能就会避免企业倒闭、领导层受到法律制裁的厄运。

2. 动态研判形势

面对突发事件，除了要充分依赖已有的信息监测系统外，领导者还要运用以下主动应对策略：

第一，机智捕获信息。要捕获的关键信息有两类，一类是客观上已经存在的信息，另一类是推断的信息。对于已知信息，领导者要对其中从未遇到过的新信息、新情况保持高度的敏感性。所谓推断的信息，是指对问题进行合理想象后衍生出的思考结果。通过建立在已有客观信息基础上的想象和推断，领导者可以在心里预演可能出现的复杂危机情境，从而做出正确推断。

第二，动态把握情况。突发事件应对过程中，每天都有新情况、新进展、新问题。动态掌握情况进展是科学决策的前提，也是有效沟通协调和做好各项工作的前提。首先，领导者要依靠所建立的正式信息系统获得信息。各个指挥部和救援队伍的日报、简报是首要的信息来源。其次，自己亲自到现场观察，以及通过非正式渠道的沟通，能获取重要的一手信息。再次，每日例会上的沟通是获得全面信息、汇总信息的重要渠道。此外，领导者还要特别关注媒体报道，尤其是其中所反映出的敏感信息。另外，还要随时了解必要的地理、民情、民俗方面的知识信息；特别是当领导者不熟悉当地情况时，更要尽可能了解这些信息。

第三，客观判断形势。判断形势既需要努力通过推理来得出确定的结论，也需要客观冷静地面对无法推知其本质的未知情形。

领导者“昨天”的经验对研判“今天”的形势有很大帮助，然而类比思维也容易收窄领导者的视野，造成判断上的失误。例如，在2009年甲型流感可能流行的形势面前，我们官方的反应是要像应对2003年SARS那样来应对，其结果被证明有些大动干戈。其实，我们还可以将其类比为严重流行性感冒，这样也许就会像美国联邦政府那样多一点自然无

① 李雪峰．应急处置与救援中的领导方法．领导科学，2011（3）．

为、少一点过度干预。因此，在形势研判过程中，领导者除了努力从以往的经验中检索出可类比的情形外，还要注意拓展类比思维的类比宽度，从多角度把握危机的现实。

此外，在对形势的总体把握方面，除了要研究已知的信息，更要认可未知。只有承认未知因素的存在，才不至于大包大揽，做出勉强的“全面、准确”判断。SARS 初期，地方政府没有采取有效的隔离、通告等措施，原因之一恐怕是有关部门的领导者在思想上没有充分认可这是一次原因不明、病因传播不明、后果不明的未知事件。

3. 果断做出决策

突发事件情势不断发生变化，抓住解决问题的时机异常重要。任何慢半拍的行为都可能贻误防止危机发生的“战机”。回顾三鹿事件，有关领导人员在长达半年多的时间里，对于来自市场和舆论的不断增多的问题信息始终采取以“危机公关”来“堵嘴”的办法。可以说，三鹿高层从一开始就输在“被动反应”上了。

第一，抓住时机决策。在危难面前，领导者要勇敢面对危机的现实，敢于应对自我的心理挑战，勇于承担责任，不怕失败。抓住关键信息，就要敢于做出决策，采取果断行动。当然，领导者一方面要敢于冒风险，另一方面要注意在行动过程中尽可能地防范风险。

第二，尽可能地做出科学决策。要把握好如下关系：一是要把握好及时决策和审慎决策的关系。此时若有新的紧急情况出现，需要果断做出决策，就仍需要根据经验做出大胆迅速、程序简化的决策；若情况复杂、政策性强，需要且可能进行深入的探究，则要审慎地、程序化地做出判断和决策。二是要把握好依据政策决策和灵活决策的关系。一些决策，如受灾群众安置等，政策性强，要尽可能地严格执行有关政策；而在缺乏明确的政策支持的领域或政策性不是很强的领域，则可适当灵活决策。三是要把握好领导者决策和专家参与决策的关系。如果时间不是非常急迫，或问题的专业性很强，则要充分发挥专家团队的专业化决策作用。四是要平衡好集体决策和个人决策的关系。如时间条件允许，要进行集体决策；否则，主要领导者要依据职责勇于承担责任，拍板决策。

第三，实行动态领导。要通过探索式、渐进式决策和行动使自己保持主动。在形势迅速变化的关键时刻，要随时随地监测情况的动态发展，绝不能掉以轻心。要根据情况的发展变化及时调整思路，做出新的决策，采取新的行动。

第四，勇于在必要时“标新立异”。对于新问题，往往需要新思维、新措施才能有效化解。对于三鹿事件而言，堵嘴式的“危机公关”是三鹿集团高层习惯性的、一直在用的做法，而主动坦诚地披露信息则是其未曾做过的、检验领导者胆识的做法。而在 1979 年美国三厘岛核泄漏事件[①]早期，尽管灾情不明，宾夕法尼亚州州长迪克·松伯还是敏感地意识到这是一个新问题，并因此做出了诚实地向公众披露信息的决定，下令紧急疏散 5 英里半径内的学龄前儿童和孕妇。这种做法尽管引起了前所未有的恐慌，却避免了误导舆论、误导公众，掌握了舆论上的主动权。

4. 系统组织应急处置

在应急处置阶段，情况危急、复杂、多变，信息往往庞杂过量，有些资源不足，有些

---

① “三厘岛核事故背景”. http://www.nrc.gov/reading-rm/doc-collections/fact-sheets/3mile-isle.html.

资源过量，外部救援力量纷纷到场，组织协调、后勤保障等工作量极大。这给领导者带来许多新的考验，需要领导者全力以赴。实践证明，领导者的全力处置应体现应急管理核心理念的要求，尤其要注重以下几点：

第一，以人为本组织救援。领导者在启动应急响应、部署应急抢险后，要把保障公众健康和生命安全作为最重要的任务，最大限度地动员一切可以动员的力量，迅速告知公众危险形势，组织救人，最大程度地减少突发事件所造成的人员伤亡和危害。此外，除了对受灾群众本身的救治，还要充分考虑到其他利益相关者的需求。例如：要关照好救援者，使其不受到不必要的伤害；关照好新闻记者，为他们的工作提供方便；关照到受害者的家人，为他们提供必要的信息和方便等。

第二，依法依规处置。突发事件面前，各级领导者的根本任务是依法履行抢险救灾的职责，要遵从《突发事件应对法》的原则，依据有关法律法规、应急预案进行处置。首先要按照预案的规定迅速布置相关工作。如果预案的规定不足以应对所面临的突发事件，则应根据经验相机开展布置任务、告知公众、调动资源、控制危局、拯救生命、向上级报告灾情等工作。

第三，灵活创新解难。面对各种处置与救援的难题，领导者要充分发挥自己和他人的创造力，灵活地解决问题。创新性解决问题的关键一环是打破平时的工作边界。具体思路有：一是打破层级界限，使基层干部与中高层干部协同工作。二是打破内外界限，使不同系统的人员共同工作。三是打破已有的制度和习惯界限，创设新的制度。在舟曲救灾过程中，地方政府打破了上下级界限，根据实际情况成立了州县联合指挥部；打破了内外界限，邀请军队指挥员作为联络员参与一些工作组的工作；打破了原有的正式沟通习惯，普遍在各个工作组或分工作组设立联络员，以克服沟通上的困难。

第四，有效沟通协调。在全面处置阶段，应急处置与救援工作头绪极多：从灾情控制到人员安置，从基础设施恢复到卫生防疫，从媒体服务到大众沟通，从治安维稳到审计监督，从次生衍生灾害防控到恢复重建规划，从上级、下级到兄弟单位，各个方面都需要综合协调好。这就需要领导者首先要深入细致，把沟通协调工作做到实处，避免武断和盲目；其次，要及时建立起有效的沟通协调工作机制，根据情况创设各种新的工作机制；最后，还要充分利用好上级资源和平时积累起来的各种关系开展沟通协调工作。

5. 实事求是做好事后工作

要树立实事求是的负责精神。在问责方面，要坚持依法问责、全面考虑。要将对个人原因与组织原因的追查相结合，将某一级的责任追究和有关各个层级的责任追究结合起来，使得结论客观，经得起历史的考验。在学习方面，除了直接经验教训的吸取，也要从思维模式、组织自身的体制机制障碍等方面查找原因，将直接原因与深层次原因的查找相结合。

6. 以恢复重建为契机进行改革创新

恢复重建的较高境界是以恢复重建为契机，积极推动改革创新，解决过去已存在的问题，实现社会运行质量高于突发事件之前的水平。这有如下工作要做：适时启动过去已经规划好的改革与创新方案。过去由于条件不具备而没有做的事情，现在正可以乘机启动；对于需要改变并且容易改变的某些不合理的制度、规定等，领导者就可以当机立断，实施变革；对于需要变革但复杂难改的方面，领导者可以乘机启动改革的议程，推动形成改革方案。

专栏

三鹿事件的惨痛教训

问题奶粉

2007 年 12 月以来，三鹿集团陆续收到消费者投诉，反映有部分婴幼儿食用该集团生产的婴幼儿系列奶粉后尿液中出现红色沉淀物等症状。2008 年年初经营班子开会时，三鹿集团党委书记、董事长、总经理田某华要求调查原料是否出了问题，或者案发地是不是结石高发地，并要求对发病人员详细跟进，掌握情况。

2008 年 5 月 17 日，三鹿集团客户服务部书面向集团领导班子成员通报了此类投诉的有关情况。随后，田某华组织成立了问题奶粉处理领导小组，并自任组长。此后，成立了技术攻关小组，由副总经理王某良负责；成立了奶源管理小组，由副总经理杭某奇负责；成立市场信息处理小组，由副总经理蔡某维和张某岭负责。

6 月，领导小组开会听取汇报。王某良说："咱们的奶粉与国内外其他的奶粉相比，'非乳蛋白态氮'含量高，但根据国家标准来看，这个方面并没有相关标准。"田某华指示技术攻关小组要查"非乳蛋白态氮"到底是出了什么问题，同时还建议技术攻关小组组织专家进行研究，看小孩出现肾结石、尿结石是否真的是因为喝三鹿奶粉。接着，三鹿集团又派人直接与出现婴幼儿结石病患的医院联系，试图找出原因。

与此同时，三鹿集团还与消费者共同委托湖南省食品质量监督检测所、长沙市食品质量监督检查中心、徐州市产品质量监督检验所进行抽查。三鹿集团自行委托了国家乳品质量监督检测中心、国家环保产品质量监督检验中心和农业部乳品质量监督检测中心对市场相应的产品进行了送检。检测的结果都认定送检产品为合格产品。

7 月 17 日，三鹿经营班子召开会议，通报兰州大学第二附属医院发生了十几例婴儿患肾结石的情况（大部分都食用过三鹿婴幼儿配方奶粉）。同时，会上也提到，江西、湖南、湖北、河北等地也出现了类似情况。会议要求，要为消费者换货、退货，让消费者情绪稳定。会议还决定封锁媒体（通过给媒体广告费用，让它们不报道，封锁消息）。

8 月 1 日下午 5 时，王某良向田某华汇报了河北省出入境检验检疫局技术中心的检测结果：16 批次奶粉样品中，15 批次检出了三聚氰胺。田某华立即召开经营班子扩大会议。

经营班子会议

会议由 8 月 1 日傍晚一直开到第二天凌晨 4 点。会议最终形成几项决议：一是对已有奶粉立即进行封存，暂时停止产品出库；二是收回市场上的产品并购置检测三聚氰胺的设备，由王某良负责对库存产品、留存样品及原奶、原辅料进行三聚氰胺含量的检测；三是由杭某奇加强日常生产工作的管理，特别是对原奶收购环节的管理，并决定派出 400 多名检测人员到各收奶站，以"人盯奶站"的方式监督各奶站，确保原奶的质量；四是召开董事会，公布已经出现的问题，制定收回的方案，对通过检测的和没通过检测的产品进行抽查。在这次会议上，田某华要求严格保密。为了保密，田某华要求部分内容不进入会议记录。

董事会会议

8月2日上午，三鹿集团的高层与新西兰恒天然公司派驻三鹿公司的董事一起召开了董事会，田某华等人将产品被污染等情况告知了外方董事。会上，外方董事提出公开召回产品。但有董事提出，公开召回产品会对公司声誉造成重大打击，建议通过以合格产品换回不合格产品的方式解决问题。之后，新西兰方面的董事没有反对。

领导来访

8月2日，三鹿集团书面报告石家庄市政府，恳求市政府出面，迅速查办投放三聚氰胺的不法奶户和奶站经营者。

8月2日下午5时，主管安全生产的副市长等来到三鹿集团。三鹿集团向市政府请示提出实行产品召回，但遭到政府官员的明确反对。他们提出，要以人盯人的方法，安抚家属，"拿钱堵嘴"；要特别注意保密，防止出现消费者上访的情况，同时要尽力避免"媒体炒作"。

八月的挣扎

8月2日后，三鹿集团开始以不含有三聚氰胺的合格产品换回市场上含三聚氰胺的产品。但是，换货压力越来越大。

8月13日，三鹿集团经营班子扩大会决定：用三聚氰胺含量不高于15毫克/公斤的奶粉（据信是安全的）换回三聚氰胺含量高的奶粉。

8月29日，三鹿集团第二次以书面形式向石家庄市政府进行了汇报。在报告中，三鹿将企业收到的有关婴幼儿患病的情况作了如实反映，恳请石家庄市政府考虑可否逐级上报。

结局

9月9日，媒体首次报道"甘肃14名婴儿因食用三鹿奶粉同患肾结石"。当天下午，国家质检总局派出调查组赶赴三鹿集团。

12月31日，田某华以生产、销售伪劣产品罪被判处无期徒刑。

【附记】三鹿事件中，以田某华为首的企业领导班子的一系列领导失误导致了事态的恶化和企业倒闭，其中的教训值得深思。

本章小结

1. 应急领导是指在突发事件应对各个环节中，应急领导者把握自我、动员他人、完成突发事件应对任务的领导行为。

2. 常态下，应急领导者要把预防准备工作领导好，要把人们动员起来，要让自己的素质能力得到提升。

3. 领导监测预警工作要在指导思想上坚持以人为本、高度敏感，牢牢把握主动权，主动应对可能出现的危机，避免踏入心理误区。

4. 领导决策处置工作要全面自我动员，系统组织应急处置，注重开展群众动员。

5. 领导响应后工作要树立正确的指导思想，把恢复重建相关工作做到位，以恢复重建为契机进行改革创新，把学习成果转化为新一轮预防准备的动力。

关键术语

应急领导　　集权式领导　　民主式领导　　科学领导　　伦理领导

复习思考题

1. 何谓应急领导？应急领导面对哪些挑战和任务？
2. 联系实际谈一谈怎样做好常态应急领导工作？
3. 联系实际谈一谈怎样做好非常态应急领导工作？

阅读材料

核电站的早晨

【题记】这个真实的核电站的案例反映了应急领导者的真正困境。对这一案例的研究和讨论有助于深化对应急领导行为的认识。

(一)

20 世纪 80 年代的一天。距离瑞典首都斯德哥尔摩 120 公里的福什马克（Forsmark）核电站。

对于福什马克核电站而言，这是一个充满压力的早晨。当临近社区的居民还在揉着他们惺忪睡眼的时候，福什马克核电站的人们正面临着一场危机。大约早上 7 点，一名工人在穿过一个位于“鞋边界”（sheo-border）的辐射探测器时，警报响了，打破了清晨一贯的宁静。（该辐射探测器位于为离站人员进行常规放射性污染检查的监测站的最远端。）毫无疑问：工人的鞋被超正常等级的放射性物质污染了。当核电站总经理卡尔-埃里克·桑德史泰德（Karl-Erik Sandstedt）主持高管晨会时，不祥的警报的消息就传到了。

瞬间桑德史泰德脑子闪过一系列可能的解释：会不会是一次误报呢？这种事情也不是没有听说过。他接着想到了长期存在的，但是程度较为轻微的事故隐患。这类问题自 80 年代核电站开始运行以来就一直挥之不去。在本次事件的几个月前，核电站还遭遇了燃料棒泄漏和几次微量放射性物质泄漏的问题。这次会不会有更加严重的问题出现呢？核电站最怕发生像 1979 年美国宾夕法尼亚州三里岛核电站事故那样的灾难性事故。一些人甚至还记得发生于 50 年代英国温德斯格尔的更为严重，但却鲜为人知的一次事故。那次事故导致了石墨着火和严重的放射性物质泄漏。若福什马克核电站反应堆堆芯损毁，其后果实在不堪设想。

不顾对于可能的最糟后果的恐惧，训练有素的福什马克员工们开始系统地搜寻污染的源头。他们仔细地检查了整座核电站，寻找可能会导致放射性污染泄漏的裂缝或者缺口。令人感到奇怪的是，整个核设施里面没有发现任何裂缝或缺口。也许是核电站内人员的往来把污染散播到了各处，从而使搜寻泄漏的工作复杂化了？几十分钟过去了，几个小时过去了，污染的源头仍然是个谜。

为了能够更全面地了解情况，他们焦急不安地派辐射测量队做进一步探测。在核电站旁边的停车场和距离核电站几公里远的林地里都进行了测量。结果显示，紧邻核电站外的辐射水平要比那些较远的地方高得多。桑德史泰德和他的技术高管认为，这些发现支持了他们一开始的推断，那就是辐射的源头位于核电站内部。上午 10 点，桑德史泰德决定关闭进入核电站的道路，以便避免更多人进来并在里面到处散播放射性物质。

然而此时距离最开始的警报已经过去大约三个小时了。采取决定性行动的压力在蓄积着。桑德史泰德面临着一个艰难的抉择。他应当继续和他的团队在厂址里面搜寻裂缝或缺口吗？还是应该拉响正式警报，并且启动紧急响应程序？后者将意味着要通报国家行政机关和省政府，以及大众媒体。

桑德史泰德的首席公关主任伦纳特·弗兰曾（Lennart Franzon）将 100%的注意力都放在了这个令人不安的问题上。（他是如此全神贯注于他的职责，以至于直到那天深夜才抽出时间来给他的妻子打电话，告诉家人福什马克核电站发生的事情。）弗兰曾把全部心思都用来考虑如何应付警报拉响之后他将要面对的尴尬局面。他将要向媒体通报这里发生了一起放射性物质泄漏，然而源头却尚未发现。但是一旦做出这样的表态，不仅他一直以来精心打造的“能经得起考验的福什马克核电站”的形象将受到严重损害，核电站管理层多年苦心培养起来的社会信任度也将大大折损。一旦消息传出福什马克核电站，那么任何试图以谨慎的手段处理这一局势的希望就都荡然无存了。弗兰曾十分清楚，一旦该消息走漏，大众媒体和反核群体绝对会把它变成一场政治闹剧。

然而，拉响警报意味着桑德史泰德可以命令疏散大多数人员，只留下操作反应堆的核心员工。如果这个事件真的会成为一场灾难，那么这么做起码可以帮助大部分已经处于焦虑中的工作人员摆脱危险。此外，把大量的工作人员、外部专家和来访人员请出核电站，也可以让技术人员更加方便地隔离泄漏点位。

一次紧急疏散会造成大约一百万克朗的损失。如果所谓的“紧急事件”最后被发现是误报的话，那么带来这样的损失就过于尴尬了。不过，在当前局势下，无所作为的后果恐怕要更加惨重……

（二）

面对艰难抉择的桑德史泰德感到肩上重担千钧。十分清楚潜在代价的他命令正式拉响警报。他的下属联络了省预警中心，向他们通报福什马克核电站的情况。省预警中心则联系了省政府负责人，并启动了省应急程序。最初的警报内容在沟通过程中被不小心读错了。省当局误以为核电站发出的是更加严重的“失灵警报”（反应堆失效警报）。福什马克核电站还联系了国家级管理机构国家辐射防护中心和核电督察所，并且向它们通报了相关情况。

桑德史泰德和他的应急小组在规定的应急指挥中心集合了。除了桑德史泰德之外，这个小组还包括三个反应堆区的主管、辐射检测及防护专家等核电站负责人员，此外还有公关主任弗兰曾。他们迅速作出决定，依据乌普萨拉省核问题应急预案，疏散 500 名人员。这个决定是冒着一定风险的——它是在到此刻为止仍然没能在核电站内部确认任何污染源的情况下作出的。11 点过后不久，广播喇叭指示一般工作人员、外部专家和来访人员向距离福什马克核电站几公里远的诺斯科蒂卡体育中心报到。向核电站外疏散人员的工作在沉重的气氛中开始了……

公关主任弗兰曾于上午 11 点 15 分联系了当地电台。电台接着于 11 点 25 分发布了一份充满不祥气息的初始公告：

> 福什马克核电站发出警报：在核电站设施外发现有少量放射性物质存在。目前尚未确认哪一座反应堆区受到了影响，也尚未确认辐射的源头。

疏散人群从当地的一座学校旁经过。看到异常的人群，孩子和老师们焦虑了起来。根据政府传达给他们（以及其他在核电站附近地区生活和工作的人）的指示，老师们打开了收音机。他们听到福什马克核电站出了事，立刻认定核电站已经发生了放射性物质泄漏。他们连忙关上了学校建筑的门窗，并且开始主动向孩子们发放碘药片。

疏散工作进行得并不顺利。总机的接线员和其他的非应急人员一道被疏散走了，从而降低了福什马克核电站通过电话和外界沟通的能力。先前用来隔断通往福什马克道路的路障严重阻碍了从核电站向外疏散人员的工作。在路障那里疏散队伍延误了将近 30 分钟。在诺斯科蒂卡体育中心外，在空旷地上建立起来的简陋处理区外面排起了长长的被疏散人员队伍。由于福什马克核电站与省当局以及警察之间通信不畅，（根据省核问题应急预案）负责为受疏散人员进行登记的警察晚到了一小时。此外，协调中出现的其他各种问题进一步降低了处理的速度。

被疏散人员中的许多人都没有事先准备御寒的衣物而在寒冷中瑟瑟发抖。此外，他们在等待登记的过程中，被要求在门外等待，在完成登记前不得进入避难场地或是进入净化程序。每个人都要留下姓名和电话号码，以便能够在接下来的 48 小时被联系到。经过登记后，被疏散者的衣服和鞋子就被拿去做放射性污染检测。而当下只有一台可以运作的盖格计数器（被用来测量放射性污染），这进一步拖延了疏散的进程。尽管没有检测出任何一件外衣存在遭到污染的迹象，但至少有一半的鞋子显示含有超过正常量两倍的辐射水平。

在全部的登记和净化过程完成之前，被疏散人员仍不得离开体育中心。在被关在体育中心的四个半小时中，他们粒米未进。此外，他们对极其有限的电话设施感到十分的恼怒。大多数人都没能够和家人取得联系。他们唯一能做的就是等待，期望最好的结果，并且不可避免地，担心着最糟糕的结果。

（三）

这一天是 1986 年 4 月 28 日。当天下午晚些时候，最终检测结果表明辐射源不在福什马克核电站内，也跟核武器无关。

资料来源：根据美国锡拉丘兹大学麦克斯维尔学院提供的教学案例改编。

阅读思考题

福什马克核电站和乌普萨拉省当局在应急领导方面的经验教训有哪些？

第 9 章

应急沟通

上下交，而后能成和同之治。

——张居正：《论时政疏》

所谓应急沟通，是指政府和其他应急管理主体与其体系内部，以及与媒体、公众等受众沟通信息、相互交流的过程。沟通是突发事件应急管理的基础性工作，它贯穿于应急管理工作的始终，体现在预防与监测、应急准备、应急响应、恢复重建等各个环节。

本章主要阐释应急沟通的概念与意义，介绍常态与非常态下的应急沟通的主要领域与基本方法。

重点问题

- 应急沟通的概念与意义
- 常态下的应急沟通问题
- 非常态下的应急沟通问题

9.1 应急沟通概述

9.1.1 沟通原理

美国管理学家斯蒂芬·P. 罗宾斯（Stephen P. Robbins）认为“沟通是意义的传递与

理解”①。沟通的本质是信息的分享和意义的理解，反映的是思想与感情的传递和反馈过程。

沟通有如下特征：（1）沟通不仅传递信息，还传递感情；（2）沟通包括信息的传递和信息的理解；（3）沟通并不意味着双方一定达成一致；（4）有效的沟通是一个双向、互动的反馈和理解过程。

沟通过程模型见图9-1。

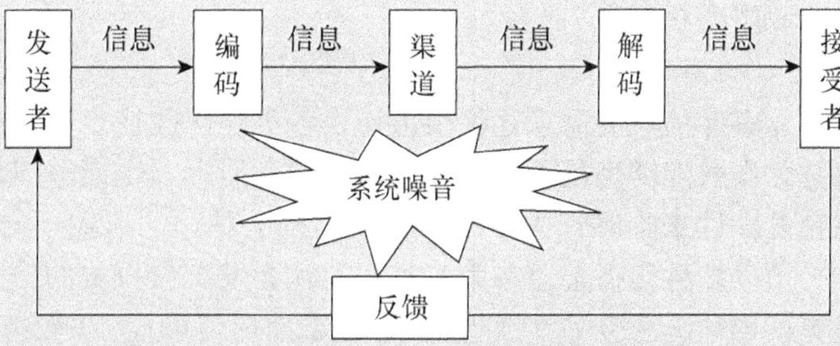

图9-1 沟通过程模型

沟通过程包括发送者、接受者、信息、渠道等四个主要因素。第一，信息的发送者提供信息的来源，必须充分了解接受者的情况，以选择合适的沟通渠道和利于接受者的理解。要顺利完成信息的输出，必须对信息进行编码。第二，接受者是指获得信息的人。接受者必须从事信息解码的工作，即将信息转化为他所能理解的内容和感受。这一过程要受到接受者的经验、知识、才能、个人素质以及对信息输出者的期望等因素的影响。第三，信息是指在沟通过程中传给接受者（包括口语和非口语）的消息。同样的信息，输出者和接受者可能有着不同的理解。第四，沟通渠道是信息得以传送的载体，可分为正式或非正式的沟通渠道，以及向下沟通渠道、向上沟通渠道、水平沟通渠道等。

9.1.2 应急沟通的含义

9.1.2.1 应急沟通的概念

所谓应急沟通，是指政府和其他应急管理主体与其体系内部，以及与媒体、公众等受众沟通信息、相互交流的过程。沟通是突发事件应急管理的基础性工作，它贯穿于应急管理工作的始终，体现在预防与监测、应急准备、应急响应、恢复重建等各个环节。良好的应急沟通必须遵循广泛参与、顾客导向的原则，公开透明、准确及时的原则，尊重事实、恰到好处的原则，与媒体合作的原则②。

9.1.2.2 应急沟通的意义

只有围绕应急目标进行及时有效的沟通，才能使多方力量共享信息、相互理解、彼此协调、形成合力。

---

① 罗宾斯．管理学：第7版．孙健敏，等译．北京：中国人民大学出版社，2004：295.

② 王宏伟．公共危机管理．北京：中国人民大学出版社，2013：192.

1. 确保应急管理系统的有效运行

信息的沟通是全部应急管理工作的基础。有效的沟通能够大大提升突发事件预警、应急响应和舆情应对等工作效果。对于政府和其他应急主体而言，高水平的沟通主体、畅通的沟通渠道、灵敏健全的沟通机制对于突发事件应急管理至关重要。

2. 有利于资源整合和应急处置

不论是对于常态下的预防与应急准备，还是对于非常态下的应急处置等工作，政府和其他应急管理主体只有在充分获得信息和有效沟通的基础上，才能够更好地整合应急资源，调动应急力量，回应公众呼声。

3. 保障公众知情权的实现

公众对风险和突发事件信息的需求往往很迫切，各类媒体往往也要求准确而又全面地发布信息。良好的应急沟通能够满足不同层次人员的信息需求，也能够体现政府的公共服务功能。尤其是在突发事件来临时，为了维护稳定的社会秩序、避免不必要的社会恐慌，突发事件应对主体必须以多种传播渠道在第一时间向社会发布最权威的信息，及时与社会公众进行沟通，避免误导社会公众，为突发事件的处置扫清障碍。“当组织面临危机时，与相关公众的沟通和传播会比往常任何时候都显得更为重要。若一个组织不能就其发生的危机与公众进行合适的沟通，不能告诉社会它面对灾难局面正在采取什么补救措施，不能很好地表现它对所发生事故的态度，这必定将会给组织的信誉带来致命的损害，甚至有可能导致组织的消亡”①。

4. 提高应急管理主体形象修复能力

在发生舆情危机时，有效的公众沟通能够增进应急管理主体与媒体、公众之间的相互理解，增强公众对应急管理主体的信心，从而化解舆情危机，恢复应急管理主体的公信力。

9.1.3 应急沟通的类型与模式

9.1.3.1 内部沟通与外部沟通

内部沟通是指在一个组织体系内部的信息沟通。应急管理内部沟通就是政府和其他负有应急管理责任的组织体系内部开展的沟通工作。应急管理内部沟通往往通过文件、会议、管理信息系统等方式和渠道进行。

外部沟通是与组织体系外部的各相关方之间的沟通。应急管理外部沟通就是政府和其他应急管理主体面向公众和媒体的沟通。应急管理外部沟通往往通过政府文告、新闻发布会、政府热线、互联网等方式和渠道进行。

9.1.3.2 单向沟通与双向沟通

单向沟通是指没有反馈的沟通，强调以信息传播者（政府、专家等信息资源拥有者）为中心向信息的接受者传递信息。政府在向社会公众传递突发事件信息的过程中，有时采用单向沟通方式。其目的往往是告知、教育、说服公众，使他们按照信息传播者所理解和

① 里杰斯特．危机公关．陈向阳，陈宁，译．上海：复旦大学出版社，1995：85．

提供的解决方案接受风险。这种单向性的应急沟通也被称为 DAD① 模式，即决定（decide）、宣布（announce）、辩护（defend）模式。

双向沟通是有反馈的沟通，是管理主体与各相关方的信息相互交流的过程。在应急沟通中，双向沟通是应急管理主体同有关各方针对风险与突发事件交换意见和信息的互动过程。它强调各方对突发事件议题的参与，以及决策的民主协商讨论过程，其背后所呈现的是各方利益均衡的一种状态。这种双向的应急沟通旨在为突发事件中持不同意见的各利益主体搭建议题对话的公共领域，构建交换互动的对话空间，以便不同利益主体在公共的对话领域内进行开放交互的讨论，展示各自的利益需求和决策要求。双向应急沟通模式不仅突出各主体间对应急管理信息的交换互动，还要求政府或组织开放应急决策过程，让各主体都参与到决策制定和实施的过程中。

9.1.3.3 正式沟通与非正式沟通

正式沟通一般在规定的渠道内进行，信息流往往是双向的：由上至下和由下至上，也称垂直沟通。正式沟通中，信息传递的速度取决于应急沟通组织内部层次和相互联系的状况。层次和相互联系越多，信息传递速度越慢，信息的内容越不可靠。此外，正式沟通的层级越多，信息失真和过滤的可能性就越大。应急管理中的正式沟通在确保信息严肃性的同时，也容易造成信息传播效率低、信息解读扭曲等问题。

非正式沟通指借助正式沟通系统以外的沟通渠道的沟通。非正式沟通系统是人们在互相联系中自发地形成的。非正式沟通的信息交换速度更快，但缺点是容易产生谣言。由于互联网应用的普及和突发事件信息容易引起高度关注，应急沟通中的非正式传播日益发挥着更大的作用。这种沟通方式在给应急工作带来便利的同时，也带来了极大的挑战。

专栏

日本的应急沟通

日本的灾情信息发布包括大众传播和个人传播两种方式。大众传播主要是通过电视、广播、网络等公共媒体渠道实现的。例如，日本建立了针对地震灾情的电视速报系统，由日本气象厅统一发布灾情，通过网络系统传送到各电子媒体，由电脑及时插播系统发布，民众由此及时获悉地震灾情。一旦发生有感地震，日本电视上会立即出现一排告知民众发生地震的警报字幕，过了几十秒后则提供包括震中、震源、震级、伤亡及损失情况、引起海啸的可能性以及海啸到达特定地点的预计时间等详细信息。个人传播方面，在吸取了阪神大地震的教训后，日本电话公司（NTT）发展了一套针对个人的信息留言系统，为灾害发生后家属立即获得亲友信息提供帮助。在地震、台风等较严重的自然灾害发生后，日本 NTT 公司会开设"灾害用留言电话"，受灾者可以拨打 171 留言，别人再拨打 171 时，只要输入受灾者的电话号码就可以听到相应的留言。地震发生后，日本 NTT 公司一般还会在灾区临时避难场所安装传统的公用电话。日本 NTTDoCoMo 公司

① 余建清．风险传播与新闻传媒的角色审视．浙江传媒学院学报，2008（5）．

还会在避难场所安装给手机充电的设备，一些移动电话运营商还开设免费短信平台。实际上，在政府应急管理机构的要求下，2007 年 4 月后在日本出售的手机都安装了全球卫星定位系统（GPS）接收器。这样，即使打电话的人不知道自己在哪里，救援人员也可以追踪到他的位置①。

资料来源：钟开斌．中外政府应急管理比较．北京：国家行政学院出版社，2012.

【附记】日本作为地震灾害等突发事件多发频发国家，在应急沟通方面积累了丰富的经验，值得学习了解。

9.2 常态应急沟通

常态下的应急沟通工作内涵十分丰富。本节重点讨论在应急管理主体内部（主要指政府组织）的信息管理机制、应急管理主体面向公众的风险沟通，以及应急管理主体对舆论风险的管理。

9.2.1 信息管理机制

从信息的视角看，应急管理过程实际上是一个信息输入、信息加工、信息输出及信息反馈不断反复的过程②。应急信息管理是突发事件应急管理的一项基础性工作，也是一项标准高、要求严的工作。为了最大限度地保证应急信息管理的科学性、准确性与权威性，必须严格执行统一的工作标准和工作程序，努力推动应急信息管理规范化。为此，需要构建一套科学有效的信息管理机制，其基本内容应包括：信息收集机制、信息加工机制、信息沟通机制和信息反馈机制。

9.2.1.1 信息收集机制

信息收集是应急信息管理的逻辑起点。信息收集的基本任务是将各种风险、突发事件信息，以及其他相关信息汇集到应急信息管理平台中。应急信息的收集，要保证信息的及时、真实与完整。健全科学规范的突发事件信息收集机制包括：

1. 建设各级应急信息系统

应急管理主体应创建集成的应急信息系统，加强相关职能部门的信息系统之间的整合，确保应急信息传递畅通无阻，实现应急信息共享。在这方面，国家对政府应急信息系统建设有明确要求。《突发事件应对法》第三十七条规定：“国务院建立全国统一的突发事件信息系统。县级以上地方各级人民政府应当建立或者确定本地区统一的突发事件信息系统，汇集、储存、分析、传输有关突发事件的信息，并与上级人民政府及其有关部门、下

① 姚国章．日本重视保障震后灾区通信能力 构建防灾通信系统．人民邮电报，2008-06-11.

② 向立文．突发事件信息管理机制研究．图书情报工作，2009（7）.

级人民政府及其有关部门、专业机构和监测网点的突发事件信息系统实现互联互通，加强跨部门、跨地区的信息交流与情报合作。”

2. 建立应急数据库

应急管理主体要建立应急数据库，持续搜集和存储突发事件、应急资源等的应急数据信息。

3. 完善信息收集制度

应从法制化建设的角度来规范信息收集机制，使信息的收集具有规范性制度保证。要通过制度保证发挥专家或专业机构的作用，有效地获取有价值的信息。

9.2.1.2 信息加工机制

应急信息员要对收集来的突发事件信息进行整理、加工、分析，使之有序化、系统化，为信息的传递做好准备。要建立突发事件信息分析制度，规范信息分析工作，保证信息整理工作的科学性、准确性。要在如下方面确立明确的制度：

（1）信息的识别：判断信息的真伪和准确性。

（2）信息的诊断：利用相关的各种信息，对事件信息进行基本成因分析和发展趋势预测。

（3）信息的评价：明确信息的价值内涵，如对造成的损失或带来的收益做出评价。

（4）信息的研判：通过对零散、杂乱无序的各种突发事件信息开展有机分类、排序、统计、分析、编辑和存储等诸多整理工作，为应急决策提供综合的信息支撑，为应急沟通提供全面的信息准备。

9.2.1.3 信息沟通机制

信息沟通是应急信息处理的核心。应急信息沟通机制至少应包括两个基本方面：

1. 信息报告制度

《国家突发公共事件总体应急预案》中明确规定了信息报告制度，即“特别重大或者重大突发公共事件发生后，各地区、各部门要立即报告，最迟不得超过4小时，同时通报有关地区和部门。应急处置过程中，要及时续报有关情况”。《突发事件应对法》对突发事件信息的报告也有明确规定：“获悉突发事件信息的公民、法人或其他组织，应当立即向所在地人民政府、有关主管部门或指定的专业机构报告。”

2. 信息公开制度

好的信息公开制度要在突发事件信息公开方式、公开内容、公开时间限定上都做出明确规定。

9.2.1.4 信息反馈机制

应急信息反馈是检验突发事件处理效果的重要手段，其目的在于通过反馈各种有关应急管理工作的评价、意见或建议，对应急管理过程进行干预和影响，促进应急管理水平的提高。信息反馈机制的建立，不仅可以提升应急管理的效果，还可以借此赢得公众的理解与支持。要畅通内部和外部信息反馈渠道，创新信息反馈手段，加强对反馈信息的分析与处理。

9.2.2 公众风险沟通

9.2.2.1 风险沟通与科普宣教

公众风险沟通，顾名思义，是与公众就公共安全方面的风险进行沟通的过程。美国国家科学院认为："风险沟通是个体、群体以及机构之间交换信息和看法的相互作用过程。这一过程涉及多侧面的风险性质及其相关信息，它不仅直接传递与风险有关的信息，也包括表达对风险事件的关注、意见以及相应的反应，或者发布国家或机构在风险管理方面的法规和措施等。"

在我国，与风险沟通接近的术语是"公共安全科普宣教"。相比较而言，风险沟通的含义更为广泛，不仅指一般意义上向公众告知危险，还强调双向的沟通，强调通过交流达成共识；而科普宣教更强调广而告知，强调记住风险的危害，学会应对风险和突发事件的技能等。

9.2.2.2 风险沟通的原则①

（1）让公众参与到决策中。风险沟通是体现民主的基本原则，公众有权参与可能影响自身生命和财产安全的各项决策的制定。沟通的目的是培养出具有风险认知能力的公众，让公众能够站在解决问题的角度，秉持与决策者合作的态度，理性地参与到风险沟通的过程中来。

（2）针对不同人群采取不同策略。在明确沟通内容（如向公众提供信息，鼓励他们为之行动，积极应对风险），评估这些内容本身的优缺点之后，针对人群特点进行分组传播。

（3）倾听公众的声音。风险沟通是双向互动的过程，相对于伴随风险而来的复杂的数据，公众更关注决策者和事件的其他方面。所以，要采用多种方式获知人们的想法，激发人们对所探讨问题的兴趣，了解人们对风险的疑虑，设法满足人们的信息需求。

（4）诚实、坦率、公开。在风险信息沟通中，诚实可信最为珍贵。建立信任体现在如实地反映风险现况，把确凿的信息告知公众，同时敢于承认未知信息，也敢于承认可能出现的差错，不隐瞒、不夸大风险的程度，合理估计风险的破坏范围和最坏的情况。

（5）与可信赖的信源协调与合作。寻找专家学者等机构外部人员，就共同关注的问题进行交流学习并达成一致，共同担负沟通工作。

（6）重视媒体的要求。新闻媒体是风险信息的主要传播者，他们在报道时间、版面以至标题、字号等安排上都对沟通效果起到重要作用。所以，应针对媒体工作的特点准备公开的信息，积极与媒体的编辑及记者建立长久的信任关系。

（7）语言清晰易懂。专业语言往往是沟通的障碍。应该使用简单通俗的话语、生动具体的图片，引用贴近生活的案例，同时避免用抽象呆板的语句谈论死亡与伤害。这样才能得到公众认同，达到良好的沟通效果。

9.2.2.3 开展应急科普宣教

加强应急知识的科教普及，提高公众的预防、自救和互救能力，应重点开展如下工作：

（1）广泛开展科普宣传。开展公共安全知识进社区、进农村、进企业、进机关、进学校活动。编印发放公共安全手册，制作张贴宣传海报，投放公益广告，在社区、高危企业、建筑群和车站、机场、码头、商场、宾馆等公共场所设置应急标识。

（2）深入开展应急教育培训。根据不同对象的特点，有针对性地开展应急管理科普教

---

① 杨剑，陶茂萱．风险沟通与危机传播．中国健康教育，2012（1）．

育培训。组织编写大、中、小学及幼儿园公共安全课程教材，尽快进入课堂。制定培训计划，对各级领导干部和公务员进行培训。对高危行业的从业人员进行安全知识的教育培训，对应急志愿者进行培训。

(3) 借助媒体主动开展科普宣教工作。采取群众喜闻乐见、寓教于乐的方式，利用广播、电视、报刊、网络等多种媒体，细分受众层次，尽可能使用通俗语言，简明扼要，多题材、多角度、有针对性地进行宣传报道，将科普宣教工作的网络和触角延伸进社区、农村、企业、学校和家庭，在真正取得实效上下工夫。

9.2.3　管理舆论风险

公共舆论是一定时期内社会公众对某一问题具有主导性、倾向性的看法、观点或意识。公共舆论往往会关注维护公民权利、民生问题、廉政监督、突发事件处置等。对这些热点问题的持续关注就可能演化为舆论危机。为此，要建立和完善舆论风险管理机制，提升舆论管理能力。

9.2.3.1　完善舆论管理机制

(1) 制定预案，明确职责。凡事预则立，不预则废。应当制定处理舆论危机的预案，以便一旦发生舆论危机，第一时间启动相应的处置预案。通过预案明确舆情处置流程，对相关信息及时共享，明确各部门在处置过程中的职责。

(2) 开展舆情监测和预警工作。做好舆情监测、分析、预警是积极应对负面舆情事件的基础。政府应常态化地收集不同舆论声音，掌握舆情动态，要做好分析和预警，一旦遭遇舆情危机，能够积极有效予以引导。

(3) 主动设置议题，进行常态舆论引导。有主题、有计划、有目标地组织舆论的有效引导，是正确应对负面舆论传播的根本要求和实现途径。应急管理责任主体应根据公众的关切和信息需求，主动通过传统媒体和主流媒体发声，主动引出话题、主动设置议程。要充分发挥各网站媒体、网络发言人和网络评论员的作用，在互联网常态宣传，特别是在有负面热点事件的传播中，统一协调，形成合力，服务社会公共利益和公众普遍诉求，以正确的导向引领网上舆论的发展。

(4) 规范对新媒体的管理。政府应制定并完善网络媒体的管理法规，使监管工作有法可依。要依法管理网络媒体，净化网络空间。

9.2.3.2　提升舆论引导能力

(1) 加强培训，培养队伍。加强对基层领导班子、宣传部门和相关业务主管部门在舆论引导方面的培训力度，提高基层工作者进行舆论引导的工作能力，培养一支专业化的舆论引导管理者队伍。

(2) 学会与媒体打交道。应急管理责任主体要在实践中学会善待、善用、善管媒体。要充分发挥主流媒体的舆情主渠道作用，把他们当作合作伙伴、“客户”，提供优质新闻线索和采访服务，借助他们的强大平台，把政府的声音原原本本、及时充分地传递给公众。

(3) 用好新媒体。对于互联网等新媒体，要积极探索其特点规律，创新管理和利用思路，赋予其了解公众意见、疏导公众情绪、凝聚公众共识等多元功能，主动发声、理性交流、良性互动，使新媒体成为舆情的“导航员”、谣言的“粉碎机”，真正将新媒体打造为突发事件舆情引导工作的新平台、新阵地。

（4）培养网络舆论引导人。应急管理责任主体应加强与新媒体进行交流合作，在网络空间培养自己的舆论领袖，构建自己的专家团队。当舆论危机发生时，通过“意见领袖”和专家学者与网民进行交流，对网络舆情进行正面引导，培养网民理性看待问题的习惯。

专栏

美国的应急沟通制度

美国有关规定强调：在应急响应阶段，要对危机沟通进行有效管理。

1. 沟通的对象

美国政府把受众划分为以下各类人员和组织：

一般公众：他们是受众的主体，又可以分为若干亚群，比如妇女群体、老年群体、残疾人群体、低收入者群体等，是公共信息的潜在的用户。

灾难受害者：受到突发事件影响，造成生命、财产损失的人们，他们是公共信息的直接用户。

企业界：特别是发生突发事件地区的企业界，他们对灾难的减除和灾后恢复起着重要作用。

媒体：既是受众，又是合作者，是沟通公众的关键环节。

民选官员：包括州长、市长、县行政官、州立法者和国会议员。

社区官员：市/县管理者、公共建设工程官员、部门官员。

第一响应者：包括警察、消防、突发事件医疗服务人员。

志愿者组织：诸如美国红十字会、救世军等。

2. 沟通的方式

对不同的沟通对象要采取不同的沟通方式。例如：

对于一般公众等群体，可通过电视、广播、互联网、报纸等大众传播手段进行沟通；

对于第一响应者等群体，可通过电话、无线电进行沟通；

对于媒体，可通过新闻发布会、简报进行沟通。

3. 沟通的原则

为了向公众和媒体提供准确、全面和及时的信息，消除流言蜚语，确保应对工作的顺利进行，美国 FEMA 的做法是：

第一，与公众和媒体定期沟通，向他们提供准确、及时的信息；

第二，监控与受害者的直接通讯和媒体报道，及时发现可能造成误解和流言的潜在问题，以便及时控制。

4. 沟通的安排

FEMA 负责公共信息管理的部门是公共事务办公室①，其工作人员负责建立在指挥

① 该办公室曾经被称作突发事件信息与媒体事务办公室。

部和现场的联合信息中心。它的官员深入受灾社区，告诉人们：政府的各个相关部门将密切合作，帮助他们渡过难关，并从灾难中恢复。通过为受害者和公众提供权威的信息，杜绝了流言的产生，坚定了受害者的信心。

联合信息中心是公共事务官员从事公共信息活动的主要场所。他们在那里与相关方面协调公共信息和公共事务活动、举行向媒体通报最新情况的会议，保证对公众和媒体发布准确、一致的信息。

此外，FEMA 的社区关系部作为公共事务办公室的合作者，也就公共信息对公众的发布起着重要作用。社区关系的职能是由联邦、州的工作人员，也包括部分非常熟悉社区的地方雇员来行使的。他们分成小组，深入受灾社区，收集和传播关于应对与恢复行动的信息，满足社区的各种需要。

公共信息管理所依赖的技术手段包括免费热线电话、通过互联网登录 FEMA 网站、电视、无线电广播，以及 FEMA 专用、专有的通信网络（比如灾难恢复频道、无线电网络）等。

美国各级政府的应急管理办公室都下设专门的公共信息办公室，负责统一管理灾害信息的发布工作。在突发事件发生前，公共信息办公室不断地向公众宣传防灾减灾知识；突发事件发生后，公共信息办公室协调公众信息战略，确保各政府机构和相关组织向外传递一致信息。

5. 沟通的指南

美国相关机构还组织编写各种有关应急信息发布的指南和手册，内容涉及信息发布的原则、信息发布的受众、应对媒体的技巧、如何编写信息发布预案等内容。例如，密歇根州公共卫生准备办公室编写了《密歇根危机和意外风险沟通：危机沟通计划编制指南》(MICERC)①、美国卫生部编写了《危机信息沟通：公务人员风险沟通指南》②、美国联邦政府组织编写了《政府的媒体公关与新闻发布——新闻发言人必备手册》等。

资料来源：李雪峰. 中外应急管理体制机制比较研究. 国家行政学院院级课题研究报告，2012.

【附记】与其他应急管理工作一样，应急沟通需要制度化、规范化。美国的应急沟通制度就是这样的一个制度化样本。

9.3 非常态应急沟通

非常态下的应急管理沟通工作涉及面广。本节重点讨论在应急管理主体内部的突发事

---

① Office of Public Health Preparedness. Michigan crisis & emergency risk communication: a guide for developing crisis communication plans. October, 2003.

② U. S. Department of Health and Human Services. Communicating in a crisis: risk communication guide lines for public officials (substance abuse and mental health services administration). Washington, D. C., 2002.

件信息报告、应急管理主体面向公众的突发事件应对信息发布，以及应急管理主体对舆论危机的应对。

9.3.1 突发事件信息报告

9.3.1.1 信息报告的主体

一般地说，所有个人和组织都有义务向政府及有关部门报告突发事件信息。按照《突发事件应对法》的规定，“获悉突发事件信息的公民、法人或者其他组织，应当立即向所在地人民政府、有关主管部门或者指定的专业机构报告”。

从应急管理主体的角度看，突发事件所在地的人民政府是信息上报的主体，专业机构、监测网点和信息报告员是所在地政府及有关部门的重要信息源。《突发事件应对法》规定，“地方各级人民政府应当按照国家有关规定向上级人民政府报送突发事件信息”，“专业机构、监测网点和信息报告员应当及时向所在地人民政府及其有关主管部门报告突发事件信息”。

9.3.1.2 信息报告的原则

（1）时效性原则。各地区、各部门应有首报意识，突发事件发生后，要采取一切措施尽快掌握情况，报告信息。根据《突发事件应对法》《国家突发公共事件总体应急预案》等有关规定，特殊情况下，事发地市、县级人民政府在向上级人民政府报告突发事件信息的同时，可直接向国务院总值班室报告情况。

（2）主动性原则。信息报告主体获知突发事件线索后，应及时主动调度核实。对达到或可能达到突发事件标准的情况，应立即电话报告，同时编报书面信息上报；处置过程中，应密切跟踪事态进展，全面掌握相关情况，加大续报工作力度；处置结束后，应及时终报。对于敏感信息、预警预测信息、可能引发重大以上突发事件的信息，以及社会舆论广泛关注的热点、焦点事件，应加强分析研判并及时报告，不拘泥于分级标准的相关规定①。

（3）“零报告”原则。“零报告”是指无论实践是否有新情况、新变化、新进展，都要进行报告。“零报告”原则或制度，一般用于突发事件发生之后到事态稳定之前，进行持续报告阶段。例如，《自然灾害情况统计制度》要求：在重大自然灾害灾情稳定之前，均需执行 24 小时零报告制度。县级民政部门每天 9 时之前将截止到前一天 24 时的灾情向地（市）级民政部门上报，地（市）级民政部门每天 10 时之前向省级民政部门上报，省级民政部门每天 12 时之前向民政部报告情况。行政村（社区居委会）每天 8 时之前将截止到前一天 24 时的灾情上报乡镇（街道），乡镇（街道）在每天 8 时 30 分之前汇总上报到县（市、区）②。

9.3.1.3 信息报告的时限与程序

信息报告的时间关系突发事件的应急处置效果。能否及时上报突发事件信息，既考验

---

① 国务院应急办．关于切实加强突发事件信息报告工作的通知（应急办函〔2015〕16 号）．

② 民政部．关于印发《自然灾害情况统计制度》的通知（民函〔2008〕119 号）．

着政府的应急管理能力，也衡量着政府的公共管理责任，因而，有必要规定突发事件信息报告的时限，以使应急管理更为程序化。

《突发事件应对法》要求，突发事件发生后，发生地县级人民政府应当向上一级人民政府报告。《国家突发公共事件总体应急预案》对特别重大和重大突发事件的信息报告时限进行了规定，要求“特别重大或者重大突发公共事件发生后，各地区、各部门要立即报告，最迟不得超过4小时，同时通报有关地区和部门”①。国务院应急办则进一步要求：“重特大事件发生后，要采取一切措施尽快掌握情况，力争30分钟内向国务院总值班室电话报告、1小时内书面报告。”②

在程序上，突发事件信息报告分为初报、续报、核报和终报，也均具有其相应的报告时限。以《自然灾害情况统计制度》为例，初报要求在第一时间了解掌握灾情，并在灾害发生后的2小时内报告。续报要求执行24小时零报告制度，每天9时、10时、12时之前将截止到前一天24时的灾情分别向地（市）级、省及国家民政部门上报。核报则要求地（市）级民政部门在接到县级报表后，应在2小时内审核、汇总灾情数据；省级民政部门在接到地（市）级报表后，应在2小时内完成审核、汇总灾情数据的工作③。

9.3.1.4 信息报告的内容与方式

国务院办公厅对突发事件信息报告的内容进行了规范，要求“突发公共事件信息报告的内容要简明、准确，应包括以下要素：时间、地点、信息来源、事件起因和性质、基本过程、已造成的后果、影响范围、事件发展趋势、处置情况、拟采取的措施以及下一步工作建议等。对突发公共事件及处置的新进展、可能衍生的新情况要及时续报；突发公共事件处置结束后，要进行终报”④。

在信息报告方式或手段方面，国务院办公厅要求“通过应急平台向国务院报告突发公共事件信息，有条件的同时报告音视频信息。紧急情况下，可先通过电话口头报告，再书面报告。涉密信息的报送遵守相关规定”⑤。归纳起来，突发事件信息报告的方式可以分为电话、传真、网络、平台以及会议等，各有其特点、优劣势和适用条件。

9.3.2 突发事件应对信息发布

突发事件发生后，由于事件的突然性，公众面临着信息缺失的问题，都强烈渴望获得准确的第一手消息，因此，与日常信息发布相比，突发事件信息发布具有自身独有的特征。突发事件信息发布是应急管理工作中的一个重要方面，如果处置不得当，会对应急管理主体形象造成极大的杀伤。

9.3.2.1 突发事件信息发布的含义与特点

突发事件信息主要指突发事件发生后，政府机构或其他应急管理主体发布的，与广大公众、法人或其他组织切身利益相关的，需要社会公众广泛知晓或者参与应对的与突发事

① 国家突发公共事件总体应急预案．新华社，2005-08-07．

② 国务院应急办．关于切实加强突发事件信息报告工作的通知（应急办函〔2015〕16号）．

③ 民政部．关于印发《自然灾害情况统计制度》的通知（民函〔2008〕119号）．

④⑤ 国务院办公厅．关于加强和改进突发公共事件信息报告工作的意见（国办发〔2006〕105号）．

件相关的信息。主要包括突发事件预警信息和突发事件处置信息两大部分。其中，突发事件预警信息内容包括发布机关、发布时间、可能发生的突发事件的类别、起始时间、可能影响范围、预警级别、应对常识、警示事项、事态发展、相关措施、咨询电话等。突发事件处置信息内容包括事件类别、发生的时间和地点、损失情况、相关措施、影响范围、警示事项、事态发展、下一步工作措施、咨询电话等。

突发事件信息发布指的是突发事件发生后，政府机构或其他应急管理主体为了保障社会公众的知情权和参与权，给突发事件处置构建一个和谐的舆论环境，按照法定程序，主动向社会成员或组织公开发布突发事件信息的行为过程。

《突发事件应对法》规定："履行统一领导职责或者组织处置突发事件的人民政府，应当按照有关规定统一、准确、及时发布有关突发事件事态发展和应急处置工作的信息。""任何单位和个人不得编造、传播有关突发事件事态发展或者应急处置工作的虚假信息。"

突发事件信息发布具有舆论环境复杂、时间要求紧迫、信息压力巨大等特征。

(1) 舆论环境复杂。突发事件发生后，社会舆论环境会发生显著变化，主要体现在两个方面：一是媒体和公众强烈关注，采访密度高、传播率高；二是极易产生谣言。

(2) 时间要求紧迫。突发事件打乱了正常的生产和生活秩序，媒体和社会公众对信息的需求更加迫切和敏感，人们迫切想知道到底发生了什么、应该怎么办，这就要求政府迅速及时发布信息，形成新的、稳定的、宏观有序的信息流。

(3) 信息压力巨大。与突发事件相关的完整的、全面的信息往往很难在短时间内获得。面对媒体和公众海量的信息需求，处置主体可提供的信息量非常有限，媒体和公众的信息需求会对处置主体形成无形的压力。

9.3.2.2 信息发布的原则

突发事件政府信息发布，应遵循及时、准确、统一的原则。

(1) 及时。"及时"就是要在第一时间发布突发事件信息，并根据事态发展和处置情况适时做好后续信息发布工作。突发事件发生后，人们往往陷入"危机迷情"，即在环境、沟通和利益等多重变量的作用下，危机利益相关者在心理和行为上集体无理性的混乱状态。因此，为了把握舆论主导权，必须及时发布权威信息。来自官方的各种权威信息，可以有效地阻击各种谣言与不确定消息，维护社会稳定，消除民众对未知事件的恐慌与担忧，树立处置主体的权威和公信力。

(2) 准确。"准确"就是发布的信息必须客观、真实，发布信息之前，必须认真细致地核对事实，确保信息准确无误。

(3) 统一。一是在发布的时序上，要按照程序报批，按照规定的时间要求，由规定的信息发布主体来统一发布信息；二是涉及多个部门参与处置的突发事件，要规范各部门的职责以及协调沟通等具体程序，保证突发事件信息的一致性。

9.3.2.3 信息发布的渠道

突发事件信息发布可以采用多样化的渠道和方式，其中包括举行新闻发布会和接受媒体采访，通过政府网站发布信息，通过政务微博、微信手机客户端发布信息，通过手机短信发布信息，通过信息公告栏或电子信息屏公开信息，以及通过有线广播、宣传车或组织人员通知，利用电话、传真和电子邮件答复记者和公众问询（见图 9-2）。

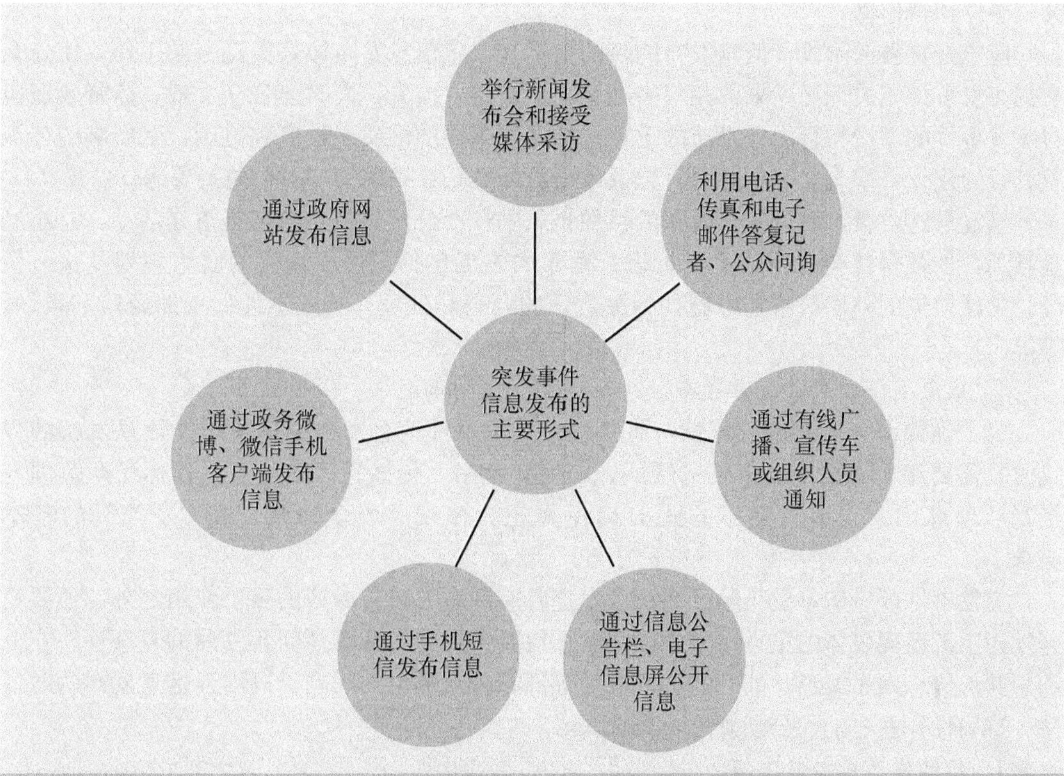

图9-2 突发事件政府信息发布的主要渠道

9.3.2.4 信息发布的流程

突发事件信息发布要依照相关的政策法律规定制定严格的规范。突发事件信息发布流程通常包括收集、整理、核实相关信息，确定发布目的、重点、时机，确定发布方式并适时发布，后续发布或补充发布四个主要环节（见图9-3）。

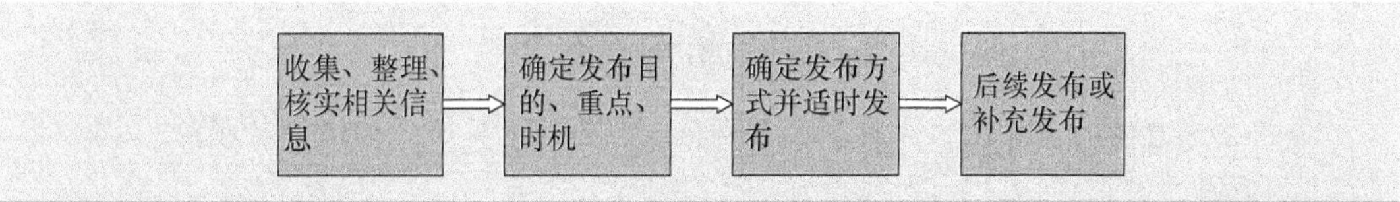

图9-3 突发事件信息发布流程

1. 收集、整理、核实相关信息

负责突发事件处置的政府和其他处置主体通常是信息发布的第一责任人，应该遵循“谁发布、谁负责”的原则，及时收集、整理、核实相关信息，从源头上切实做好信息的分析研判工作，严格保证预警与处置等突发事件信息的真实、客观、准确与全面。

2. 确定发布目的、重点、时机

预警阶段，信息发布的目的是让公众接受预测预警信息，敦促其采取相应措施以避免或减轻突发事件可能造成的损失；发布的重点包括可能发生的突发事件的类别、起始时间、可能影响范围、预警级别、应对常识、警示事项、事态发展、相关措施、咨询电话等突发事件预警信息。

应急处置救援阶段，信息发布的目的是通过权威信息发布做好舆论引导工作，使公众掌握突发事件相关情况，采取相应措施避免遭受更大损失，同时使公众了解、监督政府应对突发事件的举措与行为；发布的重点包括突发事件的性质、程度和范围，受影响的公众及其行为建议，事态发展的趋势，以及政府已经和正在采取的应对措施，等等。

恢复重建阶段，政府信息发布的目的是鼓励社会公众积极参与恢复重建活动，总结经验教训，加强全社会的公共安全意识；发布的重点包括：恢复重建的政策规划及执行情况，灾区损失的补偿政策和措施，相关责任的调查和处理，突发事件处置的经验和教训，等等。

3. 确定发布方式，适时发布

为了确保信息发布的权威性与有效性，突发事件信息发布主体在选择信息发布的方式时，需要综合考虑突发事件的性质、程度、范围，传播媒体的特点，目标受众范围与接受心理等因素；信息发布方式的选择要充分体现“公众知晓”和“适当”的基本要求。

突发事件政府信息发布除了要积极发挥政府网站、政务微博的重要作用之外，还要充分发挥主流新闻媒体的主力军作用；同时，也要考虑到突发事件变化发展的复杂性，充分利用其他信息发布渠道，如开通热线电话等回答公众提出的问题，以增强信息发布的时效性、准确性，及时消除公众疑虑，安抚人心。

4. 后续发布或补充发布

《国家突发公共事件总体应急预案》规定：事件发生的第一时间要向社会发布简要信息，随后发布初步核实情况、政府应对措施和公众防范措施等，并根据事件处置情况做好后续发布工作。突发事件信息的后续发布或补充发布要根据先期发布信息的舆情反馈情况来适时进行。

专栏

英国的危机沟通制度

英国强调应急响应阶段的沟通重点是要把合适的信息传递给合适的对象。

1. 沟通的对象

英国政府把沟通对象分为三类六组，提示应急响应者要尽可能满足不同对象的需求。

第一类：受伤人员和其他可能的受灾群众

A组：幸存者——附近地区直接受到影响的人群，可能受伤。

B组：临近的需要采取措施避免受害的人群。

第二类：当地人、朋友和亲属

C组：在本区域内受危机影响的一类人群。

D组：未受直接影响，但是认识那些可能受直接影响的人或与其有关联的人群。

第三类：更广泛的人群

E组：未受影响但是对事件感兴趣的一类人群。

F组：新闻媒体。

2. 沟通的内容

在预警期和应急处置期，有不同的沟通重点：

在事件发生时或将要发生时，以所有适当方式警示直接、安全处于风险之中的社区成员。

长期事件发生后，即刻通知并建议大众：及时提供与正在开展事件的性质相关的资讯，包括响应者及时采取的、使对人或动物的健康安全以及环境或财产产生的风险降到最低的措施；响应者帮助渡过恢复期而采取的行动；大众本身为将紧急事件的影响最小化可采取的行动；如何获得更多信息；紧急事件终止，恢复正常的部署。

3. 沟通的方法

特别是在预警期，向公众发出警报的方法可以有：

动员官员挨家挨户发出警报；

使用扬声器或其他扬声方式从车上或直升机上发出警报；

媒体通知发出警报；

电子信息板发出警报（如公路边或高速公路旁）；

广播船只发出警报（海上事故）；

公共大楼、购物中心、运动场所和交通系统等以内部广播发出警报；

以自动电话、传真、电子邮件或文字信息向用户发出警报；

现场报警器发出警报。

4. 注意事项

英国政府强调，第一类响应者在没有事先协商的情况下，不能透露与其他合作组织负责领域相关的信息。不一致或是矛盾的信息对公众信心造成的伤害很难恢复。同样的，对事件起因或其未来发展盲目猜测也危害不小。当某些事情还没搞清楚时，最好是说实话，而不要猜测。

资料来源：李雪峰. 中外应急管理体制机制比较研究. 国家行政学院院级课题研究报告，2012.

【附记】英国的应急沟通规范化制度设计有其合理之处，值得学习研究。

9.3.3 舆论危机应对

9.3.3.1 舆论危机的特征

舆论危机是指公众对突发事件或负面现象表达自己的信念、态度、意见和情绪等，造成社会舆论影响范围空前扩大，并给当事人造成危机感的现象。从传播学的角度看，舆论危机是在某一时期或某一事件中，各类媒体对某人、某单位、某政治集团或国家片面、偏激或敌对的舆论占据主导地位，并使绝大多数受众的情绪、思维和行为等产生共鸣的一种舆论传播现象①。在新媒体空前发达的时代，舆论危机可能是由突发事件或突发事件处置

① 傅开强，张战胜. 全球化时代舆论危机现象探析. 军事记者，2007（7）.

不当引起，也可能由于某些负面现象引起。舆论危机一旦发生，其本身就构成了一种特殊的“突发事件”，需要加以正确应对。

舆论危机通常具有如下特征：

(1) 在舆论内涵上，表现为对政府或相关责任主体的不信任、不认同、不尊重。舆论往往体现出对当事人或相关方的道德表现、行事方法与能力等的否定、愤怒等情绪。

(2) 在舆论危机形成上，往往表现为意外性、突然性。在网络广泛应用、多媒体共同传播的今天，政府对舆情的预测很难及时到位。此外，多媒体共同传播的传播体系使得各种舆论之间相互影响的机制十分复杂，政府很难对舆论的产生以及发展方向加以判定，所以政府无法及时预测舆论所产生的危机。

(3) 在舆论传播手段上，主要是依托互联网和手机等新媒体途径。网络传播的互动性、及时性、匿名性，手机的便利性、私密性等特点，使得其成为人们畅所欲言的平台，使得大部分公众能够参与到舆论生成之中。舆论危机大都首先由互联网上的讨论发起，再由手机平台、传统媒体等介入而进一步扩大。

(4) 在舆论传播速度上，体现为惊人的快速。新媒体时代信息的传播速度很快，往往在较短时间内就可以形成舆论热点，进而孕育成为舆论危机。

(5) 在舆论危机传播形态上，呈现人际传播、群体传播、组织传播和大众传播混合的态势。在舆论危机的形成和发酵过程中，手机短信、微信、口头传播和互联网等之间的结合产生聚集效应，每种传播途径和方式不是孤立的，而是呈现交互式、多通道的传播态势。

9.3.3.2 应对舆论危机的原则

1. 责任原则

舆情作为一种相对活跃的社情民意，无论其内容是否完全属实，还是其形式是否得当，都承载着民众要求处置主体切实负责地解决问题的期望，处置主体只有承担起其应负的责任，才能不失信于民。当舆论危机发生时，处置主体应该勇于承担责任。处置主体以勇于担当的姿态出现在舆论场中，其公信力会得到提升。反之，如果处置主体在舆论危机面前遮遮掩掩，则会激起公众对事件真相探索的更大热情，舆情不仅不会消失，还会愈演愈烈，甚至对社会稳定造成极坏的影响。

2. 主动性原则

处置主体应主动参与到舆情中来，主动向公众传递事实真相和报道事件处理进展，努力抚平公众的愤怒情绪，转移公众对事件的关注重点，赢得解决危机的主动权。

3. 第一时间原则

当舆论危机降临时，处置主体应考虑在第一时间给予回应。尽早把正确的信息通过媒体传播给公众，可以让公众了解处置主体负责任的行为，稳定民心，杜绝谣言的肆意蔓延。

4. 信息公开原则

谣言止于信息公开，恐慌止于信息透明。处置主体的信息公开应该做到客观准确，不能为了应付舆情而敷衍了事，也不能随意缩小信息公开的范围。

9.3.3.3 应对舆论危机的策略

(1) 端正态度，有序应对。首先，处置主体对于负面舆论要端正态度、自查自省，全面剖析舆论危机爆发的内因外因，做到心里有数。其次，处置主体要密切跟踪舆情发展动向，沉着冷静应对。

（2）及时发布权威信息。处置主体要抢抓时效，在第一时间把手中掌握的、媒体和公众渴望获得的权威信息发布出去，抢占舆情制高点。通过权威信息来调控舆情，用权威信息这根“缰绳”去牵住舆论的“牛鼻子”。

（3）有力应对负面信息。对于舆论场中的已经被证明是谣言的消息，要态度坚决地予以否定；对于网络上的某些敌对势力故意释放的蛊惑人心、恶意闹事的消息，要迅速封堵。

（4）做好负面情绪疏导。通过正面回答公众关心的问题，客观公正地公布事件真相，以发帖、跟帖等亲近网民的形式跟公众交流意见等方式，缓解群众的对立情绪。

专栏

“9·11”事件中的纽约市长朱利安尼

“9·11”事件发生时，时任纽约市长朱利安尼戴着口罩出现在倒塌的世贸中心烟尘弥漫的现场的场景给人留下深刻印象。由于在处理“9·11”事件中沉着坚毅的表现，朱利安尼名声大噪，有人称他为英雄，有人称他为“美国市长”，英国女王授予他“勇士奖”。

2001年9月11日，两架恐怖分子劫持的飞机撞向美国纽约市世贸大厦。朱利安尼一听到消息，立即取消了所有活动，赶往世贸中心；同时，通过助手无线电指挥启动了应急方案，并联络警察局切断从曼哈顿到运河街的交通，以保证进入现场的应急车辆和撤离现场的人们能够通行无阻。随后，抢救伤亡人员的救护车辆和应急方案也确定了。朱利安尼来到世贸大厦前，加入临时指挥中心，并亲自到现场协助消防人员指挥人群撤离。

此时，纽约市的其他地方开始陷入混乱，美国港口管理局、美国联邦调查局、中央情报局、美国联邦紧急事务管理局相互之间失去了电话联系。世贸中心所有机构必须撤离，原本设计能抵抗台风、炸弹、停电甚至核武器袭击的纽约市紧急措施中心（在大厦内）现在毫无用处。

朱利安尼决定把临时指挥中心迁往几条街外的巴克利大街75号警察局指挥中心，那里可以提供更有效的通信系统。朱利安尼还要求纽约市警察局长和消防局长也一同前往，以便他们能一起讨论方案并对许多问题达成共识。朱利安尼指挥他的部下开始了紧急行动，他们打电话给总统，并联络媒体，希望通过媒体告诉整个世界纽约市到底发生了什么事情。

但由于世贸大厦的南塔坍塌，使位于楼顶的天线全毁，手机没有了信号；纽约当地的电话公司在附近建立的全世界最大的交换站的地下电缆也遭到极大破坏，没有任何紧急线缆可用。朱利安尼又将指挥所搬到休斯敦大街24号消防站。

距离第一架飞机撞上世贸中心北塔后两个小时六分钟，广播里第一次传来政府的声音，朱利安尼通过纽约第一新闻台向纽约市民发表现场讲话。

讲话过后，朱利安尼又与幕僚们就如何保护整个城市，如何往城市运送资源，如何取得联邦政府的资源，接下来还有什么资源可以获取，在哪儿设立政府应急办公场所，需要做些什么来保障城市服务设施的运作，各个机构目前运转如何，哪些机构需要立即帮助，政府需要什么，需要哪些人，政府的人怎么样了，如何把信息传递出去，何时、何地对人们说些什么等，作出具体的决定。

接着，朱利安尼召开记者会，向大家通报政府的营救行动，详细讲述整个行动计划，并向所有市民保证：现在整个城市已经安全了。

下午，朱利安尼前往贝尔尤医院和圣文森特医院视察，随后前往被袭现场。晚上6时，市政府举行新闻发布会。当被问到是否听说阿拉伯国家的人们正在街道上载歌载舞，庆祝这次袭击事件时，朱利安尼明确回答：仇恨、偏见和愤怒造成今天的一切；我们应该勇敢地行动，宽容地对待。他呼吁纽约市民不要参与对阿拉伯人群体的谴责行为。“纽约城还在这儿。”他说，“我们遭受了巨大的损失，但是明天清晨纽约城仍将屹立在这儿，这里有世界各地的人们希望的生活方式。”

第二天一大早，朱利安尼又公开呼吁纽约市尽快恢复正常生活，上街购物、上餐馆吃饭，“做你该做的事情，显示你并不害怕”。他自己以身作则，不断出现在城市的各个地方，通过媒体不断告诉市民自己的行踪，每隔几小时就对公众发表一次讲话。讲话内容涵盖：事故现场清理的情况；避难所和献血站的所在地；告诉民众要有心理准备，有些人的尸体可能找不回了；警告商人不要利用现在的混乱局势抬高商品价格；告诉民众，政府会对犯罪行为予以严厉打击。一系列的讲话以及有效地遏制物价和打击犯罪，使得城市生活逐步恢复正常。为了巩固这种正常的印象，新闻发布会的会场被布置成市政大楼大厅的样子。每一次讲话，朱利安尼都强调恢复正常的重要性，鼓励市民恢复原来的生活。

回顾当时的心态，朱利安尼说：“如果市长那时候哭泣，那很令人尴尬，我只能尽力做好。我父亲教导过我：如果你处于危急之中，要保持冷静，这样才能有最好的机会脱离险境。如果你不冷静，假装你冷静，这样也有助于你冷静下来。我记住这句话了。”他回忆道：“那天晚上回家，我读了丘吉尔的传记，我想知道他是如何在每天遭受轰炸的更恶劣情形下处理问题的，它给了我很大的力量，于是我对纽约人民说：‘如果伦敦人民能克服困难，你们也能克服。’”①

【附记】不同制度、不同文化下的应急沟通可以有不同的方式方法，但是相互借鉴仍是必要的。朱利安尼的危机沟通实践就是值得研究和借鉴的一例。

本章小结

1. 应急沟通，是指政府和其他应急管理主体与其体系内部，以及与媒体、公众等受众沟通信息、相互交流的过程。沟通是突发事件应急管理的基础性工作，它贯穿于应急管

① 朱利安尼谈“9·11”：那是我最糟糕也最伟大的一天. 中国日报，2011-09-09.

理工作的始终，体现在预防与监测、应急准备、应急响应、恢复重建等各个环节。

2. 常态下的应急沟通工作的重点是在应急管理主体内部（主要指政府组织）的信息管理机制、应急管理主体面向公众的风险沟通，以及应急管理主体对舆论风险的管理。

3. 非常态下的应急管理主要涉及应急管理主体内部的突发事件信息报告、应急管理主体面向公众的突发事件应对信息发布，以及应急管理主体对舆论危机的应对。

关键术语

应急沟通　风险沟通　突发事件信息报告　突发事件应对信息发布　舆论危机

复习思考题

1. 何谓应急沟通？应急沟通有什么作用？
2. 公众风险沟通的意义与方法是什么？
3. 政府应当如何应对舆论危机？

阅读材料

2012—2016 年互联网环境舆情事件分析

【题记】环境舆情事件的调研资料有助于我们深入了解管理舆情风险和应对舆论危机的课题。

2012—2016 年影响比较大的 20 余起环境舆情事件中，多数事件发酵于地方，却演化成全国范围的舆情焦点。其中，地方政府应急管理不力是一个不可忽视的原因。个别地方政府部门面对类似事件，仍沿用“瞒堵捂”的旧思维，无视民意诉求，试图简单粗暴地通过行政力量主导事态发展，最后弄巧成拙，事与愿违。5 年来，环境舆情事件也呈现出新的特点：

第一，涉事群众的环保意识、维权意识和民主意识不断提升。从环境舆情事件来看，不仅有对已经发生的环境污染事件的“事后”维权，更有对尚未发生但有可能发生的环境污染事件的“事前”防范。

第二，和公众环保意识的普遍提升相比，一些官员的环保意识和管理思维明显滞后，在环境舆情事件处置上力不从心。河北沧县环保局局长用“水煮红小豆”解释红色井水，引发群众“炮轰”被免职。就环境舆情事件而言，公民日益高涨的权利意识与一些地方政府和官员相对滞后的管理理念的矛盾越来越尖锐，成为一系列环境舆情事件爆发的深层次原因之一。

第三，从早期涉及人群相对有限的单一事件转为普遍事件，环境舆情事件呈现“全民参与”的特点。最典型的就是雾霾爆表问题。近年来，全国多地多次出现严重的雾霾天气，引发全民“吐槽”。与此相关，地方机动车限行、雾霾预警等措施、发展模式反思等话题也备受网民关注。

第四，环保舆情事件折射出现实社会的多重矛盾，涉及群体利益纠葛复杂，具有鲜明的社会转型期特征。社会转型期也是矛盾凸显期，环境舆情事件就是集结多重矛盾的重要载体。秸秆焚烧引发的城乡居民矛盾以及由此引发的治理成本分摊问题，不仅是一个共时性的问题，还是一个历时性的问题。矛盾的多重交织考验政府管理智慧。

一、2012—2016 年环境舆情热点分析

以 2012 年 1 月 1 日至 2016 年 3 月 31 日 300 起环境污染事件的新闻报道内容为分析样本，发现其高频词如图 1 所示。其中，“污染”“雾霾”“群众”“PX 项目”为一级热词，出现频率超过 1 700 次。“焚烧”“化工”“饮用水”“村民”“聚集”“钢铁”“环保局”为二级热词，出现频率在 1 000 次上下。出现频率在 650 次左右的三级热词有“群体性”“环保局”“粉尘”“抗议”“水污染”“叫停”“回应”“浑浊”“中毒”“爆炸”等十余个。

图 1　2012—2016 年环境污染热点事件高频词图

资料来源：新华网网络舆情监测系统，2012 年 1 月 1 日至 2016 年 3 月 31 日。

通过对 2012 年 1 月 1 日至 2016 年 3 月 31 日 300 起环境舆情热点事件进行研究，发现环境舆情事件的舆情争议并不限于污染本身，多数事件都引发了诸如发展模式、劳资纠纷、医保、管理制度、法制建设等方面的衍生话题，并引发了较大的舆情波动。

数据显示，有 25.13%的环境污染事件衍生出对发展模式的争论。最为典型的是多地发生的 PX 游行事件、雾霾袭城事件等。舆论普遍认为，高污染、高能耗、高增长的增长方式已经难以为继，而雾霾话题的强大网络动员能力也充分表明，既往增长方式已经失去了民意基础。因此，彻底反思经济发展模式，加快调整产业结构，推动经济转型，已经不再局限于政府和企业界，而是成为一个全民协力推动的大工程。

有 17.09%的环境舆情事件衍生出对管理制度的不满。针对重污染项目审批不严、治污监管漏洞、跨区污染的责任追究、突发重大环境舆情事件的应急处置等问题，舆论场呈现较高声量。网民认为，要完善环评制度，充分尊重民意，确保上马项目合法合规；要注重监管，明确企业、政府和居民等利益攸关方的责任和义务边界，避免公地悲剧；要制定突发环境舆情事件应急管理工作规范，加强各部门、各单位之间的协调，提高应急管理和风险防范水平，避免各自为战。

有10.54%的环境舆情事件涉及腐败问题。一些地方政府给违法排污企业披上“合法”外衣、罩上“先进”光环，对其百般包庇纵容甚至潜心制定“土政策”予以公开支持……在这种情况下，反腐就会成为网民呼吁治污的一项策略。受害村民通过举报污染背后的贪腐问题，向有关部门发出治污信号，以谋求更多的关注度。在高压反腐的态势下，与环境污染有关的腐败问题曝光往往也会将公众关注的焦点引向环境治理。河南获嘉县化工厂污染事件在舆论场发酵起来，就和副县长的“警察撑伞护卫”的作风问题密切相关。

梳理2012年1月至2016年3月的300起环境舆情事件，其中涉及水污染的最多，有119件，占比达到39.67%；涉及化工污染的排名第二，占比为22%；空气污染事件占比18%，排名第三；重金属污染和土壤污染紧随其后，占比分别为9.67%和3.91%。其余另有噪声污染、垃圾污染、固体废弃物污染等其他类污染事件占比6.75%（见表1）。

表1　　2012—2016年环境舆情热点事件分类

污染类别	占比
水污染（黑臭河、地下水、超标排污等）	39.67%
化工污染（化工废弃物、废水、废气、设备管道泄漏等）	22.00%
空气污染（粉尘、雾霾、烟雾、秸秆焚烧等）	18.00%
重金属污染（镉污染、血铅超标、苯污染、铊污染等）	9.67%
土壤污染（农田破坏、土壤沙化、企业排污等）	3.91%
垃圾污染（厨房垃圾、废塑料、碎玻璃、垃圾围城等）	3.04%
固体废弃物污染（建筑垃圾、粉煤灰、炉渣、工业粉尘等）	2.51%
噪声污染（工厂、机场噪声扰民等）	1.20%

资料来源：新华网网络舆情监测系统，2012年1月1日至2016年3月31日。

二、政府处置环境舆情事件的困境分析

环境舆情事件本身矛盾的复杂性，是政府应急管理必须面对的一个外在因素。而且，政府自身的困境也是制约其应急管理能力的重要方面。

维稳与发展的矛盾突出

环境舆情的爆发，追根溯源，往往和一些工业项目的无序发展密切相关。因此，面对环境舆情事件，不少地方政府往往会陷入维稳与发展的困境。以PX为代表的重大化工项目引发的舆情事件最具代表性。从大的方面讲，PX产业涉及国家战略安全；从小的方面看，这样一个项目的落地也有助于增加当地的GDP、带动扩大就业、保障民生。然而，随着民众越来越把环境权益放在优先的地位，民众的追求与政府的规划也越来越不合拍。

事前预防力度不够，事后处置草率

互联网上的环境舆情事件，无疑具有突发的特点。但是，这种突发只是矛盾集聚到一定程度的产物，这个过程也不可能是瞬间形成的。因此，不少环境舆情事件在突发之前就有端倪可循。比如，2012年的江苏启东王子排污事件，早在2009年就有网文反映

该问题；事发前五天（6月23日），网上还出现了《江苏启东民间强烈抵制日本王子造纸排污的斗争》的帖文。如果当地政府和网管部门能够正视这些信号，或许事件发展就会是另一个局面。事发后，不少地方政府不是从事情本身的正当性、合理性角度去和民众互动，而是盲目迎合所谓的民意，成为“一闹就停”“双输”乃至“多输”局面的另一推手。

信息供给与信息封锁的纠结

网络信息鱼龙混杂。突发事件发生之际，一些有害信息借助互联网进行传播，会对正常的应急管理工作造成干扰。因此，对信息进行适度的管控，有助于避免事件节外生枝，促使事件迅速平复。但如果管控失当，甚至变管控为禁止，则不仅难以满足网民的知情权诉求，进而激发更强烈的抗议，还可能造成境内外舆论场的失衡，进一步加剧网民焦虑。

塔西佗陷阱效应明显

面对环境舆情事件的突发，地方政府部门应急管理的困境还在于塔西佗陷阱效应。所谓塔西佗陷阱，通俗地讲，就是指当政府部门失去公信力时，无论说真话还是假话、做好事还是坏事，都会被认为是说假话、做坏事。因此，对于预防性的环境舆情事件，结果往往是“多输”局面：地方经济损失了重大的合法、合规的项目，政府公信力丧失或者弱化，居民的环境并没有因此而有多大改善。对于事后补救的环境舆情事件，官民缺乏互信同样会加剧事件处置的难度，官方处置不当往往会诱发更为严重的信任危机。有调查显示，不相信政府，不相信专家，更不相信媒体，已构成了当前社会上一堵亟待翻越的“信任墙”。

资料来源：洪毅. 中国应急管理报告（2016). 北京：国家行政学院出版社，2016.

阅读思考题

从上述材料来看，你认为政府应如何进一步管理好舆论风险和舆论危机应对工作？

第 10 章

应急控制

主道利明不利幽，利宣不利周。

——《荀子·正论》

所谓应急控制，是指在应急管理工作中，应急管理主体对相关单位、组织和人员的活动进行监督检查，从而能够全面妥善地应对和处置突发事件的过程。本章针对应急管理工作中“常态”与“非常态”的应急控制阶段，详细阐述“常态”下的事前预防与应急准备的部门绩效管理和督查机制，“非常态”下的事中应急处置与救援、事后恢复与重建的督查机制。在每一节中阐明其概念与意义、应急控制的方法与模式等。

重点问题

- “常态”下应急绩效管理方法与框架
- “非常态”下应急处置和救援的督查
- “非常态”下恢复重建的社会监督与政府监督

10.1　应急控制概述

10.1.1　控制原理

10.1.1.1　控制的概念

在管理学中，控制是监控、比较和纠正工作绩效的过程①。控制是组织的一项重要管

① 罗宾斯，库尔特. 管理学：第 11 版. 李原，孙健敏，黄小勇，译. 北京：中国人民大学出版社，2012：481.

理活动，是检验部分或整个计划的执行成效和正确性的过程。控制过程的基本内容是采取必要的纠正措施。

因此，所谓控制，是指管理人员对组织实际运行是否符合预定的目标进行测定，并采取措施确保组织目标实现的过程。

从传统意义来看，控制就是“纠偏”，即按照计划的标准衡量所取得的成果，并纠正所发生的偏差，以确保计划目标的实现。

从广义角度来看，控制工作并不仅限于按照既定的计划标准来衡量和纠正计划执行中的偏差，同时还包含在必要时修改计划标准，以使计划更加适合实际情况。因此，完整的控制包含了“纠偏”和“调适”两方面含义。

所以，有效的控制可以规范各项工作顺利开展，可以保证组织的各项活动圆满完成，可以保护组织及其利益，并最终实现组织的既定目标。

10.1.1.2 控制的类型

按照控制所采取的不同手段，控制的类型可分为直接控制和间接控制。直接控制是指控制者与被控制对象直接接触的控制形式，通常可以理解为通过行政命令和行政手段进行的控制；间接控制是指控制者与被控制对象不直接接触，而是通过中间媒介进行控制的形式。

按照控制发生的不同阶段，控制的类型可以分为：前馈控制、同期控制和反馈控制。前馈控制是在控制行动开始之前进行的控制，其目的是防止问题产生而不是当问题出现时再补救。同期控制亦称现场控制或过程控制，是指控制行动开始以后，对活动中的人和事进行指导和监督。管理人员愈早知道业务活动与计划的不一致，就能愈快地采取纠偏措施，可以在发生重大问题之前及时纠正。反馈控制亦称成果控制或事后控制，是指在一个时期控制行动已经结束以后，对本期的资源利用状况及其结果进行总结。

10.1.1.3 控制的流程

管理学的控制流程一般有四个步骤：制定目标与标准；测量实际绩效；将实际绩效与标准进行比较；采取管理行动来纠正偏差或调整不合适的标准①。

10.1.2 应急控制的含义

10.1.2.1 应急控制的概念和意义

根据管理学的控制理论，应急控制是应急管理工作中必不可少的一个管理环节。

所谓应急控制，是指在应急管理工作中，应急管理主体对相关单位、组织和人员的活动进行监督检查，从而能够全面妥善地应对和处置突发事件的过程。

应急控制总体上对于应急管理工作的顺利进行具有保障性作用，具体有如下方面：

（1）检测作用。通过对应急管理过程的定性、定量考核，检测应急管理任务目标完成情况。

---

① 罗宾斯，库尔特. 管理学：第11版. 李原，孙健敏，黄小勇，译. 北京：中国人民大学出版社，2012：482.

(2) 保证作用。通过检测发现问题，要求被检测对象进行整改、提高，有利于保证应急管理任务目标的实现。

(3) 调整作用。通过检测发现问题，也可以调整应急管理任务目标、工作结构等。

10.1.2.2　应急控制的类型

将管理学的控制理论与应急管理的实际工作相结合，可以将应急控制以突发事件的发生为标志性界限进行划分。突发事件发生之前的应急控制，称为常态应急控制；突发事件发生之后的应急控制，称为非常态应急控制。因此，应急控制包括“常态”下事前预防与应急准备的部门绩效管理和督查机制，“非常态”下的事中应急处置与救援、事后恢复与重建的督查机制。

除了按照控制阶段进行划分，应急控制还可以按照多重标准进行划分。按行政应急权进行划分，应急控制包括国家权力机关的预防监督、行政机关自身的内部监督、司法机关的事后监督、人民群众和媒体的社会监督①。按业务类型分类，应急控制包括应急绩效管理、应急过程督查、应急财政监督等。

需要注意的是，“常态”与“非常态”的应急控制仅是以突发事件的发生为标志性界限，对应急控制进行阶段性划分，而不是对应急控制进行类别划分。比如，应急绩效管理是常态的应急控制工作，但也包含了事中应急处置与救援和事后恢复与重建阶段的相关绩效指标。再比如，应急财政监督是对应急管理工作全流程的资金使用进行督查。

10.1.3　应急绩效管理的含义

10.1.3.1　绩效管理

绩效管理是指识别、观察、测量和开发组织中人的绩效的过程。绩效管理是一种重要的管理工具，是组织决定奖惩、晋升、培训、解聘等的重要依据②。绩效评价时必须把握工作的本质，绩效评价的目标不是要将所有的东西全部加以量化才够客观，而是要避免评价时的主观臆断、怀疑与测量的偏差。无论是组织还是个人，都必须以系统和发展的眼光来认识和理解绩效。如果只从单一的层面静止地理解和评价绩效，就有可能犯一叶障目的错误③。所以，在界定组织和个人绩效的时候，应综合考虑时间、方式和结果三因素，它们构成一个三维立体空间（见图 10-1）。这表明，绩效就是一个组织或个人在某个时间范围内以某种方式实现的某种结果。从三维空间的角度来看待绩效，可以使组织和个人在不同历史时期的绩效以点、线、图的方式直观地呈现出来，便于个体和组织水平的比较，而且可以简洁形象地表示出时间、方式和结果之间的关系④。

---

① 王超．行政应急权监督研究．海口：海南大学，2013.

② CORSINI R J. Concise encyclopedia of psychology. John & Wiley and Sons, Inc. 1987.

③ 杨杰，方俐洛，凌文辁．对绩效评价的若干基本问题的思考．中国管理科学，2000 (4)：75-81.

④ 廖洁明．突发事件应急管理绩效评估研究．广州：暨南大学，2009.

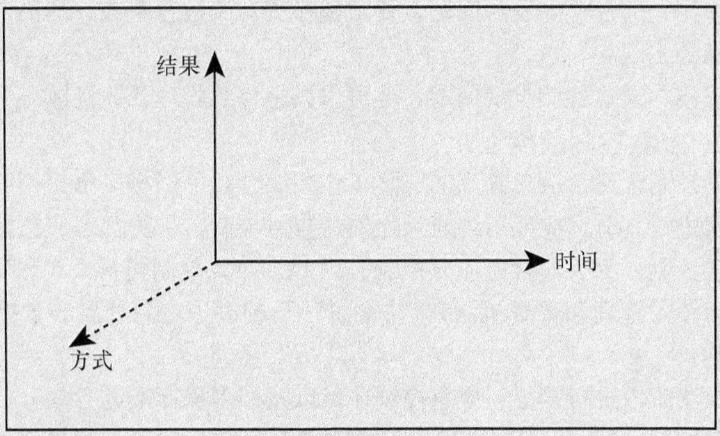

图 10-1　绩效内涵三维剖析图

提高绩效是组织管理的核心问题。要提高绩效，就必须了解和评估现有绩效水平，运用科学方法、标准和程序，对组织的业绩和成就做出尽可能准确的评价，在此基础上对组织绩效进行改善和提高。组织绩效评估具有辅助计划、预测判断、监控支持、激励约束和资源优化等功能，通过评估绩效可以改进激励机制、竞争机制、监督机制和责任机制。

10.1.3.2　应急绩效管理

应急绩效管理是对应急管理中决策、计划、组织、领导等环节的水平进行综合评估的过程，是评价政府及其相关部门工作业绩的重要方面。应急绩效管理既是对政府已有应急管理意识、能力和业绩的评估，又是制定未来政府突发事件应急管理方针与政策的重要依据。应急管理绩效评估要体现责任至上、效能至上和服务至上的目标①。

突发事件应急管理绩效评估的价值导向体现在公共部门对其应急管理行为的基本价值判断、价值确认和利益选择。当代应急管理在社会公平的基础上强调公共责任和民主参与，使秩序、公平、民主、服务成为应急管理绩效评估的基本价值取向。这些价值取向在突发事件应急管理绩效评估过程中具体通过应急管理效率、应急管理能力、公共责任、对民众生命和财产利益的重视和保护程度、社会公众的满意程度等价值判断来体现。

10.1.4　应急督查

10.1.4.1　督查的含义

督查是监督与检查的合称，其本质是监督。

监督即对现场或某一特定环节、过程进行监视、督促和管理，使其结果能达到预定的

① 王晓霞．试析政府公共危机管理绩效评估体系．管理世界，2009（1）．

目标。行政监督属于国家监督的一种，是通过国家机关及其工作人员行使国家权力，运用各种手段，对国家和社会事务采取的一种有组织的督查制约活动[①]。行政监督可以解释为监督行政，按监督主体的不同划分为政党监督、立法监督、司法监督、行政机关的内部监督以及舆论监督、社会团体监督等不同的类型。

目前，为了强调督查的严肃性与权威性，某些督查工作也被称为“督察”（例如环境保护督察）。此外，督查也时常有“监察”的元素，督查组中也会吸收监察部门人员参加。因此，也有必要了解监察的概念和国家监察体制。

监察是监督各级国家机关和机关工作人员的工作，并检举违法失职的机关或工作人员。行政监察是一种综合性的监督检查，主要是对监察对象的行政行为[②]进行监督，其目的可以简要地概括为：保证政令通畅，维护行政纪律，促进廉政建设，改善行政管理，提高行政效能[③]。行政监察的对象是国家行政机关及其公务员和国家行政机关任命的其他人员。行政监察是由政府通过其所属的专门机构来实施的，这个专门机构就是行政监察机关[④]。

监察机关是各级人民政府为保证政令畅通，维护行政纪律，加强廉政建设，改善行政管理，提高行政效能，促进国家行政机关及国家公务员依法行政而专门设立的行使行政监察职能的机构。新修订之前的《中华人民共和国宪法》规定，国务院“领导和管理民政、公安、司法行政和监察等工作”，由此确立了行政监察在我国政治体制中的地位。《中华人民共和国行政监察法》规定了监察机关的性质、领导体制、管辖范围、职责权限和机构设置等，进一步明确了监察机关的法律地位。监察部是最高监察机关，在国务院的领导下，主管全国监察工作。县以上地方各级人民政府及其所属部门的监察机关分别在本地区、本部门行政首长和上一级监察机关的领导下，主管所在地区和部门的行政监察工作。这种双重领导体制是宪法规定“国家机构实行民主集中制的原则”在监察机关领导关系上的具体体现，保证了监察机关应有的法律地位和权威性。

10.1.4.2 应急过程督查

应急过程督查，是由上级人民政府或应急管理业务对口部门及同级监察机关依法对应急管理所涉及的相关工作、相关部门展开的督查工作。应急过程督查是应急管理职能在应急控制方面的重要体现。应急过程督查的目的是“防怠、减漏”，对于明确应急管理责任主体、实施公平公正的奖罚有重要作用[⑤]。

应急过程督查的主要工作包括：督查主体向被督查主体提出改进工作的建议，堵塞行政管理中的漏洞，避免和减少工作失误；确保应急管理工作顺利开展，对违反应急管理纪律的行政机关、国家公务员和国家行政机关任命的其他人员进行查处，依法进行纪律制裁；依照法律支持和鼓励行政机关、国家公务员忠于职守，清正廉洁，保障他们的合法权

---

① 陈伟. 行政管理体制改革视野下的行政监察权. 武汉：武汉大学，2010.

② 行政行为是享有行政权能的组织行政主体运用行政权力、针对行政相对人作出的，具有法律效果且表示于外部的法律行为。

③ 《中华人民共和国行政监察法》第一条。

④ 《中华人民共和国行政监察法》第二条。

⑤ 刘斌，陈安. 应急管理中的过程监督与奖惩机制研究. 中国应急救援，2009（2）：14-17.

益，为他们创造一个良好的应急管理工作环境，进而提高其依法行政的水平，使其廉洁高效地工作，达到提高应急管理效能的目的。

10.2 常态应急控制

10.2.1 应急绩效管理

10.2.1.1 应急绩效管理流程

应急部门绩效管理流程源于管理学的控制过程，其主要步骤包括：

1. 确定绩效对象

绩效对象即为被绩效者。我国应急部门绩效管理，无论是以政府为切入点，还是以单位为切入点，一般都是由上级对下级进行绩效管理。

2. 制定绩效目标

即想要通过绩效管理达到的最终效果。

3. 明确绩效标准

不同的绩效对象有其相应的绩效内容，须根据绩效对象的实际工作制定绩效评估指标体系，形成系统的绩效考评标准。

4. 设计绩效方式

绩效方式涉及绩效时间、绩效周期、绩效组织者及绩效实施者等相关规则的设计，包括自评、测评、考评、公示、审定等绩效形式的选定。

5. 衡量绩效结果

第一，设定绩效等次。绩效等次一般包括优秀、良好、一般、较差等。也可以根据每项绩效指标进行量化计分，再结合权重分值进行总分计算。

第二，纠正绩效。根据绩效结果进行原因分析，找到纠正绩效的方法、措施等。

6. 修改绩效标准

通过实际绩效检验，如出现绩效标准不合理的情况，及时修改绩效标准。

10.2.1.2 应急绩效管理指标体系建构

要建构突发事件应急绩效管理指标体系，先要确定绩效评估指标的甄选原则，再根据突发事件应急管理过程和应急管理组织职能，按照科学的方法来甄选绩效评估指标。

1. 应急绩效管理指标体系的建构原则

突发事件应急绩效管理指标体系是根据突发事件应急管理理论、结合其内部结构和外部相关性而建立的一套描述和分析的工具。要使这种测度工有效可信，测评结果全面、客观、准确地反映应急绩效管理的实际水平与发展趋势，使得应急管理具有现实性、测度性和应用性①，其指标的遴选应该遵守以下七项原则：

① 廖洁明．突发事件应急管理绩效评估研究．广州：暨南大学，2009.

（1）可操作性。评估指标体系建立的目的主要是在绩效评估中得到应用，这就要求所建立的指标体系具有操作性。主要包括三方面的内容：一是数据资料可获得。数据资料尽可能通过查阅全国性和地方性统计年鉴及各种专业年鉴获得，或者是在现有资料基础上通过简单加工整理获得，或者通过对研究对象进行问卷调查和现场访谈获得。二是数据资料可量化。定量指标数据要保证其真实、可靠和有效，而定性指标和经验指标应尽量少用，或尽量选取那些能通过专家间接赋值或测算转化为定量数据的定性指标，如等级。三是指标尽可能少而精。指标体系的设置应尽量避免形成庞大的指标群或层次复杂的指标树。

（2）可比性。必须明确评估指标体系中每个指标的含义、统计口径、时间、地点和适用范围，以确保评估结果能够进行横向和纵向比较，以便更好地了解和把握不同政府或同一政府在不同发展阶段绩效的实际水平和变化趋势。在进行政府绩效的评估时，为了确保可比性，评估指标应尽量采用相对指标，少用绝对指标。

（3）代表性。突发事件应急管理涉及多个管理层面和维度，并随突发事件的变化而变化，不可能穷尽全部评估指标，而且每个指标对政府应急管理整体绩效的贡献程度也有差别。因此，建立政府应急绩效管理指标体系时不能随意罗列而使指标体系过于膨胀，削弱主要指标的影响力，也需要舍去一些虽属重要但目前尚力不能及的指标。

（4）系统性。任何评估体系所设定的指标都要能够全面地反映和衡量突发事件应急管理的实际绩效水准。应急绩效管理指标体系既要反映突发事件发生前的预防绩效，又要反映发生后的处理、控制、恢复绩效，以便体现其动态发展过程和绩效的完整性，并且随着社会发展和政府职能的变迁而动态地调整。由于每一类突发事件各不相同，因此指标设置既要具有代表性和通用性等共性，扩大指标体系的使用范围，又要体现各自的个性化特征，还要考虑到社会突发事件的性质，更多地突出政府应急管理的公益特征，对效果、效率、效益指标加以权衡，以公正、公平、公开为原则加以把握。所以，要合理地将评估指标分为目标层、准则层与指标层等若干层次。系统性原则意味着评估指标体系要能够反映充分的信息量，n 个评估指标相互独立，构成一个 n 维空间，空间中的每个点都对应着政府绩效的一个状态；由若干个相互独立的指标构成一个指标群，反映政府绩效某一个层面的实质内容；若干个相互独立的评估指标群综合成一个完整的评估指标体系，用来测度和评估政府绩效的整体水平。

（5）独立性。指标体系是一个相互联系、相互渗透的多层次、多要素的系统，指标设置必须按照其层次高低和价值大小不断细分，且彼此相互独立，不存在任何相互包含关系，不相互重叠，不具有互为因果关系。一个评价系统指标如果重叠，实际上就不恰当地增加了权重，使结果出现偏差，从而失去了科学性。当指标间存在明显的相关关系时，应选择负载信息量大的指标，保证既不丢失主要信息又能减少指标数量，便于实际应用。还要注意不能将两条相互排斥的指标放在同一系统中，否则会使绩效评价工作无法进行。

（6）动态性。突发事件应急绩效管理是一个动态的积累过程，它对整个社会经济影响的滞后性以及其他因素的影响，不易在较短的时间内取得其真实值，因此在选择评估指标时，既要有测度绩效活动结果即绩效实际水平的现实指标、静态指标，又要有反映绩效活动过程即绩效发展趋势的过程指标、动态指标，能综合反映政府绩效发展的现状和未来趋势。由于在绩效系统的运行过程中，系统内部的各种因素以及外部环境总是处于不断的发展变化之中，导致政府绩效的内涵与结构也会不断发生变化，因此其评估指标也不能保持长期不变，应根据政府所处的发展阶段的不同对评估指标进行适当的调整。

（7）导向性。突发事件应急绩效管理评估的目的就是通过绩效评估，获得有效的绩效信息，了解和把握政府绩效建设现状，发现问题，找出差距，降低行为成本，改进和提高服务效率与服务能力，促进地方经济社会全面协调和可持续发展。因此，评估指标的选择必须有利于实现绩效评估的目的。

2. 应急绩效管理指标的筛选方法

在筛选绩效管理评估指标的时候，既要综合考虑评估指标的系统性、代表性、可比性和可操作性，不能仅由某一原则决定指标的取舍，又要根据这些原则各具特殊性及目前认识的差异，对各项原则的衡量精度、研究方法不可强求一致。例如，评估指标体系中有定性指标和定量指标，定性指标无法用数值进行衡量，只能依赖评估者对应急管理绩效的内涵理解程度及其对所评估对象的了解程度进行评价，尽量采用科学方法将定性指标转换成定量指标，后者则可以采取一定的数学方法得到量化值，因而两者不必要也不可能用同样的方法和同样的数值。突发事件应急绩效管理评估是一项十分复杂的工作，要做到既涵盖事件时间又涵盖事件空间的综合特性，就需要对基于过程的应急绩效管理指标和基于组织运行系统的应急绩效管理指标体系中的众多指标进行筛选整合，原则是删除那些对评估结果影响不大的指标或合并评估目的类似的指标。

突发事件应急绩效管理评估是一项系统工程，指标体系完善是这个系统工程中一个不可缺少的环节。在完善指标体系的过程中，往往要运用以下方法①。

（1）指标合并。对相关的或重要性不够的几个指标变量，分析其共同因素，合并成一个指标，使其涵盖这几个指标所要表达的内容。指标合并既有效地减少了指标个数，又保留了原有信息。

（2）指标删除。对经判断存在问题的指标予以删除。删除这样的指标，意味着清除了所引起的问题，也简化了指标体系。但要注意的是，删除指标必须有充分的理由，否则简化后的指标体系很可能得不到普遍认可。

（3）指标添加。由于初始指标体系的不完善或简化过程中有关内容的删除，所以必须增加一些遗漏的重要指标。

（4）指标替代。有一些问题既不能删除也不能合并到其他指标中去，有效的办法就是用一个新的指标代替它。新指标应充分反映指标中的特殊信息，以便解决存在的问题。

（5）指标重组。指标重组是指将那些评估目的基本相同的指标重新组合，形成一个新的评价指标的过程。

（6）指标类型转换。类型转换不会减少指标个数，但可以改变指标体系的性质，从而简化评估过程。在实际评估过程中，这也是一种非常重要的指标完善技术。

10.2.1.3 应急管理绩效指标体系的基本框架

突发事件应急管理绩效指标的设定，在时间上必须涵盖突发事件应急管理的整个过

① Khoshafian S. Intelligent Offices. New York: John Wiley & Sons, Inc, 1992.

程，这是应急能力建设内容设定的现实依据和客观基础；在空间上，必须涵盖信息管理系统、决策指挥系统、应急预置系统、应急处置系统、资源保障系统等实际支撑要素。

支撑要素也被称为一级指标，其包括二级指标，如：

决策指挥系统绩效指标包括：应急机构、日常管理、专家组成、辅助决策、决策效率、预案启动、指挥调度、综合协调、信息反馈等。

应急处置系统绩效指标包括：应急动员、快速反应、处置措施、救援培训、物资设备调度、人员抢救、财产抢救、灾害控制、恢复重建、总结整改等。

预置系统绩效指标包括：宣传教育、应急意识、应急预防、应急准备、突发事件监测、突发事件预警、培训与演练等。

资源保障系统绩效指标包括：人员保障、物资保障、资金保障、医疗保障、交通保障、通信保障、装备保障、技术保障、紧急避难场所保障、保险保障等。

信息管理系统绩效指标包括：信息管理人员、信息系统建设、信息报送管理、信息采集、信息处理、信息传输等。

二级指标包括的各项具体绩效指标称为三级指标（如表 10－1）。

表 10－1 应急管理绩效指标体系示例

目标层	一级指标层	二级指标层	三级指标及属性	
突发事件应急管理绩效 A	决策指挥系统绩效 A1	应急机构 A101	机构设置	A1011
			职能配置	A1012
			岗位设置	A1013
			人员素质	A1014
			队伍建设	A1015
		日常管理 A102	应急管理内容	A1021
			预案制定、调整和执行	A1022
			法规制定和宣传	A1023
			部门规章制定和执行	A1024
			规范性文件制定和执行	A1025
		专家组成 A103	专业结构	A1031
			年龄结构	A1032
			能力结构	A1033
			整体水平	A1034
		辅助决策 A104	专家提供决策方案	A1041
			专家提供专业指导	A1042
			专家提供信息支持	A1043
		决策效率 A105	充分讨论决策问题	A1051
			敢于承担决策责任	A1052
			每次都有决策结果	A1053
		预案启动 A106	预案选择	A1061
			预案生成	A1062
		指挥调度 A107	建有指挥信息系统	A1071
			指挥调度熟练程度	A1072
			现场指挥变通能力	A1073
			调度效率	A1074

续前表

目标层	一级指标层	二级指标层	三级指标及属性	
突发事件应急管理绩效 A	决策指挥系统绩效 A1	综合协调 A108	全面统筹应急管理工作情况	A1081
			决策指挥系统与事故现场指挥实时沟通	A1082
			各单位各层级各部门合作协调情况	A1083
		信息反馈 A109	信息反馈制度	A1091
			应急情况通报	A1092
			执行偏差与纠正	A1093

说明：由于全部指标体系列出篇幅过大，无必要，本表只选取“决策指挥系统绩效”相对应的指标体系作为示例，供读者参考。

10.2.2 预防准备督查

10.2.2.1 预防准备督查的意义

通过督查，上级机关可以深入了解掌握各地预防准备工作开展情况、取得的经验和成效；可以督促和指导各地查找和解决存在的问题与不足，扎实推进并深入开展预防准备工作；可以督促地方政府落实预防准备工作属地管理责任，构建预防准备官民共治格局。

10.2.2.2 预防准备督查的内容、对象与时机

预防准备的督查可以在应急管理的各个领域进行。例如，安全生产督查①、环境保护督查②、食品安全督查③等。在具体工作中，督查有时也被称为巡查。例如，为了督促地方各级人民政府全面落实安全监管责任，国务院安全生产委员会出台了安全生产巡查工作制度④。

预防准备督查的对象既包括有关地方政府和政府部门，也包括各地的相关企业、相关场所。

预防准备督查的时间安排上，既有定期的年度检查，也有不定期的专项检查，还有特定时期（如春节期间）的大检查活动等。

10.2.2.3 预防准备督查的机制

预防准备督查通常采取如下方式开展工作：

1. 查阅文件档案

查阅各地关于部署开展预防准备工作的通知、方案、总结、信息、简报等相关文件资料。

2. 现场检查

以重点区域、重点场所和重点企业等为重点，采取随机抽查方式，在每个区域实地查看一定比例的督查对象。

---

① 国务院安委会关于开展安全生产重点工作专项督查的通知（安委明电〔2014〕1号）.

② 《环境保护督察方案（试行）》，中央全面深化改革领导小组第十四次会议审议通过.

③ 国务院食品安全办关于开展农村食品安全治理专项督查工作的通知（食安办〔2016〕25号）.

④ 国务院安全生产委员会关于印发《安全生产巡查工作制度》的通知（安委〔2016〕2号）.

3. 随机走访

随机走访基层群众和管理人员，了解预防准备工作中的薄弱环节，听取有关意见建议。

4. 召开座谈会。

与地方政府和基层应急管理部门、生产经营企业、行业协会、社会组织等代表进行座谈，掌握工作开展情况，并就存在的问题和困难进行讨论研究。

5. 反馈意见

督查结束时，各督查组向被督查的地方政府或企事业单位反馈意见。

6. 督促整改

对于发现的问题，向督查对象发出整改要求并检查整改情况。必要时，向社会公布督查情况和整改情况。

专栏

2017 年全国安全生产大检查工作情况的通报（摘要）

2016 年 10 月份以来，各地区、各有关部门和各单位按照国务院安委会统一部署，认真组织开展安全生产大检查，全面排查整治各类安全隐患。国务院安委会办公室组织开展了两轮督导，持续开展明察暗访，推动了安全生产大检查扎实深入开展。

一、全国安全生产大检查总体情况

截至 2016 年 12 月底，全国共组织检查组 43 万多个，检查企业近 150 万家次，排查各类安全隐患 120 万余项，依法打击整治各类违法违规行为 35 万起，停产整顿企业 3.9 万家，关闭取缔企业 1.3 万家，依法暂扣吊销许可证照 2.1 万个，推动了企业安全生产主体责任落实，有效发挥了安全生产大检查预防遏制生产安全事故的作用。

（一）迅速部署落实，强化组织推动。各地区、各有关部门和各单位纷纷在第一时间召开会议、下发通知进行传达学习贯彻，主要负责人亲自研究部署；成立由主要负责人牵头的领导小组，强化工作措施，层层加压加力，对安全生产大检查进行再部署、再检查、再落实。

（二）坚持深查细究，着力提升大检查广度和深度。针对前期检查覆盖面小、检查存在盲区漏洞等问题，各地区、各有关部门和单位进一步完善细化工作方案和责任分工，突出重点地区、重点领域、重点单位深查细究，着力在全覆盖上下功夫。

（三）严格监管执法措施，强化隐患整改落实。各地区把隐患整治作为关键环节，采取挂牌督办、通报约谈、曝光问责等多种方式，加大监管执法力度，强力推进隐患整改落实。

（四）严防死守，坚决遏制煤矿事故多发势头。各有关地区和部门深刻吸取近期煤矿重特大事故的惨痛教训，进一步落实各项安全防范责任和措施，按照“八查”要求对所有煤矿开展彻查，并逐矿落实盯守责任，强化驻矿监管。

（五）加强督促检查，确保安全生产大检查取得实效。各地区、各有关部门采取综合督查、联合检查、暗查暗访等多种形式，加强督导，严厉问责，推动安全生产大检查责任和措施落实到位，着力解决走形式、走过场问题。

二、大检查存在的主要问题

从督导检查及明察暗访的情况看，“政府热企业冷”“上热下冷”的现象仍然存在，特别是一些基层和企业对安全生产大检查的措施和要求还没有真正落到实处。

（一）动员部署仍存在盲区漏洞。全国安全生产电视电话会议召开后，一些地方和企业仍没有真正重视起来，部署开展安全生产大检查动作迟缓、流于形式。

（二）安全检查不认真、不深入。主要表现在一些地方及企业把安全生产大检查等同于日常检查，走形式、走过场，一些明显的安全隐患没有被检查出来。

（三）隐患整改不及时、不得力。主要表现在一些基层和企业对发现的隐患问题一查了之，整改通知一发了之，跟踪督办不力，致使一些隐患长期存在，得不到治理。

（四）安全监管执法不严格。主要表现在一些基层政府部门重检查轻执法，甚至只检查不处罚；有的安全审核、整改验收把关不严不实；部分驻矿安监员未认真履职，甚至以权谋私、失职渎职。

（五）企业违法违规现象依然严重。主要表现在受当前经济回暖、能源价格上涨、节日临近需求旺盛等影响，一些企业罔顾安全，非法违法组织生产经营建设。2016 年 10 月以来发生的重特大事故都不同程度地存在违法违规行为。

三、下一步工作要求

（一）继续深入开展安全生产大检查。

（二）狠抓安全隐患和问题整改落实。

（三）强化安全监管，做好春节期间等重要时段的安全工作。

（四）认真谋划并抓好 2017 年重点工作落实。

资料来源：国务院安委会办公室关于全国安全生产大检查工作情况的通报. 国务院安委会办公室，2017-01-24.

【附记】我国的国家层面预防准备督查工作是十分认真的。全国安全生产大检查工作力度大，为各领域应急控制工作提供了学习和研究素材。

10.3 非常态应急控制

10.3.1 应急响应督查

10.3.1.1 应急响应督查的意义

应急响应是应急管理的核心工作之一，对各层级应急管理主体能够有效应对并妥善处置突发事件和保障人民生命财产安全，起到至关重要的决定性作用。因此，应急响应的督查工作意义重大：

第一，确保合法使用行政应急权。在突发事件发生后，行政机关各职能部门会缩减或者融合成一个应急部门，行政机关全体职能部门接受该应急部门管理和指导，削弱了行政内部监督的能力。应急响应的督查工作，可以有效地避免滥用行政应急权①，是应急管理依法行政的重要保障。

第二，确保应急响应符合预案规定。在各级各类应急预案中，根据突发事件造成的不同影响程度，有相应的应急响应标准阈值。所以，需要对应急响应状态的执行标准采取有效的督查。

第三，确保应急处置措施落实需要有效督查。应急处置措施是否能够有效落实，需要对其进行有效的督查。

第四，确保应急处置措施动态精准。突发事件的事态往往瞬息万变，应急处置措施的督查工作对及时调整处置措施有积极的促进作用，直至响应终止。

10.3.1.2 应急响应督查的内容

应急响应督查机制是应急响应过程的督查机制，包括启动应急响应、调整应急响应等级、终止应急响应等关键节点的督查工作。应急响应过程必须进行督查，以保证突发事件应急处置的科学性、严谨性和合法性。

应急响应督查内容包括：督查启动应急响应是否合适；突发事件事态扩大，达到更高等级的应急响应标准时，应急响应等级是否及时提升；突发事件事态得到控制，已降低到低等级的响应级别时，应急响应等级是否及时降低；突发事件事态得到控制，其他隐患得到消除，并已经符合应急预案终止应急响应的规定时，是否及时终止应急响应。

总体来说，应急响应的督查工作由突发事件处置主体的上级人民政府、行政机关、应急管理业务主管部门或上级及同级监察机关负责。同级监察机关是突发事件应急领导小组或应急指挥部的成员单位。突发事件发生后，同级监察机关在接到紧急应急工作的通知后要及时回复，并按时赶到现场参与应急处置相关工作，负责对国家行政机关及其工作人员和国家行政机关任命的其他人员在突发事件应急处置工作中履行职责的情况实施监察，对事件调查处理工作进行监督，对在突发事件应急处置工作中的失职、渎职等违纪、违规行为进行责任追究。

10.3.1.3 建立和完善应急响应督查机制

1. 建立并完善应急响应工作考核机制

充分发挥各应急管理主体的内部监督作用，对各应急管理主体的应急处置措施进行量化考核，并将年度考核结果纳入其工作绩效考评范畴，作为评先进优的评判依据；通过完善考核奖惩制度，充分调动其应急响应的主观能动性，进而提高其应急响应的能力和工作成效。

2. 建立应急处置措施落实及效果反馈督查机制

应急成员单位必须将突发事件应急处置措施的具体落实情况，及时并如实向应急指挥部汇报。应急指挥部应根据实际落实情况，随时调整处置方案、及时调整决策部署。在这期间，应急指挥部要对应急成员单位处置措施的实际落实情况进行督查，防止出现失职、渎职等违纪、违规行为。应急处置措施的落实情况汇报即一种效果反馈形式。同时，通过

① 王超. 行政应急权监督研究. 海口：海南大学，2013.

对应急处置措施的成效进行持续性监督，可以对应急指挥部的应急处置决策进行监察。比如，2016 年 10 月 16 日，环境保护部通报对北京市重污染天气应急响应的专项督查情况。督查发现，北京市城乡接合部及郊区的应急响应预案没有落到实处。针对北京市近日出现的重污染天气，10 月 15 日华北环保督查中心派出督查组对北京市海淀、丰台、门头沟、通州、房山、大兴（含亦庄开发区）等地重污染天气应急响应情况开展专项督查。截至 16 日上午 10 时，实地抽查发现各类违规工地 10 余家，以及道路扬尘、小锅炉污染、垃圾焚烧等点位 10 余处①。

专栏

《广东省重特大突发事件处置督查办法》概要

《办法》共 6 章 18 条，主要包括总则、督查组组成、督查内容、督查程序、责任追究、附则等内容。

一、总则

明确制定依据、适用范围，确定《办法》适用于本省行政区域内发生的重特大突发事件（不含维稳事件）处置（含协助处置）督查工作。发生在本省行政区域外、涉及本省公众、需要本省协同处置的重特大突发事件，参照本《办法》执行。《办法》特别提出，督查要遵循“统一领导，依法依规；及时启动，确保高效；客观公正，责任分明”3 大原则。

二、督查组组成

督查组组长由分管应急管理或监察工作的副省长或副秘书长担任，成员由省政府办公厅（省政府应急办）、省监察厅及有关单位分管负责人，以及省应急管理专家组成。必要时，邀请省人大常委会办公厅有关负责同志、第三方专家、省人大代表参与。《办法》特别指出，督查组的组成遵循精简、专业原则，督查组成员在督查工作中应当诚信公正、恪尽职守、遵守纪律、保守秘密。

三、督查内容

督查对象主要包括牵头处置重特大突发事件的地级以上市人民政府，省直管县（市、区）人民政府，相关单位及有关人员。督查内容主要有：一是重特大突发事件应急处置与救援有关情况，主要包括相关应急预案编制及演练是否到位，突发事件信息报送及发布是否及时、属实，领导同志批示（指示）落实是否到位，应急响应是否第一时间启动，现场指挥官是否第一时间履职，应急指挥是否得当，应急处置措施是否及时、有效。二是重特大突发事件善后处置情况，主要包括领导同志批示（指示）是否落实到位，资金使用是否依法依规，善后工作计划制定是否科学、可行，受灾人员安置是否符合规定，事后评估是否客观、全面，原因调查是否全面、准确，整改措施是否可行、有效等。三是事件相关人员责任追究和处理情况。四是其他与重特大突发事件处置相关的情况。

四、督查程序

一是省政府办公厅（省政府应急办）按程序报请成立督查组，印发成立督查组通知。

① http://www.zhb.gov.cn/gkml/hbb/qt/201610/t20161016_365564.htm.

二是被督查单位（含个人）收到督查通知后，按要求在3个工作日内上报书面情况报告，以后每5个工作日上报阶段性情况报告，直至督查工作结束。重大事项，立即报告。三是督查组按照要求制定督查计划，并在督查通知发出3个工作日内深入现场进行督查，及时反馈督查意见。四是督查组自督查通知发出后，每10个工作日向省人民政府书面报告一次督查情况。重大事项，立即报告。督查工作结束后5个工作日内，督查组向省人民政府提交书面综合督查报告。五是督查组视情况，报省人民政府批准后，向社会公布督查情况。《办法》特别规定，被督查单位要认真配合、支持督查组工作，及时、真实上报有关情况，按时完成督查组提出的工作任务。

五、责任追究

督查结果作为对有关地级以上市、省直管县（市、区）、有关单位及有关人员进行责任追究的重要依据。一是对重特大突发事件信息报告不及时、处置不力、善后措施落实不到位、隐瞒事件真相等，依法追究相关单位及人员责任。二是督查组工作人员发生徇私舞弊、玩忽职守等行为，依纪依法严肃处理，构成犯罪的，依法追究其刑事责任。

六、附则

要求各地、各有关单位结合本地区、本系统实际，参照本办法，制定实施细则。

【附记】《广东省重特大突发事件处置督查办法》是较早出台的应急响应督查文件，对于各地完善非常态应急控制工作很有借鉴意义。

10.3.2 恢复重建督查

10.3.2.1 恢复重建督查的意义

第一，确保恢复与重建工作管理规范。恢复与重建的督查工作能够有效避免出现贪污、私分、截留、挪用、冒领、挤占救灾款物等违法违规行为，保证恢复与重建工作落到实处。

第二，确保恢复与重建的工作进程。恢复与重建的督查工作可以保证恢复与重建工作按照恢复与重建规划顺利进行。

第三，保障受灾地区社会稳定。赈灾资金物资是救人救命的根本，关系到灾区群众的切身利益，是灾区社会稳定的保障。恢复与重建的督查工作可以有效监督赈灾资金物资的使用，维护党的形象和政府公信力。

10.3.2.2 恢复重建工作的政府督查机制

各级政府应制定恢复与重建工作的项目及资金管理、项目竣工验收及资产移交等一系列的监督管理机制，规范对项目审批、招投标、竣工验收、决算审计和资金管理使用的监督检查①。

恢复重建督查工作通常由突发事件处置主体同级监察机关负责，必要时成立恢复重建督查工作小组，专门开展恢复重建督查工作。督查的任务包括：对国家行政机关及其工作

① 王彩华．强化监督检查 确保灾后恢复重建有力有序有效推进．广元日报，2010-12-16.

人员和国家行政机关任命的其他人员在恢复重建工作中履行职责的情况实施督查；对突发事件责任主体的决策部署落实情况，恢复重建资金、物资管理使用情况，恢复重建工程项目的质量和进度开展监督；受理灾区群众或单位的举报、投诉，并对恢复重建工作中的违法违纪行为进行严肃查处。

恢复重建的主要督查机制有：

1. 建立台账监督机制

各级政府和相关职能部门可以层层建立项目建设、资金管理使用、问题整改三本台账，对突发事件影响区域的事后恢复重建项目资金和问题整改情况进行清单式监督管理。

2. 建立项目审批监督机制

可以在各级政务中心开设项目审批绿色通道，搭建并联审批平台，实行网上电子招标，确保“程序不减、周期缩短”。

3. 建立资金拨付监督机制

坚持“资金随项目走，项目随规划走”，规范资金拨付审批的监督程序，做到限时下达指标、专项调度资金、及时拨付资金。

4. 建立跟踪审计监督机制

坚持资金到哪里，审计人员就跟到哪里，提出审计建议，督促建立健全规章制度，避免经济损失。

5. 建立整改问题监督机制

对检查发现的问题，检查组应在现场提出整改建议，督促相关责任单位限期整改。

6. 建立分片驻点督查机制

可依据层级管理和分级负责的原则，整合发改、财政、审计等部门监管职能，建立领导干部分片负责、检查组长一线检查的责任体系，对项目建设及资金管理使用情况进行经常性检查。

此外，还可以督查的时机为主线确立督查机制。例如：月专项检查，每个月组织一次对规划设计、项目建设、资金使用、物资管理、工程质量等单项工作的专项检查；季重点抽查，每3个月组织一次以重灾地区、民生工程、关键节点为重点的抽查；半年综合巡查，每6个月组织一次对突发事件责任主体和指挥部的部署要求贯彻落实情况的综合巡查；随机暗查，随机组织对包括责任落实、干部纪律作风、工作效能等情况的暗访暗查；警示约谈，针对苗头性问题、群众反映突出问题、重大隐患问题等对相关责任人进行警示约谈。

10.3.2.3 恢复重建工作的社会监督机制

社会监督是借助社会中介机构、公众等第三方力量进行监督，在很大程度上提高了恢复与重建监督工作的威慑力，必将日益发挥重要作用。

中介监督具有专业性的特点。律师事务所、会计师事务所等中介机构长期从事特定业务，拥有丰富的专业知识与经验，可以迅速、准确地抓住监督重点，客观公正地进行监督，从而提升恢复与重建监督工作的成效①。

---

① 崔军，董放. 关于加强应急财政监督的建议. 中国减灾，2015（1）：46-47.

公众监督具有广泛性的特点。群众、媒体及相关部门均可以是公众监督的主体，享有知情权与检举权。可以从社会各界聘请项目特邀监察员，聘请重大项目稽查特派专员，对突发事件影响区域事后恢复重建项目报批程序、项目招投标、工程质量、资金安全等情况进行全面监督。

专栏

“4·20”芦山地震灾害应对的督查

在抗震救灾工作期间，四川省指挥部派出了 7 个监督小组，雅安市和灾区各县指挥部派出了 260 个监督小组，奔赴救灾一线和重点单位，同步对抢险救援全过程实施监督。

在抗震救灾过程中，省、市、县各级党委都申明干部工作纪律，表示抗震救灾工作不力的要就地免职。23 日，芦山县纪委监察局通报：该县清仁乡副乡长杨成毅在抗震救灾中被免职，原因是“没有全身心投入工作”。被免职后，杨成毅被安排到同盟村主持救灾工作。清仁乡党委书记彭清翔解释说：免职原因是杨成毅工作执行不到位；不在岗，也没有交接好。当领导来检查时，杨成毅不在物资发放点。上级要求立即组织做好卫生防疫工作，但杨成毅没组织好人员。当时环境很脏，群众秩序混乱，而志愿者在那里没事可干。

地震之后的第二天，四川省民政厅便下发紧急通知，对救灾资金、物资的接收、管理和使用工作做出明确要求和规范，尤其是重点加强了救灾资金、物资的登记、运送、发放各个环节的专人监管，并明确邀请地方纪委介入监督。这样，就使得整个救灾资金、物资的使用发放全面做到了依法依规、有序高效。

当然，在灾区，也可以看到基层执行部门对上级监督过严过细的某种不理解。基层干部认为，在时间紧、任务急的情况下，那些事事要证据、件件要登记的要求实际上达不到。

【附记】“4·20”芦山地震的督查实践表明，中国政府高度重视应急控制工作，其实践经验及教训值得学习和总结。

本章小结

1. 应急控制指在应急管理工作中，应急管理主体对相关单位、组织和人员的活动进行监督检查，从而能够全面妥善地应对和处置突发事件的过程。

2. 应急绩效管理是对应急管理中决策、计划、组织、控制等环节的水平进行综合评估的过程，是评价政府及其相关部门工作业绩的重要标准。它既是对政府已有应急管理意识、能力和业绩的评估，又是制定未来政府突发事件应急管理方针与政策的重要依据。

3. 应急过程督查，是由上级人民政府或应急管理业务对口部门及同级监察机关依法对应急管理所涉及的相关工作、相关部门所展开的督查工作。

4. 监测与预警的监督工作，需要做好制定并完善监测预警工作考核制度、建立预警效果反馈机制、终止预警机制。

5. 应急处置与救援的督查工作，要建立并完善应急响应工作考核机制、建立应急处置措施落实及效果反馈督查机制、建立应急响应督查机制。

6. 恢复与重建的督查工作要建立并完善恢复与重建的政府督查机制和社会监督机制。

关键术语

控制原理　应急控制　常态与非常态　应急绩效管理　应急过程督查

复习思考题

1. 何谓应急控制？
2. 常态应急绩效管理的基本框架是什么？
3. 预防准备督查主要包括哪些内容？
4. 应急响应的督查主要包括哪些内容？
5. 恢复重建的督查主要包括哪些内容？

阅读材料

《地方党政领导干部安全生产责任制规定》解读

【题记】安全生产责任制中关于责任要求与问责的规定是应急控制的有机组成部分。本阅读材料可以作为探索应急控制问题的补充学习资料。

中共中央办公厅、国务院办公厅印发《地方党政领导干部安全生产责任制规定》（简称《规定》），明确界定了地方党政领导干部安全生产的职责、考核考察、表彰奖励、责任追究。参与文件起草的应急管理部有关负责人就有关热点问题回答了提问。

问：这是我国第一部安全生产领域的党内法规，为什么要制定这样一个针对专项工作的党内法规？

答：党的十八大以来，以习近平同志为核心的党中央对安全生产高度重视，习近平总书记多次主持召开中央政治局常委会听取安全生产工作汇报，亲临有关事故现场指导事故救援，发表一系列重要讲话，多次作出重要指示批示，深刻回答了安全生产工作一系列方向性、全局性、战略性重大问题，形成了习近平总书记安全生产重要思想，为新时代安全生产工作提供了根本遵循。其中“党政同责、一岗双责、齐抓共管、失职追责”“管行业必须管安全，管业务必须管安全，管生产经营必须管安全”等重要批示指示，对地方党政领导干部的安全生产责任提出了明确要求。制定下发《规定》，意在加强组织领导，强化属地管理，完善体制机制，是把习近平总书记安全生产重要思想落实到党内法规层面，作为推进安全生产领域改革发展的重要制度性安排，是新时期全面从严治党的重要举措。

问：《规定》的出台，对于当前的安全生产工作，乃至新组建的应急管理部来说，有怎样的意义？

答：当前安全生产形势比较稳定，但仍然严峻，重特大生产安全事故时有发生，安全生产仍然是经济社会发展的薄弱环节。而地方党政领导干部是安全生产工作的“关键少数”，他们安全生产红线意识强不强、责任清不清、落实严不严、问责到不到位，直接影响一个地区的安全生产形势是否稳定。《规定》准确抓住“关键少数”，压实领导责任，推动落实“促一方发展、保一方平安”的政治责任。

对于刚刚组建的应急管理部来说，强化安全管理，做好事前预防，将突发事件苗头和隐患及时化解，就是对改革最有力的支持，也是最有效的应急管理。也正因如此，应急管理部的第一次全系统视频会就是围绕强化安全生产召开，每周例会都要研究安全生产问题。当前出台这样一部党内法规，是新时代谋求高质量发展的必然选择，是习近平新时代中国特色社会主义思想的应有之义，是满足人民群众对美好生活向往、顺利实现“两个一百年”奋斗目标的重要保障。

问：地方党政领导干部的安全生产责任主要有哪些？

答：按照抓关键少数、权责对等原则，《规定》对地方党政领导干部的主要安全生产职责进行了明确界定，力求科学定位、合理分工、协同一体。

地方党政主要负责人是本地区安全生产第一责任人，要牵头抓总。在这一部分，《规定》首次提出，要把安全生产纳入党委议事日程和向全会报告工作的内容，纳入政府重点工作和政府工作报告的重要内容，要在政府有关工作部门“三定”规定中明确安全生产职责。

党政领导班子中分管安全生产的领导干部要坚持目标导向和问题导向相结合，加强对安全生产综合监管和直接监管工作的领导，履行好统筹协调责任，要抓组织落实、抓统筹协调、抓风险管控和依法治理、抓应急和事故处理、抓基础保障。

党政领导班子中其他领导干部则要按照职责分工承担支持保障责任和领导责任。要组织分管行业（领域）、部门（单位）健全和落实安全生产责任制，将安全生产工作与业务工作同时安排部署、同时组织实施、同时监督检查。要组织开展分管行业（领域）、部门（单位）安全生产专项整治、目标管理、应急管理、查处违法违规生产经营行为等工作，推动构建安全风险分级管控和隐患排查治理预防工作机制。

问：依据《规定》，党政一把手是地方安全生产工作的第一责任人，县级以上地方各级政府原则上由担任本级党委常委的政府领导干部分管安全生产工作，这两条硬性规定的用意是什么？

答：这两条硬性规定是针对当前安全生产工作中的突出矛盾制定的，是强化安全生产领导机制的重要抓手，意在彰显安全生产工作在全局工作中的重要性。

长期以来，有的地方党政主要领导政绩观错位，安全生产工作“说起来重要，做起来往后靠”；有的地方党政班子中，长期是排位最后的分管安全生产。这直接导致当地对安全生产不重视、不研究、不投入，安全生产工作组织领导和支撑保障不到位。特别是面对 GDP 诱惑时，就把安全抛在脑后，红线失守、底线不保。一次又一次血的教训告诉我们，安全生产工作必须是“一把手工程”，必须放在全局工作的突出重要位置。

问：对地方党政领导干部的安全生产履职情况，《规定》从哪些方面进行考核考察？

答：《规定》将安全生产绩效与履职评定、职务晋升、奖励惩处挂钩，制定了“三项制度”，实行“三个纳入”。“三项制度”分别是：巡查制度，要加强对下级党委和政府的安全生产巡查；考核制度，要对下级党委和政府安全生产工作情况进行全面评价，将考核结果与有关地方党政领导干部履职评定挂钩；公开制度，要求定期采取适当方式公布或通报地方党政领导干部安全生产工作考核结果。“三个纳入”分别是：纳入督查督办内容，要求把地方各级党政领导干部落实安全生产责任情况纳入党委和政府督查督办重要内容，一并进行督促检查；纳入相关考核内容，要求在年度考核、目标责任考核、绩效考核及其他考核中，应当考核其落实安全生产责任情况，并作为确定考核结果的重要参考；纳入干部考察内容，要求党委组织部门在考察地方党政领导干部拟任人选时，有关部门在推荐、评选地方党政领导干部作为奖励人选时，应当考察其履行安全生产工作职责情况。

问：在问责追责方面，有哪些新举措？

答：《规定》除了界定了问责情形、问责方式外，还提出了五种问责新举措：

一是“一票否决”，对因发生生产安全事故被追究领导责任的地方党政领导干部，在相关规定时限内，取消考核评优和评选各类先进的资格，不得晋升职务、级别或重用任职。二是从重追究，对工作不力导致生产安全事故人员伤亡和经济损失扩大，或造成严重社会影响负有主要领导责任的地方党政领导干部，应当从重追究责任。三是补救从轻，对主动采取补救措施，减少生产安全事故损失或挽回社会不良影响的地方党政领导干部，可以从轻、减轻追究责任。四是尽职免责，对职责范围内发生生产安全事故，经查实已经全面履行了规定职责，并全面落实了党委和政府有关工作部署的，不予追究相关地方党政领导干部的领导责任。五是终身问责，地方党政领导干部对发生生产安全事故负有领导责任且失职失责性质恶劣、后果严重的，不论是否已调离转岗、提拔或者退休，都应当严格追究责任。

问：除了问责追责，《规定》还列出了安全生产履职表彰奖励的条件，这是出于什么考虑？

答：奖惩结合，是所有健全完善的责任制度的必要特征，制定表彰奖励条件，能够鼓励地方党政领导干部更高质量地履职尽责，加快推动安全生产工作开创新局面。《规定》明确了地方党政领导干部安全生产履职情况的两种奖励方式：一是及时奖励，也是专项奖励，对在加强安全生产工作、承担安全生产专项重要工作、参加抢险救护等方面作出显著成绩和重要贡献的地方党政领导干部，上级党委和政府应当按照有关规定给予表彰奖励；二是定期奖励，也是综合奖励，对在安全生产工作考核中成绩优秀的地方党政领导干部，上级党委和政府按照有关规定给予记功或嘉奖。这些表彰奖励，都将严格按照党和国家有关荣誉表彰条例进行。

资料来源：http://www.chinasafety.gov.cn/xw/byw/201804/t20180418_200635.shtml.

阅读思考题

对领导干部的安全生产责任制的规定是应急控制政策的一个方面。请结合应急控制理论与方法，谈一谈你对《地方党政领导干部安全生产责任制规定》意义的认识。

主要参考文献

中文类

专著类

伯恩，等. 危机管理政治学. 赵凤萍，胡杨，樊红敏，译. 郑州：河南人民出版社，2010.

吉本. 罗马帝国衰亡史：下册. 黄宜思，黄雨石，译. 北京：商务印书馆，1997.

扬. 创建和维护企业的良好声誉. 赖月珍，译. 上海：上海人民出版社，1997.

邓云特. 中国救荒史. 北京：商务印书馆，2011.

董幼鸿. 应急管理. 上海：上海人民出版社，2014.

国家安全生产应急救援指挥中心. 安全生产应急管理. 北京：煤炭工业出版社，2007.

郭伟，陈旭，董晓松. 汶川地震灾害应对理论与实践. 北京：国家行政学院出版社，2014.

希斯. 危机管理. 王成，等译. 北京：中信出版社，2004.

李雪峰. 英国应急管理：体系、方法与借鉴. 北京：国家行政学院出版社，2010.

李雪峰，等. 8·8舟曲特大山洪泥石流抢险救灾案例研究. 北京：国家行政学院出版社，2012.

李雪峰，等. 4·20芦山地震应对案例研究. 北京：社会科学文献出版社，2015.

李雪峰，黄琛. 应急之道. 北京：中国人民大学出版社，2015.

李雪峰. 突发事件应对案例研究——方法与实践. 北京：国家行政学院出版社，2017.

毛德华，等. 灾害学. 北京：科学出版社，2011.

里杰斯特. 危机公关. 陈向阳，陈宁，译. 上海：复旦大学出版社，1995.

牛文元，等. 社会物理学理论与应用. 北京：科学出版社，2009.

奥古斯丁 N R. 危机管理. 北京新华信商业风险管理有限责任公司，译校. 北京：中国人民大学出版社，2001.

乔仁毅，龚维斌. 政府应急管理. 北京：国家行政学院出版社，2014.

罗宾斯，库尔特. 管理学. 李原，等译. 北京：中国人民大学出版社，2012.

闪淳昌，薛澜. 应急管理概论：理论与实践. 北京：高等教育出版社，2012.

闪淳昌. 应急管理：中国特色的运行模式与实践. 北京：北京师范大学出版社，2011.

上海太平洋国际战略研究所. 俄罗斯国家安全决策机制. 北京：时事出版社，2007.

石勘. 灾难心理学. 北京：科学出版社，2010.

斯塔夫里阿诺斯. 全球通史：第 7 版. 吴象婴，等译. 北京：北京大学出版社，2005.

滕五晓，加藤孝明，小出治. 日本灾害对策体制. 北京：中国建筑工业出版社，2003.

童星，等. 中国应急管理：理论、实践、政策. 北京：社会科学文献出版社，2012.

贝克. 风险社会. 何博闻，译. 南京：译林出版社，2004.

韦尔斯. 世界史纲：生物和人类的简明史：下卷. 吴文藻，等译. 桂林：广西师范大学出版社，2001.

王宝明，刘皓. 政府应急管理教程. 北京：国家行政学院出版社，2013.

王宏伟. 应急管理理论与实践. 北京：社会科学文献出版社，2010.

王宏伟. 公共危机管理. 北京：中国人民大学出版社，2013.

王怀明，王群南，张欣平. 管理沟通. 济南：山东人民出版社，2008.

吴量福. 运作、决策、信息与应急管理：美国地方政府管理实例研究. 天津：天津人民出版社，2004.

汪永清. 中华人民共和国突发事件应对法解读. 北京：中国法制出版社，2007.

夏保成. 美国公共安全管理导论. 北京：当代中国出版社，2006.

夏保成. 西方公共安全管理. 北京：化学工业出版社，2006.

夏保成，张平吾. 公共安全管理概论. 北京：当代中国出版社，2011.

熊卫平. 危机管理：理论・实务・案例. 杭州：浙江大学出版社，2013.

朱凤祥. 中国灾害通史：清代卷. 郑州：郑州大学出版社，2009.

郑功成. 灾害经济学. 北京：商务印书馆，2010.

张海波. 公共安全管理：整合与重构. 北京：生活・读书・新知三联书店，2012.

朱义长. 中国安全生产史（1949—2015）. 北京：煤炭工业出版社，2017.

赵宗乙. 淮南子译注. 哈尔滨：黑龙江人民出版社，2003.

论文类

吕志奎，朱正威. 美国州际区域应急管理协作：经验与借鉴. 中国行政管理. 2010（11）.

卜风贤，邵侃．中国古代救荒书研究综述．古今农业，2009 (1).
崔军，董放．关于加强应急财政监督的建议．中国减灾，2015 (1).
陈淑伟．大众传媒在突发事件应急管理中的角色与功能．青年记者，2007 (1).
陈伟．行政管理体制改革视野下的行政监察权．武汉：武汉大学，2010.
丁辉．安全风险术语（研究报告）．北京：北京市科学技术研究院，2016.
封畦．德国应急管理体系的启示．城市与减灾，2006 (2).
傅开强，张战胜．全球化时代舆论危机现象探析．军事记者，2007 (7).
符信．粤在全国率先出台应急预案管理办法．广州日报，2008-06-30.
高小平．建设中国特色的应急管理体系．中国应急管理，2009 (7).
高小平，王华荣．伦理领导在应急管理中的功能研究．中国应急管理，2012 (3).
龚向前．传染病全球化与全球卫生治理．国际观察，2006 (3).
国家发展改革委外事司．日本阪神地震灾后重建的启示与借鉴．中国经贸导刊，2008 (16).
何贻纶．俄美两国危机管理机制比较研究及其启示．福建师范大学学报（哲学社会科学版），2004 (3).
金磊．世界灾害医学史及其科学启示．世界研究与发展，1994 (10).
蒋积伟，唐明勇．新中国危机动员理念的变迁．当代中国史研究，2011 (7).
李力．1965 至 1999 年自然灾害发生的主要趋势．全球经济瞭望，2003 (1).
李雪峰．应急准备的领导力．领导科学，2009 (12).
李雪峰．应急处置与救援中的领导方法．领导科学，2011 (3).
李雪峰．美国国家应急预案体系建构及其启示．中国应急管理，2012 (7).
李雪峰．中外应急管理体制机制比较研究．国家行政学院院级课题研究报告，2012.
李雪峰．突发事件监测预警的领导原则与策略．领导科学，2012 (5).
李雪峰．通钢“7・24”群体性事件案例．国家行政学院应急管理案例库研究报告，2012.
李雪峰．从灾难中学习．学习时报，2015-02-27.
李忱：对话：传播的本质回归．新闻与传播，2004 (9).
李仰哲，周平，王万平，左刚．编制省级地方应急体系建设规划需要把握的几个共性问题．中国经贸导刊，2007 (14).
廖洁明．突发事件应急管理绩效评估研究．广州：暨南大学，2009.
林鸿潮．论应急预案的性质和效力．法学家，2009 (2).
刘斌，陈安．应急管理中的过程监督与奖惩机制研究．中国应急救援，2009 (2).
马怀德，周慧．问责观念转变与突发事件问责．中国应急管理，2011 (6).
毛德华．灾害应急管理的若干基本问题的探讨．防灾科技学院学报，2008 (2).
莫纪宏．中国紧急状态法的立法状况及特征．法学论坛，2003 (4).
牛聚粉．事故致因理论综述．工业安全与环保，2012 (9).
奥古斯丁 N R．控制危机的六个阶段．经营者，2005 (11).
庞宇．美国高校应急管理教育培训现状及启示．中国应急管理，2012 (10).

亓菁晶，陈安．突发事件与应急管理的机理体系．科技与社会，2009 (5).
戚建刚．行政应急管理体制的内涵辨析．行政法学研究，2007 (1).
齐瑜．北京市应急避难场所规划与建设．中国减灾，2005 (3).
鄯爱红．政府应急处置中的伦理管理与价值引导．中国特色社会主义研究，2009 (3).
宋友余，邹力．国内外应急避难场所现状．生命与灾难，2011 (7).
宋伟．我国对因自然灾害导致死亡人员总数解密．人民日报，2005-09-13.
唐攀，祁超，王红卫．基于层次任务网络规划的应急行动方案制定方法．管理评论，2016 (8).
王宏伟．FEMA 的演变与发展——透视二战后美国应急管理的四次大变革．中国应急管理，2007 (4).
王雪艳，张丽萍．灾难心理学学科体系初探．吉林医药学院学报，2013 (5).
王超．行政应急权监督研究．海口：海南大学，2013.
王彩华．强化监督检查 确保灾后恢复重建有力有序有效推进．广元日报，2010-12-16.
王晓霞．试析政府公共危机管理绩效评估体系．管理世界，2009 (1).
吴妮．日本减灾防灾措施扫描：专立基本法抗灾．新京报，2008-06-08.
吴玉成，高辉．新中国重大干旱灾害抗灾纪实．中国防汛抗旱，2009 (S1).
沃，斯特雷布，王宏伟，李莹．有效应急管理的合作与领导．国家行政学院学报，2008 (3).
向立文．突发事件信息管理机制研究．图书情报工作，2009 (7).
薛澜，等．国家应急管理体制建设：挑战与重构．改革，2005 (3).
许炯心，万庆．98'洪灾后的战略思考．经济与信息，1998 (10).
徐淑霞，叶剑波．浅析俄罗斯甲型 H1N1 流感防控措施．中国质量新闻网，2009-09-14.
杨杰，方俐洛，凌文辁．对绩效评价的若干基本问题的思考．中国管理科学，2000 (4).
杨剑，陶茂萱．风险沟通与危机传播．中国健康教育，2012 (1).
姚国章．日本重视保障震后灾区通信能力 构建防灾通信系统．人民邮电报，2008-06-11.
张广利，许丽娜．当代西方风险社会理论的三个研究维度探析．华东理工大学学报(社会科学版)，2014 (2).
于安．制定《突发事件应对法》的理论框架．法学，2006 (4).
俞慰刚．日本灾害处置的应急机制与常态管理．上海城市管理职业技术学院学报，2008 (5).
张欢．应急管理与危机管理的概念辨析．中国应急管理，2010 (10).
张介明．我国古代对冲自然灾害风险的“荒政”探析．学术研究，2009 (7).
张首魁，等．基于危机情景的领导素质理论的实证研究．科技管理研究，2005 (12).
赵勇，侯建盛．美国全国应急预案及其制定情况评价报告概要．中国应急管理，2007 (12).
张维平．社会学视野中的公共安全与应急机制．中国公共安全（学术版），2007 (2).

周厚琴. 20 世纪国际关系中的恐怖主义. 南方论刊，2009 (9).
左海洋，等. 新中国重大洪涝灾害抗灾纪实. 中国防汛抗旱，2009 (S1).

外文类

PRESS A. Risk management and decision making glossary. http://risk-management.argospress.com，2005.

CORSINI R J. Concise encyclopedia of psychology. John & Wiley and Sons Inc.，1987.

Department of Home and Security. National incident management system. March，2004.

STERN E K. Crisis decision-making：a cognitive institutional approach. Stockholm：Stockholm University，1999.

HADDOW G，BULLOCK J. Introduction to emergency management，Elseveier Science，USA，2003.

DUTCH L H B，HOWITT A M. Against desperate peril：high performance in emergency preparation and response. in Deborah E. Gibbonsed. Communicable crises：prevention management and resolution in an era of globalization. Oxford：Elsevier，2007.

ROSENTHAL，CHARLES，HART. Coping with crises：the management of disasters，riots，and terrorism. Springfield，Illinois：Charles C. Thomas，1989.

TUSLER R. The elements of project risk management. www.netcomuk.co.uk，2005.

U. S. Department of home and security (in cooperation with the U. S. Department of Transportation). Nation Wide Plan Review Phase Report，2006.

KRON W. Flood risk：hazard exposure vulnerability. Science Press，New York Ltd.，2002.

后　记

本书的撰写经历了历时两年半、大致四个阶段的曲折历程。第一阶段是小范围框架研讨，第二阶段是作者们分头撰写、主编总撰，第三阶段是内部研讨、主编二次总撰，第四阶段是作者分头修改、主编三次总撰。

其中的辛苦自不待言。好在可聊以自慰的是，我们力图写出新意的愿望在一定程度上得到实现。除了前言中提到的本书总体框架性创新，相对于已有的应急管理概论类著作而言，本书各章都力图有所创新。概要地说，创新主要体现在：

第一，提出了新的概念解释和术语定义。例如，阐释了从急和应急的视角理解应急管理的观点；又如，提出和定义了应急控制等概念。

第二，深入探讨了有关问题。例如，深度剖析了突发事件与应急管理的具体特征，而不是仅仅指出几个特性；又如，深入探讨了应急领导所面对的挑战与具体策略。

第三，系统阐述了此前没有得到系统阐述的问题。例如，系统阐述国际上和我国从古到今的应急管理历程，系统展望了未来应急管理的发展趋势；又如，系统阐述了应急管理理念的概念、应急管理核心理念、应急管理的功能与作用、应急管理伦理问题。

第四，力图以较宽阔的视野把握问题。例如，在阐述应急管理历程方面，不仅系统地回顾过去，也概要地展望未来；又如，在阐述应急管理体系方面，不仅对体系的构成做出解释，也对体系的演进进行阐发。

第五，力求站在读者尤其是专业学生的角度组织材料。例如，为了使读者了解应急管理的时代背景，书中力求将本世纪以来中国和国际上有影响的典型突发事件以各种方式尽可能多地介绍给读者；又如，为了便于增强读者的感性认识，书中在论述方法时尽量给出具体的实例和示例（如一个具体的突发事件处置行动方案的样本）。

当然，有创新就有风险。尤其是书中关于一些新的概念及概念之间关系的阐释、关于应急管理五项职能的论述等是否准确、合理，还有待时间的检验。

本书是集体努力的成果。先后参与本书写作工作的专家学者有：

国家行政学院钟开斌教授，参与框架讨论，提供有价值的研究资料；

国家行政学院钟雯彬博士，修改第 5 章，尤其是其中的第 3 节；

国家行政学院董泽宇副教授，参与框架讨论，撰写“应急教育”一章（因框架调整没有使用）；

国家行政学院游志斌副教授，参与框架讨论，参与修改第 6 章；

宁夏行政学院唐利教授，起草和参与修改第 4 章；

辽宁行政学院姜志遥副教授，起草和参与修改第 9 章；

山东行政学院仝鹏副教授，起草和参与修改第 10 章；

四川行政学院董晓松副教授，撰写“应急管理理论”一章（因框架调整没有使用）；

贵州行政学院牟明福副教授，撰写“应急科技”一章（因框架调整没有使用）。

国家行政学院博士后、中国社会科学院研究生院金英博士，参与起草了第 3 章第 1 节的外国古代突发事件部分。

中心原主任龚维斌教授、本丛书分主编张小明教授多次带领相关教师，包括宋劲松教授、李明副教授、王彩平副教授、王华副教授、张磊副教授等，以及前述国家行政学院各位教师开展集体讨论，为本书的撰写提出了宝贵的意见建议。

本书的成型在相当程度上源自国家行政学院应急管理培训中心及笔者本人多年来的应急管理研究方面的积累。书中的一些表述直接取材于中心编撰的《政府应急管理》一书。笔者本人对于中外应急管理体制机制比较、重特大突发事件典型案例、古代应急管理思想、应急领导策略等的研究成果，以及近年来对公共安全治理的思考成果等也都或多或少地体现在本书中。特别需要感谢的是，本书大量引用了国内外应急管理学者的研究成果。这些成果都以注释等方式加以说明，如有引述不到位之处，也请方家提出批评意见。

应当说，撰写本书收获最大的是笔者本人。在这个过程中，笔者深切体会到：反复的必要——多个回合的框架反复、内容调整，一次次地推倒重来、自我否定，是获得真知的不二路径；耐心的必要——在思路上“山穷水尽”时，索性放下，做了一段其他工作后，“柳暗花明”会在不经意间突然涌现；突破的必要——本书力图在框架和内容上做出创新，这就需要有创新精神甚至是一定的“标新立异”精神来支撑；交流的必要——除了上述专家外，笔者也专门与应急管理学界的多位专家、出版社资深编辑等朋友交流，与学院 2012—2014 级 MPA 班学员刘洪、冀颖、孙海波、韩广运等同志座谈交流，从交流中找感觉、捉灵感，一次次地收获“豁然开朗”。当然，从根本上说，严谨的治学作风、理论联系实际的思想路线是确保和提升撰写质量的根本保证。在这方面，是没有止境的。

作为本书写作工作的主持人，本人愿意在此对院内外专家和朋友的工作、对大家无私的智慧贡献表示衷心的感谢！

由于时间精力付出仍显不足，更由于笔者的学力有限，书中一定有不少不妥之处。这些当然应由笔者本人负责。在此，我们真诚希望广大读者给予批评指正。

此外，在编撰本书的过程中，我们也深深体味到了当前应急管理术语缺乏统一性、应急管理理论和规范方法仍显不足所带来的困扰。可以说，进一步夯实应急管理的理论基础，深入研究应急管理基本问题，仍需各界学人共同努力。

"路漫漫其修远兮，吾将上下而求索!"我们愿意以此古训与大家共勉。

李雪峰

图书在版编目（CIP）数据

应急管理通论/李雪峰等著. —北京：中国人民大学出版社，2018.9
全国党校行政学院系统应急管理系列教材
ISBN 978-7-300-25607-8

Ⅰ.①应… Ⅱ.①李… Ⅲ.①突发事件-公共管理-高等学校-教材 Ⅳ.①D035.34

中国版本图书馆 CIP 数据核字（2018）第 032722 号

全国党校行政学院系统应急管理系列教材
应急管理通论
李雪峰 等　著
Yingji Guanli Tonglun

出版发行	中国人民大学出版社		
社　址	北京中关村大街 31 号	**邮政编码**	100080
电　话	010－62511242（总编室）		010－62511770（质管部）
	010－82501766（邮购部）		010－62514148（门市部）
	010－62515195（发行公司）		010－62515275（盗版举报）
网　址	http://www.crup.com.cn		
经　销	新华书店		
印　刷	固安县铭成印刷有限公司		
开　本	787 mm×1092 mm　1/16	**版　次**	2018 年 9 月第 1 版
印　张	17.5	**印　次**	2024 年 1 月第 4 次印刷
字　数	405 000	**定　价**	49.80 元